Bernhard von Arx
Karl Stauffer und Lydia Welti-Escher

Bernhard von Arx

Karl Stauffer und Lydia Welti-Escher

Chronik eines Skandals

Zytglogge

2. Auflage 1992
Alle Rechte vorbehalten
Copyright by Zytglogge Verlag Bern, 1991
Ergänzte und erweiterte Neuauflage
mit vollständigem Belegverzeichnis
Die Erstausgabe erschien 1969
im Verlag Hallwag, Bern
Titelbild: „Bildnis der Frau Lydia Welti-Escher"
(1886) von Karl Stauffer-Bern,
Kunsthaus Zürich, Eigentum der Gottfried-Keller-Stiftung
Umschlaggestaltung: Katja Leudolph
Elektronische Satzherstellung: pagina GmbH, Tübingen
Lithos: Henzi AG, Bern
Druck: Franz Spiegel Buch GmbH, Ulm
ISBN 3 7296 0408 2

Zytglogge Verlag Bern, Eigerweg 16, CH-3073 Gümligen
Zytglogge Verlag Bonn, Cäsariusstrasse 18, D-W-5300 Bonn 2
Zytglogge Verlag Wien, Strozzigasse 14–16, A-1080 Wien

INHALTSVERZEICHNIS

	Seite
Einleitung	7
1. Der Schatten des Vaters	12
2. München: Arbeit, Armut und Zeitvertreib	26
3. Berlin: Arbeit, Ruhm und Geld	30
4. Zürich: Ein Angebot und eine Dame	36
5. Karl Stauffer und die Frauen	45
6. Italien: Offenbarung, Arbeit und Fieber	50
7. Wetterleuchten	66
8. Der Auftakt	76
9. Die Katastrophe	97
10. Machenschaften	143
11. Der Narr von San Bonifazio	201
12. Im Bundeshaus	230
13. Dem Frühling zu	243
14. «Ich kann nicht mehr»	265
15. Das Ende	294
16. Nachwehen	309
17. Schuld oder Verhängnis?	332
Quellen	346
Bibliographie	347
Belegstellen	350
Zeittabelle	366

EINLEITUNG

Am frühen Morgen des 24. Januars 1891 wurde der erst dreiunddreissigjährige, aber bereits zu hohem Ansehen gelangte Maler, Radierer und Bildhauer Karl Stauffer – er nannte sich nach seiner Vaterstadt Karl Stauffer-Bern – von seiner Florentiner Hauswirtin bewusstlos in seinem Zimmer aufgefunden. Bald darauf starb er – an einer Überdosis Chloral, wie der Arzt feststellte. Vier Tage später wurde er auf dem protestantischen Ausländerfriedhof «Agli allori» vor der Porta Romana beigesetzt.

Eine führende Schweizer Tageszeitung widmete ihm sogleich einen langen Nachruf. Er beginnt: «So hat es doch noch sein müssen! Die Hand des Todes, die ihn schon einmal gestreift, die er selbst schon einmal angefasst hatte, sollte ihn so bald von hinnen geleiten. Die erschütternde Lebenstragödie ist abgeschlossen; die stolze, hoffnungsfreudige, urwüchsige, geniale Kraft des vielseitig talentierten Künstlers und grossangelegten Menschen ist gebrochen, diese Natur von Stahl geknickt. Karl Stauffer ist einer unheilvollen Verstrickung des Schicksals nach schwerem Kampfe unterlegen. Nachdem sein innerstes Wesen, seine Seele, der Glaube an sich und eine weitere Entwicklung seines Künstlertums in ihm zerstört ward, hat auch der körperliche Mensch der Zeitlichkeit seinen Zoll gezahlt und ist den dunklen Pfad dahin gegangen, von wo es keine Rückkehr mehr gibt. Glänzend wie ein Meteor ist er aus der Dunkelheit aufgestiegen, er hat hell geleuchtet, und rasch ist er wieder untergegangen und in Nacht versunken. Die kurze Spanne Zeit eines einzigen Jahrzehnts umfasst den Aufgang, Höhepunkt und Niedergang seiner Künstlerschaft. Nach Jahren wird er, der einstmals vielbesprochene, rasch berühmt gewordene Künstler, ausser von seinen Freunden vielleicht vergessen sein, aber nach hundert Jahren und mehr wird man vielleicht seine Werke noch zu bewundern und zu würdigen wissen und seinen Namen in die Reihe der ersten Porträtkünstler aller Zeiten setzen.»

Karl Stauffer ist nie vergessen worden. Es brauchte keine hundert Jahre, bis die ganze Grösse seiner Künstlerschaft zutage trat; er ist als Bildnismaler und Radierer längst anerkannt. Aber das eigentlichste Interesse galt und gilt nicht so sehr dem Künstler, sondern seinem Schicksal, einem Geschick und einer Geschichte, die derart ungewöhnlich und erschütternd sind, wie sie – wie man zu sagen pflegt – nur das Leben selbst schreibt. Um seinen Untergang und seinen Tod rankten sich Rätsel; undurchdringliches Dunkel umgab gewisse Vorgänge, die zu seinem jähen Sturze führten; hohe und höchste Persönlichkeiten waren in die Affäre verwickelt, die alsbald zu einer «cause célèbre» des ausgehenden 19. Jahrhunderts wurde. Als ein Jahr nach seinem Tode der deutsche Schriftsteller Dr. Otto Brahm ein dokumentarisch untermauertes Buch über Leben und Sterben seines ehemaligen Freundes erscheinen liess, brach ein Zeitungskrieg los, wie es solche nur selten gegeben hat. So attackierte zum Beispiel ein Anonymus Brahm mit den Worten: «Der Schriftsteller Otto Brahm in Berlin, der seit geraumer Zeit aus der journalistischen Ausschlachtung der Stauffer-Tragödie ein Geschäft macht, hat nicht unterlassen können, in zwei Feuilletons der ‚Frankfurter Zeitung' das ganze Welti-Escher-Stauffersche Familiendrama in pietätlosester Weise nochmals aufzuwühlen und die Gelegenheit zu benützen, auch den schweizerischen Bundesrat zu besudeln. Was an der traurigen Angelegenheit von öffentlichem Interesse sein konnte, ist seinerzeit von der Schweizer Presse schon hinreichend erörtert worden. Dem Sensationsbedürfnis eines nicht gerade wählerischen Literaten konnte das aber nicht genügen, und so zog er denn alle die unglückseligen privaten Familienvorgänge, die an sich ein allgemeines Interesse nicht beanspruchen konnten, an die Öffentlichkeit, um sich mit wohligem Behagen am Skandal zu weiden. In der Schweiz wird Herr Brahm mit dieser niederen Art von Literatur schwerlich Anklang finden. In gewissen Kreisen Berlins, auf die er wohl berechnet war, mag dieser Familienklatsch Interesse wecken. Uns fehlt das Verständnis für das ebenso uninteressante als unreinliche Vergnügen, geflissentlich den Schmutz aufzustochern. Doch das ist Geschmacksache...»

Diese Worte sind aufschlussreich. Sie geben zu, dass Schmutz vorhanden war; wie und von wem er angehäuft wurde, verschweigen sie. Sie gestehen ferner ein, dass die Vorgänge um Stauffer als skandalös empfunden wurden; worin der Skandal bestand, lassen sie ungesagt. Schmutz und Skandal werden indessen nicht aus der Welt geschafft, indem man sie totschweigt. Denn das hatte bisher – entgegen der Behauptung des anonymen Schreibers – die tonangebende Schweizer Presse gerade getan. Die Durchsicht der Jahrgänge 1889 und 1890 der führenden Zeitungen der deutschen Schweiz ergibt, dass die Ereignisse um Stauffer in den beiden Jahren – in sie fällt die eigentliche Tragödie – überhaupt nicht oder nur ganz am Rande erwähnt worden sind. Und als dann Brahms Buch erschien, warfen ihm die Gegner vor, es ziehe «die unglückseligen privaten Familienvorgänge, die an sich ein allgemeines Interesse nicht beanspruchen konnten», an die Öffentlichkeit. Hier stellt sich die Frage, wer denn bestimme, was von öffentlichem Interesse sei und was nicht. Immerhin waren in diese «privaten» Vorgänge ein angesehener und reicher Jurist, die Tochter des ehemaligen Eisenbahnkönigs der Schweiz, der Gesandte in Rom und einer seiner Attachés, ein Bundesrat und Bundespräsident, ein bernischer Rechtsanwalt (er wurde später Stadtpräsident von Biel) und nicht zuletzt einer der hoffnungsvollsten Künstler, die die Schweiz je besessen, verwickelt. Das Publikum war interessiert, und zwar nicht nur das schlechteste; auch in Deutschland erhoben Leute mit Namen ihre Stimme zugunsten Stauffers; man wollte erfahren, was wirklich vorgefallen war. Man stellte die Frage, ob nicht aus einer ursprünglich rein privaten Angelegenheit eine Sache der Allgemeinheit geworden sei in dem Augenblick, da sich staatliche – schweizerische und italienische – Instanzen und politische Persönlichkeiten in sie verstrickt hatten. Es ging also schon damals nicht einfach darum, «geflissentlich den Schmutz aufzustochern». Die Öffentlichkeit hatte und hat jederzeit ein Recht zu wissen, ob Unparteilichkeit und Gesetz oder Beziehungen und Macht das Schicksal eines Menschen bestimmen, der mit einflussreichen Kreisen – und sei es sogar schuldhaft – in Konflikt gerät. Darum ging und geht es letztlich im Fall Karl Stauffer-Bern.

Anderseits aber hat die Öffentlichkeit auch die Pflicht, davon Kenntnis zu nehmen, wenn die Dinge nicht ganz so einfach liegen, wie das breite Publikum es wünscht. Es ist bequem, sich gefühlsmässig auf die Seite des Künstlers zu stellen, der als solcher ohnehin im Geruche des Aussergewöhnlichen steht und der sich deshalb – warum eigentlich? – weniger an die Spielregeln des menschlichen Zusammenlebens halten müsse. Es ist bequem, in ihm nur das unschuldig verfolgte, ungerecht eingekerkerte und schliesslich in den Tod getriebene Opfer einer mächtigen Familie zu sehen; aber es ist ebenso bequem, ihn als skrupellosen Verführer, undankbaren Freund, geldgierigen und berechnenden Ausnützer einer «Geisteskranken» und schliesslich als einen luetischen Wüstling abzustempeln.

Die Wahrheit liege in der Mitte, sagt man gemeinhin. Liegt sie auch im Fall Karl Stauffers in der Mitte? Das abzuklären ist der Zweck dieses Buches. Es ist also nicht sein Ziel, Stauffer als Künstler zu würdigen; das ist schon oft und von berufenerer Seite getan worden. Wie es zu der Katastrophe hat kommen können, was für persönliche Voraussetzungen die Hauptbeteiligten mitbrachten, wie sie sich in den entscheidenden Zeitpunkten tatsächlich verhielten, wer in Wahrheit wofür verantwortlich war, das alles will die vorliegende Publikation darlegen. Die bisherige, umfangreiche Stauffer-Literatur krankte selbst dort, wo sie objektiv sein wollte, daran, dass den Verfassern viele Einzelheiten nicht bekannt waren. Gerade über die verhängnisvollen Monate um die Jahreswende 1889/90 ist bisher kaum authentisches Material bekannt gewesen. Es bedurfte jahrelangen Suchens, bis es gefunden wurde. Dank diesen neuen Dokumenten ist es jetzt möglich, die tragische Verkettung unglücklicher Umstände mit wenigen Ausnahmen bis in die Einzelheiten darzustellen. Es klaffen bloss noch zwei Lücken: Was hat Frau Lydia Welti-Escher, die Stauffer zum Verhängnis wurde, in den ersten Jahren ihrer Bekanntschaft dem Künstler geschrieben? Man weiss es nicht. Indessen: Die dreizehn letzten ihrer Briefe aus der Zeit unmittelbar vor der Katastrophe sind aufgefunden worden. Sie sind entscheidend, denn sie geben erschöpfend Auskunft über die Krise, in der sich diese Frau befand. Sie erklären ihr Verhalten völlig. – Die zweite Lücke: Was antwortete der schweizerische Gesandte in Rom, Minister Simon Bavier, auf die Instruktionen, die ihm von Bundesrat Welti und dessen Sohn zukamen, nachdem sich Stauffer mit der Gattin des letzteren verbunden hatte? Auch das ist unbekannt, weil seine Briefe wie offenbar auch die frühe Korrespondenz Lydias von interessierter Seite zurückgehalten werden. Aber der Mangel wiegt nicht schwer: Alle Schriftstücke, die Vater und Sohn Welti nach Rom schickten und in denen sie dem Gesandten das Vorgehen in Sachen Stauffer genau vorschrieben, sind nämlich entdeckt worden. Es geht aus ihnen hervor, dass Bavier jederzeit das tat, was man von ihm verlangte; seine fehlenden Antworten können also nur Auftragsbestätigungen und Ausführungsrapporte gewesen sein. Eine echte Lücke liegt demnach auch hier nicht vor.

Selbstverständlich ist es unmöglich, die Unsumme von Briefen, Entwürfen, Notizen und Dokumenten aller Art, die sich noch gefunden haben, im Rahmen dieses Buches vollumfänglich herauszugeben. Jene, welche zur Erhellung des Falles Stauffer beitragen, werden ganz oder auszugsweise zitiert oder sinngemäss verarbeitet und im Anhang mit den Angaben über Entstehungsort und -zeit versehen. Den bereits publizierten Dokumenten entstammen nur Stellen, die besonders wichtig sind. Dabei sind sämtliche Zitate der heute gültigen Schreibweise angepasst worden.

Es drängt sich die Frage auf, warum nach über drei Generationen erneut auf den Fall Karl Stauffer zurückgegriffen werde. Die Antwort ist eine doppelte: Einmal hat diese Affäre die Gemüter immer und immer wieder bewegt, und zwar gerade deshalb, weil sie undurchsichtig war und reichen Anlass zu allerlei Spekulationen bot. Sie vom Felde der Mutmassungen auf den festen Boden der Tatsachen zurückzuführen und sie damit vielleicht zur Ruhe zu bringen, ist der eine Grund zu dieser Veröffentlichung. Der andere liegt darin, dass der Fall überzeitliche Züge trägt. Er ist nicht nur für die puritanisch-viktorianische Moral des Fin-de-siècle symptomatisch, sondern er enthält derart viele allgemeinmenschliche Züge, dass man sich immer wieder fragen muss, ob er sich ähnlich auch heute wiederholen könnte. Die Frage muss bejaht werden. Der Fall Karl Stauffer-Bern wird sich so lange wiederholen, wie die Menschen ihre menschlichen Schwächen nicht abzulegen vermögen – und wann werden sie dazu imstande sein?

*

Es sei ausdrücklich darauf hingewiesen, dass in diesem Buch ausser den aus erzählerischen Gründen notwendigen Übergängen nichts erfunden ist. Sämtliche irgend wesentlichen Punkte sind belegt. – Zum Geldwert von 1890: Schweizer Franken und italienische Lire hatten die gleiche Kaufkraft; die deutsche Mark galt etwa ein Fünftel mehr. Den heutigen Kurs erhält man, wenn man die Beträge mit etwa zwanzig multipliziert, und zwar ist bei Grundstück- und Häuserpreisen knapp das Zwanzigfache, im übrigen annähernd das Fünfundzwanzigfache zu rechnen.

1. DER SCHATTEN DES VATERS

Karl Stauffer wurde am 2. September 1857 während eines morgendlichen Gewitters im Dorf Trubschachen im bernischen Emmental geboren. Man hat schon gesagt, der Lärm an diesem Morgen sei nie mehr aus seinem Leben fortgegangen. Tatsächlich gibt es nicht manchen Lebenslauf, in den in so wenig Jahren so viel an Arbeit, Tumult, Triumph und Niederlage hineingepresst worden ist. Was Stauffer in seinem kurzen Dasein erlebte, bleichte sein Haar vorzeitig; ein Jahr vor seinem Tode war er als Zweiunddreissigjähriger weiss. Lebens- und Schaffenskraft waren gebrochen; der Kopf stak zwar noch voll von Plänen, aber sie wurden nicht mehr ausgeführt.

Vier Jahre nach Stauffers Geburt, im Spätsommer 1861, stand sein Vater, ein grossgewachsener, gutaussehender Mann Anfang der Dreissig, hoch oben auf einem Felsen im bernischen Simmental. In der Tiefe tosten strudelnde Bergwasser über Felsblöcke hinweg. Nicht zum erstenmal stand er an dieser Stelle, die er auf einem seiner Spaziergänge vom nahen Kurhaus her entdeckt hatte. Noch hatte er nicht den Mut gehabt, den letzten Schritt zu tun und die Seinigen von sich zu erlösen. Er war – so glaubte er – seiner Frau und den vier Kindern zur Plage geworden. Man hielt ihn für einen vorbildlichen Mann, Gatten und Erzieher. Was war er in Wirklichkeit? Er war Theologe geworden, nicht aus Berufung, sondern weil ihm ein Stipendium in Aussicht stand und weil man ihm das Pfarrerleben als das Nonplusultra des Wohlbehagens schilderte. Seine Hochschuljahre hatte er statt mit Studien mit Vereinssitzungen, Turnen, Singen, Fechten und Politisieren verbracht. Am meisten aber bedrückte ihn seine Sinnlichkeit, sein Hang zu Selbstbefriedigung und zu erotischen Abenteuern aller Art. Derartige Anfechtungen hatte auch die Verehelichung nicht ganz zum Verschwinden gebracht, und so fragte er sich, ob er seines Berufes als Prediger und Seelsorger noch würdig sei.

Dieser nagende Zweifel hinderte ihn in der Ausübung seines Amtes. Zwar gab es Zeiten, da ging alles gut, da beseelte ihn ein Hochgefühl sondergleichen, und die Zuneigung, die ihm die Pfarrkinder von Neueneeg entgegenbrachten, trug ihn. Zwischendurch jedoch verfiel er regelmässig in Depressionen. Von Bibellektüre, von Hausgottesdiensten mit der Familie war keine Rede. Durfte er sich da wundern, dass der Konfirmandenunterricht so kläglich ausfiel? Er fragte sich, ob seine Predigten «nicht bloss alter, aufgewärmter Kohl, zusammengekochtes Ragout und Schund waren». Ihn ekelte, wenn er daran dachte. Wie oft hatte er in seiner Angst den Kopf mit Gewalt an die Wand geschlagen, mit dem Gedanken an Selbstmord gespielt, zum Fenster hinausspringen oder sich erstechen wollen! Darum war dieser Kuraufenthalt hier nötig geworden, und deshalb stand er jetzt über dem Abgrund und dachte, ein Sprung genüge und nach einer Minute wäre alles vorbei.

Es ging wie jedesmal. Der Gedanke war leicht, aber die Tat schwer. Eine Weile noch blieb Pfarrer Eduard Stauffer am äussersten Rande des Felsens stehen, dann wandte er sich langsam um und trat den Rückweg zum Kurhaus an. War er feige? Er vermutete es. Die Ärzte sagten, er leide an zirkulärem Irresein. Sie fragten ihn, ob er das einemal grundlos heiter, erfüllt von gehobenem Selbstgefühl sei, ob er dann gerne rede, besonders geschäftig Bewegungsdrang empfinde, gleichzeitig aber Mühe habe, sich zu konzentrieren, und ob er das andere Mal unter ebenso grundloser trauriger Verstimmung und sinnloser Angst, unter Denkhemmungen leide, ob er dann zu geistiger und körperlicher Unbeweglichkeit neige, sich selbst Vorwürfe mache, Versündigungsideen entwickle und Lebensüberdruss empfinde. Natürlich musste er das alles bejahen, aber was nützte ihm die scharfsinnigste Durchleuchtung seines Zustandes, wenn ihm die Ärzte doch nicht helfen konnten? Nicht einmal sein Schwager vermochte das Übel auszurotten, obschon er wie kein zweiter von der Zunft war: Rudolf Schärer, der Doktor und Professor, war Psychiater und leitete die bernische Heil- und Pflegeanstalt Waldau.

Pfarrer Eduard Stauffers erster Sohn, Karl – er hatte ihn im Sinnenrausch der Flitterwochen mit seiner ebenfalls leidenschaftlichen Gattin gezeugt –, war glücklich, als sein Vater aus den «Ferien», wie die Mutter sie nannte, wieder ins Pfarrhaus nach Neuenegg zurückkehrte. Er begriff mit seinen vier Jahren noch nicht, wie schwer es der Vater im Leben hatte. Seit dessen Rückkehr schien alles in bester Ordnung zu sein. Das Scheinglück aber zerriss an einem Donnerstag früh um sieben – es war der 7. August 1862. Da gab es eine gewaltige Aufregung im Haus. Mutter und Magd liefen mit Tüchern, Verbandstoff und Wasser ins Schlafzimmer des Vaters. Vor der Haustür jedoch drängten sich die Jungen und Mädchen, die auf diese Zeit zum Konfirmandenunterricht bestellt waren. Nach einer Weile liess das geheimnisvolle Getue im Zimmer nach, die Mutter trat heraus und schickte die Wartenden heim; der Unterricht falle heute und wohl bis auf weiteres aus.

Erst viel später erfuhr Karl, was sich abgespielt hatte. In einem neuerlichen Anfall schwerster Depression übermannte den Pfarrer an jenem Morgen eine solche Angst, dass er nicht wagte, vor seine Schüler zu treten. Im Nachttisch lag ein Federmesser. Mit ihm öffnete er die Pulsader des Armes. Halb auf dem Bett liegend sah er zu, wie das Blut floss. Der Gedanke an den Tod schreckte nicht mehr. Etwa drei Minuten lang suchte das Blut seinen Weg auf den Boden. Da trat seine Frau ins Zimmer. Sie erkannte mit einem Blick, was zu tun sei, und dank ihrer Ruhe liess sich Eduard Stauffer schliesslich verbinden.

Gegen Abend erschien der Schwager in Neuenegg. Der erfahrene Arzt kehrte alles Nötige vor. Er würde den Gatten seiner Schwester in einer Anstalt unterbringen. Am Tage danach verwendete er sich in Bern mit Erfolg bei der Zunft zu Webern, der sie beide angehörten, dafür, dass der Kuraufenthalt finanziert wurde. Die Waldau freilich war bis aufs letzte Bett besetzt, und so vermittelte Schärer einen Platz in der solothurnischen Anstalt Rosegg. Dienstag, den 12. August 1862, bezog dort der Pfarrer von Neuenegg sein Zimmer. Der leitende Arzt, Doktor Cramer, veranlasste ihn, seinen Lebenslauf niederzuschreiben. Der Patient machte sich eifrig ans Werk. In seiner wie gestochen wirkenden, peinlich die Linie haltenden deutschen Schrift setzte er fast unleserlich Schnörkel an Schnörkel, eine seltsame Mischung von Schwung und Verkrampfung, bis zwanzig Seiten helltürkisfarbenen Papiers gefüllt waren. Er schloss seine Selbstschau mit den Worten: «Mein Grundübel ist die Sinnlichkeit. Die Folge davon ist nun die, dass ich den Beruf, welchen ich erlernt, auszuüben weder die Kraft noch das Geschick habe. Eine andere Beschäftigung kann ich ebenfalls nicht treiben, habe Frau und vier Kinder, die schreien nach dem Vater, der ihnen Brot schaffen soll, und der kann nichts aus seinem Gehirn schlagen, hat sich selbst durch eigene Schuld den Boden unter seinen Füssen abgegraben, hat sich selbst einen Berg aufgetürmt, den abzutragen seine Kräfte nicht ausreichen. Das Traurigste ist, dass ich den Glauben nicht finde, die Demut nicht erlange, mein Herz aller eigentlichen Bussfertigkeit bar und ledig ist, ich einer völligen geistlichen Apathie anheimgefallen bin, die das sicherste Anzeichen des beginnenden Blödsinns und der geistigen Erschlaffung ist. Das ist mein getreues Bild! Glauben Sie, Herr Direktor, ja nicht, dass ich es übertrieben habe, eher habe ich an einigen Stellen zu wenig gesagt.»

Wie alle Manisch-Depressiven neigte Pfarrer Stauffer zum Übertreiben. Geistig erschlafft und verblödet ist er nie. Der Aufenthalt in der Rosegg erlaubte ihm, nach zweieinhalb Jahren das Pfarramt wieder aufzunehmen, und zwar nochmals für volle fünfzehneinhalb Jahre. Er starb erst am 13. Juni 1885, allerdings auch in der Heilanstalt, in der Waldau, und unter der Obhut seines Schwagers. Da die damaligen psychiatrischen Methoden noch nicht genügend psychodynamisch orientiert waren, vermochten sie das Wesen des Übels nicht zureichend zu erhellen. Sie konnten namentlich nicht zwischen tatsächlicher Schuld und blossen Schuldgefühlen unterscheiden.

Unterdessen wuchs Karl heran. Kein guter Schüler in der Volksschule, bezog er dennoch wie sein Vater das Berner Gymnasium und wurde wie jener im «Waisenhaus» untergebracht, einem Internat, das noch von früher her diesen Namen trug. Die erotischen Schwierigkeiten seines Erzeugers kannte er nicht; der Grund dafür war einfach: er machte sich kein schlechtes Gewissen. Dieser Unterschied sollte immer deutlicher werden: Vater und Sohn waren in dieser entscheidenden Hinsicht Gegenpole. Der Vater litt unter den natürlichen Trieben und bestrafte sich ihretwegen aus falsch verstandener Ehrbarkeit. Dem Sohn dagegen waren sie zeitlebens Ansporn zur Leistung. Er lebte sie aus. Erst unter dem Eindruck der Katastrophe fragte er sich zuweilen, ob das, was ihm widerfuhr, die Sühne dafür sei, dass er sich im Garten der Liebe keine Beschränkung auferlegt hatte.

Stauffer fand sich schon früh nur schwer mit Grenzen ab, die er für willkürlich hielt. So lehnte er sich gegen das Regiment des Leiters des «Waisenhauses» auf, weil Herr Jäggi nach aussen die

Milde und Güte selbst war, nach innen aber mit Terror herrschte. Jäggi bezichtigte Stauffer, er sei ständiger Rädelsführer und Anstifter, machte ihn überall schlecht und drohte, er werde ihn vom Hausknecht vor versammelter Knabenschaft verprügeln lassen. Deshalb bat Stauffer die Eltern: «Es ist mein Neujahrswunsch, ich wünsche gar nichts anderes, als dass ich aus dem Waisenhaus komme, denn ich hätte ein Hundeleben.» Dass seine Klagen berechtigt waren, liess er sich unterschriftlich von Kameraden bestätigen. Parteilichkeit und Verlogenheit liessen ihn nach «klarem Wasser» dürsten, «das man aber selten zu trinken bekommt».

Dieser frühe Konflikt mit der Umwelt nimmt die spätere Entwicklung voraus. Stauffer gab seinen Eltern gegenüber zu, dass er keineswegs immer der Bravste war, aber die Reaktionen auf sein Verhalten standen in keinem Verhältnis zu dem, was er verbrach. Als Inbegriff der Demütigung empfand er, dass man ihn zwang, Sauerkraut zu essen, ein Gericht, das ihn zum Brechen reizte; er half sich damit, dass er das Kraut jeweils in unbewachten Augenblicken in ein Tabakgefäss verschwinden liess.

Der andauernde Druck erzeugte den Reiz, die für unsinnig gehaltenen Gebote erst recht zu übertreten. Stauffer fasste diese Erfahrung in den Worten zusammen: «Denn wenn man einem bestimmt sagt, du sollst nicht rauchen, und wenn ich dich sehe, so weisst du, was es gibt, so bekommt man gerade eine Lust, aber gerade darum will ich es tun.»

In diesem Satz steckt schon der ganze spätere Stauffer. Anders als sein Vater, bäumte er sich gegen die Konvention auf. Aber er strebte nicht nach Zügellosigkeit, sondern nach eigener Verantwortung. In diesem Sinne machte er sich höchst vernünftige Gedanken über die Stundendotationen und die Unterrichtsmethoden am Gymnasium und wollte mit Hilfe seiner Ersparnisse die Lücken in der Wissensvermittlung im Selbststudium füllen. Die Eltern gingen auf seine Wünsche indessen nicht ein.

Mit sechzehn Jahren war er ein baumlanger und baumstarker Kerl. Weniger hochgewachsen, zartgliederig und von geringer Körperkraft war sein Klassenkamerad Emil Welti, der Sohn des Bundesrats und Bundespräsidenten. Er wohnte nicht im «Waisenhaus», sondern bei den Eltern im Kirchenfeld jenseits der Aare im Villenviertel. Man brachte ihm des Vaters wegen eine gewisse

Karl Stauffer in den Münchner Jahren, etwa 20 Jahre alt. (Schweizerische Landesbibliothek Bern)

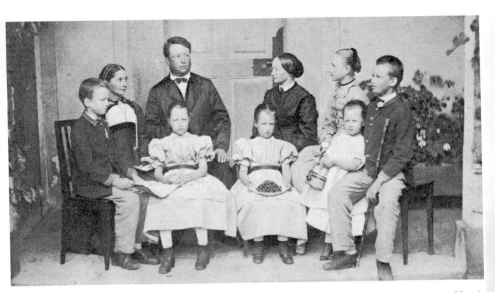

Die Familie Stauffer-Schärer vor dem Pfarrhaus von Neuenegg, etwa 1867. Hintere Reihe v.l.n.r.: Anna Hurni, Hausangestellte, Pfarrer Eduard Stauffer, Frau Luise Stauffer-Schärer, Sophie *1858. Vordere Reihe v.l.n.r.: Eduard *1860, Marie *1862, Luise *1864, Amalie *1867, Karl *1857.
(Privatbesitz Notar J. Krähenbühl, Steffisburg BE, Neffe Karl Stauffers)

Kunstmaler Paul Volmar, Freund der Familie Stauffer-Schärer und entschiedener Förderer des jungen Karl Stauffer. (Privatbesitz des Enkels B.A. Volmar, Bern)

Achtung entgegen, denn wer wusste nicht, dass dieser Mann als ein ungekrönter König der Schweiz im Bundeshaus durchsetzte, was er sich vornahm? Was die Knaben am meisten fesselte, war, dass Bundesrat Welti zusammen mit Alfred Escher, einem der reichsten und mächtigsten Männer der Schweiz, den Bau des fünfzehn Kilometer langen Gotthardtunnels vorantrieb. Weil der Sohn des Initianten in der Klasse sass, war man jederzeit aus erster Hand informiert.

Diesem Emil Welti half Karl Stauffer in einer Mathematikklausur mit einem der Zettel, wie sie bei schriftlichen Arbeiten üblicherweise die Runde machen. Der Lehrer entdeckte das Papier bei Welti. Der Ertappte gestand in seiner Verwirrung, wer ihm die Hilfe geleistet. Von diesem Augenblick an war er für die Klasse nicht mehr vorhanden, weil es als ehrlos galt, einen Kameraden zu verraten. Zwei Wochen lang wurde die Parole unerbittlich befolgt, mit dem Geächteten kein Wort zu sprechen. Dann tippte jemand dem am Bärengraben die Pelztiere zeichnenden Stauffer unversehens von hinten mit der Elfenbeinkrücke eines Regenschirmes auf die Schulter. Es war Emils Vater, der Bundespräsident. Stauffer fuhr herum, und ein Schreck durchzuckte ihn, denn er wusste genau, weshalb ihn der Gewaltige ansprach. Da kam schon des Präsidenten Vorschlag: Es sei von Emil nicht nett gewesen, Stauffer zu verraten; aber vierzehn Tage Verruf seien genug. Er wolle der Klasse ein Fässchen Bier stiften zu einem Versöhnungsabend. Damit müsse die Sache aber vergessen sein.

Karl anerkannte: Das war ein Vorschlag, eines Staatsmannes würdig. Einem Fässchen Bier war er noch nie abhold gewesen; bei Hopfen und Malz konnte man seine Männlichkeit beweisen. Er merkte nicht, dass er eben gekauft worden war. Und so gab er seine Einwilligung gern. Emils Vater lächelte befriedigt, aber plötzlich zog eine Wolke über sein Gesicht, und er sagte scharf: «So, Bürschchen, nun lauf mir nicht noch einmal über den Weg!»

Wenig später musste Karl Stauffer wegen mangelnden Fleisses und zu tiefer Zensuren das Gymnasium verlassen. Ein halbes Jahr noch wurde er im «Waisenhaus» geduldet, dann trat er ins Atelier von Paul Volmar über. Volmar war der Spross einer seit Jahrzehnten in Bern tonangebenden Künstlerfamilie. Er unterrichtete als Zeichenlehrer am städtischen Gymnasium, war also schon längst

Karls Präzeptor. Später wurde er Privatdozent für Zeichnen und Malen, 1890 Professor für Kunstgeschichte an der Berner Hochschule. Stauffers Mutter kannte ihn von Kind auf, und auch ihr Mann stand mit ihm auf Du.

Paul Volmar nahm sich des neuen Privatschülers uneigennützig an. Karl machte anfänglich schöne Fortschritte. Dann aber kam er mit einigen andern Jungleuten zur Kost in die alte Invalidenkaserne. Dort und anderswo gab es bald wüste Nächte. Saufereien und verlumpte Tage lösten einander ab. Während er früher in den Ferien und vielfach über Sonntag nach Hause gefahren oder mit Rucksack und Botanisierbüchse in die Berge gestiegen war, verlor er jetzt alle Lust dazu. Er hatte nie Geld und machte Schulden, duzte sich mit einigen Dutzend Kellnerinnen und gammelte in der Kleidung. Es dauerte nicht lange, bis er sich wie ein herrenloser Hund herumtrieb.

Volmar bekam ihn wochenlang nicht zu Gesicht. Nicht weil er sich betroffen fühlte, sondern aus Verantwortung musste er schliesslich eingreifen, nachdem Karls Vater ihn dringend darum gebeten hatte.

Was war geschehen? Der Pfarrer von Neuenegg hatte bedenkliche Erfahrungen mit seinem Sohn gemacht. Karl verbrauchte viel Geld für Zechereien und Vergnügungen, die sich bereits der Vater geleistet. Zur Finanzierung der Ausgaben vergriff er sich an Büchern aus der väterlichen Bibliothek und versetzte sie bei Frau Janitsch, einer Antiquarin in Bern. Vater Stauffer stellte den Dieb zur Rede, doch ohne Erfolg. Ebenso erfolglos forschte er nach dem Verbleib einer grösseren Summe, die Karl im April 1874 nach Basel an die Feier der Totalrevision der Bundesverfassung mitgenommen hatte. Der Sohn blieb verstockt. Das brachte den Pfarrer in Harnisch. Volmar beschrieb er den Auftritt: «Diese ... Verweigerung des Gehorsams bringt mich in Aufregung, ich gehe auf ihn zu und sage: ,Bursche, willst du mir wiederholt den Gehorsam aufkünden?' Karl steht auf, stellt sich zur Gegenwehr und ballt die Fäuste gegen mich. Sofort komme ich zur Fassung, nehme ihn beim Arm und stosse ihn zum Familienzimmer hinaus und gebe ihm die Erklärung ab, dass er bis zu seiner völligen Unterziehung unter die väterliche Gewalt nicht mehr am Familientisch essen werde... Von eigentlicher väterlicher Liebe kann nach solchen Vorfällen nicht mehr die Rede sein.» Er schloss seinen Brief mit der Bitte, Volmar möge herkommen und mit dem Unbotmässigen sprechen; den Eigensinn und Trotz freilich müsse ein Höherer brechen. Und er fügte an: «Es stösst mir fast das Herz ab, eine solche Frucht mein heissen zu müssen.»

Am gleichen Tag noch schickte der Pfarrer dem ersten Brief einen zweiten nach. Er begann:

«Die Briefe folgen sich schnell aufeinander. Die Eröffnung an Karl, dass die Bücher an Frau Janitsch verkeilt sind, hat keinen wesentlichen Eindruck auf ihn gemacht, ebensowenig die Erklärung, dass er für den Fall des Ausreissens von hier die Polizei auf den Hals bekomme. Höhnisch fragte er mich: ‚Darfst du das?' ‚Ja', antwortete ich, ‚so viel väterliche Gewalt habe ich.' ‚Nun, so tue es denn', tönte es zurück...»

Vater Stauffer war ratlos. Er spürte, dass seine Autorität schwand. Ein echtes Gespräch zwischen den Generationen war nicht möglich. Der Pfarrer konnte nur mit seiner väterlichen Gewalt auftrumpfen; verfing das nicht, so war er mit seiner Weisheit am Ende. Er kam nicht auf den Gedanken, nach den Ursachen des Verhaltens seines Sohnes zu fragen. Er begnügte sich mit der Verurteilung der Symptome. Dass er Karl damit nur tiefer in Trotz und Hartnäckigkeit hineintrieb, wurde ihm nicht bewusst. Er verlangte bedingungslose Unterwerfung.

Das indessen war alles nicht halb so schlimm, wenn man es mit dem verglich, was sich der Sohn sonst noch geleistet hatte. Dieses andere, das Vater Stauffer in seinen Briefen stets nur umschrieb, drückte ihm fast das Herz ab und liess ihn um den guten Ruf der Familie fürchten. Er rechnete damit, Karl werde verhaftet. Geschah das, so musste der Pfarrer von Neuenegg den Dienst quittieren. So jedenfalls malten sich in des Vaters Vorstellung die Folgen. War es ihm zu verargen, dass er alles daransetzte, die Geschichte nicht an die Öffentlichkeit dringen zu lassen? Dass er lieber Schweigegeld zahlte und sich herabliess, eine zweifelhafte Person anzuflehen, sie möge doch dichthalten?

Der Gedanke an das Vorkommnis tötete den Pfarrer beinahe. Er verurteilte nicht so sehr die Tat seines Sohnes an sich – da erinnerte er sich zu gut seiner eigenen Nöte als junger Mann –, sondern dass Karl die ganze Familie in Mitleidenschaft zog. Mädchen und Frauen waren auch seine Schwäche gewesen, aber er hatte nie eine mit Gewalt nehmen wollen. Das nannte man Notzuchtversuch. Freilich: Die aufgeregte Frau Leuenberger war etwas zu aufgeregt gewesen, als sie ihm die Kunde gebracht und mit der Anzeige gedroht hatte. Sie war auch auffallend schnell bereit, sich und die Ehre ihrer Schutzbefohlenen mit Geld aufwiegen zu lassen. Der Pfarrer hegte den Verdacht, mit der Tugend des Mädchens sei es nicht allzuweit her und die Herausforderung könne auch von dessen Seite ausgegangen sein. Es gab Leute genug, die eine solche Gelegenheit beim Schopfe packten, um unterm Deckmantel der Entrüstung ein Geschäftchen zu machen. Wenn es sich so verhielt, dann war Frau Leuenberger das Geschäft jedenfalls geglückt. Vorsichtigerweise hielt sie nach der Entgegennahme der ansehnlichen Schweigesumme ihren Mund.

Volmar empfand die Geschichte als nicht so schwerwiegend, wie sie nach der juristischen Tatbezeichnung klang. Er sah in ihr mehr ein Alarmzeichen. Wenn jetzt nichts unternommen wurde, konnte es leicht zu spät sein. Daher war er bereit, nach Neuenegg zu kommen und mit dem Sorgenkind zu sprechen. Doch bevor er noch aufbrach, erreichte ihn Donnerstag, den 21. Mai, ein in schönen, gleichmässigen und schwungvollen Lettern geschriebener Brief vom Vortag. Er lautete:

«Hochverehrter Herr!

Sie werden es mir nicht zu sehr anrechnen, dass ich Ihnen nicht früher geschrieben und erst jetzt mich habe entschliessen können, Sie um Entschuldigung zu bitten. Ich habe zuerst den Entschluss gefasst, Ihnen erst zu schreiben, wenn ich zugleich mit der Tat würde für meinen Fleiss sprechen können. Doch da man aus einem solchen Schweigen falsch schliessen kann und das zu verhüten mir sehr wichtig sein muss, schreibe ich Ihnen diese Zeilen. Vor allem ist es am Platz, Sie um Verzeihung und Entschuldigung zu bitten wegen meines unzulänglichen Fleisses und Betragens, besonders wegen der letzten Affären. Ich werde mich nun in der Zukunft bestreben, soviel als möglich wiedergutzumachen und Sie zu entschädigen dadurch, dass ich mit grossem Fleisse meinem Fache obliege. Ich werde nun zu beweisen suchen, dass die Mühe und Sorgfalt, die Sie auf mich verwendeten, nicht vergebens gewesen, wie Sie versucht sind zu glauben, ich werde mir Ihre Achtung und Freundschaft in dem Grade, wie ich sie einst besessen habe, wieder erwerben. Ich werde wollen, denn das ist, was mir gefehlt hat. Ich schliesse mit der nochmaligen Bitte um Nachsicht und mit dem Versprechen, Sie zu entschädigen für das, was vorfiel, und grüsse Sie hochachtungsvollst. Karl Stauffer.»

Volmar konnte diesen Zeilen seine Achtung nicht versagen. Sie zeugten von erstaunlicher Reife. Nichts beschönigend und im Ton gefasst, strahlten sie jene Selbstsicherheit aus, die dem Vater fehlte. Um so dringender musste man dem Burschen beistehen. Im Einverständnis mit dem Vater suchte Volmar deshalb in Stuttgart und München nach einem tüchtigen Malermeister, der Karl in Obhut zu nehmen gewillt war. Dass es ein gewöhnlicher Flachmaler sein sollte, dagegen hatten die Eltern nichts. Volmar kannte genau die Stärken und Schwächen seines unbotmässigen Schülers. Er wusste, mit wie grosser Begabung dieser für das Technische ausgerüstet war, aber er wusste auch, dass ihm etwas fehlte: die freie kompositorische Phantasie. Er prophezeite, dass Stauffer Porträtist oder Kupferstecher werde, und er sollte mit seiner Voraussage recht behalten. Wenn er trotzdem zu einer Flachmalerlehre riet, so deshalb, weil der stiernackige Karl mit seiner überschüssigen Kraft zunächst einmal hart arbeiten lernen musste. Mauserte er sich da durch, so würde er seinen Weg als Künstler schon machen – zweifellos besser als ohne harte Schule. Auch hierin sollte Volmar recht behalten.

Den Vater stellte das Entschuldigungsschreiben nicht zufrieden. Mit winziger, kaum entzifferbarer Schrift schrieb er auf den beiden letzten Seiten des Bogens an Volmar: «Du erlaubst mir, noch einige Zeilen hinzuzufügen... Nebenstehender Brief ist nicht so ausgefallen wie gewünscht; er hat eben nicht das Gepräge der Demut, sondern der hochmütige, ungebeugte Karl schaut aus jeder Zeile hervor. Auch heute, als wir miteinander über die neu einzuschlagende Laufbahn sprachen, konnte ich ihn noch nicht überzeugen, dass er würde genötigt sein, eine längere Lehrzeit durchzumachen und bei den geringsten Arbeiten werde anfangen müssen... Seitdem Karl hier ist und ich sein Gefangenenwärter sein muss, finde ich mich nicht behaglich; es ist mir eng und weh ums Herz.»

Im Juni 1874 fuhr Karl Stauffer nach München, da einer der Angefragten, Meister Wentzel, zugesagt hatte. Dort bahnte er sich mit eiserner Willenskraft den Weg zum Ziel, das er sich gesteckt: zur Akademie der bildenden Künste. Der Vater dagegen schleppte sich wie eh und je dahin. Vom 1. März bis zum 12. September 1878 musste er einmal mehr als Pflegling in einer Heilanstalt weilen. Es war diesmal die Waldau. Die Aufzeichnungen des ihn behandelnden Arztes Dr. F. Küpfer bestätigten das Bild, das der Patient schon in der Rosegg von sich gezeichnet hatte. Die latente Krankheit brach diesmal aus, nachdem die Familie von Neuenegg nach Bern übersiedelt war. Pfarrer Stauffer hatte sich dort um die Stelle des Strafanstaltgeistlichen beworben. Obschon er ohne Schwierigkeiten gewählt wurde, zweifelte er daran, dass er um seiner selbst willen berücksichtigt worden sei. Parteizugehörigkeit und Freunde hätten ihm dazu verholfen. So nahm er das Amt «als ein Gnadengeschenk aus Gottes Hand» entgegen, nicht als einen Beweis seiner Fähigkeit. Es dauerte auch nicht lange, bis er über zunehmende Schwierigkeiten klagte. Bald war er überzeugt, er sei der neuen Aufgabe nicht gewachsen. Er warf sich vor, er habe seine Gemeinde Neuenegg im Stich gelassen. Er wurde traurig und unruhig. Im Spätherbst 1877 gab er den Posten schon wieder auf. Zur Erholung wurde er in die Familie seines Schwagers, des Waldau-Direktors Dr. Schärer, aufgenommen. Es wäre gut gewesen, er hätte sich die Einstellung seines Sohnes zu eigen gemacht, der ihm am 10. Dezember schrieb:

«Ich würde es als ein weites, sehr interessantes und unendlich dankbares Feld der Tätigkeit ansehen, die Stelle als Strafanstaltprediger... Es muss ein ungemein interessantes Studium sein, die Charaktere der einzelnen recht zu erforschen, individuell zu behandeln, und ein erhebendes Gefühl zugleich, ihnen die ersten Begriffe der Moral einzuprägen und sie der Gesellschaft wiederzugeben. In meinen Augen ist das eine edle, fröhliche Tätigkeit, die alle Langeweile und jeden Trübsinn verscheuchen muss, wenn man ernst und in vollem Masse die Aufgabe fasst.»

Nach anfänglicher Besserung klagte sich Pfarrer Stauffer an, er habe seine Familie ruiniert. Weil er zu leben nicht wert sei, verlangte er, vor Gericht gestellt zu werden. Wiederum trug er sich mit Selbstmordgedanken. Er behauptete, seine Melancholie sei nur geheuchelt; folglich habe er seine Familie betrogen; deshalb gehöre er ins Zuchthaus. Dem entsprach seine Haltung: Der früher kräftige und stramme Mann stand jetzt geknickt da, den Kopf gesenkt, die Hände auf der Brust gefaltet, als ob er den Gnadenstreich erwarte.

Die Parallelen zwischen den Wünschen des Vaters und dem, was dem Sohn ein Dutzend Jahre später widerfuhr, sind frappant. Der Vater begehrte vor Gericht gestellt zu werden, der Sohn kam mit der Justiz in Konflikt; der Vater verlangte, man solle ihn ins Gefängnis werfen, der Sohn lernte zwei Zuchthäuser von innen kennen; der Vater stand da wie einer, der schuldbewusst die gerechte Strafe auf sich nimmt; der Sohn fasste seine juristisch nicht haltbare Behandlung als Strafe für sein Vorleben auf. Der Vater neigte zum Selbstmord, der Sohn versuchte, sich das Leben zu nehmen; sein Tod sieht aus wie ein Selbstmord. Der Vater wähnt, seine Familie hintergangen zu haben, der Sohn «hintergeht» seinen «Gönner».

Karl Stauffer war jederzeit über den Geisteszustand seines Vaters im Bilde. Ebenso wusste er, dass schon dessen Vater im Irrenhaus gestorben war, wenn auch in hohem Alter. Zudem war ihm bekannt, dass ein Bruder dieses Grossvaters längere Zeit wegen Selbstmordgefahr in der Waldau verbracht hatte. Schliesslich sollte auch sein Onkel mütterlicherseits, Dr. Schärer, in einer schweren Depression dahingehen. Was lag da näher, als dass er die Gewissheit in sich trug, auch er sei erblich belastet? Mehrmals, zumal im Jahr der Katastrophe, erschien ihm sein Schicksal als vorbestimmt. So lag der Schatten des Vaters ein Leben lang über ihm. Darum tat er, ohne es zu ahnen, alles, um diesen «Erbfluch» zu erfüllen. Er wurde verschiedentlich gewarnt; er hatte mehr als einmal Gelegenheit, seinem Geschick zu entgehen. Allein es scheint, als ob er den Strudel geradezu gesucht habe, der ihn verschlingen sollte.

2. MÜNCHEN:
ARBEIT, ARMUT UND ZEITVERTREIB

Der Münchner Malermeister Wentzel fand Karl Stauffer auf dem Bahnhof richtig aus der Menge der Ankommenden heraus und wanderte mit ihm die halbe Stunde bis in die Holzapfelstrasse. Geschäft und Wohnung waren eng und nicht zu vergleichen mit den grossen, luftigen Räumen im Pfarrhaus zu Neuenegg. Auch die Atmosphäre war gründlich verschieden. Stauffer staunte. Die Frau erschien ihm als «die ärgste Sau», die ihm jemals zu Gesicht gekommen. «Sie muss früher wunderschön gewesen sein, aber jetzt kennt man sie gar nicht mehr. Sie wäscht sich vielleicht alle acht Tage einmal, kämmt sich alle drei bis vier Tage, nirgends wird was weggeräumt. Wenn das Kind auf das Kanapee biselt oder hofiert, so lässt man's eintrocknen oder wischt's mit einer versauten Windel weg. Darauf haben Herr Wentzel und ich die Ehre, uns setzen zu dürfen.»

In der Werkstatt sah es nicht besser aus. Stauffer merkte, wie Wentzel ihn ausnutzte: «Ich verdiene ihm im Tage bare drei bis vier Gulden ganz gut, denn ich schaffe wie ein Ochse.» Trotzdem lernte er viel. Er erkannte, dass Volmars Idee, ihn tüchtig arbeiten zu lassen, richtig war: «Wenn ich hier so schimpfe, so weiss ich deshalb gleichwohl, warum und wozu ich nach München zum Wentzel in die Lehre bin; ich bereue es nicht im entferntesten, denn ich habe gelernt, was ich gewollt habe, und habe mich selber wiedergefunden, das heisst, ich kann mich selbst achten. Wer weiss, was das ist, sich selber achten zu können, der wird wissen, wie es mir trotz allem zumute ist. Ich habe den Punkt gefunden. wo man den Hebel ansetzen muss, um die Kunst aus den Angeln zu heben.» Die Eltern lasen den letzten Satz zweimal. Da behauptete ihr Sohn, er wisse bereits, wie die Kunst aus den Angeln zu heben sei! Dem gleichen Ton sollten sie später wieder begegnen. Eine Selbsteinschätzung schwang da mit, die dem mangelnden Selbstvertrauen des Vaters diametral entgegenstand und die sich in der Folgezeit mitunter zu Selbstüberschätzung und Überheblichkeit steigerte. Sie spürten, dass der unerschütterliche Glaube an sich selbst die Triebfeder war, ohne die ihr Sohn nie etwas werden würde.

Im Herbst schickte Karl dem Vater folgenden Brief: «Ich bin zum Wentzel in die Lehre, um arbeiten zu lernen, einen Willen zu kriegen und zugleich die Mittel an die Hand zu kriegen, mir während meiner Studienzeit zum Unterhalt genügend Geld zwischenhinein zu verdienen. Das habe ich nun erreicht. Ich habe mir einen Willen angeeignet, der das Wort'unmöglich' im Gebiet der Kunst nicht mehr kennen will... Ich habe mich demzufolge entschlossen, nächsten Winter auf die Akademie der Künste unter dem Direktorat von Piloty zu gehen und dort bis in einem Jahr den ersten Preis zu kriegen.» Stauffer stellte den Eltern ein Ultimatum: «Von einer Möglichkeit, dass ich bei der Dekorationsmalerei bleibe, kann keine Rede sein... Es handelt sich nur darum, wollt Ihr Euch über den Entschluss mit mir einigen oder nicht.»

Sie einigten sich nicht. Deshalb lief Stauffer Wentzel zu Neujahr 1875 davon, ohne einen Kreuzer in der Tasche. Der Winter war sehr streng, und so gab es auf dem Bau wenig zu tun; kein Meister stellte ihn ein. Wentzel liess ihn von der Polizei einholen, weil er ihn als schätzenswerten Blumen- und Bouquetmaler nicht so leicht ersetzen konnte. Doch der Lehrling erklärte, er werde in der Werkstatt alles kurz und klein schlagen, wenn man ihn nicht ziehen lasse. Das wirkte. Wentzel liess ihn laufen. Um sich den nötigsten Lebensunterhalt zu verschaffen, musste er Kleidungsstücke versetzen. Am Bahnhof schleppte er Koffer. Schliesslich bewahrte ihn vor Strassenbettelei ein Plakat des Hoftheaters. Es brachte ihn auf den Gedanken, sich als Theatermaler zu versuchen. Dank seiner Hartnäckigkeit gelang es ihm, bis zum berühmten Hoftheatermaler Quaglio vorzustossen und von ihm eine Anstellung zu erwirken. Zwei Monate lang malte er für achtzehn Kreuzer im Tag Kulissen und strich Latten, dann kletterte er vom Theaterdachboden wieder herunter und wandte sich erneut der Dekorationsmalerei zu. Aus dem Verdienst vermochte er sich endlich anständige Kleider zu kaufen, ein ordentliches Kosthaus zu nehmen und, was ihm am wichtigsten war, Palette, Staffelei, Pinsel und Farben anzuschaffen. Jetzt gab es für ihn nur noch das eine Ziel: die Akademie der schönen Künste, die berühmteste künstlerische Ausbildungsstätte Deutschlands. Von seinem ersten Ferienaufenthalt in der Heimat, in Bern, brachte er im August 1875 ein Stipendium mit und bezog nun die Akademie.

Die Eltern freilich fürchteten um seinen sittlichen Halt. Darauf verteidigte er sich so: «Ich werde jetzt lange sagen können, wie mich der Professor lobt; in der Ferne ist gut reden. Wohl aber werden die Versuchungen einer Grossstadt, als da sind Bordelle, Kaffeehäuser, Bierkneipen, Spielbanken, Weinhallen, schlechte Gesellschaft und so weiter, und so weiter, wie Gespenster jeden Erfolg mir verkleinern, und es wird Euch keine Ruhe lassen. Denn wie wird so ein Grünschnabel wie ich dem Zeug allem widerstehen können, an allen Haaren wird es ihn aus der Schule ziehen, und durch alle Staffeln des Lasters hinabsteigend, wird er endlich beim Selbstmord anlangen, eine greuliche Zuversicht und ein seltsamer Kontrast, der den Vorsätzen, die ich kundgegeben, nämlich Künstler zu werden, respektive bis nächsten Herbst die Medaille für Zeichnung nach der Antike zu kriegen, schnurstracks entgegenläuft. Das macht auf mich alles gar keinen Eindruck. Ich arbeite trotz aller Verleumdung nach wie vor in gleichem Tempo nach bestem Wissen und Gewissen fort, und das Ende wird zeigen, ob ich recht getan.»

Bald danach entwarf er einen eigentlichen Lebensplan: «Der Mensch muss einen edlen Zweck haben zum Leben, sonst vegetiert er, lebt nur, um zu sterben, ohne Berechtigung zur Existenz, und erst bei dem, der sich eins der drei Ziele: das Gute, Wahre oder Schöne, zu erreichen vorgenommen hat und ihm mit aller Kraft nachstrebt, fängt bei mir der Mensch an. Das allein unterscheidet ihn vom Tier, denn was sonst an ihm ist, gleicht dem Leben der Tiere aufs Haar. Stirbt er dann inmitten dieses Strebens, so kann er getrost sterben, obschon es natürlich besser ist, er hätte längere Zeit zum Wirken, so dass er seine Folgen sehen kann. Ich lebe aus drei Gründen: erstens, um zu arbeiten, meine Kunst zur höchstmöglichen Stufe der Vollendung zu bringen; zweitens, um nach meinem Tode nicht ins leere Nichts zurückzusinken; drittens, um das Leben zu geniessen, denn nur der vollendete Künstler kann geniessen alles Schöne, das auf der Welt ist.» Unermüdlich arbeitete er an sich selbst und an seiner Kunst. Wenn er abends in sein Stammlokal trat, konnte er seine Freunde so begrüssen: «Na, ihr Saukerle, kommt einmal zu mir! Da könnt ihr sehen, was ich heute gemalt habe.» Dann schnalzte er mit der Zunge, bestellte seine Mass und bewies, dass er auch im Zechen ein Held war.

Allmählich drang sein Ruf auch in die Schweiz. 1880 erkundigte sich Bern, ob er an einer Ausstellung teilnehmen wolle. Er hatte nichts dagegen, zumal es ihm darum ging, das hartnäckige Gerücht, er sei doch nicht viel anderes als Dekorationsmaler, endlich Lügen zu strafen. Im Hinblick darauf schrieb er nach Hause: «Der Unterschied meiner Köpfe von dem gewöhnlichen Zeug, das in einer schweizerischen Kunstausstellung ist, besteht nur darin, dass meine Sachen bis zur Bewusstlosigkeit studiert, während die Bilder, die hinkommen, gewöhnlich eben bloss auf den Verkauf gemacht sind und die Maler nur das Publikum, nicht vor allem sich selbst zu befriedigen suchen.» Ob er verkaufte oder nicht, war ihm weniger wichtig. Er wusste: «Dreihundertfünfzig bis vierhundert Franken ohne Rahmen gibt nicht leicht ein Berner für ein Bild.»

Die Ausstellung war ein Erfolg. Seinem Freund Katsch konnte er schreiben: «Im Berner Tagblatt habe ich eine famose Kritik bekommen, und zwar lang. Du kannst Dir denken, wie mich das freut. Es ist ungeheuer viel wert, in seiner Heimat gut angeschrieben zu sein; wenn der erste Wurf geglückt ist, so werden die andern Sachen desto eher Anerkennung finden.»

Stauffer pflegte indessen nicht nur die Kunst, sondern auch den Körper. Er trieb Gymnastik: «Wir sind auf den glücklichen Gedanken gekommen, zu turnen, und ich bin auf dem besten Weg, ein Herkules zu werden. Ich kann nämlich eine Hantel von hundertfünfzig Pfund vom Boden mit Schwung, natürlich mit beiden Händen, in die Höhe heben und dann dreimal auf- und niederstossen, aber später geht es vielleicht auch mit Kraft. Ich habe die dicksten Arme in der Turnhalle.» Kein Wunder, dass man vor seinen Fäusten Respekt hatte, und er gebrauchte sie auch. Zwei Monate vor dem Weggang aus München zog er sich in einer Rauferei mit Brauknechten eine gefährliche Stichwunde am rechten Arm zu. Drei Wochen lag er im Krankenhaus und fürchtete, er werde nicht mehr malen können. Aber die Wunde heilte, und als sein Freund Katsch ihm vorschlug, er solle sein Glück in Berlin machen, reiste er hin, zumal ihm die Berner trotz den guten Kritiken das Stipendium nicht verlängerten. Die Kommission hatte beanstandet, dass seine Bilder Leute aus dem Volke zeigten, oft ungepflegt und abgerissen; das Schlimmste war: Das eine Modell trug keinen Kragen!

Stauffer fasste die Zeit in München so zusammen: «Ohne grosses Eigenlob zu verüben, kann ich sagen, dass in den viereinhalb Jahren, wo ich hier studierte, ich mir so viel vom Künstlerhandwerk angeeignet habe, um mit Ehre bestehen zu können.»

3. BERLIN: ARBEIT, RUHM UND GELD

In Berlin wurde Stauffer in Katschs Familie wie ein Sohn aufgenommen. Es war ihm «pudelwohl». «Ich strample schier mit den Füssen vor Vergnügen.» Stolz und Unabhängigkeitsverlangen verboten ihm jedoch, diese Gastfreundschaft allzulange zu benutzen. Deshalb bezog er ein eigenes Atelier in der Potsdamer Strasse. Nun galt es, endlich den grossen Sprung in die Öffentlichkeit zu wagen. Dazu brauchte er jemanden, der ihm half. Stauffer sah diesen Helfer in dem Akademieprofessor Anton von Werner. Werner war «das ganz grosse Tier hier», der Hof- und Reichsmaler, der beim Kronprinzen und dessen Frau alles galt. Der vornehme Herr wollte ihn zunächst nicht empfangen. Dann aber liess er ihn vor. Werner fragte: «Was wünschen Sie?» – «Ihr Schüler zu werden!» – «Das kann jeder sagen. Können Sie malen? » – «Nein. Wenn ich malen könnte, so wollte ich doch nicht Ihr Schüler werden.» – «Nun, aber haben Sie schon gemalt?» – «Ja », antwortete Stauffer.

Anton von Werner äusserte in Gesellschaft über diese erste Begegnung mit dem selbstbewussten Berner: «Heute war ein Mensch bei mir, der entweder ein frecher Kerl oder ein bedeutendes Talent ist. Nun, wir werden ja sehen.» Am folgenden Tage brachte Stauffer dem Akademiedirektor seine Kopien nach van Dyck, Velasquez und andern Meistern. Der gewiefte Kenner sah sogleich, dass sich aus dem jungen Mann etwas machen liess. Als er gar erfuhr, dass Stauffer einst Dekorationsmaler gewesen – auch Werner hatte so angefangen –, stellte er ihm nicht nur sein eigenes Atelier zur Verfügung, sondern öffnete ihm Tür und Tor. Werners Empfehlungen waren Zauberformeln. Vorerst kleinere, dann immer grössere Aufträge folgten einander. Kritiker, Museumsdirektoren horchten auf, wenn Stauffers Name fiel. Seine Briefe strotzten nun von genauen Angaben, wieviel Mark ein Auftrag wohl einbringe oder schon eingebracht habe. Am wichtigsten war der Fächer, den Stauffer der Prinzessin Augusta Viktoria zu ihrer Vermählung mit dem Sohn des Kronprinzen dank der Vermittlung Werners zu malen hatte. «Hat man einmal das Interesse einer solchen Person wie des Kronprinzen oder der Kronprinzessin erregt, so interessiert sich natürlich die ganze Gesellschaft von Schranzen, Herren Grafen und bloss Herren ‚von' und solchen, die es werden wollen... Auf diese zwar traurige Weise macht der Künstler sein Glück.»

Dann öffnete die grosse Berliner Kunstausstellung des Jahres 1881 ihre Pforten. Drei Werke gab Stauffer zu der Ausstellung ein, die alljährlich unter der Ägide des Akademischen Senats abgehalten wurde und die zu den grössten gesellschaftlichen Ereignissen Berlins, ja Deutschlands zählte. Seinem Grundsatz gemäss «Ich hoffe das Beste und bin auf das Schlimmste gefasst» sagte Stauffer skeptisch: «Wir wollen mal sehen, ob von massgebender Seite der Karl Stauffer mit seinen Zangengeburten vielleicht bemerkt wird.»

Er wurde bemerkt. Unter den Besuchern der Ausstellung befand sich auch der Schweizer Dichter und Literarhistoriker Adolf Frey. Ihm stachen die drei Schöpfungen des Berners sogleich in die Augen: «Ein Waldesinnere und der Kopf eines Säufers, hartfäustig mit derbem Wahrheitssinn vor der Natur heruntergestrichen. Vor allem aber: das Kniestück des Bildhauers Max Klein. Der scharfgeschnittene, bedeutende, ausdrucksvolle Kopf und die Hand eminent gezeichnet und charakterisiert. War auch die Farbe etwas hart, so durfte sich doch kein Porträt der Ausstellung mit diesem messen, so dass die kleine goldene Medaille dem Schöpfer mit Fug und Recht zufiel.»

Mit einem Schlage war Stauffer der begehrteste Salonmaler und Porträtist von Berlin. Die goldene Medaille und dieser Aufstieg – das war noch keinem Bernburger gelungen, und gar noch einem, dem man die Fortführung des Stipendiums verweigert hatte!

«Ein neuer Stern ist am Himmel der Porträtmaler aufgegangen», so schrieben die Berliner Zeitungen und füllten ganze Spalten mit überschwenglichem Lob. Von den beiden Bildnissen las man in den Kunstkritiken: «Sie bezeichnen den Anfang einer neuen Ära der Porträtmalerei.» Die alten spanischen Meister und der unverwüstliche Niederländer Frans Hals seien in Stauffer auferstanden. Seine derbe, kräftige Plastik, seine urwüchsige Realistik war, da das Glatte und Vorschriftsmässige bisher allein Geltung gehabt hatte, etwas so Ungewöhnliches, dass dieses «Kunstereignis» wochenlang das Gespräch der gebildeten Gesellschaft blieb. Wenn Stauffer sechs Hände gehabt hätte, er wäre kaum imstande gewesen, alle Aufträge zu erfüllen. Er liess sich gut bezahlen und siedelte bald aus seiner dürftigen Malerbude in ein helleres und geräumigeres Atelier an der Viktoriastrasse über. Trotzdem verschmähte er es nicht, täglich in Museen zu wandern und dort weiterhin fleissig zu lernen, und der finanzielle Erfolg stieg ihm nicht zu Kopfe. Er betrachtete ihn nicht zuletzt als ein Mittel zur Abgeltung der Sorgen der Eltern um ihn: «Für mich hat all das Lob, das mir schon gespendet worden und in höherem Masse voraussichtlich noch gespendet werden wird, nur die Bedeutung, ... dass Ihr, meine Lieben, es noch erlebt, dass man im fernen Lande Euren Sohn, das heisst das Produkt Eurer Erziehung, schätzt, dass Ihr eine Genugtuung habt für Eure Mühe und Plage, die Ihr mit mir gehabt.»

Den Eltern, dem Bruder schickte er Geld. Die einzigen, die er seinen Triumph spüren liess, waren die Herren von der Kommission in Bern, die nichts von der Erneuerung des Stipendiums hatten wissen wollen: «Etwas kitzeln wird sie die Sache doch. Nun, sie können ruhig sein. Die Gelegenheit, über meine Fähigkeiten zu urteilen, wird ihnen so bald nicht zuteil werden; denn der Kari Stauffer zieht es vor, in Berlin, Paris, Wien oder London auszustellen, wo man auch einen jungen Mann rückhaltlos anerkennt, wenn er was kann, nicht so wie in Bern, wo man die besten Sachen hinschickt und die Leute glauben, wie man ihnen zu Dank verpflichtet sei, wenn sie überhaupt Notiz nehmen davon.» Selbst drei Jahre später hatte er sein mit Hohn gemischtes Ressentiment nicht überwunden. Auf die Anfrage eines bernischen Ausstellungskomitees hin bot er einen lebensgrossen weiblichen Akt an, fürchtete aber, dass «sich die Prüderie meiner lieben Miteidgenossen und Mitbürger an dem nackten, sehr hübschen Mädel stösst». Nur wenn man seinen minutiösen Vorschriften, wie das Gemälde zu hängen sei, nachkam, wollte er es schicken.

Ganz besonders die Damen begannen Stauffer zu verhätscheln. Nicht immer war es ihm wohl dabei. Mit Selbstironie erinnerte er sich seines ersten Auftretens in der vorschriftsmässigen Montur: «Gestern habe ich die erste Visite in Zylinder und Frack gemacht... Es war zum Totlachen. Überall bin ich mit der verdammten Angströhre angestossen. Dass man sich doch zu einem Affen machen muss, um der Form zu genügen!» Die vielen gesellschaftlichen Verpflichtungen hinderten ihn am Arbeiten. Doch statt sich von ihnen zu befreien, suchte er sie, da er Anerkennung und Bewunderung als Stimulans brauchte. Gelegentlich benahm er sich sogar wie ein Scharlatan, so etwa im Hause der Mosse, deren Annoncen- und Zeitungsagentur schon damals eine Macht war: «Ich trete auf als Konzertmaler und werde in der Zeit von einer halben Stunde acht fertige Porträts von Herren der Gesellschaft liefern... Man darf eine solche Gelegenheit, sein Licht leuchten zu lassen, nicht ungenutzt vorübergehen lassen.»

Auf die Ausstattung seiner im vornehmen Westen gelegenen Wohnung legte er grossen Wert: «Jetzt sieht's aber bei mir recht hübsch und zwar ziemlich fein aus, dass ich mich absolut vor niemandem, nicht einmal vor einem Fürsten zu schämen brauche.» Reserven vermochte er nicht anzulegen. Darum beschäftigte ihn die finanzielle Sicherung seines Daseins ständig. Er wünschte, so unabhängig zu werden, dass er der Knechtschaft des Porträtierens entfliehen könne. Wenn er nur einen Gönner gefunden hätte! Aber die Tage der Mäzene waren vorbei.

Das Unbehagen wuchs. Stauffer spürte, dass er an den Modellen klebte und zu einer Art von Fotografen herabsank. Nicht zufällig kaufte er sich zu dieser Zeit einen teuren Lichtbildapparat. Zwischen den Sitzungen malte er nach den Aufnahmen, die er von den Auftraggebern machte. Damit war er zum Handwerker geworden. Besseres konnte er in seinem Fache nicht mehr leisten. Die Augen waren so sicher geworden, dass es nur eine Frage der Zeit war, ob ihm ein Porträt vollkommen ähnlich gelang. Er erkannte, dass er in der Ölmalerei an jenen Punkt gelangt war, wo er keinen Feind mehr fand – also warf er sich mit Vehemenz auf eine andere Technik: auf die Radierung.

Unter der Anleitung seines Freundes Peter Halm merkte Stauffer, dass beim Radieren das zu seinem Rechte kam, was seine Stärke war: die plastische Empfindung. Daher steckte er sich zum Ziel, mit der Nadel zu kolorieren. Wie das Fleisch, die Haut darzustellen sei, war ein Problem, das ihn faszinierte. Wie rasch seine neue Kunst hohe Anerkennung fand, ging daraus hervor, dass sich der gefeierte Maler Adolf von Menzel schon bald von ihm porträtieren liess.

Im Sommer 1885 zog Karl Stauffer neuerdings um, und zwar in den dritten Stock des Hauses Klopstockstrasse 52. Dorthin brachte ihm Anfang Juni der Postbote einen Brief aus der Heimat, der ihn alarmierte. Die Mutter meldete, der Gesundheitszustand des Vaters verschlechtere sich zusehends. Vor drei Monaten sei ein Herzfehler entdeckt worden, und dazu komme jetzt ein Nierenleiden. Digitalis, Koffein und Morphium seien nötig, um das Herz zu stützen und dem Patienten die Angst zu nehmen. Chloral nütze nichts. Wie früher hege er Selbstmordgedanken.

Stauffer vertauschte die Radiernadel sogleich mit der Feder und schrieb nach Hause:

«Mein lieber, lieber Papa!
Verzeih mir, aber ich hatte bei Schreibung meines letzten Briefes noch keine rechte Ahnung, dass Du Dich so sehr unwohl befindest und krank zu Bette liegst. Ich brauche Dir wohl nicht zu sagen, was ich für Dich fühle und wie ich besonders jetzt mit Dir fühle und wie mein ganzes Denken sich in Deinem Wohlergehen und Deiner Wiederherstellung konzentriert. Trotzdem ich zwar ganz bestimmt hoffe, dass in kurzer Zeit diese akuten Krankheitserscheinungen sich mildern, so käme ich doch am liebsten selbst, und zwar gleich, um Dir womöglich, so viel wie in meinen Kräften steht, zu helfen und Dein Leiden zu lindern und die liebe Mama bei Deiner Pflege zu unterstützen.»

Stauffer war beunruhigt. Nicht so sehr die Herz- und Nierenleiden des Vaters machten ihm Sorge, sondern die Depressionen. Sie kamen vom Kopf aus, vom Gehirn, und schon stieg der alte fürchterliche Gedanke auf: Sollte auch ihm, dem Sohn, vererbt sein, was den Vater belastete? Sollte die Kette geistiger Störungen, die seine Familie heimsuchten, in ihm ein neues Glied finden?

Er musste diesen Gedanken verscheuchen. Darum schrieb er dem Vater von seiner Arbeit und schimpfte über die Steuerkommission, die ihn gesalzen hoch einschätzte. So fand er das Gleichgewicht wieder. Er schloss den Brief mit den Worten: «Also, mein lieber Papa, sei guten Muts und immer davon überzeugt, dass, wenn ich auch nicht wirklich bei Dir bin, ich doch jeden Moment für Dein Wohlergehen und für Deine so kostbare Gesundheit besorgt bin.» Schliesslich versprach er, so schnell wie möglich nach Hause zu kommen, aber die Reise liess auf sich warten. Fürchtete er, die trüben Ahnungen möchten sich verwirklichen? Auch aus der Ferne liess sich helfen. Brauchte der Vater Orts- und Luftveränderung, so würde er die Kosten gerne tragen helfen. Entscheidend aber war, wenn der Kranke selbst an die Genesung glaubte. Da hatte er jüngst ein Buch gekauft, eine Kant-Ausgabe, und darin war er auf einen Text gestossen mit dem Titel: «Von der Macht des Gemüts, seiner krankhaften Gefühle durch den blossen Vorsatz Herr zu werden». Es war fatal, wenn einem die Melancholie den Humor nahm. Wie, wenn der Vater diese vorzügliche Schrift las? Vielleicht würde sie ihm helfen, sich aufzufangen.

Doch da war nichts mehr aufzufangen. Montagmorgen, den 13. Juli 1885, noch vor Mittag, liess der Telegrafenbote Stauffer den Empfang der Depesche bestätigen, die meldete, der Vater sei gleichentags um dreiviertel ein Uhr gestorben. Eine Woche zuvor hatte er sich freiwillig in die Waldau unter die Obhut seines Schwagers begeben, teils aus Angst und Verlangen nach Ruhe, teils aus Rücksicht auf die Familie; Frau und Töchter waren bei der Pflege beinahe zusammengebrochen.

Stauffer reiste. Daheim erfuhr er, der Tod sei sanft gekommen, im Schlaf; der Wärter habe geglaubt, der Kranke schlummre. Das tröstete und beruhigte. Das sah gottlob nicht nach Irrsinn aus. Und die Sektion hatte ergeben, dass das Gehirn ausser zwei linsengrossen Zysten nichts Besonderes aufwies. Die Todesursache schien ein Herzklappenfehler gewesen zu sein.

Stauffer fiel eine Last vom Herzen. Vielleicht würde ihn der dunkle Schatten nie erreichen. War er denn nicht gesund, fühlte er sich nicht stark und energiegeladen? Sein geschultes Auge sah selbst in der Mutter, die den Witwenschleier trug, sofort das Motiv, das nach dem Pinsel verlangte. Und gleich darauf sass ihm die

Lieblingsschwester Sophie Modell. Er malte sie, als ob sie nicht soeben einen schweren Verlust erlitten hätte, ein Bild der Lebensfrische und der Lebensfreude, mit entblösstem Hals und nackten Schultern, und die leicht geöffneten Lippen tranken das Leben ein. Der zukunftsfrohen Jugend – der gehörte auch er an. Jahrzehnte hatte er vor sich, Jahrzehnte, die er ausfüllen wollte mit immer besseren Werken, bis er eingehen würde unter die Künstler, deren Namen nie vergessen wurden.

4. ZÜRICH: EIN ANGEBOT UND EINE DAME

An einem heissen Tag im August desselben Jahres 1885 stiess Karl Stauffer im Bahnhof Zürich-Enge auf einen Mann, der ihm bekannt vorkam. Auch dieser stutzte, und dann erkannten sie einander: Es war Emil Welti, der Bundesratssohn.

Sie tauschten Erinnerungen aus. Verrat und Verruf lagen lange Jahre zurück; sie lachten über sie. Welti hatte vom Ruhme Stauffers gehört, und Stauffer erfuhr: Emil war Doktor der Rechte geworden. Er sass im leitenden Ausschuss der Schweizerischen Unfallgesellschaft in Winterthur und in mehreren Verwaltungsräten. An seiner linken Hand glänzte ein goldener Ring; ja, verheiratet war er. Seit zwei Jahren. Mit wem? Mit der fast gleichaltrigen einzigen Tochter des grossen Alfred Escher. Der war zwar tot, aber sein Name lebte weiter. Wer in der Schweiz und weiterum im Ausland wusste nicht, wer er gewesen: der Eisenbahnkönig der Schweiz und der Schöpfer der Gotthardbahn! Ein Unternehmer grossen Stils, den seine Freunde bewunderten und den seine Feinde den Herrgott von Zürich nannten, einen Schwarzkünstler und Doktor der höheren Geldmagie. Man erzählte, dass die Züge im Zürcher Hauptbahnhof mit der Abfahrt zuwarten mussten, bis er auf dem Bahnsteig eintraf, wenn er zu einer Sitzung in die Bundeshauptstadt Bern fahren wollte. Von ihm hatte die Tochter den Herrschaftssitz Belvoir geerbt, ganz in der Nähe des Bahnhofs Enge, und Stauffer erinnerte sich, vom Dampfboot aus den wundervollen Park schon gesehen zu haben, wie er mit seinen Baumkronen vom See zu einem sanften Hügel anstieg, auf dem das Herrschaftshaus stand.

Ob er nicht mitkomme, fragte Welti. Es freue ihn, wenn er Stauffer seine Frau vorstellen dürfe. Der Maler hatte etwas Zeit. Zwar stak er inmitten der Vorbereitungen zu einem Bild des Dichters Conrad Ferdinand Meyer, des Berühmtesten neben dem anderen Zürcher Meister, Gottfried Keller. Auch mit diesem bestand schon Verbindung; auch da zeichnete sich der Plan zu einem Porträt ab. Doch heute, warum nicht? Warum sollte er der Einladung nicht folgen? Sie waren zwar nie wirkliche Freunde gewesen, Emil und er, nicht nur der leidigen Schulgeschichte wegen; ihre Charaktere gingen zu weit auseinander; allein Emil erschien Stauffer jetzt viel netter als damals, und es schadete nie, mit einflussreichen Leuten bekannt zu sein.

Die tausend Schritte zum Belvoir machten sie zu Fuss. Sie waren beide noch jung, weniger als dreissig. Sie bogen linkerhand von der Hauptstrasse in eine kurze Allee, und dann erhob sich die Villa inmitten prächtiger Bäume. Nach Südosten war ihr eine breite Terrasse vorgelagert. Von dort schweifte der Blick ungehindert über die metallene Fläche des sichelförmigen Sees bis zur fernen Alpenkette. Die plötzliche Weitsicht überraschte. Da vorn an der Balustrade hätte Stauffer stehen mögen, lange, und den grandiosen Ausblick in sich eintrinken. Hob es da einem nicht wie von selbst die Hände, zwang diese Sicht nicht zur Anbetung? Eine Statue hätte hierher gehört, die diese Bewunderung ausdrückte.

Es blieb Stauffer wenig Zeit, sich dem Eindruck hinzugeben. Er hörte, wie sich hinter ihm die Flügeltür öffnete. Er drehte sich um: Da stand Weltis Gemahlin, die Herrin des Belvoir. War sie schön? Stauffer hatte schon vollendetere Gesichter gesehen, graziösere Gestalten, und doch: Etwas ging von der Frau aus, was er kaum mit Namen zu nennen wusste. Am treffendsten fand er das Wort «Grandezza». Ja, das war sie, eine «grande dame», von sicherem Auftreten, von Geschmack und vermutlich auch von Bildung. Aber schön? Nein, schön war sie eigentlich nicht.

Stauffer näherte sich ihr, Hut und Handschuhe in der Linken. Welti stellte ihn vor. Und die Dame kam – es fiel ihm auf – einen oder zwei Schritte näher auf ihn zu, als er es erwartet. Sie trug ein helles Kleid, und so schritt er in seinem schwarzen Anzug wie eine Kontrastfigur an ihrer Seite ins Innere des Hauses.

Stauffer blieb nicht lange; Meyer wartete oben in Kilchberg, und er verabschiedete sich bald. Wie sie einander die Hände reichten, forderten ihn die Weltis auf, wiederzukommen, so oft er wolle.

Stauffer freute sich auf den nächsten Besuch. Es blieben artige Visiten. Der berühmte Maler brachte sie der eleganten Dame als eine Art Huldigung dar. Wenn ihm nicht in Kilchberg Meyer zu Studien sass, hielt er sich im Belvoir auf, ein bald tagtäglicher Gast. Er fühlte sich heimisch und spürte, dass auch die Gastgeber ihn mochten, beide, Mann und Frau. Die Frau vielleicht ein wenig mehr. Emil wurde zum Kameraden; war sie bloss Kameradin?

Eines Nachmittags schritt er mit ihr von der Terrasse aus den sanften Abhang hinab auf den geschwungenen Wegen des von den Bäumen dunklen Parks. Sie kamen an den Ökonomiegebäuden vorbei, an der Wohnung des Gärtners, an der Orangerie, am Teich und traten auch ins Gewächshaus ein. Die Wege führten weiter bis an den See. Sie redeten viel miteinander und fanden, dass sich ihre Ansichten über Literatur und Kunst erstaunlich deckten. Der Frau Verständnis dafür schien noch grösser als dasjenige ihres Mannes. Was Emil denn tue neben seinen Geschäften? Gewiss, auch er habe viel Sinn für alles Künstlerische, vorab für Musik; am liebsten aber treibe er rechtshistorische Studien. Im ganzen lebe er recht zurückgezogen, wie sie übrigens auch, obschon ihr der Sinn mehr nach Weltweite, nach Grossstadt stehe. Zürich sei ja ganz nett, aber mit München, mit Berlin wohl nicht zu vergleichen. Sie tue hier schlecht und recht ihre Pflicht, indem sie dem grossen Haushalt vorstehe. Sie repräsentiere, wenn Gäste kämen, und die erschienen nicht zu selten, denn ihr Haus gelte – eigentlich sei es erstaunlich – als eines der ersten der Schweiz. Manche bekannte Persönlichkeit, manch erfolgreicher Finanzmann sei schon über die Schwelle getreten, aber im Grunde führten sie beide ein Philisterleben. Da müsse Stauffers Welt eine ganz andere sein. Und sie schaute ihn plötzlich mit ihren grossen, leicht hervortretenden Augen lange und tief an, und der Maler fühlte sich einmal mehr von einer Macht berührt, die er freilich nicht Liebe nennen wollte. Vielleicht aber war es ein Hauch von Verliebtsein.

Es wurde vereinbart, Stauffer solle im kommenden Sommer im Belvoir wohnen und Lydia malen. Dagegen hatte er nichts einzuwenden. Von Zeit zu Zeit Berlin zu entfliehen, kam ihm gelegen. Das Bildnis Meyers musste ohnehin fertig werden. Und inzwischen hatte auch die Sache mit Keller Gestalt angenommen. Auch er wollte im Sommer übers Jahr gemalt sein. Wie manchen Abend, wie manche halbe Nacht hatte Stauffer schon mit dem Dichter verzecht! Eine fidele Gesellschaft fand sich da jeweils zusammen: der Maler Rudolf Koller und der Bildhauer Richard Kissling waren gewöhnlich mit von der Runde, die fast allabendlich im Rokoko-Zunfthaus «Zur Meise» tafelte und trank. Selbst der grosse Arnold Böcklin liess sich herzu; Stauffer fand ihn einen feinen Kerl, obschon ihn der Hochberühmte nur für einen äusserst talentierten Techniker, nicht aber für einen schöpferischen Menschen hielt. Stauffer ahnte, dass Böcklin damit nicht ganz unrecht hatte, doch wenn sie gemeinsame Stunden in der «Apfelkammer» am Rindermarkt verbrachten, dann vergass er in der Weinseligkeit solche Urteile rasch und gern.

Den Winter über malte und radierte Stauffer in Berlin. Freitag, den 8. Januar 1886, meldete er seiner Mutter: «Bis 1. Juni bleibe ich hier, das heisst bis zur Eröffnung der Ausstellung und nachher noch einige Tage. Dann gehe ich nach Zürich, male Frau Welti und Emil Welti, dann nach Bern, den Vater Bundesrat und was sich sonst noch findet.»

Es fand sich unter anderem auch die Frau des Bundesrates. Das Geschäft liess sich gut an. Es hatte sich gelohnt, damals im Bahnhof Enge die Einladung nicht auszuschlagen. Das Ölbild der Belvoir-Herrin allein sollte zehntausend Franken einbringen. Die Weltis liessen sich nicht lumpen, denn das war mehr, als Stauffer in Berlin erhielt. Drum musste er sich die Leute warm erhalten. Er schrieb ja gerne, und so begannen sich die Briefe von hüben und drüben in regelmässigen Abständen zu folgen. Jene, die aus dem Belvoir kamen, stammten fast immer – war das zu verwundern? – von Lydia; nichtsdestoweniger setzte er über die seinen nie etwas anderes als «Verehrteste Frau und Freundin». Der Hauch von Verliebtheit war längst verflogen. Aber es galt, die Auftraggeber – Stauffer vermutete zwar, er müsse das Wort in die Einzahl und die weibliche Form setzen – bei guter Laune zu halten. Dann, davon war er überzeugt, würde er an Welti und seiner Frau gute Freunde haben in allen Fällen. Und Bundesrat Welti schrieb an seine Schwiegertochter: «Die Nachricht, dass Stauffer das Porträt Gottfried Kellers bei Euch mache, war mir sehr lieb. Solche Dinge sind Lichtpunkte in dem Leben einer Familie, und die Erinnerung daran wird Euch stets teuer sein.»

Das gläserne Gewächshaus im Belvoirpark war fast ganz ausgeräumt. Es herrschte tropische Hitze darin. Geruch von Farbe und Terpentinöl schwängerte die Luft. Das eigens eingelassene Oberlicht goss eine Sturzflut von Helligkeit über die Staffelei, auf der das Bild der Frau Welti lehnte. Heute indessen arbeitete Stauffer nicht daran, heute sass ihm ein anderes Modell, ein Mann mit Bäuchlein und viel zu kurzen Beinen. Sie reichten kaum bis zum Boden. In der Hand hielt er eine halberloschene Zigarre und ein grosses, zerknülltes Taschentuch. Die weisse Weste war leicht hochgerutscht, und der Kopf hing schwer und müde auf die Brust. Die Hitze trieb Schweissperlen auf die hohe Stirn. Der Mann döste, Stauffer sah es genau. Er war nicht mehr bei der Sache, er schaute schon längst nicht mehr zur Leinwand hin, der Blick war leer. Es ging gegen Ende Juli, und der Mann war nicht mehr der Jüngste. Mit siebenundsechzig durfte man sich wohl ein kurzes Nickerchen leisten.

Stauffer ging zum Tisch hinüber, auf dem die Utensilien lagen. Er nahm das schwarze Kästchen in die Hand, eine ganz neue Erfindung, die keines Stativs mehr bedurfte. Die Platte war drin, das Licht günstig. Er blickte durch den Sucher. Würde das Klicken des Verschlusses sein Vorhaben verraten? Nein, der Mann auf dem Stuhl döste weiter. Stauffer stellte die Kamera beiseite und griff wieder zum Pinsel.

Hoffentlich wurde der Schnappschuss gut. Gelang er, so war er unbezahlbar. Nach ihm liess sich wunderbar radieren. Noch nie vermutlich hatte ein grosser Dichter so unfreiwillig und so natürlich, so gelöst Modell gesessen. Stauffer freute sich diebisch.

Ein Jahr später bekam Gottfried Keller sein heimlich eingefangenes Abbild zum erstenmal zu Gesicht. Er wurde zornig. Wie feig und hinterlistig von Stauffer, seine Müdigkeit so auszunützen! Der Maler sollte sich unterstehen, weitere Abzüge herzustellen.

Doch je länger er das Blatt in der Hand hielt und je genauer er es betrachtete, um so grossartiger erschien ihm das Konterfei in seiner Menschlichkeit. Allmählich begann es in seinem Gesicht zu blitzen und zu zucken, und schliesslich konnte er das Lachen nicht mehr verbeissen. Er nahm einen Bleistift und schrieb darunter:

> Was die Natur schon fragmentiert,
> hat hier des Künstlers Hand krokiert;
> so aus der doppelten Verneinung
> kommt ein bedenklich Ganzes zur Erscheinung.
> Es scheint der kurze Mann fast krank,
> doch raucht er ja noch, Gott sei Dank!

Und Lydia lachte ebenfalls und bewunderte die Keckheit des Malers, seine Kunst und ihn selbst.

Der Winter 1886/87 zog sich über Gebühr in die Länge – so jedenfalls erschien es Karl Stauffer in Berlin. Er hatte zwar im Herbst einen grossen Erfolg gebucht. Ein Auftrag des preussischen Staates hatte ihn verpflichtet, den Dichter Gustav Freytag für die Nationalgalerie zu malen. Die bedeutendsten Männer der Wissenschaft, Literatur und Kunst, Staatsmänner und Militärs sollten für sie verewigt werden. Stauffer befand sich in bester Gesellschaft: Lenbach, Knaus, Ludwig und Gustav Richter, Pohle, Gräf und Angeli, lauter anerkannte Künstler, waren die andern Beauftragten. In Siebleben bei Gotha hatte er sich der ehrenvollen Aufgabe mühselig, aber schliesslich doch mit Bravur entledigt. Die unzähligen Sitzungen in des Dichters Landhaus hatten Gespräche über Politik und Kunst gewürzt und gekürzt. Dabei waren sie auch auf ein Thema gekommen, das Stauffer brennend interessierte. Freytag meinte, die innere Verwandtschaft der verschiedenen Künste sei früher häufig darin sichtbar geworden, dass der Dichter auch Sänger und Musiker und der bildende Künstler nicht nur Maler, sondern auch Bildhauer, Erzgiesser, Architekt, Holzschneider und ähnliches gewesen sei. Darauf wurde Stauffer warm, erzählte von seiner Freude am Radieren und gestand, wie grossen Drang er habe, auch einmal etwas Tüchtiges zu modellieren. Die Bildhauerei sei die einzige wahre Kunst; da sie auf Farbe verzichten müsse, so komme alles allein auf die Form an. Wenn er sich dem Modellieren verschreiben wolle, brauche er indessen Zeit zur Erlernung der Technik, viel Zeit sogar. Seinem Naturell entsprechend müsse er sich dann ganz aufs Studium werfen, so dass kein Raum für den Broterwerb bleibe.

Stauffer kam ein Gedanke. Wie, wenn er die millionenschweren Weltis mit der Bitte anging, ihm bei der Verwirklichung des neuen Wunsches zu helfen? Es kam darauf an, Lydia dafür zu gewinnen. Würde das schwer sein? Stauffer glaubte es nicht. Indessen: Obschon sie den allergrössten Teil des Geldes in die Ehe gebracht hatte, war nach zürcherischem Recht einzig Emil verfügungsberechtigt.

Winter und Frühling vergingen. Ende August fuhr Stauffer nach Biel und malte im Jura. Aber es wurde überdeutlich: Er war kein Landschafter. Um so kräftiger zog es ihn zur Plastik. Im September malte er in Bern Bundesrat Welti und dessen Frau, Bilder, zu denen er das Jahr zuvor keine Musse gefunden. Dann aber fuhr er nach Zürich; unumwunden eröffnete er Emil Welti, er wolle Berlin verlassen und in Italien leben, um sich dort neben dem Malen der Bildhauerei zu widmen. Dazu fehlten ihm leider die Mittel, und deshalb werde er wohl fortfahren, in Berlin Porträts zu fabrizieren. Darauf anerbot sich Welti – er konnte kaum anders –, die Mittel zu gewähren, und Stauffer nahm freudig an.

Es wurde eine Vereinbarung getroffen. Drei Jahre vorläufig sollte der Künstler ohne alle Auftragsmalerei in Rom leben dürfen. Welti wollte ihm jährlich zehntausend Franken zahlen, allerdings nur in Wechseln und nach Bedarf. Das war trotzdem mehr, als Stauffer zu hoffen gewagt hatte. Musste er fragen, wem er die Grosszügigkeit verdankte? Sollte er sie zurückweisen, weil sie von einer Frau kam? Oder liess er sich kaufen? Mochten daraus Verbindlichkeiten entstehen, die ihn später reuten? Die Mutter in Biel sah schwarz. Sie nannte das Abkommen schnöde Geldknechtschaft; er solle aufpassen, dass sie nicht in Weiberknechtschaft umschlage. Es wäre besser, zuerst den zahlreichen Bestellungen zu genügen. Die seien bei Karls rascher Arbeitsweise in einem halben Jahr auszuführen; danach habe er genug Geld, um einige Jahre unabhängig in Italien zuzubringen.

Der Gegenwert freilich kam auch zur Sprache. Alles, was Stauffer in diesen Jahren schuf, sollte ins Belvoir wandern, als Eigentum der Freunde. Zwei Familienporträts, die er angefertigt, Frau Lydias Bilder und das Gemälde von Gottfried Keller wurden in die Rechnung eingeschlossen. Somit war er zwar noch Auftragsmaler, aber immerhin einer, den nichts an feste Termine band. Er war nicht mehr gezwungen, um des lieben Geldes willen Köpfe zu malen, die ihn ekelten; er würde schaffen dürfen, was ihm behagte, wozu sein Talent ihn zwang, und so konnte er sich wohl mit Recht frei nennen, frei zum erstenmal, seit er den steilen Weg zum Ruhm betreten.

Er reiste nach Berlin zurück. Noch ein Winter war durchzustehen, dann würde sich das Tor in die Verheissung öffnen. Er lebte die kalten und düsteren Wintermonate nur in der Sehnsucht nach dem ewigen Frühling. Vor Weihnachten schrieb er Lydia: «Sie können sich nicht vorstellen, welch traumhafte Freude ich empfinde bei dem Gedanken, jahrelang in Italien zu sein, zu arbeiten, was mich freut, und schaffend die Schönheit dieser Welt so recht auszukosten. Seit ich mir darüber klargeworden, dass hier meines Bleibens nicht ist, ist mir wieder wohl, so ganz kannibalisch.»

Stauffer ging mit Feuereifer an die Liquidierung seiner Habe: «Bin ich nur erst von dem ungeheuren Ballast von Mobiliar und Atelierrepräsentationskram befreit, dann soll es wohl keinen fideleren Menschen geben wie meine Wenigkeit. Was man sich so in sieben Jahren alles um teures Geld, teils aus Dummheit, teils aus Notwendigkeit, zusammenkauft, das empfinde ich jetzt recht, wo ich daran denke, es zusammenzupacken. Möge es auf dem Berliner Lagerhof verfaulen, wenn ich nur nie mehr was davon hören muss.»

Wahrhaftig, habsüchtig war er nicht. Er stand in einem ganz anderen Verhältnis zum Geld. Es war ihm wichtig, weil es ihm Freiheit und Musse zur Arbeit verschaffte. Reichtümer um ihrer selbst willen anzuhäufen, lockte ihn nicht. Und so schloss er den Brief an die Freundin im Belvoir mit den Worten: «Der Natur einen schönen Spiegel vorzuhalten, daraus sie abgeklärt und stimmungsvoll zurückstrahlt, keinem andern Triebe folgen zu dürfen als seinem instinktiven Schönheitsgefühl, das ist für den Menschen, der wirklich künstlerisch begabt ist, das Ziel seiner Wünsche. Amen.» Drei Wochen später meldete er: «Ich existiere hier eigentlich nur mehr wie der Mann ohne Herz... In meinem Lehnstuhl sitzend träume ich mich dahin, wo ich gerne wäre. Nun, die kleine Zeit wird auch noch ein Ende nehmen, und wenn die Mandeln blühen heuer, so werde ich es hoffentlich sehen.»

Den Freunden in Berlin fiel auf: Stauffer hatte sich verändert. Er, der bisher jedem Hilfesuchenden beigestanden hatte, kehrte seit einiger Zeit den Grandseigneur heraus. Man tuschelte, er habe einen Mäzen gefunden, einen steinreichen Zürcher, genauer eine Zürcherin, die nicht wisse, wohin mit dem Geld. Man sah ihn kaum mehr in den Kneipen, noch seltener beim Kegeln. Es schien, als ob ihm die Freunde von ehedem zu gering geworden seien. Der eine, Katsch, erzählte, wie er Stauffer nach langer Zeit in einem Kaffeehaus getroffen, aber das Gespräch blieb karg. Stauffer verweilte nur kurze Augenblicke, dann rief er den Kellner und bezahlte den Mokka mit einem blanken Tausendmarkschein. Der Ober musste nach hinten zum Wechseln, und darauf zählte er dem noblen Gast einen ganzen Hügel von Noten auf den Tisch, das Kleingeld nicht gerechnet. Stauffer genoss die neidischen Blicke rings um ihn her, daran war kein Zweifel. Dann stand er auf, ohne jemandem die Hand zu geben, schnarrte ein affektiert-berlinisches «Morgen» und verliess imposant das Lokal.

Ein anderer Freund, der Schweizer Maler Walther Siegfried, war dabei, als Stauffer einmal im Kreise seiner Bekannten, sichtlich bis in die Tiefen aufgewühlt durch die Wende in seinem Leben, deutlich zu machen versuchte, warum ein Künstler über alles hinweg neuen Erkenntnissen folgen müsse, die ihm aufgegangen; warum es da keine persönlichen Rücksichten noch solche auf seinen Lebensapparat geben dürfe, selbst wenn man den vielleicht schon als gefestigt oder gar als endgültig betrachtet habe.

Um zwei Uhr trat man an die frische Luft hinaus. Allen brannten die Köpfe. Stauffer schritt mit Halm voran. Da hielt der Kunstmaler Adolf Stäbli, gleichfalls ein Schweizer, Siegfried am Ärmel zurück und raunte ihm kopfschüttelnd zu: «Du, den wird es dereinst zersprengen!» Wenige Jahre später sollte dieses Wort in Erfüllung gehen.

Und wiederum berichtete Katsch: «Ich traf ihn noch einmal in der Zeit seines grössten Glückes, mit seinem wiegenden, stapfenden Gang, den einwärtsgekehrten Füssen, er war in allem der alte; so derb und unstädtisch und so treuherzig hatte das alles früher gewirkt. Jetzt hatte er spitze Lackstiefel an den Füssen und einen Zylinder auf dem Kopf. Ob er als Künstler nicht auch weitergekommen, wenn er der nette Kerl geblieben wäre?»

Schliesslich sah Katsch ihn Ende Januar 1888 in einer Droschke über den Askanischen Platz in Berlin fahren. Ein oder zwei Koffer standen beim Kutscher. Er hatte eine Virginia im Mund und blätterte in der Brieftasche. Sein Blick streifte den auf dem Gehsteig Stehenden, aber er trug den Kopf voll von anderen Dingen und grüsste nicht. Er fuhr damals zum Bahnhof und von dort nach Italien, wo sich sein Geschick so früh und so traurig erfüllen sollte.

5. KARL STAUFFER UND DIE FRAUEN

Als Adolf Frey, der schweizerische Dichter und Literaturprofessor, im August 1881 in der grossen Berliner Kunstausstellung die preisgekrönten Bilder Stauffers sah, beschloss er, den Maler persönlich kennenzulernen. Er fand das mächtige Mietshaus an der Potsdamer Strasse, durchquerte den düsteren Hof und erkletterte die endlos steilen Treppen des Hintergebäudes, bis er endlich in dem keineswegs gewaltigen Atelier stand. Dann sah er vor sich «einen Mann Mitte der Zwanzig, von aufrechter Haltung, einen Mann wie Milch und Blut, mit dichtem Blondhaar, das leicht zum Krausen neigte. Die Augen waren blau, der Mund auffallend rot; es war ein starkknochiger Alemanne, der da vor der Staffelei hantierte, ein Berner, wie er im Buche steht, nur etwas lebhafter, behender, als eben Berner in der Regel sind.»

Die beiden kamen rasch ins Gespräch. Stauffer redete über das Technische seiner Kunst, über seine Pläne und Absichten und über die Stimmungen, die ihm die Arbeit erleichterten oder erschwerten. Bald sprach er auch von seinem Verhältnis zu den Frauen. «Darin bin ich wie ein alter Minnesänger», lachte er. Und indem er auf einen vortrefflich gezeichneten Akt auf der Staffelei wies, sagte er: «Ich kann keine recht zeichnen oder malen, die ich nicht umarmt habe.»

Frey gewann den Eindruck, es sei gerade die Unbekümmertheit in diesen Dingen, eine ausgesprochen rücksichtslose Männlichkeit, die viele Frauen magnetisch anzog. Dass Stauffers Erotik je eine tiefere Neigung zugrunde lag, bezweifelte Frey. Er fragte sich, ob Stauffer echter Liebe überhaupt fähig sei. Gelegentlich fühlte er sich von dem Maler enttäuscht, und es schmerzte ihn, wenn er feststellte, dass dieser mitunter eine merkwürdige Kühle und Berechnung im Umgang mit Menschen an den Tag legte. «Ja, Doktor, ich bin ein feiner Habicht», sagte Stauffer dazu und meinte, er wisse Menschen und Verhältnisse mit scharfem Blick zu durchschauen und zu benutzen.

Frey täuschte sich nicht. Stauffer empfand wahre Leidenschaft nur für die Kunst. Die Frauen waren ihm eine «physiologische Notwendigkeit». So schrieb er aus Rom an Max Mosse: «Was mal aufs Atelier kommt, meistens ordinäre Ware, wird natürlich im Sinne eines physiologischen Prozesses ohne jede Illusion gedeckt.» Sogar von seiner lange mit ihm in Berlin lebenden Freundin Anna sagte er, als er im Sommer 1886 im Belvoir am Bildnis Lydias malte: «Sie fehlt mir sehr, respektive nicht sie gerade, aber ein Weib, das zu meiner Disposition steht; na, in sechs bis sieben Wochen kann es ja wieder losgehen.» Deutlich ging es ihm darum, sich in Liebesdingen selbst zu bestätigen. So meldete er von der ersten Nacht mit Anna: «Die ‚Hochzeit', die wir gefeiert haben, kannst Du Dir nicht vorstellen. Meine Zeugungs- und Geschlechtskraft war unerhört.» Bot sich keine Gelegenheit, so klagte er: «Ich entbehre nichts als die Wonne des Koitus.» Im selben Sinne berichtete er aus Rom: «Mit der Weiblichkeit ist es noch nicht, wie es sein soll. Alle drei Schritte was Schönes sehen und nicht zu kriegen, ist hart.» Gelegentlich indessen öffnete sich der Ausweg ins Freudenhaus: «Die kleine Schwarze, die wir im Bordell in Zürich antrafen an dem berühmten Abend in der Köngengasse, ist wieder von zu Hause durchgebrannt. Ich traf sie in einem Bordell in Biel und feierte ein würdiges Wiedersehen; sie machte ihre Sache ausgezeichnet.» Freilich stellten derartige Begegnungen den Künstler nicht völlig zufrieden. So schrieb er zur Zeit, da er im Belvoir Lydia malte, an Max Mosse: «Ganz wohl bin ich hier der verdammten Koitusverhältnisse wegen nicht; die Mädel sind zwar jung und hübsch in den Bordellen, aber hol's der Teufel, der Sache fehlt doch der Stil. Werd' ich froh sein, wenn ich den ersten Begattungsakt (mit Anna) wieder in meinen vier Pfählen mit Andacht und Hingebung auszuüben versuche.» – Die Folgen der Ersatzlösungen waren wiederkehrende «Schwanzgeschichten». Die Ärzte hielten sie zunächst für Syphilis; es zeigte sich jedoch, dass es sich um Herpes handelte, der allerdings nicht minder lästig war.

Im selben Jahr, da Stauffer Lydia kennenlernte, fand in Berlin ein Skandalprozess statt. Angeklagt war der Historienmaler Professor Gräf. Der angesehene Mann hatte sich in Frauengeschichten verwickelt. Da Stauffer ihn kannte, wurde er als Zeuge vorgeladen. Die Verhandlungen dauerten neun Tage von morgens bis abends. Gräf wurde zwar freigesprochen, aber obwohl der Prozess nicht viel anderes als Klatsch zutage förderte, war der Beschuldigte um Ruf und Stellung gebracht. Stauffer beklagte, dass die intimsten Geheimnisse dieses Mannes ans Licht gezogen wurden; er betrachtete sie als Privatsache. Am meisten bedrückte ihn, dass diese Geheimnisse von der Öffentlichkeit schamlos und heuchlerisch bekrittelt wurden. So sass er während der ganzen Dauer des Prozesses wie auf Kohlen. «Der Mensch ist so im Kot gewälzt worden, dass seine Freisprechung nur eine sehr geringe Rehabilitierung ist.» Doch wäre Stauffer selbst Geschworener gewesen, so hätte er ihn trotz der glänzenden Verteidigung verurteilt, schrieb er nach Hause. In dem Prozess objektivierte sich für ihn seine eigene Lebensweise; das Gewicht der Moral, das den Vater zerdrückt hatte, lastete für eine kurze Weile auf ihm. Das hinderte ihn indessen nicht daran, mit der «Heldin» des Prozesses eine Wagenfahrt zu unternehmen – was man sehr übel vermerkte – und zu gleicher Zeit nicht nur mit Anna zusammenzuleben und sie seine Frau zu nennen, sondern auch zu mehreren Damen der Gesellschaft Beziehungen zu unterhalten.

Im Sommer 1883 radierte Karl Stauffer den berühmten Maler Adolf von Menzel. Dabei lernte er dessen Nichte kennen. Eine Weile dachte er daran, sie zu heiraten. Nach Hause schrieb er über sie: «Sie ist nicht schön, im Gegenteil ein wenig hässlich und mager. Aber das ist nur eine Nebensache, wenn man eine Gefährtin fürs Leben sucht. Ich habe die Erfahrung gemacht, dass die Schönheit eine reizende Beigabe ist, wenn die Frau andere Eigenschaften des Charakters und des Herzens hat; aber sie vergeht schnell, und der Rest ist um so unangenehmer, als die Frauen nie glauben, dass sie nicht mehr hübsch sind. Die Schönheit allein, das heisst ein hübsches Gesicht und eine gute Figur, selbst wenn sie von viel Geld begleitet sind, ist nichts, denn im besten Fall ist die Frau, was man so sagt, eine gute Frau, welche die Haushaltung gut macht, aber welche dem, was ihr macht, kein Interesse entgegenbringt. Wahrscheinlich aber ist sie eitel auf ihre Schönheit und denkt, der Mann existiert nur für sie, und dass sie das Zentrum sei, wie früher in den Salons.

Was ich brauche, ist eine Frau, die erstens ein tiefes Verständnis für meinen Beruf hat, ferner nicht alle Moderomane gelesen hat, die weiss, dass der Mann der Herr ist. Ferner soll sie musikalisch sein und das Haus als ihre Heimat betrachten, nicht als Garderobe, wo man sich anzieht, um auszugehen. Dann muss sie eine gute Haushälterin sein. Und vor allem soll sie mich bewundern.»

Die daheim atmeten auf. Sie begrüssten die Heiratsabsichten aufs lebhafteste. Sie erhofften eine Festigung der Verhältnisse. Ihre Hoffnung wurde bestärkt durch die Briefstelle, in der stand: «Was man so Liebe nennt, habe ich nie empfunden, und ich glaube nicht, dass ich je die Liebe der Dichter empfinden werde; aber ich empfinde eine gewisse Sympathie, die sich mit der Zeit sicherlich steigern wird.» Mutter, Schwestern und Bruder hielten sich an den Schluss des Satzes und spürten nichts von der grenzenlosen Einsamkeit, von der erschreckenden Beziehungsarmut, die aus dem Anfang sprach. Hätten sie sie gefühlt, so wären sie weniger enttäuscht gewesen über den Ton, den sie schon vierzehn Tage später vernahmen: «Wegen dem Mariage hat es alle Zeit. Da wird nichts überstürzt. Vor einem Jahr wird da kaum etwas Positives zustande kommen. Erst muss ich noch über sehr vieles im klaren sein, bevor ich auf den Leim gehe.» Zwei Jahre darauf zitierte er in einem Brief an die «verehrteste Frau und Freundin» im Belvoir Hölderlins Worte: «Uns ist gegeben, an keiner Stätte zu ruh'n.»

Der Maler Max Klinger, den Stauffer von Berlin her kannte und mit dem er in Rom eng zusammenarbeitete, hatte volles Verständnis für die Sinnenfreude seines Freundes. Sein eigener Wahlspruch lautete: «Du sollst wiedergeben, was du genossen hast.»

Einmal betrachtete Stauffer ein neues Blatt von Klinger. Es zeigte einen nackten weiblichen Körper. Da legte Stauffer seinen Finger auf eine Falte des Armgelenks, eine Falte, die zu hart geraten, und fragte: «Aber Klinger, denken Sie denn nicht daran, dass man so was küssen kann?»

Und später sagte Klinger, nachdem er Schäfers Buch über Karl Stauffer gelesen hatte, sein ehemaliger Freund sei kein armer Mann aus dem Toggenburg mit Simpelfransen gewesen, sondern ein brutaler Aaskerl, der Genuss wollte, Genuss brauchte und der sich den Teufel um Moralnudeln kümmerte. «Der Kerl ist mir weiss Gott lieber!»

Anfang Dezember 1889 schrieb Stauffers Freund Anwalt Max Mosse aus Berlin dem damals in Rom Etablierten, es gehe in der Hauptstadt das Gerücht, die Frau ihres gemeinsamen Bekannten Rothass sei mit einem Kind des Malers niedergekommen. Darauf antwortete Stauffer: «Die Sache mit Rothass ist ja äusserst scherzhaft; der Junge von Anna kann übrigens kaum von mir sein, respektive ich kann kaum daran mitgearbeitet haben, weil ich ja schon seit Mai mit dem Weibe nichts mehr zu tun hatte.» Damit war die Beziehung erledigt, denn Erinnerungen interessierten Stauffer nicht. Er lebte ganz in der Gegenwart. Und nun war er in Rom, nicht in Berlin. Rom war voll von Frauenzimmern: «So schön wie die Römerinnen gibt es doch keine Weiber, und wenn ich mal modellieren kann und Luft schnappe, werde ich vorsichtig die nötigen Schritte tun, um dieser Reize teilhaftig zu werden.» Aber er wollte offensichtlich nur über fremde Zäune steigen, wenn keine ernsthafte Gefahr bestand. Bindungen und Verwicklungen scheute er. Das Schicksal Gräfs zu teilen, empfand er nicht die geringste Lust. Darum schrieb er Peter Halm über die so begehrten Römerinnen, er müsse sich vor ihnen in acht nehmen, weil «hier solche Verhältnisse entweder mit der Heirat oder mit einem Messer im Nacken enden. Und beides wäre mir gleich fatal!»

Welch andere Erscheinung war im Vergleich zu der «ordinären Ware», mit der sich Stauffer meistens begnügte, Lydia Welti-Escher! Sie besass Format, die andern nicht. Auch die Damen der Berliner Gesellschaft, die sich ihm nicht nur zum Malen zur Verfügung gestellt hatten, wogen leicht. Rasche Eroberung und leichter Sieg, das war nach Stauffers Geschmack. Ansprüche auf seine

Person wies er zurück. Die Bewunderung, die ihm Frau Welti unverholen entgegenbrachte, schmeichelte ihm, aber sie zu besitzen, reizte ihn nicht. Am 15. Juli 1886 hielt er das mit aller Deutlichkeit Max Mosse gegenüber fest: «Es ist schwer, die Frau Welti gut zu malen. Sie ist nicht hübsch. Ich muss alle Künste aufwenden, um der Sache irgendeinen Reiz abzugewinnen.» Wie wenig ihm an ihr als Frau gelegen war, ging ebenso unmissverständlich aus dem nächsten Satz des Briefes hervor: «Alles das, was ich mir vorgenommen, Studien zum Bild oder Radierungen in den Zwischenstunden... kann ich nicht machen, weil ich in Gottes Namen artig sein muss und Gesellschaft leisten.» Lydia belegte ihn mit Beschlag, und er empfand es als lästig. Sexuelle Bedürfnisse befriedigte er in den öffentlichen Häusern der Stadt. In den langen Wochen, da er mit ihr allein im Belvoir wohnte, weil der Gatte mit einem Freund eine Vergnügungsreise nach Norwegen unternahm, blieb er dauernd distanziert, obschon sie gestand, sie hege heisse Liebe zu ihm. Er erklärte daraufhin, er wolle nach Italien fahren – ein weiterer offenkundiger Beweis dafür, dass er sich auf nichts einlassen wollte. Der Anspruch, den sie an ihn stellte, erschreckte ihn. Weil er nicht fähig war, eine harmonische, den ganzen Menschen erfassende Beziehung zu erleben, und in den Frauen nur Objekte seiner Triebe sah, war er Lydia, als sie sich ihm im Herbst 1889 geradezu aufdrängte, in keiner Weise gewachsen.

6. ITALIEN: OFFENBARUNG, ARBEIT UND FIEBER

Karl Stauffers Traum – der Einzug in die Ewige Stadt – ging am 17. Februar 1888 in Erfüllung. Es war ein Freitag. Das scheussliche Wetter vermochte die Hochstimmung nicht zu dämpfen. Max Mosse meldete er auf einer Postkarte: «Bis dahin Sauwetter, aber trotzdem eben ganz was anderes als anderswo. In Florenz und hier hat es geschneit und gehagelt und geregnet, und es war kalt wie in Berlin, aber trotzdem!»
Neun Tage hielt die Sintflut an, und es sah aus, als ob sie das

verkommene, geldgierige und miserable Menschengeschlecht mit Stumpf und Stiel vernichten wolle. Stauffers Zorn richtete sich vorab gegen die schamlose Trinkgeldjägerei und gegen die wucherischen Vermieter seines ersten Ateliers in den weiträumigen Parkanlagen der Villa Strohl-Fern, wo Überfluss nicht nur an Pinien und Zypressen, sondern auch an Spinnweben, zerbrochenen Fensterscheiben und Feuchtigkeit herrschte.

Dann aber brach die Sonne durch, und was war all die kleine Misère im Vergleich zu einem hellen Tag in Rom! «Alles, was ich mir träumte, die Landschaft, nach der ich mich sehnte, die Farbe, die Stimmung neu und wunderbar. Ich fühle, dass ich hier ein ganz anderer Mensch und ein viel besserer Künstler werde als im Norden, und wohl mir, dass ich als reifer Mann hergekommen mit der Einsicht und vor allem der Schulung, die nötig, um all das Material in Kunst umzusetzen! Die Natur hat mir vieles versagt, aber eins hat sie mir gegeben: das Schöne, das sich dem Auge bietet, zu kosten und zu geniessen, soweit es einem Menschen möglich ist. Ich kann mir nicht denken, dass ich je, wenn mich nicht die Not zwingt, von hier, respektive aus Italien fortgehe. Meine Phantasie, die in Berlin verrostet war und erfroren, taut wieder auf. Wo ich gehe und stehe, seh' ich Schönes, schöne Menschen, schöne Landschaft, überhaupt schöne Natur. An einem Nachmittag war ich in den Gärten der Villa Borghese, ich ging umher wie besoffen oder, wenn Du willst, verzaubert, ja, das ist eine Pracht, die weder zu schildern noch zu erzählen, nur zu malen ist.»

Und Lydia schrieb er schon am zweiten Tag: «Mit Phrasen will ich Sie nicht plagen, eines aber vor allem: Was ich mir dachte, das Land und die Leute, die ich suchte, habe ich gefunden, so dass ich mir keinen Fall denken kann, der mich von hier weglocken könnte.»

Er empfand also keineswegs Sehnsucht nach ihr. Die Hauptsache war, dass sie ihren Gatten dazu gebracht hatte, mit dem Geld – mit ihrem Geld! – herauszurücken. Er verlangte vom Leben nichts weiter, als dass es ihm gestatte, bis das Feuerlein ausgebrannt sei, in Rom zu arbeiten und alles, was Natur und Kunst boten, bis zur Neige auszukosten und durchzuempfinden. Danach wollte er mit Frieden in die Grube fahren.

Max Mosse empfing im April einen Brief mit folgenden Worten: «Es ist märchenhaft schön: Frühling in Italien! Denk Dir mal was dabei, wenn Du kannst! – Vor meinem Studio blühen die Rosen und nicken herein, blüht der Flieder, und ich strecke meinen Vollmondkopf dazwischen, einem ästhetischen Bedürfnis gehorchend; vom Pincio tönt die Musik, in dem Garten der Villa singen die Vögel, bellen die Hunde, wiehern die Pferde, und ich dazwischen freue mich still, dass ich endlich weiss, was schön ist und wozu mich der liebe Gott erschaffen hat: Marmor und Bronze, lieber Freund! Das Malen interessiert mich gar nicht mehr. Ich habe ein schönes, stilles Werk in Arbeit, auf das viele andere folgen sollen. Sono scultore, io! Du wirst es sehen. Jetzt fehlt mir nichts mehr zum Glück.»

Das «schöne, stille Werk» war die lebensgrosse Statue eines nackten jungen Mannes, für Bronze gedacht. «Die Arbeit stellt einen ruhigstehenden Jüngling vor mit etwas ausgebreiteten Händen in der griechischen Stellung eines Betenden.» Stauffer nannte ihn den Adoranten. Er sollte einmal vorn auf der Terrasse des Belvoir aufgestellt werden und mehr mit der Haltung des Körpers als mit einer Geste betend vor der Landschaft stehen, die leicht erhobenen Handflächen und das Gesicht den Alpen zugekehrt. Stauffer sah sich selbst in der Figur. Erfüllt von der Göttlichkeit der Schöpfung, so stand auch er vor dem Leben.

Aber das Werk liess sich nicht leicht verwirklichen. Technik und Material musste er erst beherrschen lernen. Das alte Gefühl des Ungenügens drückte ihn zeitweilig nieder. «Ich will nicht von meinem schwarzen Moralkater reden, nur so viel, ich suche mich seinen Krallen zu entziehen, indem ich nicht rauche, keinen Kaffee und keine Spirituosen trinke, etwas Wein ausgenommen, um sechs Uhr aufstehe und um halbzehn zu Bette gehe; wenn ich diese Lebensweise eine Zeitlang fortsetze, so werden sich meine Nerven wohl wieder beruhigen.» «Alle Morgen früh habe ich neue Courage; am Abend freilich, nach der Arbeit, steht es anders mit dem Humor, und um weiter nicht zu spintisieren, steige ich so früh wie möglich ins Bett, und der Schlaf hier in Rom ist herrlich. Das wird so gehen, bis der Jüngling gegossen vor mir steht, und bis dahin muss es kommen, denn meine Idee von der Plastik ist klar und bestimmt.»

Bald fand Stauffer auch menschliche Kontakte. Der schweizerische Gesandte, Minister Simon Bavier, Spross einer angesehenen Bündnerfamilie, besuchte ihn öfters im Atelier und lud ihn wiederholt zu sich zum Essen. Bavier war früher Bundesrat, ja Bundespräsident gewesen, hatte sich aber 1883 aus Gesundheitsrücksichten von der obersten Landesbehörde zurückgezogen und dafür den Posten des Vertreters der Eidgenossenschaft im Königreich Italien übernommen. Sein ehemaliger Bundesratskollege und guter Freund Welti, Lydias Schwiegervater, hatte ihm den Künstler wärmstens empfohlen.

Echte Freundschaft entwickelte sich zwischen Stauffer und Klinger, der mit ihm zusammen nach Rom gefahren war. Er wohnte an der Via Claudia 8, in der Nähe des Kolosseums. Nach Hause schrieb er: «Ein seltenes Glück für mich ist, dass ich Stauffer für mich hier habe. Wir nützen uns sehr viel gegenseitig. Auch er ist Maler, Bildhauer und Stecher, und was ich zu viel an Phantasie und zu wenig an Formbildung habe, hat er an gründlicher Körperkenntnis und ruhigem Verstand, und so können wir uns gegenseitig in jedem Fall und stets mit Fachkenntnis kritisieren und helfen. Dabei interessiert er sich wie ich für Literatur, ist ein gebildeter, und zwar sehr gebildeter Mensch, etwa nur vier bis fünf Monate jünger als ich und von gleichen Geldverhältnissen, das heisst, ein reicher Freund lässt ihn hier auf seine Kosten arbeiten.»

An jedem Freitagabend besprachen sie, was sie zur Erholung am Sonntag zusammen unternehmen wollten. Regelmässig machten sie Ausflüge ans Meer, wo sie badeten und schwammen, in die Sabiner Berge oder auch auf den Gran Sasso d'Italia, dessen Erstbesteigung im Winter ihnen gelang.

Im Oktober dieses ersten Jahres reiste Lydias Schwiegervater, Bundesrat Welti, nach Rom. Er wollte nicht verfehlen, dem Schauspiel beizuwohnen, das der Staatsbesuch des deutschen Kaisers bot. Bevor die Festlichkeiten begannen, machte Stauffer den Fremdenführer. Nur am Sonntag war Ruhepause. An einem solchen fand der Magistrat Zeit, seiner Schwiegertochter nach Zürich zu schreiben: «Des Gedankens kann ich mich nicht erwehren, dass derjenige, dem Rom zu sehen vergönnt war, seinem Leben ein gutes Stück beigelegt hat. Ich geniesse die Herrlichkeit auch in vollem Masse, und Stauffer bin ich ausserordentlich dankbar, dass es mit Erfolg geschieht. Jeden Morgen um halb neun haben wir Rendezvous auf der Piazza Colonna und beginnen von dort unsere Exkursionen, die bis Mittag dauern und die ich dann nachmittags entweder allein oder mit Herrn Bavier fortsetze... Da Herr Bavier ganz allein hier ist, habe ich es angenommen, in seiner Wohnung Quartier zu nehmen, und bin daher auch in dieser Beziehung auf das allerbeste aufgehoben. Stauffer wohnt leider sehr entfernt, wir in der Nähe der Eisenbahn, er gegen die Piazza del Popolo hin. Von seiner letzten Arbeit habe ich noch nichts gesehen, er will sie in dem jetzigen Zustand nicht zeigen. Nach dem, was ich habe merken können, auch von Dritten, ist sein Talent auch auf diesem Gebiet durch diese Leistung unzweifelhaft beurkundet.»

Lydia sog diese Worte wie Honig ein. Als der Bundesrat sie, in die Schweiz zurückgekehrt, persönlich aufsuchte, rapportierte sie Stauffer: «Vorgestern war mein Schwiegervater da: in der vergnügtesten Stimmung über seine Römerfahrt, zu der Sie, verehrtester Herr und Freund, wesentlich beigetragen haben. Er ist über die liebenswürdige, umsichtige Art, in der Sie den Cicerone machten, des Lobes voll.» Wenn ein Bundesrat und Bundespräsident ihren heimlich Geliebten so hoch schätzte, so durfte sie getrost glauben, sie verschwende ihre Gefühle an keinen Unwürdigen.

Freitag, den 26. Oktober, brachte Stauffer den alten Herrn zum Bahnhof, zur Rückfahrt in die Schweiz. Bavier und sein Gesandtschaftsattaché Rochette waren dabei. Stauffer hatte die vierzehn Tage fast immer bei Bavier gegessen. Man kannte sich jetzt ausgezeichnet, und das allgemeine Einvernehmen konnte nicht besser sein. Zum Abschied schenkte der Bundesrat Stauffer aus Dankbarkeit die drei Bände «Il Cicerone» von Jakob Burckhardt.

Der November brach an, aber was für ein November! Der war etwas anderes als die düsteren, nebelverhangenen Herbstmonate jenseits der Alpen, zumal in Berlin! Er war recht eigentlich die Zeit für Ausflüge: nicht mehr so heiss wie der Sommer und doch noch nicht kalt und die Luft von unvorstellbarer Bläue und Durchsichtigkeit. Mit einer Gruppe des italienischen Alpenklubs stand Stauffer jetzt auf dem Monte Soratte, nordwestlich von Rom. Der Berg ragte wie ein vergessener Kegel aus der Ebene. Man war durch einen stillen Wald von Steineichen emporgestiegen, aus dessen dunklem Laub die goldenen Blätter des Bergahorns leuchteten. Oben klebte ein winziges Klösterchen mit Glockenzug am Tor und Hühnern im Innenhof. Im Refektorium verzehrte man das Mitgebrachte, und die Patres halfen mit Oliven, Brot und Kastanien nach. Die Gläser füllte ein saurer Klosterwein.

Die Stimmung war angeregt, und es gefiel Stauffer nicht übel in der einsamen Höhe. Da legte ihm Pater Vincenzio die Hand auf den Arm und riet ihm, er solle auch in Zukunft heraufkommen zu ihnen, wenn er Rom satt habe. Ein anderer Mönch, Celestin, bemerkte, er könne es ja mit der Kutte versuchen; man befinde sich in ihr viel besser, als die Leute dächten.

Stauffer hörte zu und meinte, dem Pater müsse wohl auf seiner Lebensfahrt ein Rad zerbrochen sein am Wagen, und nun suche er es da oben zu flicken. Ihm würde nie ein Rad zerbrechen; dafür wollte er schon sorgen; sein Habichtsblick sollte ihn vor solchen Unglücksfällen bewahren. Aber er war doch nachdenklich, als er bergabschritt. Die Worte des Mönchs wollten ihm nicht aus den Ohren. Zeitig seitab zu gehen war vielleicht besser, als plötzlich vom Unheil überfallen zu werden. Hatte er nicht vor Jahren seinen Leuten geschrieben: «Das Unglück schläft nie, und wenn man an nichts denkt, schlägt es seine stärksten Schläge»? Waren die Worte des Paters eine Warnung? Wollte ihn eine höhere Macht zurückhalten? Zurückhalten wovor? Stauffer sah keinen Abgrund zu seinen Füssen. Er blickte in eine herrliche Zukunft, in der er sein Künstlertum endlich voll entfalten konnte.

Das Atelierhäuschen auf dem Gelände der Villa Strohl-Fern lag zu weit vom Zentrum der Stadt. Zudem liess es sich nur schlecht heizen, ganz abgesehen davon, dass die Miete unverschämt war. Stauffer fand eine neue Unterkunft an der Via Margutta 54, im Palazzo Patrizi, halbwegs zwischen dem Spanischen Platz und der Piazza del Popolo. Der Arbeitsraum lag im vierten Stock. Von ihm aus ging der Blick fast ungehindert von der Kirche Trinità dei Monti auf dem nahen Pincio bis zur Zinne der Engelsburg und zur Kuppel des Petersdoms. Dazwischen dehnte sich das unabsehbare Meer der Dächer.

Nur selten kam jemand die Treppen hoch. «Ich bin völliger Einsiedler, verkehre mit niemand als mit Klinger, denn es muss sich jetzt endlich entscheiden, und die Werke, auf die ich mich fünfzehn Jahre vorbereitete, müssen gemacht werden.» Den Adoranten liess er allerdings eine Weile ruhen. Dafür begann er eine andere nackte, lebensgrosse Figur. Sie sollte ein Knabe werden, der sich an den Speer lehnte, aber der schlechte römische Ton bekam gleich Risse, wenn es nicht gelang, ihn schön feucht zu halten, und die Eisen begannen zu rosten, weil sie nicht überfirnisst waren. Stauffer kam zu der Überzeugung, dass Malerei das sei, was man nicht fotografieren, und Plastik, was man nicht abgiessen könne. Die technischen und handwerklichen Schwierigkeiten häuften sich. Aber er liess nicht locker. Er hatte beim Abschied von Berlin seinen Freunden versprochen: «Ich werde euch etwas Rechtes hinstellen, zählt darauf! Wenn ich nichts fertigbringe, seht ihr mich nicht wieder.»

Den Zweiflern und jenen, die über die abrupte Wendung seiner künstlerischen Tätigkeit den Kopf schüttelten, zu beweisen, dass er auf dem rechten Wege sei, darauf kam alles an. Anderes musste zurücktreten, auch Lydia, die ihn in einer neuen Weise zu bedrängen begann. In ihren Briefen häuften sich die Klagen über ihren Zustand. Sie litt an Schlaflosigkeit und Nervosität. Die halbe Zeit, so schien es Stauffer, lebte sie nicht im Belvoir, sondern im Grandhotel der Mineralquellenstadt Baden bei Zürich. Ihr Hausarzt, Dr. Schaufelbüel, hatte ihr dazu geraten. Er hatte auch gemeint, ein Aufenthalt im Süden würde ihr bekommen. Doch Stauffer war froh, wenn sie nicht kam. Sie hätte ihn gestört. Die Statue stand im Vordergrund. Ihr Gelingen oder Misslingen entschied über sein Schicksal. Sie wurde zum Symbol für Sieg oder Niederlage. Darum vermied er in den Briefen an Lydia alles, was sie als Aufforderung zu Vertraulichkeit und Annäherung hätte auffassen können.

Dafür kümmerte sich mit geradezu rührender Sorge ihr Schwiegervater in Bern um sie. Er war doppelt bedrückt: nicht nur die Frau seines Sohnes machte ihm Kummer; auch mit der Gesundheit seiner Tochter Mathilde stand es nicht zum besten. Im Gegensatz zu Lydia liess sich Mathilde jedoch nicht einfach treiben. Der Bundesrat stiess sich an der Passivität Lydias. Die Erbin des grossen Escher hätte nach seiner Meinung tapferer sein dürfen. Darum schrieb er am 29. April 1888: «Ich fürchte, dass Du für Deine Gesundheit nicht alles tust, was geschehen und unterbleiben sollte. Ich kann nicht anders, als Dir das stets zu wiederholen, auch auf die Gefahr hin, damit langweilig zu werden. Ich sehe es täglich an Mathilde, wieviel man selbst zu seinem Befinden beitragen kann. Du gehst viel zu wenig hinaus an die freie Luft und strengst Dich im Hause viel zu sehr an, um recht gesund sein zu können.»

Der Bundesrat ahnte freilich nicht, dass seine Schwiegertochter ganz anderes brauchte als frische Luft. Hätte er die Briefe lesen können, die sie Karl Stauffer schickte, wäre ihm wohl ein Licht aufgegangen. Er hätte sich vielleicht bereits über gewisse Einzelheiten in dem Schreiben gewundert, das am 16. März 1887 aus dem Belvoir abging. Lydia unterzog darin zunächst den Stich, den Stauffer nach ihrem Ölporträt hergestellt hatte, einer scharfen Kritik; sie fand sich zu korpulent dargestellt und nannte ihr Ebenbild «die alte Holländerin». Dann aber klagte sie, dass es ihr seit einigen Wochen miserabel gehe: «Ich kann nachts fast kein Auge schliessen, habe häufig heftige Nervenanfälle und Ohnmachten und bin so schwach, dass ich gar nichts tun und kaum gehen kann.» Sie wolle künftigen Dienstag in die Kaltwasser-Heilanstalt auf dem Giessbach reisen; ihr Mann werde sie hinbegleiten, dann jedoch müsse sie allein weitervegetieren. Und nun kam sie zur Hauptsache: «Falls Sie, verehrter Herr und Freund, im August von Bern aus sowieso eine Exkursion nach dem Oberlande unternehmen, würde es mich selbstverständlich sehr freuen, wenn Sie am Giessbach ein paar Stunden haltmachen wollten. Ich würde mich sehr gerne wieder einmal ausführlicher mit Ihnen aussprechen, als ich es momentan mit der Feder kann.»

Stauffer, der Empfänger der Briefe, sah klar. Das Vögelchen im Goldkäfig wollte hinaus. Da die Gitterstäbe zu eng beieinanderstanden, flüchtete es in die Krankheit. Aber er liess sich nicht erweichen und hütete sich, das Türchen zu öffnen. Er zeigte auch kein Mitleid, wenn die Herrin des Belvoir, die doch weiss Gott ein Haus führte wie sonst kaum jemand im Schweizerland, sich selbst erniedrigte und sich immer erneut philisterhaft nannte. Sie wollte natürlich das Gegenteil hören, sie wollte vernehmen, nicht sie, sondern ihr Mann sei ein Philister, er, der mit seinen knapp einunddreissig Jahren schon rheumatischer Schmerzen wegen oft täglich nach Baden fuhr.

Ja, sie wollte hinaus, und er, Stauffer, sollte ihr helfen: «Meine Ideen bewegen sich in einem weit prosaischeren Kreislauf, als mir lieb ist, und das Schlimmste ist, dass ich kein Ende absehe. Meine Haushaltung, wenn sie recht besorgt sein soll, nimmt einen sehr grossen Teil meiner Zeit und meiner Gedanken in Anspruch. Bei zunehmender Weisheit – im dreissigsten Jahr – ist mir ebenfalls klar, dass wenn mein Befinden so befriedigend wie in den letzten Monaten bleibt, ich auch nächsten Winter in der Sphäre meiner Pflichten ausharren muss, anstatt, was ich so gern täte, wieder einmal für längere Zeit ein grosses, anregendes Zentrum – Paris oder Rom – aufzusuchen. Letzteres bedaure ich um so mehr, als ich befürchte, Sie unter diesen Umständen erst in Ihren besten Jahren wiederzusehen, während Sie mich als graue Matrone begrüssen werden: denn Rom scheint Sie – wie ich voraussetze – so zu fesseln, dass Sie es wohl lange nicht verlassen werden.»

Deutlicher konnte die Briefschreiberin kaum werden. War es ihr nur um Seelenfreundschaft zu tun, so konnte es ihr gleichgültig sein, wie alt sie war und aussah. Mit Rom hatte sie recht: Rom war Stauffer wichtiger, als ob sie verblühte.

Stauffer las im selben Brief weiter: «Entschuldigen Sie, verehrter Herr und Freund, diesen langweiligen Brief; aber meine geistige Potenz reicht nicht aus, um ohne Anregung von aussen Pikantes, Neues oder gar Interessantes zu schildern und zu sagen. Mein lieber Mann lebt getreulich dasselbe Leben, ohne dass es für ihn dieselben Nachteile hat. Missverstehen dürfen Sie mich aber ja nicht. Während drei Vierteln des Jahres könnte ich mir keine bessere Existenz träumen: nur einmal möchte ich mir wieder den richtigen Massstab und neue Eindrücke holen.»

Wichtiger als die geistige Potenz Lydias war für Stauffer ihre finanzielle. Im Grunde hatte seine Mutter recht gehabt: Er war in Weiberknechtschaft geraten. Noch nie war ihm das widerfahren! Wenn er Lydia wenigstens liebte! Aber davon war keine Rede. Er blieb an sie gekettet, weil sie es war, die ihn von der verhassten Auftragsmalerei befreite. Und trotzdem war er nicht frei, denn die Abmachung mit Emil erwies sich je länger je deutlicher als unbefriedigend und demütigend. Zwar hatte Welti fürs Jahr zehntausend Franken zugesagt, doch blieb das weitgehend Theorie. Geld kam in der Regel nur, wenn Stauffer es ausdrücklich anforderte. Gelegentlich vergass Emil sogar, wenn der Künstler die Erschöpfung seiner Mittel gemeldet hatte, Nachschub zu schicken. Dann geriet Stauffer in Schwierigkeiten. Im Juni 1888 etwa musste er Max Mosse bitten, er möge mit der vorläufigen Teilzahlung von dreihundert Franken in italienischen Noten für die Begleichung der Ateliermiete in Berlin – Stauffer hatte sein Logis für den Fall, dass er für kürzere oder längere Zeit nach Deutschland zurückkehren würde, behalten – vorliebnehmen: «Den Rest kann ich in Gottes Namen erst bezahlen, wenn die Statue fertig ist, so in zirka zehn Monaten.» Bis dahin durfte er mit keinen namhaften Beträgen aus dem Belvoir rechnen. Selbst die geringen Summen, die beim Wechseln von einer Währung in die andere verlorengingen, bereiteten Kummer, so dass er Max Mosses Bruder, der für ihn die Berliner Verpflichtungen regelte, bat, er möge ihn nicht allzusehr am Wechselkurs verlieren lassen. Was ihn über Wasser hielt, war die Auszahlung des Honorars für zwei Platten mit den Bildnissen Gustav Freytags, die die Königliche Nationalgalerie in Berlin seinerzeit hatte anfertigen lassen. Ausserdem hatte er fünftausend Franken für das Porträt Bundesrat Weltis zugut, aber die Zahlung blieb aus. Mit der Belvoir-Grosszügigkeit war es also nicht weit her. Dem Nichteingeweihten freilich erschien die Unterstützung, die Emil gewährte, grossartig. Seine Misere fasste Stauffer in dem Stossseufzer zusammen: «Es ist mir alles recht, was mich nichts kostet.»

In ihrem luxuriösen Appartement im Grandhotel von Baden sass Lydia Welti-Escher und starrte zum Fenster hinaus. Sie sah schlecht aus. Im Frühling und Sommer hatte sie an Schlaflosigkeit gelitten. Besonders schlimm waren die letzten vierzehn Tage gewesen: Ohne künstliche Mittel hatte sie kein Auge geschlossen. Sie fragte sich, was ihr das Leben noch bot. Mit ihren dreissig Jahren fühlte sie sich alt. Die Zeit verfloss. Es geschah nichts. Die Zukunft gleich öd wie die Vergangenheit. Kinder bekam sie keine. Warum hatte sie geheiratet? Die Leute behaupteten: aus Liebe. Es gab auch welche, die sahen sie, die millionenschwere Tochter des Gotthard-Durchstechers, als Kaufpreis für die gemeinsame Eisenbahnpolitik: Emils Vater, der Bundesrat, habe sie als Gegenleistung gefordert für seine Unterstützung von Eschers Plänen. Nun sass sie hier, während ihr Gatte die bayrischen Königsschlösser und Tirol bereiste. Was hatte sie davon, dass er die Schlösser feenhaft, das Inntal von grossem landschaftlichem Reiz fand? Mit seinen Schilderungen stachelte er ihre Sehnsucht, auszubrechen, nur an. Denn was erwarteten die Herren der Schöpfung – zumal die Schweizer – von ihren Ehefrauen? Dass sie ihnen gute Haushälterinnen waren, die den Zweck ihrer Existenz erfüllten, solange sie wenig Geld verbrauchten. Ein glänzendes Wesen, Charme, feinere Bildung wurden als Verbrechen angekreidet. Und doch hatte die Frau das Recht auf Individualität. Wollte sie es verwirklichen, musste sie freilich die herrschende Sitte durchbrechen. Wenn sie, Lydia, eine Frau gewesen wäre, wie es sie zu Tausenden gab, aufgewachsen in engen Verhältnissen, ohne Kenntnis von einem Leben, das erfüllte und berauschte, sie hätte sich mit ihrer Lage abgefunden. Aber sie hatte es gekostet, dieses Leben, mehr als einmal, damals besonders, als vor zwei Jahren der Maler Stauffer Hausherr im Belvoir gewesen. Böse Zungen hatten getuschelt, er sei Hausherr in jeder Beziehung; das war gelogen. Stauffer war kein Massenmensch, er hatte etwas vom Übermenschen Nietzsches an sich. Auch sie liess sich nicht in ein Schema pressen und im Belvoir lebendig begraben.

Mitte November 1888 öffnete Stauffer einmal mehr einen der kleinformatigen Briefe Lydias. Er las: «Sie werden erstaunt sein, dass mein Brief von Baden datiert ist. Ich bin nicht noch, sondern wieder da. Nach meiner ersten Kur schlief ich drei Nächte normal, dann war's fertig. Und als ich schliesslich während zehn Nächten kein Auge ohne künstliche Mittel schliessen konnte und infolgedessen wieder sehr nervös, überreizt war, ging ich neuerdings hierher, wo ich in der ersten Zeit von heftigen Schmerzen, Fieber und Asthma geplagt wurde. Jetzt geht es besser, so dass ich mich wieder beschäftigen kann. Ich geniesse die Teilnahme der ganzen Welt, in dieser Jahreszeit hier sein zu müssen... Ich arbeite immer» – sie stickte –, «was ich von jeher als das Beste vom Leben betrachtet habe. Emil besucht mich dreimal in der Woche – ich muss drei Wochen hier sein... Allerdings befände ich mich lieber auf einem anregenderen Fleck Erde.» Stauffer brauchte nicht lange zu raten, was sie damit meinte. «Aber ich bin jetzt, wo ich fast allein bin, weit lieber hier als während der Saison, wo man mit einer Menge langweiliger Menschen zu verkehren gezwungen war.» Was sollte er auf dieses Lamentieren antworten? Stauffer liess den Brief vier Tage liegen. Mitten in der Woche hatte er weder Zeit noch Lust zur Antwort. Er sparte die Arbeit auf den Sonntag auf. Und als er sich endlich ermannte, setzte er in seiner Zerstreutheit das Datum des gestrigen Samstags ein.

Er sass am Abhang des Pincio im Garten des Circolo Internazionale, der Himmel war tiefblau gefärbt, der ganze bunte Herbstflor blühte rings um ihn her, vom Corso drang gedämpftes Gerassel der Equipagen, unterbrochen von dem obligaten sonntäglichen Gebimmel der Kirchen. Er schilderte Lydia, wie er da sass, er mahnte sie onkelhaft, auf sich aufzupassen, und geriet dann plötzlich in Sätze, die ihm Kummer bereiteten, als er sie durchlas. Er hatte nämlich geschrieben: «Ein stiller, glücklicher Aufenthalt an einem schönen Ort im Süden, wo das Meer an die Gärten spült, mit täglich zwei Spaziergängen, verbummelt am lieblichen Ufer, das wäre wohl das Richtige, und Sie sollten dies doch in Erwägung ziehen. Ich natürlich wäre glücklich, Sie dort besuchen zu können.»

Bei Gott, das konnte gefährlich werden! Das klang nach ernst gemeinter Aufforderung, sie solle sich mit ihm treffen. Durchstreichen also? Das ging nicht an. Nochmals beginnen? Er hatte keinen zweiten Bogen bei sich. Also musste er sogleich das Thema wechseln, eine Wendung finden, die den Eindruck verwischte. Was lag näher als seine Arbeit, sein Schmerzensjüngling, der nicht voranwollte? Vom Speerwerfer schreiben, ja, das war's! Und in trockenem, nüchternem Ton rapportierte er, was im Atelier geschah, und hütete sich bis zum Schluss, nochmals irgendwelche Töne anzuschlagen, die in ihr ein unliebsames Echo wecken konnten.

Der Winter verging. Mit dem Speerwerfer kam er noch immer nicht voran. Zwischendurch erkrankte das Modell, der junge Giovanni. Lydia schrieb, der Gemeinderat von Zürich wolle am See unten eine breite Uferstrasse durch den Belvoir-Park legen, mit der offiziellen Begründung, man müsse Ablagerungsschutt von

Bauplätzen praktisch verwerten, in Wirklichkeit aber, um dem Grundstück eines Gemeinderates mehr Wert zu verleihen. Erfreulicher dagegen war, dass Emil endlich den Gärtner gefunden, der ihm entsprach: Der neue Mann war lange bei Rothschild in Wien tätig gewesen.

Stauffer schrieb an Max Mosse: «Dass ich Klinger hier habe..., ist ein Glück, das ich vor allem schätze. Ich lerne von diesem reifen, grandios angelegten Genie mehr, als mich irgendein anderer Umgang fördern könnte. Unter einem guten Stern muss ich doch geboren sein. Wenn ich mal einen finde, der sich auf Astrologie versteht, so werde ich ihn fragen. Ich habe immer das gefunden an Lehrern, Freunden, was gerade passte, um mich vorwärtszubringen, und jetzt, in reifen Jahren, Welti und seine Frau, die mir alles aus dem Wege räumen, was mich hindern könnte, schnurstracks vorwärtszugehen.»

Ostern verbrachte Stauffer in Florenz. Am Sonnabend fuhr er bei prächtigstem Wetter durch die Toskana hin. Er besuchte Kirchen und Museen. Eine volle Woche blieb er und sog sich mit Eindrücken voll. Zwischendurch machte er Streifzüge, einmal nach Fiesole hinauf, ein andermal zur Kirche San Miniato, und schaute auf Florenz hinunter. Die Stadt lag nicht wie Rom einer Riesenspinne gleich inmitten ihres Netzes, sie war kleiner, übersichtlicher und darum auch menschlicher.

Stauffer war entzückt. Bei der Durchfahrt vor mehr als einem Jahr hatte es geschneit und geregnet; jetzt wölbte sich der makelloseste Himmel über dem Tal. Überall waren Villen zum Kauf oder zur Vermietung angeboten – erstaunlich billig! Wie, wenn er einen Villino mietete? Die Ruhe und Abgeschiedenheit hier draussen vor den Toren der Stadt lockte ihn. Die Lehrjahre hatte er ja hinter sich. Er schaute sich um. Das nötige Kleingeld! Stets der gleiche Jammer. Er hatte zu leben, gewiss, aber frei war er nicht.

Der Sommer kam und mit ihm die grosse Hitze. Bei Schirokko war's in Rom fast unerträglich. Ein Glück, dass Stauffer nur zehn Schritt vom Atelier ein kleines, reizendes Logie gefunden hatte mit zwei prachtvollen Terrassen im sechsten Stock. Dort vermochte er wenigstens zu atmen. Er sah über halb Rom. Hier konnte er nach Herzenslust Farbspiele und Landschaft studieren, hier richtete er die Kupferwerkstätte ein. Ja, hier war's schön, und wenn der Herr seinen Segen gab und das Werk gelingen liess, dann brauchte er nichts mehr zum Glück.

In diese Hochstimmung flatterten regelmässig Briefe aus dem Belvoir. Sie fingen immer gleich an: Klagen über chronische Schlaflosigkeit. Nur selten klang ein neuer Ton auf, zum Beispiel dann, als Lydia meldete, ihr und Stauffers Landsmann Richard Kissling habe das Denkmal für den Gotthard-Escher vollendet. Es werde nächstens vor dem Zürcher Hauptbahnhof enthüllt. «Am glücklichsten wird der grosse Kissling sein», schrieb die Tochter des Geehrten und brachte damit unüberhörbare Ironie ins Spiel. Auch Stauffer hielt nicht viel von dem Werk, doch auf dem freien Platz würden die störenden Details nicht mehr ins Auge fallen. Nach seiner Meinung war das eigentliche Escher-Denkmal das Loch im Gotthard.

Die Leute im Belvoir investierten drauflos. Jetzt beteiligten sie sich mit enormen Beträgen an der neuen Maggi-Fleischextrakt- und Suppentafelfabrik in Kemptthal. Stauffer dagegen besass nicht einmal genug, um der Römer Hochsommerhitze zu entfliehen. Alle konnten das, nicht nur die Begüterten und Klinger, der nach Frascati flüchtete vor lauter Nervosität; sogar die Portiersfrau ging in die Bäder von Viterbo. Er jedoch musste ausharren. Vielleicht gelang ihm wenigstens der grosse Wurf – es schien, der Speerjüngling wolle flügge werden. Es war höchste Zeit, denn was hatte er abgeliefert die anderthalb Jahre seit seinem Einzug in Rom? Nichts. Wie stand er vor Emil da? Dabei hatte er keineswegs gefaulenzt. Freunde, Bekannte, die ihn besucht hatten, berichteten in der Schweiz, in seinem Innern brodle und brause es wie von Feuer, und sie hatten Recht, es arbeitete gewaltig in ihm, er strebte mit aller Macht, endlich etwas Bedeutendes hervorzubringen. Ja, die Arbeit unter der sengenden Sonne im überhitzten Studio griff ihn an; ja, er war nervös. Lag das an Rom? Würde es in Florenz besser sein? Rom stachelte an, trieb vorwärts, Rom duldete kein Phlegma. Kein Wunder, wenn er sich fiebrig fühlte!

Er lachte, wenn er damit die Zürcher Verhältnisse verglich, er lachte, als er von Lydia las: «Ich staune, dass Sie es jetzt noch in Rom aushalten können, leiden wir doch sogar hier unter einer wahrhaft tropischen Atmosphäre, die mich nicht schlafen lässt.»

Und er schüttelte nur den Kopf, wenn sie fortfuhr: «Trotzdem bin ich furchtbar fleissig in Haus und Garten: Die letzten Wochen waren dem höheren Gemüse- und Früchteeinmachen gewidmet. Erdbeeren, Kirschen, Johannisbeeren, Gurken, Bohnen, Erbsen, Champignons waren fast meine einzige Gesellschaft. Um dabei nicht auf das Niveau einer Spiessbürgerin hinabzusinken, las ich, während meine Flaschen und Büchsen im Wasser lagen, eine Sammlung von Byrons Briefen sowie die italienische Geschichte des 19. Jahrhunderts von Cherchi.»

Der Speerwerfer wollte und wollte nicht glücken. Manch einer hätte ihn schon längst in Bronze gegossen, aber Stauffer gab sich nicht zufrieden. Er hatte ein paarmal geglaubt, er habe sich zuviel zugemutet. Er fühlte, seine Nerven waren bisweilen absolut nichts mehr wert, doch dann siegte die Klugheit, und er fuhr über Sonntag ans Meer, am liebsten nach Anzio, und badete in den blauen Fluten. Klinger fuhr mit, er war nicht besser dran. Am Montag, wieder in Rom, stürzte sich Stauffer erneut in die Arbeit. Es galt mehr denn je, was er Max Mosse geschrieben: dass alles, was nicht zum Metier gehörte, völlig wurst war. Wert behielt bloss das, was die künstlerische Produktion förderte: leibliche und geistige Gesundheit, Herrschaft über die Zeit und das leidige Kleingeld.

Wieder einer der blauen Miniaturbriefe Lydias! Die ewige Selbstbemitleidung am Anfang: «Ich habe in letzter Zeit wie eine Einsiedlerin gelebt und mich mit meinen häuslichen Arbeiten, mit Musik, Lektüre und meinen Stickereien vollständig im Belvoir eingemauert.» Und dann folgte die unvermeidliche Anspielung: «Viel lieber bin ich ganz allein als mit Menschen zusammen, die ich nicht mag, aber sympathische Gesellschaft ziehe ich weit dem Tête-à-tête mit mir selbst vor.»

Stauffer kannte den vorwurfsvollen Unterton bis zum Überdruss. Warum liess sie ihn nicht in Ruhe? Er brauchte Ruhe, brauchte sie bitter nötig. Begriff sie das nicht? Und Emils Begeisterung über Englands landschaftliche Schönheit und sein Entzücken über die Londoner Galerien, wovon Lydia berichtete, konnten ihm jetzt gestohlen bleiben; er glaubte auch gar nicht so recht daran, denn der Zweck der Reise war ja, Abnehmer für die Produkte der Suppen- und Fleischfabrik zu finden.

Dann aber stutzte Stauffer. Er las: «Belvoir und die uns umgebende Landschaft rüsten sich zu Ihrem würdigen Empfang recht malerisch.» Hatte er sich angesagt? Mit keinem Wort. Das war eine neue Taktik. Lydia tat so, als ob alles verabredet, als ob seine Hinreise die selbstverständlichste Sache der Welt sei. Sie setzte ihn unter Druck. Dagegen musste er sich wehren. Am liebsten hätte er es ihr gleich deutlich und auf gut berndeutsch gesagt, was er dachte: Zum Teufel, dass er von ihr abhängig war! Hätte er nur auf die Mutter gehört! Aber so ganz rundheraus durfte er nicht sprechen. Er war noch immer der feine Habicht von ehedem, der die Menschen zu nehmen wusste. Unüberlegtheiten waren nicht seine Art. Also wartete er bis zum folgenden Tag. Dann schrieb er diplomatisch: «Eben als ich im Begriff war, die Epistel gestern zu schliessen, da kam Ihr liebenswürdiger Brief, welchen der Hauptsache nach zu beantworten ich mich sofort anschicke. – Mit meiner Abreise ist das eine eigentümliche Sache; so nötig ich's hätte (denn in der besten Frische bin ich gerade nicht mehr) und sosehr ich mich nach dem Belvoir und nach Hause sehne, so kann ich doch nicht, ohne die Arbeit aufs Spiel zu setzen, länger als acht oder zehn Tage fort, solange nicht in Gips geformt ist; wann das Formen aber statthaben wird, das wissen die Götter.»

Wenn sie jetzt noch nicht merkte, woher der Wind pfiff, dass der Besuch in Zürich ad kalendas graecas verschoben war, dann war ihr nicht mehr zu helfen. Er hatte auch geschrieben, er sehne sich nach daheim, also nicht nur ins Belvoir, sondern ebenso nach Biel, zur Mutter. Das konnte Lydia nicht überhören. Oder überhörte sie es doch? Musste er überdeutlich werden? Zur Sicherheit wurde er es: «Ich fürchte, ich fürchte, die Flucht aus dem Studio wird sich so bald nicht bewerkstelligen lassen, denn eine unfertige Tonfigur ist ein böser Kerkermeister. Und jetzt, wo ich glaube, endlich am Ziel anzulangen, dem ich so lange entgegenstrebte: ein geschlossenes freies Kunstwerk zu schaffen, jetzt um alles in der Welt bei der Stange bleiben und die Leistung auf den höchstmöglichen Vollendungsgrad hinaufschrauben. Ich bin es mir und Ihnen schuldig.»

Stauffer wollte einfach nicht weg. Die Reise in die Schweiz würde ihm einen ganz dicken Strich durch die Rechnung machen. Hätte er ein erotisches Abenteuer erhofft, er wäre noch gleichen Abends abgedampft. Dass er an so etwas nicht dachte, dokumentierte er damit, dass er am Schluss die Formel gebrauchte, die er nur zu Beginn des Briefwechsels und seither kein einziges Mal mehr verwendet hatte. Sie lautete kühl und distanziert: «Ihr hochachtungsvoll ergebenster Stauffer.»

Lydia brach in einen Weinkrampf aus, als sie diese Antwort las. Sie machte Emil das Leben zur Hölle. Ihr Äusseres erschreckte: Sie wirkte krank. Ihre Nerven drohten zu zerreissen. Ihr Mann hielt es kaum mehr aus. Woher der plötzliche Ausbruch? Lydia schwieg über die wahren Gründe. Vielleicht ahnte Emil die Wahrheit, aber er gestand sie sich nicht ein. So zog er alles herbei, was irgend erklären konnte: die peinliche Sorgfalt, mit welcher die Frau dem Haushalt vorstand, die Beharrlichkeit, mit der sie darauf bestand, alles selbst zu tun; die Taubheit gegenüber Mahnungen und Bitten, die Schlaflosigkeit, die wechselnden Kuren, der Ärger mit dem Strassenprojekt, die Anspannung der Enthüllungsfeier, die Investitionen.

Lydia irrte umher, sie schlief nicht, sie wälzte sich im Bett. Das ständige Hoffen und Bangen von einem Mal zum anderen, die Kette der Enttäuschungen, wenn aus dem erträumten Wiedersehen mit Stauffer nichts wurde, sie ertrug es nicht länger. Sie setzte Emil zu. Dabei hatte auch er seine Sorgen, nicht nur, was die Geschäfte betraf. Seine Mutter, die Frau des Bundesrates, hatte in die bernische Heilanstalt verbracht werden müssen. Ihr Gesundheitszustand bedrückte den Sohn. Er zog sich zurück, wich Lydia aus, war apathisch. Aber sie liess nicht locker: Stauffer musste her. Und so diktierte sie das Telegramm, das des Malers Untergang einleitete.

7. WETTERLEUCHTEN

Stauffer atmete auf, als sein Brief weg war. Nun konnte er sich erneut dem Speerwerfer zuwenden. Hitze und Schirokko waren infam genug, setzten ihm böse zu; nachmittags und abends kam man fast um. – Eine Woche später klopfte der Telegrammbote.

Dr. Friedrich Emil Welti, etwa 30jährig, Gatte der Lydia Escher. (Welti-Familienarchiv, Bundesarchiv Bern)

Lydia Welti-Escher, so wie Stauffer sie im «Belvoir» malte. (Kunsthaus Zürich)

Stauffer riss den Umschlag auf: Ein Hilfeschrei Lydias, ein Alarmruf, der ihn erschreckte. Emil leide unter schwersten Depressionen. Das Gemütsleiden seiner Mutter habe in ihm Entschlusslosigkeit und Schwermut hervorgerufen. Nur einer könne helfen und den völlig Apathischen mit seiner frischen Lebenskraft und Lebenslust aufheitern: Stauffer. Sein Kommen sei Freundespflicht. Stauffer überlegte. Fuhr er nicht, musste er als undankbar gelten. Die Folgen waren unübersehbar. Er konnte es sich nicht leisten, nein zu sagen. Aber er nahm sich vor, nur kurz zu bleiben. Der Speerwerfer wartete. Und der galt ihm über alles.

Schweren Herzens erteilte er tags darauf Domenico, dem jungen Italiener, der ihm jetzt zum Werfer Modell stand, die Weisung, die Figur täglich mit nassen Tüchern zu umwickeln, damit sie nicht zerbröckle. Auch den Portiersleuten legte er ans Herz, sie sollten die Statue ständig befeuchten. Bevor er das Atelier verliess, warf er einen langen Blick auf das Werk. Dann ging er.

Niemand sonst erfuhr von seinem Weggang, niemand von der Fahrt und niemand von der Ankunft. Gleichsam inkognito stieg er in Zürich aus dem Zug und war froh, als er ungesehen im Belvoir eintraf.

Aber er stutzte. Er hatte anderes erwartet: einen schwerleidenden Mann und eine nervöse Frau. Die Frau war nervös, das sah er gleich. Doch mit Emil stand es keineswegs so schlimm. Gewiss, er wirkte bedrückt, hielt sich im Hintergrund; eigentlich krank war er nicht.

Warum war er hergeholt worden? Stauffer sah sich getäuscht, hintergangen. Eine Ahnung stieg in ihm auf, ein böser Verdacht. Nicht Emils, sondern ihrer selbst wegen hatte Lydia Alarm geschlagen! Die Depressionen des Gatten waren nur Vorwand, ihn herzulocken.

Er fühlte sich übertölpelt. Das Verhalten der Frau missfiel ihm. So hielt er sich an Emil. Kaum angelangt, machte er den Freund – jetzt empfand er ihn plötzlich als Freund – auf das krankhafte Aussehen Lydias aufmerksam. Er äusserte ernsthafte Befürchtungen wegen ihres Zustandes. Die Nervosität habe ein bedenkliches Mass erreicht. Es müsse etwas dagegen geschehen. Später erschien der Hausarzt. Auch ihm gegenüber äusserte sich Stauffer im gleichen Sinne.

Er sah voraus, was nahte. Je beschäftigter er war, um so eher würde er die Gefahr bestehen. Er trat hinaus in den Park. Vom Wirken des Rothschild-Gärtners war nicht viel zu sehen. Wie, wenn er den Park umgestaltete, nach künstlerischen Gesichtspunkten, nach den Eindrücken italienischer Landschaft und Architektur? Er würde das Werk leiten, er würde das Ganze dirigieren, eine Art Gesamtkunstwerk schaffen aus Natur, Gebäuden und Plastik, eine kleine Villa Borghese.

Mit solchen Plänen beschäftigt fand ihn sein Bruder Eduard. Der war eigens von Biel hergereist und hatte sein Advokaturbüro im Stich gelassen. Was wollte er hier? Stauffer bekam es bald heraus: Eduard warnte. Er war das Sprachrohr der Mutter. Er warnte einmal mehr vor der allzu engen Verstrickung. Karl solle sich freimachen von der Bindung an die Familie Welti. Vielleicht sei jetzt gerade der richtige Augenblick, die Fäden sachte zu lösen.

Stauffer sah sich in die Enge getrieben. Von der Frau weg – ja, aber nicht völlig. Gerade jetzt, da er vor der Vollendung der ersten Plastik stand, konnte und wollte er sich nicht zurückziehen. Ausserdem: Wie sollte er die finanziellen Verpflichtungen erfüllen? Es blieb ihm nichts, als auch diese Zeit durchzustehen. Der Park würde ihm helfen. Mitten in den Arbeiten aufhören? Das kam nicht in Frage.

Eduard fuhr nach Biel zurück mit dem Eindruck, sein Bruder schalte und walte auf der grossen Besitzung, während der Hausherr in stiller Passivität beiseite stehe. Die Mutter zuhause war nicht erfreut über den Bericht, den ihr Zweitältester brachte.

Seltsam, dass die angestrengte Arbeit im Park etwas nicht zu verhindern vermochte: Lydias Leidenschaft steckte Stauffer an. Er konnte sich dieser Frau nicht entziehen. Liebe war es auch diesmal nicht, was ihn in Bann schlug. Trotz den Weinkrämpfen, die sie in den ersten Tagen schüttelten, beherrschte Lydia Haus Belvoir. Es ging von ihr eine Kraft aus, keine gesunde zwar, die überwältigte. Sie redete davon, Stauffer solle seine Briefe an sie herausgeben, er sei ein Kunstkritiker ersten Ranges. Die Welt warte auf das, was er über Kunstdinge zu sagen habe.

Stauffer wusste, dass er beim Verfassen der Briefe viel häufiger an ein künftiges Publikum gedacht hatte als an die unmittelbare Empfängerin. Seit sie schon einmal ins gleiche Horn gestossen, hatte ihn der Gedanke nicht losgelassen. Wie, wenn er wirklich der bedeutende Kunstschriftsteller war, den sie in ihm sah?

So kam es, dass er jeweils nach harten Tagen, da er sich mit Obergärtner und störrischen Arbeitern herumschlug, in seinem Zimmer bis tief in die Nacht bei flackerndem Licht schrieb und schrieb. Er rang mit dem Ausdruck, wiederholte sich, wurde grob, wie er es werden durfte, solange er für sich selber schrieb, und fand eine Summe goldener Wahrheiten. Mit Leonardos «Trattato» und Lessings «Laokoon» setzte er sich auseinander. Scharf wandte er sich gegen die Hauptfehler der Ästhetik des vorigen Jahrhunderts. «Ich suche nämlich, was bis dahin noch nicht gelungen und keiner erschöpfend getan, das Wesen der bildenden Kunst festzustellen und auf diesem Gebiete für das Publikum und die Künstlerschaft die Begriffe zu sondern und zu klären. Vielleicht gelingt's, chi lo sa, aber vor fünf bis sechs Jahren oder zehn Jahren wird wohl nichts mit der Herausgabe, so was muss reifen. Horaz sagt, acht Jahre für ein gutes Buch; ich werde wohl mehr brauchen.»

Griff er zu hoch mit seinen Plänen? Überschätzte er sich? Er war nicht mehr der Naivling seiner akademischen Jahre. Er hatte Erfahrung gesammelt. Er war nicht bloss ein bildender Künstler, er konnte es selbst in der Theorie mit den Grössten aufnehmen. Wenn Lydia ihn auch darin finanzierte, dann durfte er in Zukunft ohne oder durch die Blume, aber lieber ohne, jedes Kamel im Kunstgarten bei seinem Namen rufen und ihm, falls er es angezeigt fand, über Gesinnung und Tätigkeit Vortrag halten, ohne zu fürchten, keine Aufträge mehr zu bekommen. «Ich studiere nur noch an der Form meiner ,Reden an die Tierwelt'.»

Zwar wehte kein Schirokko in Zürich, aber gelegentlich brach der Föhn von den Alpen. Doch es bedurfte seiner nicht: Es brodelte auch so in Stauffers Schädel. Das ganze Haus Belvoir gehorchte ihm. Lydia bewunderte seine Tatkraft.

Sie deutete an, dass die bisherige Regelung der Finanzen aufgehoben werden könnte. Stauffer sollte in Zukunft über die nötigen Geldmittel verfügen. Das Dankopfer für die völlige Unabhängigkeit in materiellen Dingen sollte man bald lodern sehen: Er wollte viele Strohmänner der Kunstrichtungen, mit denen er nicht einig ging, ins Feuer schmeissen...

Der Oktober kam. Zu Beginn des Monats trat eine Wendung ein. Die Umgestaltung des Parks näherte sich dem Abschluss, aber plötzlich war da ein ganz anderer Gedanke: Auflösung des Haushalts, Veräusserung des Besitzes und Übersiedlung in ein fremdes Land! Wer gab den Anstoss dazu? Emil? Lydia? Später glaubte Emil, er sei von ihm ausgegangen. Da sich der Zustand seiner Frau zusehends verschlimmerte – trotz der Anwesenheit Stauffers –, sei ihm schliesslich auf Drängen des Arztes nichts übriggeblieben, als Park und Haus aufzugeben und anderwärts ein kleineres Heim zu gründen.

Seltsam, wie Lydias Augen zu glänzen anfingen – sie erwachte aus der Verkrampfung. Doch wohin sollte es gehen? Lydia meinte, Paris komme in Frage. Der Arzt hielt diese Wahl nicht für glücklich, ebensowenig der Gatte. Da rückte Lydia heraus: Am liebsten wolle sie in Rom Wohnsitz nehmen.

Stauffer erschrak. Nur das nicht! Wenn Lydia und Emil sich in seiner Nähe niederliessen, dann war es mit dem Arbeiten zu Ende. Was sollte dann aus dem Speerwerfer werden, was aus all dem, was er schon im Geiste vor sich sah? Bis zum Überdruss würde er wieder das tun müssen, was er schon einmal getan hatte in Rom: den Fremdenführer spielen.

Da fielen ihm die Villen in Florenz ein. Schonend brachte er den zweien bei, ein Zusammenleben – denn selbst das hatte Lydia gewünscht! – sei schon wegen der verschiedenen Lebensaufgaben ausgeschlossen. Darauf schilderte er in den leuchtendsten Farben die Vorzüge der Stadt am Arno. Eine knappe Tagesreise Bahnfahrt würde sie von Zeit zu Zeit zusammenbringen. So wäre man einander nah und käme sich doch nicht in die Quere. Und die Luft sei in Florenz tausendmal milder als in Rom.

Emil stimmte zu. Auch ihm schien dieser Ort in klimatischer und anderer Beziehung für die Gesundheit seiner Frau zuträglicher. Er wünschte sich dort möglichst einfach einzurichten, sonst geriet Lydia wieder in dasselbe Fahrwasser wie hier in Zürich. Und Lydia? Fand sie sich mit der halben Erfüllung ihrer Träume ab? Stauffer erinnerte sie an das Versprechen, das er einst von ihr gefordert hatte: «Ein feierliches Gelübde nehme ich Ihnen hiermit ab, dass Sie mich nie, unter keinen Umständen, auch nicht zur Schonung der Gesundheit, vom Arbeiten abhalten wollen.»

Was sollte nun mit dem Belvoir geschehen? Man wollte den ganzen Besitz verkaufen. Er hatte ja schon früher gelitten, als die Eisenbahnstrecke ein Stück abschnitt, und jetzt würde das Gelände durch die Uferstrasse noch mehr verstümmelt. Das erleichterte den Entschluss. Also boten sie bald darauf den Herrensitz für eine Million Mark in deutschen Zeitungen auf den 15. Dezember zum Kaufe an.

Wiederum übernahm Stauffer die Oberaufsicht. In aller Eile wurde liquidiert. Der Haushalt löste sich Stück für Stück auf. Drei Wochen war Stauffer als Emballeur tätig, drei Wochen hämmerte und nagelte er. Und je mehr Porzellan, je mehr Silbergeschirr und Goldbesteck in den Kisten verschwand, um so strahlender leuchteten die Augen Lydias. Auch das Wunder trat ein: Seit der Entschluss gefasst war, konnte sie wieder schlafen, ohne Mittel – das erstemal seit einem Jahr und neun Monaten. Es machte ihr nicht das geringste aus, dass die Zeitungsannoncen keinen Erfolg hatten, dass Max Mosse aus Berlin meldete, sogar den finanzkräftigen Deutschen sei der Handel zu teuer. Sie atmete auf und lebte auf, weil sie die ganze Corvée – so nannte sie die Zürcher Gesellschaft – endlich los war. Dass sie auch aus einem anderen Grund aufatmete, verschwieg sie freilich.

Haus Belvoir war unbewohnbar. Den Rest des Packens überliess man berufsmässigen Spediteuren. Zum Zwischenwohnsitz wurde das Hotel «Viktoria» in Zürich erkoren. Lydia und Emil mochten sich da wohlfühlen. Sie waren Hotelaufenthalte gewohnt. Doch Stauffer entbehrte der Arbeit. Seit seine Hände unbeschäftigt waren, toste es in seinem Kopf. Er hatte seit Jahren zum erstenmal Zeit im Überfluss. So schrieb er an seinen Traktaten weiter, gestachelt von der begeisterten Bewunderung Lydias. Was hatte er einst von einer Gattin gefordert? Vor allem, dass sie ihn bewundere. Das tat Lydia masslos. Sie steigerte ihn in eine Selbstüberschätzung und Selbstverherrlichung hinein, die die Grenzen des Zuträglichen sprengte. Innerlich entschlossen, all das aufzugeben, was ihr bisheriges Leben ausgemacht, verlangte sie einen Gegenwert, der ihres «Opfers» würdig war. Absteigen konnte und wollte die Tochter Alfred Eschers nicht; also musste sie emporsteigen zu einem Mann, der nicht nur ihren Gatten, sondern alle Menschen überragte! Und so machte sie Stauffer zum Genie.

Dieser Glorifizierung kam Stauffer bereitwillig entgegen. Er, der stets an Zweifeln gelitten, der seiner Berufung nie ganz sicher gewesen – er sah sich von einer der angesehensten Frauen der Schweiz nicht nur bestätigt, sondern vergöttert. Ihr Reichtum bot seinen Plänen unbegrenzte Rückendeckung. Das gute Einvernehmen mit ihr und ihrem Gatten war der Garant dafür. Darum nahm er das Gerücht gelassen auf, das in Zürich zirkulierte und mit Bestimmtheit wissen wollte: Er sei mit Frau Welti schon heimlich auf und davon. Die Leere des Belvoir und die Zurückgezogenheit der drei im Hotel hatten das Geschwätz genährt. Auch Lydia und Emil hörten davon; sie lächelten nur.

Stauffer schrieb im Hotelzimmer an seinen kunsttheoretischen Aufsätzen weiter. Er verkündete jetzt nicht mehr und nicht weniger, als dass er der Offenbarer neuer Kunstwahrheiten sei, ein Messias, der die Barbarei moderner Kunstwirtschaft in die Geschlossenheit früherer Kulturzeiten zurückführen werde. Die Zusicherung Lydias, er werde künftig finanziell unabhängig sein, enthob ihn jeglicher Rücksichtnahme auf die Meinung der Öffentlichkeit: «Lob und Tadel, Ruhm, kurz die Figur, welche ich vor dem Publikum mache, ist mir, seitdem meine Existenz nicht mehr davon abhängt, wurscht.» Und Max Mosse las in Berlin: «Du wirst überhaupt noch viel Verwunderbares an mir erleben, denn ich habe den Berliner Konvenienzstaub völlig abgebürstet, aber völlig.» Und: «Befürchte übrigens nichts, es werden noch einige Jahre vergehen, bis ich oder wir das faule Vieh, den modernen Naturalismus, auch mit dem Gänsekiel ums Leben bringen. Ecclesia militat.» Die Anspielung auf die kämpferische katholische Kirche der Gegenreformation, die Ecclesia militans, schien Stauffer angemessen: Auch er hatte, wie er glaubte, die einzig richtige Heilslehre in die Welt hinauszutragen.

Mosse wiegte bedenklich den Kopf, als er diese «ultima lettera cisalpina», diese letzte Epistel von diesseits der Alpen, las. Jetzt, da er den Brief in Händen hielt, war sein Freund schon unterwegs in den Süden. Das einzige, was Mosse beruhigte, war die Beteuerung Stauffers, er werde in vierzehn Tagen wieder in Rom an der gewohnten Arbeit sein. Diese Meldung vom 16. Oktober bewies, dass der Künstler keineswegs im Sinne hatte, lange mit den Weltis in Florenz zu bleiben.

Mosse nahm den Brief nochmals zur Hand. Er hielt sich nicht für einen Psychologen, aber es machte ihn stutzig, wie Stauffer über die Veräusserung des Belvoir sprach: «Um die Liquidation kümmere Dich weiter nicht mehr, es kommt dabei ja doch nichts heraus, und wir werden parzellieren... Dass die Chose mit der Annonce platonisch verlaufen würde, war mir von Anfang an klar; wir taten es mehr, um uns später nicht vorwerfen zu müssen, irgendein Mittel unversucht gelassen zu haben.» Was ihm in die Augen stach, war das «wir». Stauffer fühlte sich offenbar schon als Miteigentümer. Vermutlich empfand er es als märchenhaft, wie der Besitzer eines fürstlichen Anwesens entscheiden zu dürfen, er, der noch wenige Jahre zuvor für Trinkgelder Koffer geschleppt hatte. Mosse wiegte bedenklich den Kopf.

Stauffers Zug ratterte durch die Lombardei. Es war Montag, der 21. Oktober 1889. In Gedanken war der Künstler in Biel. Er hatte ein paar Tage bei den Seinen verbracht und ihnen gesagt, er reise nach Florenz, um für das Ehepaar Welti eine Villa zu mieten oder zu kaufen. Es waren unfrohe Tage geworden. Mutter und Bruder hatten alles darangesetzt, ihn zurückzuhalten. Er selbst war ungewohnt reizbar gewesen, aber er hatte dies der angestrengten Arbeit des vergangenen Sommers und den Aufregungen der Belvoir-Liquidation zugeschrieben. Einmal mehr war das hässliche Wort von der Weiberknechtschaft gefallen, von schimpflicher Abhängigkeit. Begriffen sie nicht, dass jetzt nicht mehr er, sondern Lydia abhängig war, abhängig von ihm, hörig geradezu, dass er aus ihr herausholte, was er wollte, dass sie sich seinen Anordnungen, seinen Befehlen fügte? War es nicht bei der Umgestaltung des Parks so gewesen? Hatte sie sich gegen das Florentiner Projekt gewehrt? Sie war wie Wachs in seinen Händen. Dank ihr würde er endlich die Pläne, die ihm in den letzten Wochen geworden, frei und ungehindert verwirklichen können. Wenn er nicht nur Maler, Radierer, Bildhauer, sondern auch Schriftsteller war, warum sollte er da nicht einen Schritt weitergehen und es als Architekt versuchen? Proben seiner Ideen hatte er längst in der Ausschmückung des Belvoir gegeben. Ein grossartiges Bauwerk würde von ihm zeugen weit über sein Lebensende hinaus. Es würde noch nach Jahrhunderten von ihm künden wie nichts anderes, was er schuf.

Er verlor sich in endlosen Gedankengängen. Eine Zukunft tat sich vor ihm auf, wie er sie sich nie zu träumen gewagt hatte, und so hatte er wohl recht gehabt, als er tags zuvor an Max Mosse schrieb: «Jetzt endet meine zisalpine Lebenshälfte, und ich gedenke mir die Alpen von nun an nicht ohne Not von dieser Seite anzusehen. Ich lasse die goldene Jugend dahinten, die übrigens der Teufel holen mag mit ihren Dummheiten; die Existenz fängt eigentlich erst mit dem Mannesalter an.»

Der Zug ratterte weiter, dem Apennin zu. Stauffer ahnte nicht dass seine Worte das Kommende vorwegnahmen. Als er das nächstemal in umgekehrter Richtung durch die Alpen fuhr, da zwang ihn nicht nur eine Dummheit, die er als Mann nicht hätte begehen sollen, dazu, sondern die ganz grosse Not seines Lebens.

8. DER AUFTAKT

Eine knappe Woche später lag auf Lydias Tisch Stauffers Meldung, er habe in der Villa des Grafen Agemor das passende Haus gefunden; der Verwalter heisse Ingenieur Romanelli. Tags darauf bestieg Lydia mit ihrem Mann den Zug. Aus dem Gesinde fuhren zwei besonders treue Mägde mit. Sie sollten Dienerinnen und Kammerzofen in einem sein.

Sie reisten die Nacht durch. Gegen Mittag des 30. Oktobers – es war ein Mittwoch – rollte der Zug in die russige Gitterhalle von Florenz ein. Gepäckträger drängten herzu, und ehe sie sich's versahen, trotteten die Droschkenpferde aus der Porta Romana hinaus und halblinks in weiten Schleifen den Viale dei Colli hinauf.

Der Ausblick überwältigte. Die Kuppel des Doms, der Campanile und der Turm der Uffizien wuchsen aus dem Dächergewirr in den noch immer fast sommerlichen Himmel. Hier aber, an der südlichen Hügellehne, wucherte die Vegetation, und zwischen Agaven, Pinien und Zypressen leuchteten farbig die schönsten Villen hervor.

Stauffer hatte das richtige Viertel ausgesucht. Der Hauskauf freilich war noch nicht getätigt. Den Abschluss des Miet- oder Kaufvertrages hatte sich Emil ausdrücklich vorbehalten. Sie kamen auf einer Zwischenhöhe an. Die Pferde standen. Vor ihnen rundete sich der Piazzale Galileo, rechts baumbestanden, geradeaus und links freier. Hier wölbte sich aus schmiedeisernem Gitterwerk ein Torbogen. Er führte zu der vorläufigen Unterkunft, die Stauffer für sie bestimmt hatte: zur Pensione Bonciani. Der Name des Besitzers war oben im Bogen in Schnörkelschrift zu lesen.

Der Weg vom Tor zum Hotel war mit Kies bestreut. Dem hellen Hauptgebäude schien rechts eine Art Galerie vorgelagert. Der Wirt, Rebecchino Bonciani, geleitete die Gäste sogleich in die Zimmer im ersten Stock. Der Schlafraum lag in der Südwestecke. Das Fenster ging auf den Anfahrtsweg hinaus. Die Balkontür öffnete sich auf das, was sie für eine Galerie gehalten hatten; es war eine landestegähnliche Terrasse, die den seitlichen Vorplatz, auf dem bei guter Witterung die Mahlzeiten serviert wurden, hufeisenförmig umfasste.

Die Pension zählte zu den ersten Fremdenhäusern der Stadt. Sie wurde vor allem von Leuten geschätzt, die abseits des Treibens Ruhe suchten. Der Besitzer berichtete stolz, der russische Komponist Tschaikowski habe vor nicht allzu langen Jahren hier logiert, und zwar droben im Turmzimmer. Stauffer hatte standesgemäss gewählt.

Der Garten mit seinen verschlungenen Pfaden war, wenn auch mit dem Park im Belvoir nicht zu vergleichen, gepflegt und recht gross. An der Mauer, die ihn von der Strasse trennte, lagen mit Namenstafeln versehene Gräber von zwei oder drei Hunden. Statuen versteckten sich halb in den gestutzten Hecken, alte Bäume spendeten Schatten, die Stallungen links um die Ecke waren mit lebensgrossen Pferdeköpfen geschmückt. Über Tschaikowskis Turmzimmer knarrte ein aufrechtstehender eiserner Löwe als Wetterfahne, und auf dem terrassenumfassten Essplatz stieg die Säule des Springbrunnens empor.

Man richtete sich ein. Die Bedienerinnen bezogen ihre Kammern. Da Stauffer in Rom war, um nach dem Speerwerfer zu sehen, wollte man bis zu seiner Rückkehr mit dem Entschluss zuwarten, ob das in Aussicht genommene Haus zu mieten oder zu kaufen oder ob gar ein anderes zu wählen sei. Danach gedachte man das künftige Heim in aller Ruhe so einzurichten, wie es sich gehörte.

Stauffer stand vor Adorant und Speerwerfer. Er war gerade rechtzeitig gekommen, das Schlimmste zu verhüten. Das Befeuchten des Werfers war mehr schlecht als recht vollzogen worden. Er umhüllte ihn mit nassen Tüchern und besorgte ihn drei Tage lang. Zwischendurch suchte er Klinger und eine ihm bekannte junge deutsche Künstlerin namens Cornelia Wagner auf und teilte ihnen mit, er weile in den nächsten Tagen in Florenz.

Den Portiersleuten und Domenico, dem Modell, schärfte er erneut ein, seinen Liebling, den Speerwerfer, ordnungsgemäss zu betreuen. Dann reiste er nach Florenz zurück.

Die Weltis atmeten auf, als er eintraf. Kein anderer sprach so fliessend italienisch wie er. Die Landeskinder hielten ihn für einen echten Römer. Er war stolz darauf, besonders wenn er sich mit seinem Freund Max Klinger verglich, dessen sächsisches Italienisch oder italienisches Sächsisch kein Mensch für die Sprache der Halbinsel hielt. Sprachkenntnisse waren der Kaufverhandlungen wegen wichtig. Man entschied sich schliesslich für eine eher schäbige Villa in Rosa mit kümmerlichen Eisengitttern am selben Viale dei Colli, an dem die Pension lag. Aber zum Kauf kam es nicht.

Daneben fand man sich zu Streifzügen in und um Florenz zusammen. Wie ein Jahr zuvor in Rom für Bundesrat Welti machte Stauffer jetzt für dessen Sohn und Schwiegertochter den Cicerone. Am Abend trennte man sich, denn der Künstler wohnte nicht oben beim Ehepaar, sondern unten in der Stadt, nahe beim Bahnhof, im Hotel Bonciani an der Via Panzani, das Rebecchino, obschon es seinen Namen trug, bloss gepachtet hatte. Auch dieses Haus hatte seine Geschichte. Sein prominentester Gast war Garibaldi gewesen.

Drei Tage war man jetzt gemeinsam in Florenz. Lydia schlief die Nächte durch, aber sie war noch keineswegs hergestellt. Für eine echte und dauerhafte Beruhigung bedurfte es mindestens zweier weiterer Wochen.

Um so erstaunter war Stauffer, als ihr Gatte Sonntag, den 3. November, äusserte, er werde morgen Montag für acht bis zehn

Tage in die Schweiz zurückreisen; Privatgeschäfte nötigten ihn dazu. Stauffer möge sich derweil seiner Frau annehmen und darauf achten, dass es ihr an nichts fehle.

Ein eigenartiges Gefühl beschlich den Künstler. Er verstand nicht, wie Privatgeschäfte jetzt so dringlich sein sollten, warum ihretwegen der Hauskauf auf unbestimmte Zeit hinausgeschoben und die weiterhin überreizte Frau allein zurückbleiben müsse. Später schlich sich der Verdacht ein, Lydias Gatte habe ihn absichtlich mit ihr in Florenz gelassen; er habe sie beide bewusst ins Kommende hineingestossen; er habe geradezu gehofft, sie würden miteinander schuldig.

Im Augenblick lagen derartige Gedanken Stauffer jedoch fern. Er empfand den Auftrag als unwillkommen. Erstens zog es ihn mit allen Fasern nach Rom zum Speerwerfer, und zweitens fürchtete er, die bisher gewahrte Distanz lasse sich nur noch schwer aufrechterhalten. Noch nervöser machte ihn, dass ihn Emil zudem beauftragte, die Unterhandlungen des künftigen Heimes wegen womöglich zum Abschluss zu bringen. Zu diesem Zweck zog der Freund eine Bankanweisung von zehntausend Franken aus der Tasche. Mit ihnen sollte Stauffer eine Anzahlung leisten oder, sofern kein Kauf zustandekam, den ersten Mietzins entrichten. Da weder das Angeld noch die Miete diese hohe Summe erreichen würde, sollte er den Rest zur Bestreitung der Auslagen in der Pension und zur Deckung weiterer Unkosten verwenden.

Emil griff ein zweites Mal in die Brieftasche und zählte Stauffer zusätzliche tausend Franken in die Hand. Die durfte er für seine eigenen Zwecke gebrauchen, da er wieder einmal auf dem trockenen sass. Pflichtbewusst trug Stauffer den Betrag in sein Notizbuch ein, denn bei der hoffentlich bald fälligen Abrechnung über den Speerwerfer musste er ihn von dessen Wert in Abzug bringen. Emil ging also nicht von der demütigenden Von-Fall-zu-Fall-Finanzierung ab.

Am nächsten Morgen, dem 4. November 1889, winkten Lydia und Stauffer dem davonrollenden Zuge nach. Dann wandten sie sich dem Ausgang zu.

Welti fuhr nach Zürich und am folgenden Tag nach Bern. Emil staunte einmal mehr über die schnellen Postverbindungen. Denn als er am 5. November nach Erledigung seiner Geschäfte in der Stadt die Kirchenfeldbrücke überschritt und ins Haus seiner Kindheit eintrat, lag da bereits ein Brief von Lydia. Sie hatte ihn also kurz nach seiner Abfahrt eingeworfen. Sie schrieb, Emil dürfe über ihren Gesundheitszustand beruhigt sein. Übrigens erwarte sie den Besuch einer Künstlerin namens Cornelia Wagner aus Rom. Sie habe die Absicht, sie bei sich in der Pensione Bonciani unterzubringen. Die junge Dame sei eine Bekannte Stauffers, der ihr graphisches Talent hoch einschätze.

Kaum standen Stauffer und Lydia vor dem Bahnhof, machte er ihr den Vorschlag, sie möge eine ihm und Klinger vertraute Künstlerin aus Rom, Fräulein Cornelia Wagner, herkommen lassen. Sie könne bei ihr oben an der Hügelstrasse logieren; er bleibe unten in der Stadt.

Lydia blieb stehen. Kaum war ihr Gatte weg, redete Stauffer von einer andern Frau. Sollte sie ihn mit einer andern teilen? Doch Stauffer blieb hart. Er liess sich nicht davon abbringen, sogleich nach Rom zu telegrafieren. In seine Einladung schloss er auch Klinger mit ein.

Lydia wurde nicht klug aus dem, was vorging. Sie hatte sich alles ganz anders vorgestellt. Mit der Abreise Emils schien ihr das letzte Hindernis aus dem Wege geräumt. Sie war ja nun in Italien, in Florenz, nicht mehr in Zürich, nicht länger im goldenen Käfig, den Ermahnungen der Wohlanständigkeit ausgeliefert. Hier war sie frei, und sie war entschlossen, die Entscheidung herbeizuführen, koste es, was es wolle.

Stauffer spürte ihre Gereiztheit. Er kannte die Gefahr, die ihm drohte. Wenn Cornelia, wenn Klinger kam, dann liess sich eine Front bilden. Er würde in ihrer Gegenwart seine neuesten Pläne entwickeln, er würde von Lydia die Finanzierung seiner architektonischen Träume verlangen. Anderes wollte er nicht. Die Herbeirufung Cornelias und Klingers war das sofort greifbare Hilfsmittel, die Absicherung gegen Ansprüche, denen nachzugeben er nicht gewillt war.

An der Passeggiata di Ripetta 21 musste der Telegrammbote drei Treppen hochsteigen, bis er Cornelia Wagner die Depesche überreichen konnte. Sie riss das Telegramm auf. Sie verhehlte sich nicht, dass sie für Stauffer eine Schwäche empfand. Sie kannte seine Erfolge, und er imponierte ihr. Er strahlte Kraft aus und Geist. Sie fühlte sich geschmeichelt, dass er sie rief.

Neugier erfasste sie, Hoffnung auf ungewöhnliche Arbeit, denn solche war im Telegramm angedeutet. Zudem regte sich der Gedanke, vielleicht rufe er sie nicht nur als Künstlerin, sondern als Frau. Hatte er ihr seine besondere Sympathie nicht schon damit bewiesen, dass er ihr bereitwillig sein Kupferstechermaterial überliess? Hatte er ihr nicht übers übliche Mass hinaus in ihrer Arbeit beigestanden?

Sie zögerte nicht. Sie fuhr hin. Zu gleicher Zeit empfing Max Klinger ein dem Inhalt nach gleichlautendes Telegramm. Auch er witterte Möglichkeiten. Drum reiste auch er. Am 5. November, einem Dienstag, waren beide in Florenz.

Kaum war Cornelia da, erwies sich Stauffer einmal mehr als äusserst hilfsbereit. Sie hatte einen Stich mitgebracht und war aufs Urteil begierig. Sein Lob übertraf alles, was sie erwartet hatte. Er meinte, das Werk müsse unbedingt noch heute verpackt und nach Berlin an den Direktor der Ausstellung, Bode, geschickt werden. Die Sendung dulde keinen Aufschub. Sofort suchte er mit ihr einen Schreiner auf. Der sollte unverzüglich ein Kistchen anfertigen, damit der Stich auf der Reise keinen Schaden nehme.

Cornelia war begeistert. Sie wusste: Wurde der Stich von Stauffer empfohlen, dann nahm man ihn an. Der Tischler aber war mit Arbeit so überladen, dass er die Fertigung der Verpackung erst für den nächsten Tag versprechen konnte; heute gehe es nicht mehr. Gut, also dann morgen. Hochgemut schritt sie an Stauffers Seite einher. Einzig die Gegenwart Lydias trübte ihre Hochstimmung. Sie hielt sie für eine typische Bürgerin, die sich in Künstlerkreisen gefiel. Aber sie hatte Geld. Und darauf kam es bei der Verwirklichung dessen, was ihr Stauffer angedeutet, offenbar an.

In der Pensione Bonciani waren sie schliesslich alle versammelt: die Mäzenin, Cornelia, Klinger und Stauffer. Stauffer sprach davon, dass er im Begriff sei, sein Lebensprojekt zu realisieren. Dazu brauche er Hilfskräfte. Cornelia und Klinger müssten ihm assistieren. Er wolle eine Kunstakademie gründen. Zunächst handle es sich darum, ein Programm auszuarbeiten und zu proklamieren. In dieser Akademie solle die nachrückende Generation künstlerisch geformt werden. Dafür bedürfe es entsprechender Räumlichkeiten, eines technischen Apparates. Es müssten also ein Villone, ein grosses Herrschaftshaus, gekauft, Ateliers gebaut und Giesser und Marmorarbeiter eingestellt werden. Stauffer leite das Ganze. Auch Diener und Gärtner müssten her. Dank der Unterstützung Lydias werde das Projekt verwirklicht. Ihr Name werde für alle Zeiten mit dieser Grosstat verbunden sein.

In dieser Akademie müssten die Einflüsse Schopenhauers, Goethes, Winkelmanns, Lessings, Platons, Sokrates' und Aristides' spürbar werden, proklamierte Stauffer weiter. Sobald das endgültige Programm gedruckt vorliege, werde es den Würdigsten ins Haus geschickt, aber nicht mit der Post – das wäre zu vulgär –, sondern durch einen Diener.

Lydia schwelgte, das entging Cornelia nicht. Sie hing mit bewundernden Blicken an den Lippen, die über so weitgreifende Pläne sprachen. Das waren andere Massstäbe und Perspektiven, das ergab einen anderen Lebensstil als im Belvoir. Darum verwahrte sie sich auch nicht dagegen, als Stauffer verkündete, das Belvoir werde kurzerhand abgerissen.

Auch Cornelia liess sich hinreissen. Wie beredt Stauffer war, wie klar und entschieden er sich ausdrückte! Nicht anders erging es Klinger. Es würde sich lohnen, einige Tage zu bleiben.

Stauffer war mit Cornelia allein. Sie gefiel ihm nicht übel. Und – was er sich ja immer von Frauen gewünscht – sie bewunderte ihn masslos. Ausserdem war sie jung, jünger als Lydia, die mit ihm fast Gleichaltrige. Hatte er sich in Cornelia verliebt? Nein. Er kannte sie schon lange, fand sie höchst sympathisch, aber Liebe, das war nichts für ihn.

Er hatte bemerkt, wie Lydias Augen während und nach seinen Vorträgen schwammen. Wie eine Berauschte kam sie ihm vor. Das hatte er beabsichtigt. Seit der Abreise Emils führte er ein Tagebuch. Er hatte bisher kaum dreissig Zeilen hineingeschrieben. Da wollte er am Abend eintragen: «Ich habe sie heute morgen instinktiv mit Eindrücken besoffen gemacht, damit ihr Naturell absolut zum Vorschein komme.» Es war ihm gelungen, Lydia völlig hereinzunehmen in seine Vorstellungswelt; wie ein Echo antwortete sie auf seine Ideen. Er hatte noch mehr im Hintergrund, er hatte noch lange nicht alles gesagt, und so hoffte er, er werde dem Tagebuch anvertrauen dürfen, dass die Rechnung ohne Rest aufgegangen sei. Er würde nicht zufällig das Wort «Rechnung» wählen, denn die Rechnung für seine Pläne, die musste Lydia bezahlen.

Doch Stauffer fürchtete, Lydia würde die Gegenrechnung stellen, wenn er die seine mit klingender Münze quittiert haben wollte, und er wusste, womit er zahlen sollte: mit seiner Person. Um das zu verhüten, hatte er betont – und er würde es auch fortan betonen –, dass Lydias Gatte genau wie sie des Ruhms teilhaftig sein solle, als Förderer zu gelten, der die Kunst auf Generationen hinaus erneuern half. Er wollte Emil nicht ausschliessen. Im Gegenteil: Stauffer brauchte ihn, denn ohne Emils Einwilligung fiel alles ins Wasser; nach dem geltenden Recht verfügte er und nicht Lydia über ihr Vermögen.

Stauffer wusste, dass er ein gefährliches Spiel trieb. Er machte Lydia toll, damit sie ihren Mann überredete, mit grossen Summen herauszurücken. Aber über ihrer Begeisterung für seine Projekte stand ihre Liebe zu ihm selbst. Beide zusammen konnten zur Sturzwelle werden. Gegen sie wollte er einen Damm errichten.

Dieser Damm sollte Cornelia Wagner sein. Stauffer machte ihr entschlossen einen Heiratsantrag. Sagte sie ja, so war er abgesichert. Trat er mit ihr als seiner Braut vor Lydia, dann musste diese endlich zur Kenntnis nehmen, dass er sie nicht begehrte.

Cornelia sagte ja. Sie sagte sofort und freudig ja. Aus ihrer langgenährten Zuneigung schlug die Einwilligung wie eine Stichflamme hoch.

Von der Verlobung liess Stauffer Lydia gegenüber vorderhand nichts verlauten. Dafür schickte er eine Depesche an Welti ab, in der er die Verbindung mit Cornelia anzeigte. Das Telegramm unterzeichnete er indessen nicht mit seinem eigenen, sondern mit Lydias Namen. Warum tat er das? Die Antwort bleibt offen. Wollte er, wie ihm Emil später vorwarf, jeden Verdacht zerstreuen, er wolle sich an dessen Gemahlin heranmachen? Sein ganzes übriges Verhalten in diesen Tagen spricht dagegen. Hoffte er, mit diesem bedenklichen Vorgehen dem Verlöbnis einen derart offiziellen Anstrich zu verleihen, dass Lydia nichts mehr unternehmen konnte? Denn die Furcht, die Frau werde alles versuchen, das Eheversprechen rückgängig zu machen, war nur allzu berechtigt. Darum ging er Lydia den ganzen Nachmittag aus dem Wege. Gegen Abend entwickelte er seine Gedanken weiter. Zunächst sollte eine grosse Reise unternommen werden. Teilnehmer sollten sein: das Ehepaar Welti, also ausdrücklich Mann und Frau und nicht etwa Lydia allein, ein Sekretär und natürlich Cornelia und Stauffer. Diese Reise sollte zuerst nach Pästum, dann nach Griechenland und allmählich bis nach Indien, Bombay und vielleicht noch weiter führen. Der Zweck sei das Studium der antiken Baudenkmäler und der Kulturen des Ostens. Danach aber gehe es an die Errichtung des Denkmals, das sie, die hier Versammelten, und Emil dazu unsterblich machen werde: an einen Tempelbau in Pästum oder vielleicht auch in Anzio; jedenfalls diene der grosse griechische Tempel von Pästum zum Vorbild, Stauffer wolle ihn eigenhändig ausmessen. Er habe bereits die Zusicherung von Herrn und Frau Welti – Lydia protestierte nicht gegen diese Erklärung –, dass sie zur Erstellung des Baues eine Million stiften würden. Klinger werde ihn ausmalen. Architekt und Schöpfer der Statuen sei jedoch Stauffer selbst. Die Pläne trage er schon alle im Kopf. Im Innern, in der Cella, im Allerheiligsten, werde eine Gottheit thronen. Sie hebe sich dunkel gegen die See ab, denn der Tempel sei an den zwei Stirnseiten offen. Die Augen der Gottheit bestünden aus Diamanten, die aus dem Dunkel herausstrahlten. Dem Heiligtum vorgelagert erstrecke sich eine Terrasse dem Meere zu. Sie werde geschmückt mit vier Statuen, zwei sitzenden und zwei stehenden. Sie seien Abbilder der vier Stifter, also des Ehepaars Welti, Klingers und Stauffers. Steige man die breite Treppe über die Terrasse zum Eingang empor, so werde man von zwei weiteren Bildwerken empfangen. Sie mahnten den Besucher, indem sie zwei Finger vor den Mund legten, sich der Erhabenheit des Ortes bewusst zu sein; nur schweigend dürfe man sich dem Heiligtum nahen. Auch werde die Gewandung vorgeschrieben: Nur wer sich besonders festlich kleide, dürfe das Wunderwerk betreten. Zur Erhöhung des Eindrucks würden die Gottheiten von Zeit zu Zeit im Boden verschwinden und dann wieder langsam und feierlich aus der Erde emporsteigen. Wie nach Olympia, wie nach Bayreuth werde man zu diesem Tempel pilgern.

Stauffer war, als ringe er mit dem Engel des Herrn. Er wollte ihn nicht lassen, bevor der ihn segnete. Er sah sich – ein anderer Luther – als den Begründer einer neuen Kunstreformation. Die Wartburg, auf die er sich flüchten wollte, sollte die Akropolis sein. Dort wollte er nur Dr. Schliemann, den Entdecker Trojas und der Königsgräber von Mykene, zum Gefährten haben. Der war der einzige Zeitgenosse mit der nötigen Grösse. Schliemann würde ihm als Sekretär dienen: er sollte die einlaufenden Briefe öffnen, die dummen in den Papierkorb schmeissen, die guten dagegen auf einem Präsentierteller darreichen. Zweiunddreissig Jahre habe Stauffer seine Phantasie gebändigt und seine Gedanken verborgen. Jetzt sei die Zeit gekommen, da er wirken solle. Gott habe ihn zum Baumeister bestimmt. Die Architektur sei seine neue Liebe, und für sie wolle er kämpfen zu Fuss und zu Pferd, mit Lanze und Schwert. In was für Lumpen hüllten die Barbaren der Gegenwart die klassischen Glieder der Baukunst! Er werde kommen und zu der Darniederliegenden wie Christus sprechen: «Mägdelein, ich sage dir, stehe auf!» Und er schloss mit den Worten: «Ich bin der Weg, die Wahrheit und das Leben. Wer mir nachfolgt, der wird leben, ob er gleich stürbe.»

Klinger wusste nicht recht, was er von diesen Phantasiebildern halten sollte. Einesteils dünkten sie ihn überspannt, ja wirr, andernteils aber sass die Frau des Mäzens da und hörte begeistert zu und war bereit, die Träume mit ihrem Geld in Stein und Farbe umzusetzen. Er war von reichen Auftraggebern einiges gewohnt; wenn auch nur ein Teil realisiert wurde, so schaute ein Erkleckliches heraus. Und so blieb Klinger über Nacht.

Am nächsten Morgen, es war Mittwoch, der 6. November 1889, sprach er lange mit Stauffer. Er sah so gut wie Cornelia, wie nervös sein Freund war, wie er vor Erregung zitterte. Doch Stauffer redete noch immer klar, seine Sätze waren wohlüberlegt, seine Sprechweise keineswegs verwirrt. Er schlug Klinger ein weiteres Werk vor: In einem einmalig ausgestatteten Buch sollten die graphischen Arbeiten Stauffers, Klingers und Cornelia Wagners vereinigt werden. Es sollte ein Prachtband sein von kleinster Auflage, höchstens fünfzig Stück, den sich nur Krösusse leisten könnten. Etwas noch nie Dagewesenes musste es sein. Ob Klinger mitarbeite?

Klinger sagte zu. War das Ganze nur ein Hirngespinst, so verlor er nichts; stak indessen etwas dahinter, dann musste er sich Vorwürfe machen, wenn er nicht im Geschäft blieb. Zudem fürchtete er, durch Einwände die Aufregung Stauffers zu steigern.

Trotzdem fuhr er nachmittags ab. Der Geisteszustand des Freundes erschien ihm um so bedenklicher, je länger er über das Gehörte nachdachte. Es waren keineswegs die Diamantenaugen der Göttin, die ihn beunruhigten. Er selbst hatte in Berlin einmal eine Statue mit Glasflussaugen ausgestellt, und in der Antike waren sie gang und gäbe gewesen. Auch Versuche mit versenkbaren Bildwerken waren schon unternommen worden. Was Klinger stutzig machte, war die Masslosigkeit der Pläne. Vielleicht war es gut, wenn er jemandem davon Mitteilung machte. Und so eilte er, kaum in Rom angekommen, aufs deutsche Konsulat, wo man seinen Bericht zwar interessiert entgegennahm, ihn aber darauf hinwies, dass er hier wohl am falschen Orte sei. Soviel man wisse, sei Stauffer Schweizer.

Lydia bekam von Stauffers Verlöbnis mit Cornelia Wind. In der ersten Überraschung teilte sie ihren Mägden die Neuigkeit mit. Dann aber erkannte sie, wo das hinauswollte: auf die Errichtung einer unübersteiglichen Mauer. Hatte sie dafür die Million versprochen? Stauffer sollte erfahren, wer die Stärkere war! Er hatte sie berauscht mit seinen Plänen. Es gab ein einfaches Mittel, den Abtrünnigen zurückzuholen: Sie würde mit dem Entzug der Million drohen. Bevor sie ihn herbeizitierte, schärfte sie den Mädchen ein, ihm gegenüber nichts von der Verlobung verlauten zu lassen. Und als Stauffer erschien, redete sie so lange auf ihn ein, bis er versprach, das Ehegelöbnis wieder zu lösen. Was konnte er anderes tun? Sollte er auf das Buch, die Reise, den Tempel, sollte er auf Unsterblichkeit verzichten? Das war ein zu hoher Preis. Er gab der Erpressung nach.

Er ging zu Cornelia. Sie fragte, wie es mit dem Versand des Stiches stehe. Der sei jetzt nicht mehr so dringend, der könne warten. Er habe ihr etwas mitzuteilen. Die gnädige Frau erlaube nicht, dass er sie heirate. Er nehme deshalb sein Versprechen zurück.

Cornelia fühlte plötzlich tiefes Mitleid mit dem Mann, den sie für so stark gehalten hatte. Sie sah klar: Karl war Lydia ausgeliefert.

Eigentlich hätte sie gleich abreisen sollen. Was hielt sie zurück? Machte sie nicht vor jedermann peinliche Figur? Sie war drauf und dran, zu packen. Dann aber erkannte sie, dass Stauffer sie brauchte. Sein Zittern, seine Nervosität erschreckten sie. Er war in einer fürchterlichen Zwangslage. Wenn sie blieb – Lydia zum Trotz; sie liess sich nicht so leicht aus dem Felde schlagen! –, so konnte sie Karl vielleicht helfen, ihn möglicherweise zurückerobern. Jetzt jedenfalls durfte sie ihn nicht im Stich lassen. Und so blieb sie, blieb unter Selbstverleugnung und machte gute Miene zum bösen Spiel.

Von nun an ging Stauffer Cornelia aus dem Weg, aber sie verhielt sich grossartig. Sie sagte nur, an der Reise nach Griechenland und Indien werde sie natürlich nicht teilnehmen. Stauffer begriff ihren Entschluss. Und aus dem Bedürfnis heraus, sie zu trösten, sie zu entschädigen für die Enttäuschung, versprach er, er werde dafür sorgen, dass ihr Emil und Lydia ein jährliches Stipendium von dreitausend Lire gewährten; zudem solle sie eine Kupferdruckpresse bekommen. Und in den Prachtband, der einen Teil seines Lebenswerkes ausmachen solle, werde er Cornelias Arbeiten aufnehmen. Dann aber zog er sich wieder zurück und mied ihre Nähe, so dass es sogar dem Wirt Bonciani und Lydias Kammerjungfern auffiel und sie Mitleid mit ihr empfanden.

Noch einmal indessen liess sich Stauffer in ein längeres Gespräch mit Cornelia ein. Der Tempelbau beschäftigte ihn sichtlich. Er sorgte sich, dass die Geldmittel nicht reichten. Wäre die Million investiert und brauchte er noch mehr, dann würde er vielleicht eine reiche Dame heiraten, die ihm früher einmal einen Korb gegeben. An eine Heirat mit Lydia dachte er also immer noch nicht. Cornelia hatte von der Frau nie gehört. Trotzdem bat Stauffer sie, ihm nötigenfalls zu helfen, mit dieser neuen Geldgeberin in Verbindung zu treten.

Cornelia lehnte nicht ab; sie spürte, dass sie jetzt mit Karl behutsam umgehen musste. Sein Zustand bekümmerte sie. Sie war selbst eine Phantastin, das wusste sie; Frau Welti war es, und auch Stauffer verlor zusehends den Boden unter den Füssen. Und doch kam sie sich als die Vernünftigste von allen vor. So konnte sie es nicht hindern, dass ihr, als sie mit Lydia allein war, der Satz entfuhr: «Herr Stauffer wird doch um Gotteswillen nicht verrückt werden!»

Stauffer nächtigte wie gewöhnlich im Hotel in der Stadt unten. Er hatte Lydia ein Opfer gebracht und dafür die erneuerte Versicherung empfangen, dass sie es an den nötigen Geldern nicht fehlen lassen werde. Das war das Wichtigste. Er durfte also seinen Zukunftsträumen weiterhin nachhängen. Er griff zum Tagebuch und schrieb auf, was ihn bedrängte. Ja, er tat nichts ohne Bezug auf den Lebensplan, den er sich im Belvoir bereitgelegt hatte. Er fühlte, dass Grosses bevorstand. Jetzt würde sich alles entscheiden. Und wie die alten Griechen wollte er vor der Tat nach Delphi gehen; dort würde Erz geheimnisvoll erklingen, der heilige Raum, das rätselhafte Erz...

Seine Gedanken verwirrten sich. Er schrieb nicht aus Eitelkeit, sondern weil er musste, nicht anders konnte, weil die Zeit erfüllt war... Er war im Begriff, eine neue Kirche der Kunst zu bauen, eine Ecclesia militans. Und diese neue Kirche sollte ein Bethaus sein und nicht eine Mördergrube, zu der sie die Parlamentarier des fotografischen Zeitalters gemacht hatten. Erst musste er das Unkraut ausrotten, ehe der Garten angelegt wurde. Er wollte nicht wie die Katze um den heissen Brei herumgehen, sondern wie ein Bluthund auf die Feinde einfahren, um sie zu zerreissen. Ja: Ecclesia militat!

Am nächsten Morgen litt es Stauffer nicht lange im Bett. Er sah auf den Kalender: Donnerstag, der 7. November 1889. Emil war schon vier Tage fort. Wann würde er zurückkehren, so dass er, Stauffer, nicht mehr allein war mit Lydia? Gottseidank war Cornelia geblieben. Schlimm genug, dass Klinger gestern zurückgereist war. Klinger! Natürlich, ihm wollte er sogleich schreiben. Frühstücken? Dazu hatte er keine Zeit. Doch hier im engen Zimmer war nicht Raum für seine Gedanken.

Er zog sich hastig an und eilte zum nahen Bahnhof. Die Uhr zeigte halb acht. Der Brief würde noch mit dem Vormittagszug abgehen. Eilig begann er:

«Lieber Klinger!

Da meine Rechnung in bezug auf Sie gestimmt hat gestern, so können wir sofort weiterfahren. Dunque, ich Endesunterzeichneter Karl Stauffer, Bildhauer, bestelle bei Ihnen für den Preis von tausend Franken das Projekt zu einem Büchertitel, Rückseite und Vorderseite. Auf die Vorderseite kommt zu stehen:

Du musst es dreimal sagen.
Aemilius Welti
Carolus Stauffer
Maximilianus Klinger
Auf die Rückseite:
Lydia Escher
Cornelia Wagner
Die definitive Antwort, ja oder nein, per Draht bis 9. November, abends neun Uhr.
Pensiero fondamentale del libro:
In dieses Buch, welches fünfzehn- bis zwanzigtausend Franken kosten darf (Herstellung von fünfzig Exemplaren), kommt das, was ich zu sagen habe, respektive die symbolischen Kapitelüberschriften meines Werkes lateinisch. Zur Herstellung werden graphische Modi angewendet. Holzschnitt, Kupferstich, also Buchdruck und Kupferdruck. Die Chose kann eventuell auch fünfzigtausend Franken (mehr nicht) kosten, ich kann das nicht bestimmen, da ich im Moment auf Details mich nicht einlasse. Wenn aus der Sache was werden soll, so steigen Sie bitte aus der Versenkung nur, wenn ich Sie rufe. Kristallisierte Grundidee von's Ganze Templum graecum doricum basta.

        Mit bestem Gruss Stauffer

Beiliegend erhalten Sie hier dreihundert Franken a conto. PS. Ich bitte Sie, sich von jetzt an immer ganz genau an den Wortlaut und den Sinn, der sich natürlicherweise daraus ergibt, zu halten.»
Stauffer steckte die Geldscheine in den Umschlag und las den Brief nochmals durch. Überkam ihn eine Ahnung davon, seine Zeilen könnten in Klinger den Eindruck hervorrufen, sein seelisches Gleichgewicht sei gestört? Zur Sicherheit, um den Freund und sich selbst zu beruhigen, setzte er oben hinters Datum, indem er auf die frühe Morgenstunde Bezug nahm, die Worte: «Bahnhof, morgens früh, dreiviertel acht, also nüchtern.» Dann klebte er den Umschlag zu und warf ihn ein.
Er fuhr nicht zur Pensione Bonciani hinauf, sondern blieb in der Stadt. Die Reisepläne bedrängten ihn. Er hatte von einem Sekretär geredet, der sie alle begleiten sollte; den galt es nun zu finden. Er fragte überall herum. Schliesslich ermittelte er einen Mann, der

sich bereit erklärte, den Posten zu übernehmen. Sollte er diese Nachricht Lydia persönlich überbringen? Er tat es nicht. Er wollte Abstand wahren. Darum schrieb er ihr aus der Stadt einen Brief und setzte wie früher die distanzierte Anrede voran «Verehrteste Frau und Freundin». Er meldete, dass für die «griechische Company in Firma Welti-Escher-Stauffer-Klinger», die den Zweck habe, «die alte verlassene klassische Weide abzugrasen», der Reisesekretär vorhanden sei: «Er besorgt alles Geschäftliche, und wir bekommen unsere Intelligenzen für die artistische Leitung absolut frei.» Wiederum hatte er mit Bedacht Lydias Ehemann mit einbezogen; sie sollte einmal mehr wissen, dass er allein mit ihr in die weite Welt aufzubrechen nicht die geringste Lust empfand.

Dr. Emil Welti weilte geschäftehalber noch immer in Bern. Fast täglich empfing er von Stauffer Telegramme. Sie betrafen namentlich die Wohnungsfrage. Die Einigung über die Villa des Grafen Agemor stand noch immer aus. Stauffer schlug neue Häuser vor. Der stellenweise ganz konfuse Inhalt der Depeschen – sie waren freilich, wie stets, wenn sie durch die Hände eines italienischen Telegraphisten gingen, arg verstümmelt – machte Emil stutzig. Er merkte besonders auf, als ihm der Freund, übrigens auf Veranlassung Lydias, zumutete, er solle das ursprüngliche Projekt endgültig aufgeben und die als Privathaus ganz ungeeignete Pension Bonciani kaufen, also das Hotel, in dem Welti mit Lydia genächtigt und in dem Lydia nach wie vor wohnte.

Emil sah sich genötigt, Stauffer zu telegraphieren, er solle weder die Pension noch sonst ein Haus kaufen. Er solle sich darauf beschränken, das Haus zu mieten, welches man von Anfang an in Aussicht genommen habe. Aus der Antwort durfte er schliessen, dass Stauffer dem eindeutigen Auftrag nachkommen werde. Erneut widmete er sich seinen Geschäften in Bern.

Stauffer freilich fand die Depeschen, die aus Bern kamen, töricht und dumm. Begriff Emil denn nicht, dass er, Stauffer, der eben den begnadeten Baumeister in sich entdeckt hatte, besser Bescheid wusste über die Möglichkeiten, ein Haus umzuwandeln? Da stiess er wieder an die alte, lästige Grenze. Leute, die von Architektur keine Ahnung hatten, besassen Geld, und jene, die sich darauf verstanden, hatten keins. Die ewige leidige Abhängigkeit! Der

Mann hatte keinen Horizont. Stauffer war wütend. Er hatte bereits Cornelia davon gesprochen, dass er mit Klinger zusammen die Pension umgestalten wolle. Konnte man aus ihr nicht die erträumte Akademie machen? Klinger würde sie ausmalen. Und nun machte ihm der ängstliche Kleinbürger einen Strich durch die Rechnung! War es nicht offensichtlich, dass Emil die Grösse fehlte? Die Grösse, die er, Stauffer, in so reichem Masse besass? Er begann Welti zu hassen. Und allmählich kam er zu dem Entschluss, ohne Rücksicht auf Emil zu handeln.

Er nahm mit Rebecchino Bonciani, dem Hotelier, Verbindung auf. Wieviel die Pension kosten solle? Bonciani besann sich. Dann nannte er den Betrag von neunzigtausend Franken. Vermieten wollte er sie nicht. Stauffer überlegte. Er trug zehntausend in der Tasche, die tausend nicht gerechnet, die ihm Emil für seine persönlichen Bedürfnisse zugesteckt hatte. Wie hatte Weltis Rechnung gelautet? Miete oder Anzahlung würden die Höhe von zehntausend Franken kaum erreichen; also sei der Rest für die Hotelauslagen und sonstige Unkosten zu verwenden. Zu den Unkosten rechnete er die dreihundert Franken, die er Klinger geschickt. Das Buch sollte ja auch Emil verherrlichen.

Die Aufschlüsselung des Geldes beschäftigte Stauffer bis spät in die Nacht. Er konnte kaum schlafen. Im Geiste sah er bereits die Akademie vor sich. Er musste handeln. Er machte Licht und schaute auf die Uhr. Sie zeigte kurz nach vier. Draussen war es stockfinster. Das durfte ihn nicht hindern, die Verhandlungen sogleich zum Abschluss zu bringen. Er zog sich an. Bevor der Tag graute, stand er vor der schlafenden Pension. Er pochte, begehrte ungestüm Einlass. Traumtrunken öffnete jemand. Der Patron solle her; mit ihm habe er Wichtiges zu besprechen. Bonciani erschien. Er rieb sich die Augen, als er den frühen Gast erkannte. Stauffer dünkte ihn aufs höchste erregt. Er zweifelte an seinem Geisteszustand. Er hatte ihn in den letzten Tagen oft halbe Stunden lang im Hotelgarten hin und her rennen sehen, und gestern – es war doch gestern gewesen? – war Stauffer gar mit den Worten ins Zimmer getreten: «Bin ich wirklich verrückt, oder halten mich die Leute bloss dafür?»

Was er um diese Zeit wolle, fragte Bonciani, es sei ja erst fünf. Stauffer antwortete, den Kauf der Pension endlich unter Dach bringen. Er sei bereit, ein Angeld von neuntausend Franken zu zahlen. Das sei ein Zehntel der Gesamtsumme. Ob Bonciani einverstanden sei?

Nachdem Bonciani den Aufgeregten etwas beruhigt und sein grundsätzliches Einverständnis mit der Geschäftsabwicklung gegeben hatte, riss er, als er endlich allein war, das alte Blatt vom Kalender. Das neue zeigte Freitag, den 8. November 1889.

Cornelia Wagner hatte fast den ganzen Tag allein verbracht. Sie hatte gehofft, ihr Exbräutigam werde den Antrag erneuern; zumindest war sie der Meinung gewesen, er bedürfe ihrer Hilfe und Nähe. Aber er hatte sich kaum sehen lassen. Sie empfand es als peinlich, wenn Lydias Mägde und der Wirt sie mit neugierigen und mitleidigen Blicken verfolgten. Längeres Bleiben war sinnlos. Sie verbrachte die Nacht auf den Freitag noch im Zimmer, das ihr Weltis Gattin bezahlt hatte, dann packte sie frühmorgens die Koffer. Sie musste eilen, wollte sie den Vormittagszug nach Rom erreichen. Widerstreitende Gefühle bewegten sie, als sie im fahrenden Wagen sass. Obwohl Stauffer sie versetzt hatte – anders konnte sie es nicht nennen –, grollte sie ihm nicht; er war in ihren Augen noch immer ein faszinierender Mann. Aber neben Lydia zu leben, die gewiss triumphierte, das war ihr nicht zuzumuten.

Stauffer hatte sie übrigens begleitet. Sie hatte ihn vorsichtig gefragt, ob er sein eigenmächtiges Vorgehen, ganz besonders in Hinsicht auf die Villenpläne, für richtig ansehe. Aus der Antwort schloss sie, dass er seine Handlungsweise keineswegs für verfehlt, schon gar nicht für schlecht hielt. Handelte er auf weite Sicht nicht im Interesse aller? Eines Unrechts war er sich nicht bewusst. Zaudern und Zögern führten zu keinem Ziel. Er war gewohnt, rasch zu handeln; so sollte es auch jetzt geschehen.

Als sie sich von einander verabschiedeten, fiel ihr auf, wie blass und abgespannt er aussah. Das war um so merkwürdiger, als er die Tage zuvor so energiegeladen gewirkt hatte. Schlaff war sein Gesicht, kraftlos sein Händedruck. Und als Cornelia aus dem Fenster des anfahrenden Zuges noch einmal auf den Bahnsteig blickte, da sah sie eine geknickte Gestalt zurückbleiben.

Als Stauffer den Zug aus der Halle dampfen sah, kam er sich völlig verloren vor. Das letzte Halteseil war zerrissen. Jetzt blieb er dem übermächtigen Einfluss seiner Geldgeberin ausgeliefert.

Er blieb in der Stadt unten. Er konnte sich mit der Abreise Cornelias nicht abfinden. Nein, er liebte sie nicht. Wen hatte er jemals wirklich geliebt? Aber sie war sein Rettungsanker gewesen, auch dann noch, als Lydia ihn gezwungen hatte, die Verlobung aufzulösen.

Unruhig verbrachte er die nächsten Stunden. Gegen Abend hielt es ihn nicht länger: Er eilte zum Telegrafenamt. Es gab nur eine einzige Rettung, und die hiess immer noch Cornelia. Warum war er nur so dumm gewesen, sich von Lydia einschüchtern zu lassen! Cornelias Bleiben nach der Entlobung über zwei Nächte hinweg war Beweis genug, dass sie ihm nichts nachtrug. Und so gab er folgenden, trotz aller Zerrissenheit eindeutigen Text auf: «Alles abgemacht. Mann und Frau. Acht Tage reisen. Karl.» Die Anschrift lautete: Cornelia Wagner, Passeggiata di Ripetta 21, Rom.

Die Depesche würde Cornelia morgen früh erreichen. Er war überzeugt, dass sie sofort einwillige. Als Mann und Frau würden sie in acht Tagen reisen, irgendwohin, nur weg von hier, weg aus der Gefahrenzone. In acht Tagen war Emil längstens zurück, dann war er des Auftrags ledig, den Gesellschafter und Beschützer seiner Frau zu spielen. Waren Cornelia und er verheiratet, so musste Lydia sich darein finden; die Eheschliessung würde sie nicht mehr rückgängig machen können. Bis morgen, Samstagabend, musste Cornelias Antwort eintreffen. Bis dahin galt es durchzuhalten. Danach würde er sich von niemandem mehr einschüchtern und erpressen lassen.

Stauffer schlief auch die Nacht vom Freitag auf den Samstag drunten in der Stadt im Hotel und liess Lydia mit ihren zwei Jungfern in der Pension allein. Hätte er es auf sie abgesehen – nichts wäre leichter gewesen, als zu ihr hinaufzugehen oder sie herunterzuholen. Sie wäre ihm zweifellos gefolgt. Es gab ja keine Zeugen mehr. Aber Stauffer dachte nicht daran. Er erwartete sehnlich Cornelias Antwort auf seinen erneuten Heiratsantrag.

Völlig vernachlässigen durfte er Lydia freilich nicht. Am besten war, sie einmal mehr mit Kunst abzulenken. Deshalb durchstreifte er mit ihr am Freitag Florenz, führte sie an der Loggia vorbei, wo Perseus mit dem blutigen Haupt der Medusa in der hocherhobenen Linken stand, zeigte ihr in Santa Croce die halbvergilbten Fresken Giottos, kaufte für sie Kunstgegenstände und fuhr mit ihr schliesslich im Wagen ein Stück in die Landschaft hinaus. Am Abend trennten sie sich. Lydia blieb oben an der Hügelstrasse, während Stauffer, begierig auf Cornelias Antwortdepesche, ins Hotel und aufs Postamt eilte – ohne Erfolg.

Irgend etwas mochte dazwischengekommen sein. Vielleicht würde sie noch spätabends einlaufen. Das war ein Grund mehr, unten in der Stadt zu bleiben. Doch die Depesche kam nicht. Sie traf auch am anderen Morgen nicht ein.

Stauffer beschloss, noch eine Weile zuzuwarten. Er war beunruhigt. Er konnte sich nicht vorstellen, dass Cornelia ihm einen Korb geben werde.

Aber nichts geschah. Kein Bote erschien, auf dem Amt zuckte man die Schultern. Er wurde nervös. Und droben wartete Lydia. Er durfte nicht allzu unhöflich sein, er durfte auch die Million nicht aufs Spiel setzen. Er fuhr hinauf.

Lydia empfing ihn mit einem Blick, der ihm nicht gefiel. Noch in der Pension machte sie ihm die erste Szene. Sie war mit ihren Nerven am Ende. Seit ihr Mann, seit Klinger und erst recht seit Cornelia weg war, spürte sie immer deutlicher, wie Stauffer sich ihr entzog. Sie überschüttete ihn mit Vorwürfen. Sie schalt ihn undankbar, kaltherzig, gemein. Sah er denn nicht, wie sie litt? Sie gebe ihn nicht mehr frei, ein Leben ohne ihn sei ihr unmöglich. Er dürfe sie nie mehr verlassen. Vier Jahre warte sie auf ihn. Was glaube er wohl, woher ihre Zustände kämen, wieso sie an Schlaflosigkeit und anhaltender Nervosität gelitten habe und jetzt wieder leide? Sie gebärdete sich so, dass Stauffer dafür nur das Wort «unerhört» fand.

Jetzt sass er in der Klemme. Jetzt war er genau dort angelangt, wo er nicht hatte anlangen wollen. Hätte er wenigstens Cornelias Rückhalt gehabt! Oder wäre Klinger noch dagewesen! Der hatte ihm auf seinen Brief vom Donnerstag bloss geantwortet, er zweifle an Stauffers Verstand; er habe das deutsche Konsulat informiert. Alle hatten ihn verlassen. Er musste etwas finden, was die Rasende ablenkte. Er musste mit ihr fort, hinaus aus dem Haus, irgendwohin ins Freie, ins Weite, an einen Ort, wo Ruhe herrschte, die sie besänftigte.

Da fiel ihm das Kloster oben im Val d'Ema ein, die Certosa, die wie eine Festung auf dem Hügel stand. Dorthin wollte er mit ihr fahren. Vielleicht würde etwas von dem Klosterfrieden in sie einströmen.

Stauffer brachte Lydia dazu, mit ihm eine offene Mietdroschke zu besteigen. Der Tag war trotz der vorgerückten Jahreszeit mild, beinahe sommerlich. Die Sonne schien. Unten, vor der Porta Romana, bog die Kutsche in die Strasse ein, die halbrechts ins freie Land hinausführte. Nach einiger Zeit kamen sie am protestantischen Ausländerfriedhof vorbei, aber sie liessen die weithin sichtbare Reihe der hochstämmigen Zypressen unbeachtet. Durch kleine Dörfer und über offene Strecken gelangten sie an den Fuss des Klosters.

Der Wagen musste unten auf einem ebenen Platz halten, weil der Weg zur Pforte am Ende steil und holprig war. Das Paar stieg aus. Sie folgten dem ansteigenden Pflasterweg zwischen Mauern bis zum ersten kleinen Hof. Dort zogen sie die Klingel für den Pförtner. Er war ein alter, schneeweisser Mönch, der den blanken Schädel kaum mehr ruhig halten konnte. Aber er lächelte freundlich.

Sie wandten sich nach rechts in den kühlen, gewölbten Gang, traten auf den Innenhof und standen vor der Fassade der Kirche ohne ein lautes Wort. Der Orden, der hier hauste, hatte Schweigegebot, und so lag über allen Gängen und Höfen Stille wie in einem riesigen Gotteshaus. Der Mönch führte sie auch ins Refektorium, wo die Tische sauber mit grober Leinwand für die Brüder gedeckt standen. Das war der Gottesfriede, den Lydia brauchte. Stauffer entsann sich des Klösterchens auf dem Monte Soratte und der Worte jenes Mönchs, der ihm gesagt, es lebe sich in der Kutte viel leichter, als man gemeinhin denke. Wer so mit der Welt abgeschlossen hatte wie diese da, dem stiess nicht zu, wogegen er jetzt kämpfte.

Trotz dem Schweigegebot erzählte der Greis flüsternd von Michelangelo, dem man Teile des Klosters zuschrieb, von den Bildern in der Kirche und den Grabmälern in den marmornen Grüften. Zuletzt führte er die Besucher in seine Zelle, in eins der alleinstehenden sauberen Häuschen, die sich wie kleine Festungstürme um den Garten schlossen. Von der Balustrade öffnete sich ein schöner Blick ins Tal. Unten sahen sie die Droschke warten. Und wie sich Stauffer umwandte, begegnete er dem langen Blicke Lydias. Sie bot ihm den Arm, und dann gingen sie den ganzen langen Weg durch das Kloster zurück und den Pflasterweg hinab so nahe Seite an Seite wie bisher noch nie.

Der Kutscher öffnete den Schlag. Sie setzten sich nebeneinander aufs Polster. Die Peitsche knallte, die Pferde zogen an. Die Frau legte ihre Hand in die seine und lehnte sich an ihn. Er sah, wie sie tief atmete. Die Wärme ihres Leibes strömte in ihn über. Er gab den Druck ihrer Finger zurück.

Sie näherten sich wieder dem Fremdenfriedhof. Lydia wollte ihn besuchen. Der Kutscher hielt an. Sie schritten durch das schwere eiserne Gittertor. Von dem Lorbeerhain, der der Gräberstätte den Namen «Agli allori» gegeben hatte, war nichts mehr zu sehen. An seiner Stelle waren Zypressen emporgeschossen. Pförtnerhaus und Kapelle lagen als Riegel vor dem eigentlichen Friedhof. Sie mussten sie im tunnelartigen Gang durchqueren. Dann traten sie wieder ins Abendlicht. Einem griechischen Theater gleich stieg das Halbrund terrassenförmig vor ihnen auf. Auf den gemauerten Rampen war jeder Fussbreit mit prunkenden Monumenten besetzt; kein Baum, kaum ein Halm unterbrach die kalte Weisse. Den Hintergrund bildete eine Nischenwand mit Arkaden. Erst hinter dieser Mauer erhoben sich Baumwipfel.

Lydia und Stauffer durchstreiften die Gräberreihen und stiegen die flachen Treppen empor, die sternförmig vom Mittelraum ausstrahlten, auf dem eine kreuzgekrönte Säule ragte. Kreuze, Steine und Sockel mit Engeln und weinenden Genien, zerrissene Ketten und gebrochene Pilaster zeugten fast ausnahmslos von schlechtem Geschmack. Stauffers Künstlerauge war beleidigt. Lydia hingegen fühlte an der Stätte des Todes mit dem warmen Leben neben sich die Stunde gekommen, da sie ihrem Schicksal die entscheidende Wendung geben wollte.

Sie blieb stehen. Sie wiederholte, sie könne sich die Zukunft ohne Stauffer nicht mehr denken. Sie wolle ihn nicht nur in der Nähe wissen, sie wolle ihn für sich alleine haben, ihn besitzen.

Stauffer wehrte sich mit letzter Kraft, aber er spürte, dass sein Widerstand erlahmte. Er machte ihr klar, wie schwierig die Erfüllung ihres Wunsches sei. Natürlich wäre es schön, wenn sie einander völlig angehörten, aber sie solle an das Gerede denken, das aufkäme. Vor allem aber möge sie sich ihrer einflussreichen Familie erinnern. Die Folgen eines solchen Schrittes seien unabsehbar. Doch Lydia wollte nicht hören. Mit letzter Entschlossenheit wagte sie alles. Sie klammerte sich an ihn, flehte ihn beinahe kniefällig an, mit ihr zu fliehen, weg von Emil, hinaus aus ihrem bisherigen Leben. Sie werde Karl nie verlassen. Und wenn er sich ihr nicht gebe, so gehe sie ins Kloster, so stürze sie sich noch heute in den Arno. Dann wisse sie jedenfalls, wo sie begraben werde: hier. Sie fuhren weiter. Die Gewalt der Frau war unwiderstehlich. Wie betäubt sass Stauffer neben ihr. Der Fahrer wusste einen kleinen Albergo, an dem ein Bächlein vorbeirieselte. Die Nacht war hereingebrochen. Sie liessen ein pollo ben girato, ein knuspriges Backhähnchen, auftragen. Dazu brachte der Wirt eine Flasche Toskaner Wein. Der half. Stauffer wurde heiterer. Wenn Lydia unbedingt wollte und wenn sie wirklich und wahrhaftig und unter allen Umständen zu ihm hielt – sie beteuerte es in einem fort –, so durfte er es wohl wagen.

Der Wein stieg ihnen zu Kopf. Sie scherzten, lachten und freuten sich der Welt. Lydia sehnte sich nicht länger ins Kloster. Und während sie sich an ihn schmiegte, nannte er sie sein süsses Weib.

9. DIE KATASTROPHE

Der Wein wirkte bei Lydia länger nach als bei Stauffer. Als sie – es war schon spät – vor dem Eingang der Pensione Bonciani standen, riss er sich los und flüchtete hinunter in die Stadt in sein Hotelzimmer. Noch war nichts geschehen. Noch war das Unwiderrufliche nicht eingetreten. Es war ein Sonntag gewesen, an dem er bis an die Grenze des Erlaubten, nein: des Besonnenen gegangen war. Würde er in Zukunft, nachdem er Lydia das Jawort gegeben, widerstehen?

Er ging zu Bett. Er versuchte zu schlafen, doch der Kopf fand keine Ruhe. Er wälzte sich von einer Seite auf die andere. Immer stand das Bild der Frau vor seinen Augen, die er fürchtete und gleichzeitig brauchte. Wenn sie sich scheiden liess, dann freilich war er der unumschränkte Herr ihrer Schätze, nicht um auf den

Polstern des Reichtums behaglich zu ruhen – das war seine Sache nie gewesen und würde es auch nie sein –, sondern um künstlerisch zu gestalten, um die versunkenen Welten wieder aufleben zu lassen in Statuen und im Tempelbau.

Es war heiss im Zimmer. Oder brannte er innerlich? Die Frau des Juristen Emil Welti, die Tochter des grossen Alfred Escher, die Schwiegertochter des mächtigen Magistraten in Bern, sie war sein, wenn er nur wollte. Sie war eine andere Frau als die Berlinerinnen, die zwar auch Verhältnisse eingingen, aber den letzten Schritt, die Trennung vom Ehemann, nicht wagten. Floss Lydia der Mut aus dem Blut ihrer Vorfahren zu? Ihr Grossvater väterlicherseits war hoher Offizier in Russland gewesen. Oder hatte sie ihre Kühnheit, mit der sie sich zu ihm bekannte, vom Vater ihrer Mutter geerbt, der als Reiteroberst in Algerien gefallen war?

Stauffer fühlte plötzlich Stolz. Er brauchte nur die Hand auszustrecken. Seine Selbsteinschätzung wuchs ins Ungeheure. Eine halbe Stunde entfernt lag eine reife Frau und sehnte sich nach ihm. Er war doch nicht verrückt, sie sich entgehen zu lassen! Er erhob sich, warf sich in die Kleider und eilte hinunter in die stille Nacht.

Auch Cornelia Wagner fand diese Nacht lange keinen Schlaf. So oft sie auch das Telegramm las – sie verstand es nicht. Immer wieder hatten ihre Augen die Worte überflogen: «Alles abgemacht. Mann und Frau. Acht Tage reisen. Karl.» Was war abgemacht? Stauffer und sie hatten sich voneinander getrennt, ohne irgend etwas zu verabreden. Sie hatte sogar ihren Stich wieder mitgenommen. «Mann und Frau!» Wer sollte Mann und Frau sein? Karl und die Dame mit der Restfinanzierung? Wohl schwerlich. Auch Lydia fiel ausser Betracht. Sie war verheiratet, und zudem hatte Cornelia genau beobachtet, wie sehr Stauffer Distanz wahrte. Meinte er also sie? Sie konnte es nicht glauben. Er hatte ihr Bleiben nicht genutzt. Warum sollte er jetzt, kaum war sie weg, den Heiratsantrag erneuern? Selbst wenn das der Sinn seiner Worte war: Der Stolz verbot ihr, sogleich zu antworten. Sie wollte nicht ein weiteres Mal enttäuscht werden. Mochte er in acht Tagen reisen, wohin und mit wem er wollte, sie ging das nichts an. Vielleicht war er wirklich verrückt geworden. Sie fürchtete sich, ihn wiederzusehen.

Gewiss, sie hätte sich telegraphisch erkundigen können, was er eigentlich meine, aber sie lief ihm nicht nach. Lag ihm wirklich an ihr und entzog er sich dem Einfluss der Millionärin, so stand ihm frei, nochmals zu depeschieren. Sie löschte das Licht. Sie ahnte nicht, dass sie mit ihrem so verständlichen Verzicht auf Antwort Stauffer endgültig Lydia auslieferte.

Es ging auf Mitternacht. Die Strassen waren menschenleer. Nur eine Kutsche rollte heran. Stauffer hielt sie auf. Cornelia wollte nichts von ihm wissen, sonst hätte sie längst geantwortet. Er rannte ihr nicht nach, er, dem die Escher-Tochter nachlief. Was war Cornelia im Vergleich zu ihr? Ein junges, unreifes Ding, wie er schon viele gekannt hatte. Fast zwei Tage lang hatte er ängstlich auf ihre Antwort gehofft; jetzt war auch das vorbei.

Er bestieg die Droschke. Das Männchen auf dem Bock wandte sich um. Wohin? Natürlich hinauf zur Pensione Bonciani am Viale dei Colli, gleich hinter der Porta Romana links empor.

Das Gefährt setzte sich langsam in Bewegung, zu langsam für Stauffer. Er rief: «Ich zahle gut, Kutscher! Wenn du in elf Minuten oben bist, dann kriegst du zwanzig Lire – hör, zwanzig! Ich schau auf die Uhr! Weck deinen lahmen Gaul! Los, vorwärts!» Er glaubte den Kutscher murmeln zu hören: «Zwanzig Lire – der ist ja verrückt!»

Keuchend erreichte das Pferd die Höhe. Das Männlein strich das Geld zufrieden schmunzelnd ein. Solche Gäste fuhr man nicht jede Nacht.

Von der Stadt her schlug es Mitternacht. Stauffer rannte über den Kiesweg dem dunklen Hause zu. Die halb im Gebüsch versteckten nackten Statuen sahen ihm nach. Jetzt stand er unter dem Fenster Lydias. Wie gelangte er hinauf? Durch die Tür? Lärm schlagen? Die Leute wecken? Nein – wozu hatte er geturnt, wofür besass er Muskeln wie kein zweiter? Da ragten die gusseisernen Stangen, dünne Säulen eher, die den hufeisenförmigen Umgang um den Freiluftspeisesaal trugen. An einem solchen Pfosten würde er hinaufklettern und sich oben über das Geländer schwingen. Dann nur noch wenige Schritte nach links, und er stand vor der Terrassentür Lydias. Sie würde Augen machen, wenn er, ein neuer Romeo, auf diesem Wege zu ihr kam und nicht wie ein braver

Bürger durch die Zimmertür. Er würde sich den Weg bahnen, wo er wollte: der Liebe eine Gasse!

Die Wirklichkeit sah freilich prosaischer aus, obschon sich Stauffer den Vorgang nachträglich so zurechtlegte und ihn sogar in einem Gedicht in dieser Weise verewigte. Er kletterte nicht, sondern klopfte doch den Portier heraus, drückte dem Erstaunten eine solche Summe in die Hand, dass der Mann ihn nicht nur einliess, sondern ihm offenbar auch die Tür zu Lydias Schlafzimmer öffnete. Dass auch der brave Wirt Bonciani dabei behilflich war, lässt sich aus gewissen Äusserungen Stauffers nur vermuten, aber nicht beweisen.

Die Gattin Emil Weltis empfing Stauffer hochbeglückt. Das war in der ersten Morgenstunde des 11. Novembers 1889, eines Montags.

Rebecchino Bonciani war am Vormittag dieses selben Tages nicht erstaunt, dass Stauffer schon im Hause war. Es war nicht die Aufgabe eines Wirts, über die Moral seiner Gäste zu wachen. Hauptsache, dass Stauffer den Hauskauf jüngst ordnungsgemäss abgewickelt hatte. Nach dem Auftritt damals um fünf Uhr früh waren sie handelseinig geworden. Der Maler war offensichtlich der Beauftragte von Signor Welti. Darum hatte Bonciani die neun blanken Tausender mit gutem Gewissen als Anzahlung kassiert, obgleich Stauffer in den Verhandlungen nie den Namen Dr. Weltis genannt und das Akonto auf seinen eigenen Namen gegeben hatte.

Gestern war Bonciani doch stutzig geworden. Stauffer hatte ihn nämlich schriftlich – vom Hotel unten in der Stadt aus – ersucht, er solle einen Teil des Angeldes zurückerstatten. Darauf ging Bonciani nicht ein. Geld, das er einmal in der Tasche trug, gab er so leicht nicht wieder her. Und die Gelegenheit, die Pension zu einem derart günstigen Preis loszuschlagen, würde sich kaum ein zweitesmal bieten.

Stauffer blieb zum Mittagessen. Nach der Mahlzeit trat er auf den Wirt zu. Er erklärte, er wolle Florenz verlassen; er reise «colla sua signora», womit offensichtlich Frau Welti gemeint war, nach Rom. Auch jetzt war Boncianis Verhalten undurchsichtig. Er nahm die aussergewöhnliche Mitteilung wortlos zur Kenntnis und schwieg auch den beiden Mägden gegenüber – vielleicht weil sich

Stauffer auch diesmal wieder freigiebig zeigte. Erst gute sechs Stunden später fühlte er sich bemüssigt, den Mädchen die Wahrheit zu sagen.

Lydia rief die Jungfern zu sich und sagte ihnen, sie werde den Nachmittag mit Stauffer verbringen. Das Abendbrot bestellte sie wie üblich auf sieben. Dann verliess sie mit Stauffer das Haus und trat an seiner Seite auf den Viale dei Colli hinaus. Es war das letzte Mal, dass die beiden ihre Herrin sahen.

Lydia und Karl waren drunten in der Stadt. Sie trug der warmen Witterung wegen nur ihr Herbstkleid. Sie hatte nicht einmal einen Mantel bei sich.

Heute nacht hatte die Gattin Emil Weltis den entscheidenden Schritt getan. Nun sollte die Trennung von der Vergangenheit auch räumlich erfolgen. Blieb sie in Florenz und gar in der Pension, würde es ihrem Mann ein leichtes sein, gegen sie vorzugehen. Rom dagegen war gross. Dort würde man sie schwerlich finden. In Rom würden sie sich neu ausstaffieren; ein paar hundert Franken von den tausend, die Stauffer von Emil zu seinem persönlichen Bedarf erhalten, waren noch nicht ausgegeben. Von Rom aus liess sich noch immer telegrafieren, Bonciani solle einen Teil der Anzahlung herausgeben. Lydia würde unterschreiben; das Geld gehörte ja schliesslich ihr.

Bevor sie abreisten, zeigte ihr Stauffer die Kreuzgänge hinter Santa Maria Novella gleich neben dem Bahnhof. Vom Telegrafenamt aus schickte er zwei Depeschen ab, die erste an den Besitzer eines Hotels ganz in der Nähe seines Ateliers; er reservierte dort Zimmer für Lydia. Die zweite ging an Cornelia Wagner und nahm Bezug auf die erste. Sie lautete: «Habe Colman telegrafiert. Lydia und ich binnen kurzem in Rom. Karl.»

Als der Zeiger längst über die Sieben hinausgerückt war, wurden oben in der Pension Bonciani Lydias Mägde unruhig. Warum kam die Herrin nicht zurück? Wusste vielleicht der Wirt etwas? Ja; sie sei mit Signor Stauffer nach Rom gereist; er habe den Herrn Gemahl eben telegrafisch informiert.

Am Abend war das Paar in der Ewigen Stadt. Stauffer brachte Lydia im Hotel Aliberti unter, in der gleichen Via Margutta, an der sein Atelier lag. Besitzer und Personal machten grosse Augen, als sie ohne Gepäck eintrafen. Hohe Trinkgelder liessen sie ihre Neugier vergessen.

Lydia richtete sich notdürftig ein. Dann ging sie mit Stauffer ins Atelier hinüber. Da wartete der Speerwerfer. Er hatte die zehn Tage Alleinsein leidlich überstanden. Stauffer würde die Arbeit sogleich wieder aufnehmen.

Lydia fand Freiheit und Künstlerleben herrlich. In einem Glücksgefühl sondergleichen setzte sie sich, mit ihrem Geliebten ins Hotel zurückgekehrt, an den Tisch und schrieb an Karls Mutter:

«Liebe Mama! Gestatte, dass ich Dich so nenne, denn obgleich wir uns noch nie gesehen haben, ist es mir, als stehen wir uns schon nahe. Sehnlich hoffe ich, dass Du bald in unser schönes italienisches Heim einziehen werdest, und will ich mit meinem teuren Manne wetteifern, Dir das Leben angenehm zu machen. – Ich kann Dir versprechen, dass ich Deinen Karl so glücklich machen werde, als er es verdient. Deine Lydia Stauffer.»

Bedurfte es für Stauffer weiterer Beweise, dass Lydia wirklich zu ihm hielt? Sie duzte seine Mutter, sie unterschrieb mit seinem Namen. Sie wollte sie bei sich aufnehmen. Welches Zartgefühl für ihn, der so sehr an seiner Mutter hing!

In seiner Freude eilte Stauffer aufs Telegrafenamt. Am Nachtschalter diktierte er eine Depesche nach Biel. Sie war an das Advokaturbüro seines Bruders gerichtet. Er meldete, was geschehen, und kündigte genauere Berichte an. Dann kehrte er ins Hotel zurück. Dort griff er zur Feder und schrieb einen sechsseitigen Brief. Er adressierte ihn wie die Depesche an die Herren Stauffer und Ryf, Advokatur, Notariat und Inkassogeschäft an der Rosiusgasse in Biel. Er begann:

«Sehr geehrte Herren!
Insbesondere lieber Bruder!
Laut Telegramm von mir und meiner zukünftigen Frau Lidia Escher» – in der Eile schrieb er ihren Namen mit einem «i» –, «verheiratete Welti, werden Sie ersehen haben, wie die Sachen um Herrn Dr. Emil Welti, seine Frau Lidia Escher und mich, Karl Stauffer, stehen.

Die Gemeinheit ist ausgeschlossen. Wir, Lidia und ich, lieben uns seit der ersten Minute unserer ersten Begegnung – hoffnungslos, denn sie war die Frau eines andern, dem sie Treue gelobt hatte.»

Wie kam Stauffer dazu, die überaus kühne These zu Papier zu bringen, er habe Lydia schon immer geliebt? Die Antwort ist einfach: Im Rausch der ersten Erfüllung glaubte er, es sei tatsächlich so gewesen. Zudem sass Lydia neben ihm und las mit, was er schrieb. Wie durfte er da anderes sagen, als was sie von ihm erwartete?

Im gleichen Sinne fuhr er fort: «Sie als Frau von untadelhaftem Wandel und ich als durchaus ehrenhafter Mensch und Künstler verschlossen beide das Geheimnis unserer gegenseitigen tiefen Neigung voreinander, ohne uns während vier Jahren und zwei Monaten jemals auszusprechen oder einen einzigen Fehltritt zu tun.»

Das stimmte nicht ganz. Gesprochen hatten sie über ihre Sympathien schon längst, nämlich damals, als sich Emil lange Wochen hindurch mit einem Freund auf Reisen befand. Den letzten Schritt hatten sie freilich nicht getan, das war richtig.

Er schrieb weiter: «Wir hatten völlig resigniert, doch lassen sich auf immer die natürlichen Gefühle nicht unterdrücken. Nachdem wir uns beide die denkbar menschenmögliche Gewalt angetan hatten und sogar mein Freund Max Klinger, der mich in Florenz besuchte, sich wegen meinem ‚bedenklichen Geisteszustand' an das deutsche Konsulat gewandt hatte, geschah das Naturgemässe, und wir wurden, was wir geistig sofort nach der ersten Begegnung geworden waren, körperlich Weib und Mann.

Frau Lidia Welti-Escher» – hier machte ihn Lydia auf den Fehler aufmerksam, und er korrigierte gehorsam – «Frau Lydia Welti-Escher und ich, Karl Stauffer, wenden uns vertrauensvoll an Sie, geehrte Herren, mit der Bitte, in der denkbar diskretesten Weise Herrn Dr. Emil Welti von dem Sachverhalt zu unterrichten und auf unverzügliche Scheidung hinzuwirken.

Frau Lidia» – hier verfiel Stauffer erneut in die fehlerhafte Schreibweise – «hat für diesen Fall folgende finanziellen Dispositionen getroffen:

1. Herrn Dr. Emil Welti setzt sie eine jährliche Rente von Fr. 10000.– aus, welche im Falle seiner Verheiratung zu seinen Handen und zu seiner beliebigen Verfügung kapitalisiert werden. Ausserdem setzt Frau Lydia Herrn Emil Welti in Kenntnis, dass ihm seine ganze Bibliothek wie alles, was auf seine Person Bezug hat, zur Verfügung steht und dass derselbe in der Bestimmung dessen, was er darunter versteht, absolut freie Hand haben soll.
2. Herrn Bundesrat Welti stellt sie desgleichen eine jährliche Rente bis zu des edlen Mannes Tode» – Stauffer strich das letzte Wort und setzte dafür ein: «möglichst fernem Ableben zur freien Verfügung von Fr. 10000.–.
3. Der Schwester des Herrn Dr. Emil Welti, Fräulein Mathilde Welti, sichert Frau Lydia die Weiterbezahlung der jährlich bei der Gesellschaft Phoenix einzuzahlenden Fr. 2400.–, ausserdem ein Taschengeld zu, zusammen nicht über Fr. 3000.–. Im Fall der Verheiratung von Fräulein Mathilde Welti verpflichtet sich Frau Lydia zu einer Morgengabe von nicht über Fr. 70000.–, wodurch die jährliche Bezahlung der Fr. 3000.– annulliert wird.

Nachdem ich Ihnen, hochverehrte Herren, Mitteilung von obigen Dispositionen gemacht habe, erlaube ich mir, Sie für den der Frau Lydia nötigen Rechtsbeistand in Anspruch zu nehmen, und zwar in der Überzeugung, dass Sie diese ungewöhnliche Angelegenheit mit der Diskretion, welche sie erfordert, behandeln werden, damit niemandes Gefühle stärker verletzt werden, als durch die Logik der Tatsachen bedingt ist.

Frau Lydia dankt Ihnen zum voraus für die Übernahme der Geschäfte und zeichnet hochachtungsvoll: Lydia Escher.» Lydia unterzeichnete eigenhändig.

Damit war der Brief noch nicht zu Ende. Stauffer dachte an alles. Darum fügte er den fünf bisherigen Seiten eine sechste an:

«Von diesem Schreiben sind drei Abschriften zu machen und an folgende Adressen zu verteilen:
1. eine Kopie an Herrn Dr. E. Welti;
2. eine Kopie an Herrn Bundesrat Welti;
3. eine Kopie an die Mutter des Herrn Karl Stauffer, Frau Pfarrer Luise Stauffer in Biel, Jurastrasse, Terrasse.

Etwaige in dieser Angelegenheit an Sie einlaufende und an Frau Lydia zu sendende Briefe sind zu kopieren (abzuschreiben) und je eine Kopie nach ‚Roma ferma in posta B.A.C. 1234' einzusenden.»

Etwas Weiteres, äusserst Wichtiges wurde nicht vergessen: «Ein in Aussersihl liegendes, von Frau Lydia verfasstes Testament wird durch dieses ungültig: Lydia Escher.»

Stauffer wollte den Brief am nächsten Morgen zur Post bringen. Lydia und er waren der Meinung, sie hätten faire Angebote gemacht. Sie hatten jeden persönlichen Angriff auf Emil vermieden. Mit dem Begehren nach Scheidung gedachte Lydia einem entsprechenden Schritt ihres Gatten zuvorzukommen. Die Entschädigungssummen von nach ihrer Ansicht beträchtlicher Höhe würden im wahrsten Sinne des Wortes goldene Brücken bauen. Lydia empfand keinen Hass gegen die Familie Welti. Den Schwiegervater schätzte sie; er hatte sich oft rührend um sie gesorgt. Die Schwägerin Mathilde war ihres prekären Gesundheitszustandes wegen nicht zu beneiden; ihre Gebrechen waren organischer und nicht psychischer Natur. Darum entzog sie ihr die bisherigen freiwilligen Zuwendungen nicht. Die «Mitgift» im Fall einer Verheiratung war alles andere als kärglich. Was wollten die Weltis mehr? Dass die Ehe zwischen ihr und Emil seit Jahren fast nur noch auf dem Papier bestand, war eine Tatsache, die freilich weder den Schwiegereltern noch der Schwägerin bekannt gewesen war.

Karl und Lydia lag alles daran, die Gegenseite zu versöhnen. Von einer Schuld Emils wurde nicht gesprochen. Nahm er die Regelung an, würde man auch in Zukunft friedlich und ohne Hass weiterleben.

Am gleichen 11. November begab sich Dr. Welti nach Abschluss seiner Geschäfte in der Bundeshauptstadt im Zug nach Zürich zurück. Vom Hauptbahnhof fuhr er ins Belvoir. Kaum hatte er abgelegt, klingelte das Telefon, eines der ersten in der Stadt. Welti hob den Hörer von der Gabel. Sein Vater war am Apparat. Überrascht fragte er, was es gebe. Der Bundesrat sagte, Emil solle sobald wie möglich nach Bern zurückkehren; vom Besitzer der Pension in Florenz sei eine Depesche eingegangen. Ihr

Inhalt mache eine Besprechung nötig. Das Telegramm laute deutsch so: «Ihre Frau ist heute nachmittag nach Rom gereist. Die beiden Mägde sind hier. Erwarte Instruktionen. Bonciani.»

Die Nacht verging. Am Morgen des 12. Novembers warf Stauffer die Briefe vom Vorabend ein. Die Sache mit der Deckadresse kam ihm äusserst schlau vor. So würden er und Lydia unauffindbar bleiben. Auf dem Postamt kabelte er auf Verlangen Lydias nach Florenz an Bonciani. Er forderte ihn nochmals dazu auf, was er schon vorgestern, Sonntag, schriftlich verlangt hatte, nämlich: Der Wirt solle einen Teil der Anzahlung auf den Kauf der Pension zurückerstatten. Zudem solle er Lydias Gepäck nach Rom schicken und ihre beiden Dienerinnen mit je fünfhundert Franken nach Hause entlassen. Damit der Auftrag ja ausgeführt werde, sandte Stauffer sofort einen gleichlautenden, von Lydia unterschriebenen Brief hinterher. Darauf kehrte er befriedigt in den Albergo Aliberti zurück. Die nächste Zukunft schien gesichert. Aber er hatte einen Fehler gemacht: Statt der Deckadresse hatte er im Telegramm die volle Anschrift von Lydias Hotel angegeben.

Stauffer und Lydia beratschlagten. Welche Gründe zur Scheidung wollte Lydia ins Feld führen? Sie vertraute Stauffer an, dass sie von Emil keine Kinder zu erwarten habe. Stauffer meinte, in einigen Gesetzbüchern gelte das als Grund, ob freilich auch in Zürich, das sei fraglich. Weiterhin fühlte sich Frau Welti von gewissen Eigenheiten ihres Gatten in sexueller Hinsicht abgestossen; sie schienen in die gleiche Richtung zu weisen wie jene mehrwöchige Vergnügungsreise, welche er vor drei Jahren mit einem Freund unternommen und während welcher er seine Frau und Karl im Belvoir zurückgelassen, damit dieser Lydia male. Aber Lydia zögerte, diese intimen Geheimnisse preiszugeben. Sie wollte Emil nichts Übles antun; sie wollte sich nur von ihm befreien.

Viel mehr Aussicht schien ein dritter Grund zu haben: böswilliges Verlassen. Je länger Lydia und Karl über die plötzliche Abreise Weltis aus Florenz nachdachten, um so befremdlicher kam sie ihnen vor. Emil war bereits am fünften Tage nach seiner und seiner Gemahlin Ankunft wieder verreist. Mit Stauffer zusammen hatte er bloss drei Tage verbracht. War es nicht recht ungewöhnlich, dass er seine nervlich noch immer nicht hergestellte Frau ohne jede ärztliche Betreuung an einem fremden Ort ausgerechnet mit seinem potentiellen Nebenbuhler alleingelassen hatte? Er würde zu seiner Verteidigung bestimmt anführen, er habe nicht ahnen können, dass Stauffer das in ihn gesetzte Vertrauen irgendwie zu missbrauchen imstande wäre. Aber war Emil wirklich so ahnungslos? Auch ihm waren ja die Gerüchte nicht unbekannt, die wissen wollten, der Künstler sei im Belvoir mehr als ein gewöhnlicher Freund. Hatte nicht auch er, vor der Abfahrt nach Italien, im Hotel Victoria in Zürich, von der Fama gehört, wonach Stauffer bereits mit Lydia über alle Berge geflohen sei? Eigentlich hätte er vorsichtiger sein müssen. Hätte er der allgemeinen Auffassung von dem, was sich gehöre, nachgelebt, so hätte er die Rückreise in die Schweiz so lange hinausgeschoben, bis seine Frau das seelische Gleichgewicht wiedergefunden. Die Geschäfte hätten dann warten müssen. Indessen waren sie ihm offenbar wichtiger gewesen als die Gattin. Oder er hätte sie aufgefordert, mitzukommen und nach Erledigung der Geschäfte gemeinsam mit ihm nach Florenz zurückzukehren. Gebrauchte Lydia in Baden bei Zürich oder im Berner Oberland die Kur, so war das etwas anderes. Dort befand sie sich im eigenen Land, also gleichsam in Reichweite, hier in der Fremde.

Drängte sich da nicht ein ganz bestimmter Schluss auf? Musste man nicht folgern, auch Emil trage einen Teil der Schuld an der Entwicklung der Dinge? Durfte man noch weitergehen und schliessen, er habe die beiden förmlich zusammengekuppelt? Er kannte ja Lydias Passion für Stauffer. Hatte er gar gehofft, es werde zu dem kommen, was dann geschah? Wollte er Lydia lossein? Zweifelsohne fühlte er sich seiner Frau unterlegen. Und zudem hatte er ein schlechtes Gewissen. Das jedenfalls behauptete Lydia. Sie erzählte, er habe vor ein paar Jahren die Ehe gebrochen. Sie hatte nichts unternommen. Bot sich jetzt nicht eine wunderbare Gelegenheit, den Spiess umzudrehen und Lydia auf die Anklagebank zu setzen?

Im Hause La Terrasse in Biel erhob sich am selben Morgen der Notar und Rechtsanwalt Eduard Stauffer, der Bruder Karls, vom Frühstückstisch, verabschiedete sich von der Mutter und nahm den Weg zum Büro unter die Füsse. Er war dreissig Jahre alt. Die Leute auf der Strasse grüssten ihn höflich. Er war in der ganzen Stadt bekannt und beliebt. Er sass schon im Stadtrat, und man sprach davon, er werde vermutlich Stadtpräsident. Ausserdem war er Hauptmann, und wenn er in Kürze die Zentralschule, in welcher die Bataillonskommandanten ausgebildet wurden, absolvierte, so stand seiner Beförderung zum Major nichts mehr im Wege.

Seine Popularität ging nicht bloss auf seine Tüchtigkeit zurück; ebensoviel trug dazu bei, dass er viele Geschäfte nicht im Büro, sondern in Gaststätten abwickelte. Seine Klienten gingen in der Regel gar nicht erst ins Kontor; sie wussten, wo sie den Fürsprech – so werden im Bernischen die Rechtsanwälte genannt – bei einem guten Tropfen aus den nahen Rebbaugebieten des Bieler- und Neuenburgersees fanden.

Heute aber steuerte Eduard zuerst seinem Büro in der Rosiusgasse zu. Er teilte es mit seinem Kompagnon Ryf, einem erfahrenen und weiterum geschätzten Juristen. Als er die Treppe emporstieg, ahnte er nicht, dass er in den nächsten Wochen die gesamte Arbeit dem Teilhaber überlassen und in Rom Geschäfte tätigen sollte, die sich nicht bei einem Kaffee Kirsch oder einem Glas Twanner erledigen liessen.

Auf dem Pult lag ein Telegramm vom Vortag. Eduard riss den Umschlag auf. Er las:

«Mit Lydia durchgebrannt. Scheidung. Heirat. Rechtsbeistand. Brief abwarten. Carlo, Lydia.»

Einen Augenblick sass Eduard wie versteinert. Dann schüttelte er langsam den Kopf. Nun hatte Karl die Torheit doch begangen! So war er immer gewesen: unberechenbar, voreilig und draufgängerisch. Die Befürchtungen der Mutter! Wie oft hatten sie beide gewarnt, gewarnt vor der allzu engen Bindung an die Familie Welti, die über Einfluss verfügte im Schweizerlande, Einfluss, den Eduard besser abzuschätzen wusste als sein Künstlerbruder, der in dieser Verbindung nur die Aufstiegsmöglichkeiten, nie aber die Gefahr eines abgrundtiefen Absturzes gesehen hatte.

Da war zunächst der betrogene Ehemann. Emil würde die Schmach nicht auf sich sitzen lassen. Allerdings musste ihm daran gelegen sein, einen Skandal zu vermeiden. Durchgebrannt! Das klang nach schlechtem Moderoman. In den Kreisen der Weltis und der Escher brannte man nicht durch. Wenn man es dennoch tat, so sagte man es wenigstens anders. Doch so war Karl von jeher: er nahm kein Blatt vor den Mund, er nannte die Dinge beim Namen. Was war zu tun? Eduard musste die Mutter ins Bild setzen. Energisch, wie sie war, würde sie alles unternehmen, ihren Ältesten zur Vernunft zu bringen. Sie würde sich ebensowenig mit den Tatsachen abfinden wie die Weltis. Nur waren ihre Möglichkeiten beschränkter. Bestenfalls konnte sie Karl ernüchtern, ihn dazu bringen, die Hände von Lydia zu lassen und – soweit das noch denkbar war – Emil Genugtuung zu leisten. Keinesfalls aber kamen Scheidung und Heirat in Frage.

Ungefähr zur gleichen Zeit bestieg Dr. Welti in Zürich den ersten Zug nach Bern. Der Telefonanruf von gestern abend liess ihm keine Ruhe. Er fuhr zum Vater, um mit ihm die nächsten Schritte zu besprechen. Endlich in Bern, eilte er sogleich ins Bundeshaus. Vor den Fenstern des Arbeitszimmers lag der Novembertag grau und trübe. Ebenso trüb erschien dem Magistraten die Aussicht in die Zukunft. Boncianis Depesche konnte alles mögliche bedeuten, zum Beispiel einen Skandal. Einen solchen musste man jedoch unter allen Umständen vermeiden. Der ungekrönte König der Schweiz wollte nicht ins Gerede kommen.

Die Schwiegertochter machte Schwierigkeiten, sie, die er wie ein eigenes Kind gehalten! Sie war ein undankbares Geschöpf.

Vater und Sohn hielten Rat. Der Bundesrat war ein erfahrener Mann. Noch jedesmal hatte er innen- und aussenpolitisch seinen Willen durchgesetzt – seine Gegner behaupteten, nicht immer mit den gewähltesten Mitteln. Aber er hatte Erfolg gehabt. Man achtete, mehr: man fürchtete ihn. Er würde auch jetzt die richtige Lösung finden. Zunächst musste man Licht in die Sache bringen. Taugte Diplomatie nicht, so waren stärkere Mittel zurhand. Ein guter Freund sass schon in Rom: der Gesandte Simon Bavier. Vater Welti legte dem Sohn das Telegramm im Original vor. Emil las, was er gestern telefonisch vernommen: «Ihre Frau ist heute nachmittag nach Rom gereist. Die beiden Mägde sind hier. Erwarte Instruktionen. Bonciani.» Das sah nach Flucht aus, und Rom war der Wohnsitz Stauffers. Das beste war, Emil fuhr unverzüglich nach Florenz, um den Vorfall abzuklären.

Er versah sich mit Geld und eilte zum Bahnhof. Die Fahrt ging über Luzern. Als er in der dortigen Bahnhofhalle den Wagen verliess, um sich zum Anschlusszug zu begeben, wurde sein Name am Kopfende des Bahnsteigs ausgerufen. Ein Stationsbeamter überreichte ihm ein Telegramm, das vor kurzem eingelaufen war. Es kam aus Bern. Bundesrat Welti meldete, Karl Stauffers Bruder, der Notar und Fürsprech Eduard Stauffer aus Biel, sei eben bei ihm eingetroffen und habe eine Depesche mitgebracht, die von Karl und Lydia stamme. So las auch Dr. Emil Welti in Luzern: «Mit Lydia durchgebrannt. Scheidung. Heirat. Rechtsbeistand. Brief abwarten. Carlo, Lydia.»

In Rom war Karl Stauffer noch immer geschäftig. Am Hotelzimmertisch verfasste er in Lydias Anwesenheit folgenden Brief an den Bruder:

«Gestern ging ein Brief von mir und Lydia an Euer Büro ab und zugleich einer von Lydia an Mama. Über das Sentimentale an der chose jetzt zu schreiben, wäre unstatthaft, denn diese Seite der Entführung geht nur Lydia und mich an. Was ich und Lydia von Euch, von Dir und Ryf, haben wollen, ist geschäftliche Hilfe. Wir sind gesonnen, von dem ganzen grossen Vermögen von zirka drei Millionen Franken keinen Centime durch die Lappen gehen zu lassen, und vertrauen dabei auf Eure Geschäftstüchtigkeit.»

Er legte die Feder hin. Wenn das Geld freiwerden sollte zur Finanzierung seiner und Lydias grossartiger Pläne – für den Tempelbau, die Bildungsreise, jetzt allerdings ohne Emil, und das Buch –, dann musste es sogleich überall, wo es investiert war, herausgelöst werden. Lydia gab ihm Auskunft, und er schrieb weiter:

«Ihr werdet ein schweres Stück Arbeit haben, denn zum Beispiel der Maggifabrik stehen Männer vor, die mit allen Hunden gehetzt sind; Leute wie Stoll und Maggi sind zu jeder Überlöffelung talentiert und Euch jedenfalls, sogar dem klugen Ryf, an Erfahrung in solchen Dingen weit überlegen. – Lydia ist in diesem Unternehmen mit zirka 450000 Franken engagiert, vielleicht mit 100000 mehr. – Die Hauptsache wird sein, Euch den Modus für die Euch zu erteilende Vollmacht, das Mass Eurer freien Entscheidung in

Finanzangelegenheiten zu finden. – Es sind also nach sofort einzuleitender Scheidung ganz genaue Informationen über das Placement usw. des Vermögens einzuziehen und ein Bericht darüber abzufassen und nach ‚Roma ferma in posta B. A. C. 1234' einzusenden. – Die Ungültigkeitserklärung des Testaments zu Aussersihl ist sofort vorzunehmen. Ferner ist sofort der Entwurf eines andern Testamentes zu meinen Gunsten aufzusetzen und dem Bericht über die Finanzlage beizulegen. Es sind in diesem Entwurf alle Eventualitäten zu bedenken und zu erörtern. – Die Parzellierung des Grundstücks Belvoir ist, ohne Rücksicht auf irgendwelche Tradition oder Sentimentalität, nur in Hinsicht der zu lösenden Geldsumme Euch zu übertragen gegen zu bestimmende Bedingungen. Desgleichen der Verkauf des Grundstückes am Bleicherweg in Zürich.»

Damit war der Landausverkauf eingeleitet. Was aber sollte mit den Summen geschehen, die er einbrachte? Karl und Lydia dachten nach. Irgendwo mussten sie doch angelegt werden. Stauffer kannte brachliegendes Land am Fusse des Monte Cavo südlich von Rom. Auf seinen Wanderungen mit Klinger hatte er es oft durchquert und vom Gipfel des Berges daraufhinabgeschaut. Ein Jammer, dass man diese fruchtbare Erde nicht nutzte! Es schien, als ob die Gegend seit der Zeit, da Hannibal mit seinen Elefanten hier gelagert hatte, mit Fluch beladen sei. Kein Landwirt legte Hand an sie. Das wäre etwas für Mutter Stauffer! Sie träumte davon, ein grosses Stück Brachland zu kultivieren. Hatte sie nicht schon hinterm Pfarrhaus in Neuenegg jeden Winkel bepflanzt? Schwärmte sie nicht in Biel davon, auf den Jurahöhen eine besondere Art von Haselnüssen zu ziehen, die Kultur auszudehnen und mit den Kernen schwungvollen Handel zu treiben? Was lag näher, als derartige Gedanken aufzugreifen und sie auf italienische Verhältnisse zu übertragen? Experten standen zur Verfügung: Stauffers Schwester Amalie hatte die Leidenschaft der Mutter für alles, was mit Landwirtschaft zusammenhing, geerbt, und zudem war da ein Bekannter, Petri mit Namen, ein agronomisch Erfahrener, der sich gewiss einspannen liess. Darum einigten sich Lydia und Stauffer auf folgendes:

«Wir haben die Absicht, hier in Italien, dem Lande der Zukunft, für Lebensmittel und Wein Landwirtschaft im allergrössten Sinne zu treiben: Südfrüchte, Öl und Wein. Lydia ist ein finanzielles Genie. Wir werden – es kann keine günstigere Zeit als jetzt geben – Grundstücke kaufen, in diesem Sinne bearbeiten lassen und nach und nach das ganze Vermögen in Italien in Grundbesitz anlegen. Um dieser grossen Landwirtschaft vorzustehen, habe ich mir Petri und Amalie in Aussicht genommen, denn beide sind energische Personen, die, wenn man sie auf den rechten Fleck stellt, ihre Sache schon zur Zufriedenheit machen werden und Talent dazu haben. Du siehst, wie nach und nach aus dem Weinberg zu Neuenegg etwas Rechtes werden kann.

Das Haupt der zu errichtenden Firma bin ich, Dein Bruder Karl.

Mein erster Sekretär ist Lydia, der eigentliche Landwirt Petri und Amalie.

Die Rechtsbeistände für die Schweiz seid Ihr, Stauffer/Ryf.

Ferner brauche ich noch zwei Agenten, Italiener, für eventuelle Ankäufe und Geschäfte hier in Italien, die ich aus meinen römischen Bekannten rekrutiere.»

Das Ganze versprach ein formidables Geschäft zu werden. Bruder Eduard und sein Kompagnon würden als Rechtsbeistände tüchtig mitprofitieren. Familiensinn besass Karl schon immer. Aber er fügte an: «Von der Umsicht und Schneidigkeit, von dem Takt, den Ihr jetzt bei der Scheidungsangelegenheit beweisen werdet, wird es abhängen, ob wir nachher weiter miteinander arbeiten – also aufgepasst!»

Sein Familiensinn ging indessen noch weiter: «Für Mama habe ich in Florenz ein reizendes Villino in Aussicht genommen, wo sie mit ihrer jüngsten Tochter entweder nur den Winter über oder das ganze Jahr ihr Wesen treiben kann, ihre Memoiren schreiben oder tun, was sie will. Dienstpersonal wird von mir besorgt, steht unter meiner Direktion, Koch, Diener, Gärtner und Magd. In diesem Villino können für den Anfang Mama und Amalie wohnen.»

Auch die beiden andern Schwestern vergass Stauffer nicht: «Sophie und Luise erhalten die Mittel, um in Kompagnie ein Hotel oder eine Pension in der Schweiz zu übernehmen. In den Villino kommen sie nicht, denn ich will keine Müssiggänger.»

Blieb noch Marie, die schon unter der Haube war: «Im Prinzip will ich weder diese beiden noch Marie mit ihrem Kamel in Florenz sehen; wenn Mama (im Sommer ist es in Florenz doch zu heiss) ihre Töchter sehen will, so ist sie gebeten, zu diesem Zweck nach der Schweiz zu reisen.»

Lydia bewunderte die Grosszügigkeit, mit der ihr Geliebter über das Geld verfügte, das nicht ihm gehörte und über welches sie selbst nach Gesetz noch gar nicht bestimmen konnte. Sie war gerührt, als er auch die alte Magd nicht vergass, die seit Jahrzehnten im Hause Stauffer diente: «Änneli erhält jährlich tausendfünfhundert Franken Pension von Lydia und mir ausbezahlt und kann damit anfangen, was sie will, bis zu ihrem seligen Ende. Amalie und Petri werden auf Interessen gesetzt und bekommen nur am Anfang festes Gehalt.»

Und er befahl seinem Bruder: «Du verpflichtest Dich gegenüber mir, keine Gans zu heiraten, sondern ein gebildetes, gesundes, verständiges Mädchen, das Dich ergänzt wie Lydia mich. Die Mittel zur Verheiratung sind Dir, denke ich, durch die Grundstückverkäufe reichlich in die Hand gegeben. Verdirbst Du mir die Rasse, so würde das Büro Stauffer und Ryf nicht mehr der rechtliche Beistand der Firma Stauffer-Escher & Co. sein.»

Das war souveräne Familienpolitik! Wie man doch gleich ein ganz anderer Mensch war, sobald Millionen den Rücken stärkten. Stauffer empfand vor sich selber eine bisher unbekannte Hochachtung: «Aus der Tatsache der Entführung und wie sie inszeniert wurde, wirst Du ersehen können, dass sowohl ich wie Lydia Köpfe haben, die man so leicht nicht zwingt.»

Stauffer legte Lydia die mit seiner zügigen Handschrift, aber mit nervösen Streichungen und Flickereien ungewohnt stark durchsetzten Blätter zum Durchlesen vor. Er hatte Satz für Satz auch in ihrem Sinne verfasst. Freudig und ihn an Schwung noch übertreffend, fügte sie deshalb an: «Mit allem, was Karl in diesem Brief sagt, bin ich vollkommen einverstanden. Lydia Stauffer.»

Stauffer sah auch jetzt mit Entzücken, dass sie mit seinem Namen unterzeichnete. Die Erste Frau der Schweiz bekannte sich mit Namen und Unterschrift zu ihm. Mochten seine Gegner jetzt kommen und ihn kritisieren, er würde sie in die Schranken weisen! Von jetzt an würde er diktieren; keinem Emil Welti müsste er Rechenschaft ablegen über seine Ausgaben; er würde nicht mehr den schleppenden Fortgang seiner Arbeit mit dem ewig wiederholten Hinweis auf seine selbstquälerische Ungenügsamkeit entschuldigen müssen. Endlich würde er wahrhaft frei. Und im Überschwang der Vorfreude griff er erneut zur Feder und schrieb seiner Mutter:

«Liebe Mama! Bitte, lass Dich durch die Dinge, welche passieren, nicht allzusehr aus dem Konzept bringen. Das Recht und die Liebe ist auf unserer Seite, und die Sache ist im Grunde so einfach wie's Kuchenbacken. Für jemand, der es nicht versteht, ist ein Diamant eben Glas, sonst würde er ihn besser hüten, und Lydia ist ein solches Kleinod, um dessen Besitz ich seit vier Jahren gelitten und gestritten. Wir haben absolut keine Gewissensbisse und sind äusserst fidel, der ganzen Welt ein bisschen was vorzuspielen. Denn von dem Ernst und der Leidenschaft unter der Oberfläche brauchen die Leute einstweilen nichts zu wissen; dass der Publikus auch davon unterrichtet wird, besorgt dann Lydia mit der Veröffentlichung meiner Briefe an sie während vier Jahren von 1885 bis 1889. Meine Frau und ich werden für Dich sorgen, wie Du es verdienst, so dass Du nicht mehr mit Strümpfeflicken Deine Zeit zubringen musst, sondern in Florenz in einem zauberhaften Villino komfortabel Deinen kleinen Passionen unter Orangen- und Zitronenbäumen, Lorbeer und Rosen nachgehen, meinetwegen Deine Memoiren schreiben, kurz, tun und lassen kannst, was Dir gerade gefällt. Zweifle nicht einen Augenblick an der Gerechtigkeit unserer Sache, denn was Gott verbunden, das scheiden die Menschen umsonst, es kommt zusammen, und keine Gewalt der Erde entreisst mir meine Frau mehr. Du kennst mich und weisst, was ich vermag mit meinem Willen.

Also lass diese Zeilen Dir zur Beruhigung dienen; ich bin der, der ich war, und werde es immer bleiben. Kein Teufel kann mir etwas schaden und meiner Lydia auch nicht.»

Lydia setzte auch unter diesen Brief eigenhändig ihren Namen.

Wenig später klopfte es heftig an die Ateliertür der Via Claudia 8 hinter dem Kolosseum. Max Klinger blickte unwirsch von seiner überdimensionierten Kreuzigungsgruppe auf, an der er gerade malte. Er hasste Störungen zu dieser Zeit. Bevor er den Pinsel weglegen konnte, stand Stauffer im Raum, und das an einem Dienstag, wo sie doch beide unwiderruflich vereinbart hatten, einander jeweils nur freitagabends zu treffen. Doch seit Florenz und dem im wahrsten Sinne des Wortes tollen Angebot das Buch betreffend schien der Freund gänzlich aus den Fugen geraten. So war es wenig verwunderlich, dass er jetzt breitspurig im Atelier stand und gleich lospolterte. Er verkündete freudestrahlend, er habe Lydia dem dummen Welti weggenommen und sie aus Florenz entführt. Jetzt seien alle Pläne gesichert; mit dem Tempelbau könne sogleich nach der Scheidung begonnen werden, und bei der Ausarbeitung des Bucheinbandes bleibe es auch. Lydia sei eine prächtige Frau; sie habe ihr bisheriges Testament widerrufen und lasse ein neues auf seinen, Stauffers, Namen ausstellen. Klinger werde von jetzt an mit grossen Aufträgen rechnen dürfen. Zusammen würden sie beide dem gesamten minderwertigen Künstlerbetrieb der Gegenwart den Garaus machen. Mit Lydias Millionen im Hintergrund sei das ein Kinderspiel. Klinger solle übrigens nicht glauben, Stauffer sei geistig angeschlagen; er solle in Zukunft so dumme Streiche wie den Gang aufs deutsche Konsulat unterlassen.

Eine Weile liess Klinger den Frohlockenden reden. Während er in Florenz nach anfänglichem Interesse für die Projekte den Eindruck gewonnen hatte, Stauffer sei geistesgestört, kam er jetzt zu der Überzeugung, dass der Mann nicht krank, wohl aber ein Schurke sei. Er habe die ganze Geschichte mit grosser Schlauheit und Überlegung ins Werk gesetzt, um in den Besitz von Lydias Vermögen zu gelangen.

Als Stauffer endete, geschah etwas Unerwartetes: Klinger ging wortlos zur Tür, öffnete sie und wies den Gast hinaus. Stauffer war so verblüfft, dass er keinen Versuch machte zu bleiben. Kopfschüttelnd stieg er die Treppe hinunter. Was war nur in Klinger gefahren? Er verstand nicht, warum der Freund nicht mit beiden Händen zugriff, da er ihm doch so glänzende Aussichten in eine goldene Zukunft eröffnet hatte.

Als Klinger am Abend Bekannte traf, berichteten sie ihm, Stauffer habe sich auch ihnen gegenüber als der künftige Herr und Gebieter aufgespielt. Einer erinnerte sich, gehört zu haben, wie Stauffer einmal in Berlin vor aller Augen im Kaffeehaus seinen Mokka mit einem Tausendmarkschein bezahlt hatte. Nicht anders verhielt er sich jetzt: Es drängte ihn, seinen zukünftigen Reichtum überall sehen zu lassen.

Am nächsten Tag, es war Mittwoch, der 13. November, erhielt

Klinger ein Telegramm aus Florenz. Unterschrieben war es von einem Mann, den er aus den Schilderungen Stauffers kannte: von Dr. Emil Welti. Welti bat, ihn am 14., also morgen, am Bahnhof abzuholen. Er habe in Florenz gehört, dass Klinger dort gewesen sei. So könne er als der beste Freund Stauffers ihm, Welti, vielleicht behilflich sein.

Der beste Freund Stauffers, dachte Klinger und steckte das Telegramm in den Umschlag zurück. Aber er nahm sich vor, morgen pünktlich am Zug zu sein.

Mutter Stauffer war verwundert, als ihr Sohn Eduard so bald aus seinem Büro zurückkam. Der Inhalt des Telegramms traf sie wie ein Schlag. Sie riet, man müsse mit der Familie Welti zusammenspannen. Gegen sie war nichts auszurichten, davon war sie überzeugt. Spielte man mit offenen Karten, so bestand Aussicht, dass die eigene Anständigkeit mit Weltischem Feingefühl quittiert wurde. Keiner der beiden Familien konnte daran gelegen sein, die peinliche Affäre an die grosse Glocke zu hängen. Wie aber war vorzugehen? Am besten setzte sich Eduard gleich in den Zug und fuhr nach Bern. Der Bundesrat würde zweifellos wissen, was man zu unternehmen hatte. Er galt als zwar harter, doch rechtlich denkender Mann, der Karl bisher stets Anerkennung gezollt und Wohlwollen bekundet hatte. Mutter Stauffer war überzeugt, dass er das Vertrauen honorieren werde, das sie ihm entgegenbrachte, indem sie ihn Einblick in den Inhalt der Depesche nehmen liess.

Eduard fuhr. Er gewann den Eindruck, der Bundesrat sei ihm dankbar und schätze sein Vertrauen. Mit Eduards Einwilligung gab der alte Herr seinem Sohn in Luzern telegrafisch Kenntnis von der neuesten Sachlage. Weitere Schreiben Lydias und Karls sollten dem Bundesrat ebenfalls vorgelegt werden. In bestem Einvernehmen schied man voneinander. Der Bundesrat, so schien es, wollte die Sache nicht aufbauschen. Gelang es, Karl von weiteren unüberlegten Schritten abzuhalten, so war noch nicht allzuviel Geschirr zerschlagen. Wie der betrogene Ehemann freilich die Untreue seiner Frau verdauen sollte, das blieb Eduard undeutlich. Er mochte Emil recht gern; was er an ihm wenig schätzte, war seine Weichheit, seine fehlende Tatkraft. Irgendwie verstand er, dass sich Lydia zu seinem vitaleren Bruder hingezogen fühlte.

Der folgende Tag verlief in Biel äusserlich ruhig. Innere Unruhe allerdings plagte Mutter Stauffer. Ungeduldig wartete sie auf den Brief, den Karl angekündigt hatte. Als er am Donnerstag endlich eintraf, entsetzte sie sich über den Inhalt. So weit waren die Dinge schon gediehen! War ihr Ältester verrückt, dass er mit noch nicht vorhandenem Geld Abfindungssummen verteilte und Morgengaben versprach? Um ihn zur Vernunft zu bringen, gab es nur eins: Sie musste ihm die Leviten lesen. Sie setzte sich hin und schrieb:

«Um des Himmelswillen, wie steht's um Deinen Verstand und Dein Ehrgefühl? Du wirst doch nicht meinen, dass Eduard Dir bei Deinem Verrat noch helfen werde? Niemandem dürfen wir mehr ins Gesicht schauen wegen Deiner Schlechtigkeit! Einen solchen Freund und Beschützer haben, seine Gastfreundschaft in so hohem Masse geniessen und sich dann mit seiner Frau drausmachen, das ist wirklich mehr, als was ein Ehrenmann wie Herr Welti zu tragen vermag, der ohnehin durch das Unglück, das seine Mutter betroffen, so hart mitgenommen ist.

Das heisst geradezu uns allen ins Gesicht speien! Meiner Lebtag darf ich nicht mehr nach Bern, so schäme ich mich vor den Leuten. Womit habe ich das verdient, dass ich in meinen alten Tagen noch solche Schande erleben muss? Und Frau Welti, wo denkt sie hin, dass sie gerade in einer Zeit, wo ihr Mann der Teilnahme so bedürftig wäre, sich so weit vergisst? Meint sie etwa, sie mache einen guten Tausch an Dir, der Du so heftig und flatterhaft bist? Das wird sie wohl bald einsehen und ihren vortrefflichen Gatten zurückwünschen. Ich bitte sie inständig, Herrn Welti um Verzeihung für diesen leichtsinnigen Schritt zu bitten und wieder zu dem armen, niedergeschlagenen Herrn zurückzukehren und ihrer Pflicht eingedenk zu sein. Wenn Du sie hierin nicht unterstützest und Ihr nicht auf Eurer sündigen Bahn umkehrt, so ist fortan aller Verkehr unter uns abgebrochen. Was es für mich heisst, gegen meinen Ältesten, den ich in Liebe und Treue gepflegt, ein solches Wort auszusprechen, das magst Du ahnen. Ich habe schon viel Trauriges erlebt, aber ein solcher Schlag hat mich noch nie getroffen. Sonst waren wir doch immer geachtete Leute, von nun an hört das auf; aber was macht Dir das? Du verspottest in Deinem Übermut jedes edlere Gefühl. Wer soll Dir noch etwas glauben? Wenn Du Frau Welti von ihren Pflichten abgelenkt hast, so ebne ihr die Bahn, um dieselben wieder aufzunehmen, und zwar sogleich. – Ich will nicht weitere Worte verlieren, wir sind alle entrüstet über diese furchtbare Gewissenlosigkeit. Deshalb also bliebst Du so lange in Florenz? Um das Glück Deines Freundes zu untergraben! Schäme Dich, Du warst seiner nicht wert! Es ist unerhört, was Du für einen Schatten auf Dein Leben wirfst durch eine solche Handlungsweise. Ich sage Euch, kehret um, sei die Sache so oder anders, denn Gott lässt seiner nicht spotten. Vielleicht zum letztenmal. Deine Mama.»

Der Brief erreichte Stauffer am 17. November, aber da war es bereits zu spät.

Dr. Welti war in der Pension Bonciani angekommen. Er verlangte sogleich, der Wirt solle rapportieren, was vorgefallen sei. Dieser berichtete, wie zwei Tage zuvor Weltis Gemahlin mit Stauffer Florenz verlassen und dass der Maler gestern von Rom aus mit Brief und Telegramm das Ansinnen an ihn gerichtet hatte, Frau Weltis Gepäck nachzusenden und die beiden Mägde mit je fünfhundert Franken nach Hause zu schicken. Weder das eine noch das andere habe er getan.

Emil erfuhr weiterhin, Stauffer habe von Bonciani die Pension um den Preis von neunzigtausend Franken gekauft und eine Anzahlung von neuntausend Franken geleistet. Schon am Sonntag habe ihn Stauffer indessen schriftlich ersucht, einen Teil dieser Anzahlung zurückzugeben. Ein Kauf bleibe aber ein Kauf; natürlich liege die Sache anders, wenn Welti das Geschäft rückgängig machen wolle.

Das wollte Emil zweifellos. Zunächst aber brannte er zu erfahren, was ihm die Mägde zu erzählen wussten. Die Berichte der beiden klangen trostlos. Er gewann den Eindruck, sowohl seine Frau wie ihr Begleiter müssten geisteskrank geworden sein.

Wichtig war, dass er hörte, Klinger habe zwei Tage in der Pension zugebracht. Der Mann konnte ihm vielleicht Dienste leisten. Er beschloss, ihm zu telegraphieren. Bevor er die Depesche aufgab, zog er nochmals den Brief und das Kabel aus der Tasche, die seine Frau und Stauffer Bonciani geschickt hatten. So dumm waren die beiden! Sie hatten einen schweren Fehler begangen: Auf dem Formular stand feinsäuberlich die Absenderadresse: Hotel Aliberti, Via Margutta, Rom.

Lydias Zimmer ging mit zwei Fenstern auf die Via Margutta hinaus. Wenn man sich über die Brüstung lehnte, konnte man sie bis zu ihrer Einmündung in die breitere Via del Babuino überblicken. Dort herrschte reger Verkehr. Kutscher trieben ihre Pferde an, Hausfrauen machten Einkäufe, gelegentlich strich ein Bettlerjunge um die Ecke, ab und zu stolzierten ihrer Würde bewusst Ordnungshüter über den Gehsteig, und elegante Paare blieben vor den Auslagen der Geschäfte stehen.

Lydia und Karl stellten sich die ersten Probleme. Sie begannen, als Frau Welti Toilette machen wollte. Alles war in Florenz geblieben. Jetzt freilich lagen auf dem Tisch zwischen den zwei Fenstern Bürste, Kamm, Handspiegel, Schere und Nagelreiniger, und daneben standen ein paar Töpfchen und Flakons, aber all das gehörte nicht der Herrin des Belvoir, sondern war vom Zimmermädchen erborgt. Unangenehmer war, dass sich die Geldmittel erschöpften. Leise Unruhe beschlich die beiden. Sie schlug sich nieder in dem vierten Brief, den Stauffer nach Hause schickte. Er schrieb an seinen Bruder:

«Mein Lieber! Du wirst Dich über meine und Lydias Briefe wie alle Welt nach Noten wundern. Eigentlich ist nur verwunderlich, dass eine so unnatürliche Situation, wie sie durch meinen ersten Besuch im Belvoir geschaffen wurde, so lange dauern konnte, ohne dass es zum Klappen kam. Lydias ganze Nervosität, Schlaflosigkeit, Aufgeregtheit kam von der unbefriedigten, bei der ersten Begegnung zu mir gefassten Leidenschaft und dem Bewusstsein, sich durch ihre erste Heirat einem Manne verbunden zu haben, der, obwohl sie körperlich überragend, ihr in geistiger Beziehung nicht die Schuhriemen zu lösen imstande ist. Du kennst ihn ja, es ist deshalb kein Wort darüber zu verlieren. Wir haben nun diese Sache nicht etwa geplant; sie musste kommen und kam. Weder Lydia noch ich sind im geringsten sentimental; wir haben zu sehr während vier Jahren gelernt, unsere Gedanken zu verheimlichen, unsere Begierden im Zaume zu halten, um nicht beide, da uns endlich die Gelegenheit günstig scheint, den Bruch in diskreter Weise inszenieren zu können, hart zu sein wie Stahl. Also kein Winseln, keine Drohung mit Selbstmord, keine Vorwürfe von keiner Seite können uns aufhalten, das zu tun, was wir für recht und naturgemäss halten.» Dann bat Stauffer den Bruder, alle Briefe an

Lydia oder ihn selbst zu öffnen und nach Rom nur das in Abschrift zu schicken, was als Material für die Scheidung dienen könne, «welche wahrscheinlich wegen böswilliger Verlassung gesprochen werden wird».

Für den günstigen Verlauf der Scheidung glaubten sie vorgesorgt zu haben, aber das Verfahren konnte sich über Monate hinziehen. Was tat der Gatte unterdessen? Vielleicht war er unterwegs nach Florenz, möglicherweise schon angekommen. Einen Hinwies darauf bot die beunruhigende Tatsache, dass Lydias Gepäck noch immer nicht eingetroffen war.

Allmählich schlich sich so etwas wie Angst ein. Wohl nicht so sehr, um die Aussenwelt zu informieren, sondern um sich selbst Mut zu machen, schrieb Stauffer weiter:

«Vor irgendwelcher Verfolgung sind wir sicher, denn mich, der ich in dem Lande der Briganten jedes Nest kenne, mit den Leuten italienisch wie sie selber reden kann, suchen zu wollen, wäre mehr als Wahnsinn. Auf Duelle nun gar und ähnliche Schwachheiten lasse ich mich schon gar nicht ein. Das hat man hier viel bequemer, falls irgend etwas der Art absolut notwendig werden sollte. Ich hoffe, der Herr Doktor Emil Welti werde das einsehen und uns nicht zum Äussersten treiben. Lydia sowohl, die schon zweimal meinetwegen Selbstmordversuche gemacht, und meiner Wenigkeit ist an dem bisschen Leben kein Pfifferling gelegen.»

Trotz dieser Beteuerung fuhr Stauffer in steigender Nervosität weiter:

«Wir sind hier absolut sicher, denn falls man uns Schwierigkeiten machen will, werden wir katholisch oder stecken uns sonst irgendwie hinter die Pfaffen, versprechen dem Jesuitenorden hunderttausend Franken, und es verschwindet in der Versenkung sicher und für immer ein jeder, der uns in den Weg treten sollte, unfehlbar. Ich sage das alles, um absolute Klarheit über die Situation zu schaffen, denn der Gatte scheint in Florenz angekommen zu sein und uns den Krieg erklären zu wollen, vorerst indem er Lydias Gepäck nicht schickt.»

Da war Stauffer wiederum beim springenden Punkt angelangt: beim Geld! Wie sollte er nicht nur die nächsten Tage, sondern die ins Auge gefasste katholische Leibgarde finanzieren, wenn er und Lydia auf dem trockenen sassen? Da fiel sein Blick auf Lydias

Hände. Sie war sogleich einverstanden. Sie zog einen kostbaren Ring vom Finger und legte ihn auf die Tischplatte.

«Ich bin genötigt, einen Diamanten von vier- oder fünfhundert Franken Wert heute zu versetzen oder zu verkaufen, denn unser Gepäck, worin Lydias Schmuck, ferner die Anweisung auf ein Bankhaus hier sich befindet, scheint nicht anzukommen.»

Die Geldfrage wurde immer dringlicher: «Die Scheidungsklage oder das Scheidungsbegehren hat unverzüglich eingeleitet zu werden, denn um das Placement der Gelder hier vorzunehmen mit dem grösstmöglichen Vorteil, muss die Zeit der wirtschaftlichen Krise benutzt werden. Also rasch und bedacht. Ferner bitte ich Dich, mir mit grösstmöglicher Vorsicht tausend Franken von meinem Deposito zu schicken, aber sofort, denn zum Teufel, Lydia hat ja nur ein Hemd bei sich, und ich habe fünfhundert Franken, die ich gerade in der Tasche hatte, aufgebraucht, um alles Volk von oben bis unten zu bestechen. Es ist leichter, in einem Roman eine schneidige Entführung zu bewerkstelligen als in Wirklichkeit. Man wird ja alles tun, Lydia für verrückt erklären, für eine Gans halten, die einem Windbeutel auf den Leim gegangen; ist uns alles wurscht, wir sind der ganzen Bande gewachsen, sowohl an Klugheit wie an Schneidigkeit, und um zu unserem Ziel zu kommen, soll uns kein Mittel zu schlecht sein, falls es hilft. Ich bitte Dich, mir diese tausend Franken ebenfalls unter obiger Chiffre B.A.C. 1234 zu senden nach Rom poste restante. Euch soll das Doppelte der üblichen Provision zukommen, falls die Sache sich in einem noch zu bestimmenden Zeitraum und für einen dem Werte der Grundstücke und Baulichkeiten entsprechenden Preis macht.»

Dann übermannte Stauffer einmal mehr der Stolz, von Lydia geliebt zu werden:

«Lydia ist die einzige Frau, mit der ich mich à fond verstehe, und wir lassen nicht voneinander, was man auch anstelle. Sie wird die Briefe, welche ich seit vier Jahren wöchentlich oder vierzehntäglich an sie gerichtet, in denen ich mein ganzes menschliches sowohl als künstlerisches Denken, Tun und Lassen niedergelegt, durchsehen, redigieren und in möglichst kurzer Zeit veröffentlichen: ,Briefe an eine Frau, von Karl Stauffer, 1885-1889'. Da Herr Doktor Emil Welti jeden Brief auch gelesen, nie etwas hinter seinem Rücken geschah oder geredet wurde, was er nicht wissen sollte, so wird die Korrespondenz jedermann jeden Zweifel über unseren Charakter und unsere Lebensanschauung nehmen. Es dürfte wohl in den nächsten Jahren kein Buch ein solches Aufsehen machen, denn es stehen Sachen drin, die man öffentlich nur beim Namen nennen kann, wenn man in Italien ist und sich den Rücken mit einigen Millionen gedeckt hat.»

Lydia setzte mit fahriger Schrift hinzu: «Ich ermächtige Sie, verehrter Herr Schwager und Rechtsbeistand, nötigenfalls vor Zeitungspublikationen nicht zurückzuschrecken. Lydia Stauffer.»

War das ein kluger Rat? Stauffer bezweifelte es. Aus diesem Grunde nahm er ein weiteres Blatt Papier zur Hand und fügte es dem Briefe an. Auf ihm stand: «Lieber Eduard. In bezug auf das Postskriptum von Lydia bitte ich Dich, nicht zur Veröffentlichung irgendeines Schriftstückes zu schreiten, bis Du es uns zur Begutachtung an die bekannte Adresse eingesandt und telegraphisch von uns Zustimmung erhalten hast.» Dann unterschrieben beide, die Frau, wie jetzt immer, mit ihrem Mädchennamen.

Auf dem Florentiner Postamt begnügte sich Welti nicht damit, Klinger telegraphisch aufzufordern, er möge ihn am nächsten Tage am Bahnhof erwarten. Er nahm den Beamten weiterhin in Beschlag. Er diktierte folgenden Text:

«An die schweizerische Gesandtschaft in Rom. Minister Bavier. Meine Frau befindet sich, von Stauffer entführt, Albergo Aliberti, Via Margutta, Rom. Bitte sich ihrer anzunehmen und Stauffer, der mit meinem Geld flüchtig, verhaften zu lassen. Welti.»

Der Telegrafist schaute auf die Uhr. Sie zeigte genau zehn Minuten nach fünf. Er drückte den Taster und sandte die Morsezeichen durch den Draht. Was für eine vertrackte Sprache doch dieses Deutsch war! Mochte sich der Empfänger mit dem, was an seinem Ende herauskam, herumschlagen! Sogar der Name des Absenders stellte Probleme. Der Mann hiess Welti, mit einem W, das es ja gar nicht gab im italienischen Alphabet. Doch der Beamte war ein cleverer Bursche: Er setzte einfach zwei V hintereinander: VVELTI. Basta! Ausserdem hielt er sich an das, was auf allen Formularen des Telegrafendienstes im Königreich Italien gedruckt stand: Die Regierung lehne jegliche Haftung für das Übermittelte ab. Dann zählte er die Wörter und zog die Taxe ein.

Welti war erleichtert. Das war erledigt. Er wusste, auf den Gesandten konnte er sich verlassen. War sein Vorgehen legal? Auf blosse Anschuldigung hin durfte auch in Italien niemand verhaftet werden, ebensowenig wie in der Schweiz. Aber der Minister verfügte über Macht. Er kannte zweifellos die hohen Beamten der römischen Polizei. Und wenn der diplomatische Vertreter des Nachbarlandes im Norden die Arretierung eines seiner Bürger forderte, so musste dieser Gesandte doch wohl Gründe dafür haben. Es wäre natürlich etwas ganz anderes, wenn irgendein Unbekannter, ein einfacher Bürger das Ansinnen stellte; der müsste die Anklage genau begründen. Der Sohn des Bundesrates jedoch durfte sich gewiss eines abgekürzten Verfahrens bedienen.

Die Anklage tönte nicht schlecht: Stauffer erschien als Dieb oder mindestens als Veruntreuer. Womit konnte Emil diese Anklage stützen? Stauffer hatte gegen seinen Willen eine Anzahlung von neuntausend Franken gemacht. Er hatte die beiden Hotelrechnungen nicht bezahlt. Schliesslich hatte er per Draht und Brief einen Teil der Anzahlung zurückverlangt, sie allerdings nicht erhalten. Also versuchter Betrug. Das musste jedem einleuchten.

Welti hatte das Postgebäude verlassen. Da kamen ihm Zweifel. Vielleicht war das Begehren nach Verhaftung doch voreilig. Er zögerte. Als er wieder vor dem Schalter stand – der Mann, der Dienst tat, war noch immer der gleiche –, zeigte die Uhr zwanzig vor sechs. Der Text, der jetzt nach Rom ging – noch verstümmelter als der erste –, lautete:

«Meine frühere Depesche berichtigen. Ersuche vorläufig bloss, bewusste Personen streng bewachen und allfällige Abreise verhindern zu lassen. Welti.»

Bis zu seiner Ablösung hatte der Telegrafist Ruhe. Doch sein Nachfolger sah um neunzehn Uhr fünfzehn einen Herrn vor der Abschrankung stehen, der sein Kabel auch mit Welti unterzeichnet haben wollte. Es hiess:

«Soeben unsere zwei Mägde und Wirt vernommen. Alle halten Stauffer geistesgestört. Maler Klinger Via Claudia Rom ebenfalls. Dieser liess durch deutsches Konsulat leider zu spät meine arme nervenkranke Frau warnen.»

In den anderthalb Stunden war Welti nochmals zur Pension Bonciani gefahren und hatte sich ein weiteres Mal schildern lassen, welchen Eindruck seine Frau und Stauffer gemacht hatten. Dabei hatte er auch von Klingers Schritt gehört. Welti überlegte: Nach all den Auskünften war Stauffer vielleicht doch kein Verbrecher. In dieser Annahme bestärkte ihn die Ansicht Klingers. Welti war dem Entführer seiner Frau weiss Gott nicht wohlgesinnt, und er hatte ihn äusserst hart anpacken wollen. Jetzt versuchte er ihm mehr Gerechtigkeit widerfahren zu lassen. Oder aber: War er ihn noch endgültiger los, wenn Stauffer im Irrenhaus statt bloss im Gefängnis sass? Welti fühlte sich hin und her gerissen. Klarheit vermochte ihm nur die Reise nach Rom zu verschaffen. Diesen Abend fuhr kein Zug mehr. So kehrte er zu Bonciani zurück. Bevor er am anderen Morgen – es war Donnerstag, der 14. November – abreiste, beglich er die Rechnung der Pension und in der Stadt unten auch Stauffers Hotelrechnung. Dann fand er sich nochmals im Telegrafenamt ein, denn um elf Uhr fünfundzwanzig notierte in Biel der Telegrafist Gugger die Worte: «Karl zweifellos geisteskrank. Erteile Minister Bavier nötige Vollmacht telegrafisch. Ich reise Rom und werde auch für Karl sorgen. Welti.» Die Depesche war Punkt zehn Uhr in Florenz aufgegeben worden. Als Gugger das Telegramm dem Eilboten aushändigte, damit er es dem Advokaten Stauffer zustelle, sass Welti bereits im Zug nach Rom.

Bei Cornelia Wagner wurde ein Brief abgegeben. Er stammte von ihrem Exverlobten Karl Stauffer. Er beschied sie ins Sprechzimmer des Hotels Aliberti. Sie ging unverzüglich hin. Stauffer erwartete sie schon. Er sagte ihr, er sei mit Frau Welti durchgebrannt, da deren Mann so dumme Telegramme geschickt habe. Diesen hasse er so, dass er ihn ohne Gewissensbisse töten lassen könne. Er wolle die Frau Welti heiraten, dann werde er in Anzio den Tempel der Fortuna bauen. Er rechnete mit solcher Sicherheit mit der Heirat, dass er Cornelia auftrug, sie möge zu seiner Aufwärterin gehen und ihr ausrichten, sie könne sich seine Möbel aus der Wohnung nehmen, er verehliche sich. Dann aber wurden Cornelias Augen noch grösser. Stauffer zog nämlich einen Diamantring aus der Tasche und bat sie, ihn im Leihhaus für ihn zu verpfänden. Sie würden sich wieder treffen, damit er das Geld in Empfang nehmen könne. Welti halte in Florenz offenbar Lydias Gepäck und die Wertsachen zurück.

Cornelia führte den Auftrag getreulich aus. Sie händigte Stauffer das Geld aus. Sie konnten es wahrlich brauchen, das sah Cornelia den beiden an. Ihre Kleider wirkten ungepflegt; sie waren von der Reise und den Stadtbesichtigungen her schmutzig und unansehnlich geworden. Besonders die Frau benötigte dringend neue Garderobe. Als Cornelia das Paar gleichentags nochmals sah, stellte sie indessen mit Erstaunen fest, dass sich in erster Linie Stauffer mit neuen und eleganten Kleidern eingedeckt hatte.

War es Täuschung, oder wurden Lydia und Karl beschattet? Als sie gegen Abend müde und abgespannt aus der Via del Babuino in die Via Margutta einbogen, um zum Hotel zu gelangen, standen zwei Männer an der Ecke, die sie, wie sie glaubten, beobachteten. Als sie von oben aus dem Fenster spähten, standen die beiden noch dort. Auch später trieben sich Gestalten umher, von denen man nicht sagen konnte, ob sie zufälligerweise herumlungerten oder ob sie Stauffer und Lydia überwachten. Obschon man sie keineswegs belästigte, als sie das Hotel nochmals verliessen, wurden sie das Gefühl nicht los, es ziehe sich ein Netz um sie zusammen.

Stauffer regte sich auf. Er war überzeugt, Welti habe Häscher ausgeschickt. Zeitlich ausgeschlossen war freilich, dass Emil schon in Rom war, aber er konnte morgen eintreffen. Dagegen war leicht denkbar, dass er seine Beziehungen zu Minister Bavier spielen liess, zum Freund seines Vaters. Wer anders als der Gesandte besass die Macht, den römischen Polizeiapparat rasch und gründlich in Gang zu setzen? Stauffer zweifelte nicht daran, dass die Verdächtigen drunten Polizeispitzel waren, zumal er ähnliche Gestalten schon heute in der Früh entdeckt hatte.

Das brachte ihn dazu, einen Brief an Bavier zu verfassen, an denselben Bavier, der so oft sein Atelier aufgesucht und der ihn so häufig zu Gast geladen hatte. Erregt schrieb er:

«Sehr geehrter Herr Minister! Mein kleiner Finger sagte mir heute morgen, dass Lydia und ich gesucht werden. Klinger hat den Anfang gemacht, indem er mich für verrückt erklärte, und die Sache scheint in dieser Tonart fortgehen zu sollen.

Lydia Escher, meine Frau, und ich, Karl Stauffer, sind wohl durch die Verwirklichung eines vierjährigen Traumes etwas nervös geworden, im übrigen erfreuen wir uns eines normalen geistigen Zustandes.

Es gehört die Naivität von Dr. Emil Welti-Escher dazu, um das, was die Sperlinge auf den Dächern von Zürich seit Jahren zwitschern, nicht zu verstehen und die simulierte Krankheit seiner Gattin ernstnehmen zu wollen.

Lydia ist in guten Händen und geschützt gegen jede Verfolgung von irgendwelcher Seite, denn es dürfte wohl weit und breit kein verwegeneres Paar geben als sie und ich.

Übrigens bemerke ich, dass mir als langjährigem Korrespondenten von drei der grössten deutschen Zeitungen die Mittel zu einem Skandal ersten, allerersten Ranges an die Hand gegeben sind. Ein einziges Wort per Draht, und die famose Mine, die Lydia und ich mit unseren Hilfstruppen seit Jahren mit äusserster Klugheit gelegt haben, fliegt auf, trotz einem russischen Kaiser.

Also um klar zu reden: Seit Monaten liegt in Berlin, Frankfurt und München das gesamte druckfertige Material zur Publikation bereit, und dass wir die Lacher auf unserer Seite haben, dafür ist gesorgt.

Auf Angriffe auf unsere Person sind Lydia und ich ebenfalls völlig gefasst. Sie, hochverehrter Herr, haben nicht umsonst die Güte gehabt, vor zwei Jahren mir einen Waffenschein zu vermitteln, und ich schiesse vorzüglich. Mit vorzüglicher Hochachtung
Karl Stauffer. Lydia Escher.»

Das mit der langvorbereiteten Mine war Bluff. Durfte man indessen nicht mit allen Mitteln kämpfen, wenn die Gegenseite vor Polizeigewalt nicht zurückschrak?

Spät in der Nacht gingen sie gemeinsam hinunter und warfen den Brief ein. Unbehelligt kehrten sie ins Hotel zurück. Doch nochmals griff Stauffer zur Feder. Er setzte für Lydia in italienischer Sprache einen Testamentsentwurf auf. Er lautete: «Ich, Lydia Welti, geborene Escher, Tochter des verstorbenen Alfred Escher von Zürich, gebe hiermit bei gesundem Verstand und in Gegenwart von zwei durch das Gesetz vorgeschriebenen Zeugen meinen letzten Willen kund: Bei meinem Tode vermache ich mein ganzes Vermögen dem Herrn Karl Stauffer, Maler und Bildhauer, Sohn des Eduard selig, Pfarrer, von Bern.»

Im Verlauf des Donnerstagnachmittags, des 14. November, traf

Dr. Welti in Rom ein. Klinger stand bereit. Er rapportierte, was sich zwei Tage zuvor in seinem Atelier abgespielt hatte. Er wusste auch zu berichten, Cornelia Wagner habe für Stauffer einen Ring Lydias versetzt. Zudem habe ihn Stauffer mit seinem Brief aus Florenz, in dem er ihm den Auftrag zur Einbandgestaltung des Prachtbandes gegeben, bestechen wollen; er müsse Stauffer deshalb verklagen. Klinger bestand darauf, Stauffer sei völlig normal; er halte ihn für einen Schurken. Das machte Welti erneut unsicher.

Klinger fuhr fort, auch auf andere Freunde in Rom, mit denen Stauffer die letzten beiden Tage verkehrt habe, mache dieser nicht den Eindruck eines Irrsinnigen, sondern eines Menschen, der mit grosser Schlauheit und Überlegung zu Werk gegangen sei. Dann liess sich Dr. Welti von Cornelia Wagner, zum Teil sogar schriftlich, über die Vorgänge in Florenz und Rom Bericht erstatten. Zu seiner Frau ins Hotel Aliberti ging er nicht.

Später suchte er die schweizerische Gesandschaft auf. Sie lag dem Königspalast, dem Quirinal, gleich gegenüber. Das Strassenschild lautete «Via Piacenza», und neben dem repräsentativen Eingang stand die Zahl 6. Näher bei den Zentren der italienischen Regierungsgewalt ging's nimmer. Der Minister und ehemalige Bundespräsident hielt die Fäden zu ihr zweifellos in geschickten Händen.

Welti sah sich als guter Freund empfangen. Man kannte einander schliesslich seit langem. Der Minister stellte seine Mitarbeiter vor: die Legationsräte I. C. Pioda und Edmond Rochette. Alle drei hielten sich Welti sogleich zur Verfügung.

Was wusste der Gesandte Neues, und was hatte er bereits unternommen? Diese Fragen brannten Welti auf den Lippen. Dass einiges geschehen war, durfte er annehmen, nachdem er auf sein gestriges Telegramm hin noch in Florenz eine Gegendepesche Baviers erhalten hatte, wonach seine sofortige Reise nach Rom unbedingt nötig sei.

Der Minister berichtete, er habe sich trotz der Bitte Weltis, sich dessen Frau anzunehmen, nicht ins Hotel Aliberti verfügt. Er habe gefürchtet, sein Erscheinen würde Lydia und Stauffer veranlassen, sogleich aus Rom zu fliehen. Es sei zweifellos klüger gewesen, die beiden nicht aufzusuchen, sondern sie bloss zu überwachen und Herrn Weltis Wunsch entsprechend an einer allfälligen Abreise zu hindern. Zu diesem Zweck habe er die Quästur, die oberste römische Polizeibehörde, ersucht, Beamte in der Via Margutta zu postieren. Diese hätten das Paar schon den ganzen Tag beschattet. Welti war zufrieden. Aber konnte man die beiden einfach tagelang im Hotel belassen? Weitere Schritte drängten sich auf. Doch welche? Während er noch darüber nachsann, legte man ihm eine Depesche von Karl Stauffers Bruder, dem Fürsprech Eduard Stauffer in Biel, vor. Es war die Antwort auf das Telegramm, das Emil am Tage zuvor von Florenz aus abgeschickt und in dem er Eduard mitgeteilt hatte, seiner Meinung nach sei Karl geistesgestört. Er las: «Karl nicht geisteskrank. Brief von ihm und ihr erhalten. Sinnesrausch. Vorsichtig. Die beiden zu allem imstande. Handle nach Gutfinden. Wenn absolut nötig, komme ich selbst. Stauffer, Advokat.»

Der Inhalt dieses Schreibens deckte sich überraschenderweise mit der Schilderung Klingers. Dazu kam, dass der Gesandte Emil den Drohbrief vorlegte, den Stauffer in die Legation geschickt hatte.

Kein Zweifel, der Mann war gemeingefährlich. Welti begann sich zu fürchten. Je länger Stauffer in Freiheit blieb, um so mehr glaubte er um sein Leben bangen zu müssen. Bavier bestätigte, Stauffer besitze einen Revolver. Also tat Eile not. Vielleicht war es am besten, sogleich eine Anklage zu erheben, die es erlaubte, Stauffer verhaften zu lassen. Am einfachsten Entführung und Ehebruch. Jedes Gericht hätte die Klage geschützt und den Verführer ins Gefängnis gebracht. Doch diese Klage war zu peinlich. Welti wusste genau, wofür man in Italien einen «cornuto», einen Mann mit Hörnern, hielt. Darum entschloss er sich, die Beschuldigung anders zu formulieren. Sie ging dahin, Stauffer habe sich unrechtmässigerweise tausend Franken angeeignet; ferner habe er viertausend Franken von Bonciani zurückverlangt. Das sei Betrugsversuch, «tentata truffa».

Als das Schriftstück fertig war, erhob sich die Frage, auf welche Weise die Klage eingereicht werden solle, damit die Behörden sogleich gegen Stauffer vorgingen. Man wusste in Italien nie, wie lange der Amtsschimmel brauchte, um sich in Trab zu setzen. Nachhilfe konnte nichts schaden. Am besten war, der Minister selbst führte den Kläger ein.

Nichts macht italienische Beamte gefügiger und diensteifriger, als wenn man selbstsicher auftritt. Unterstützen Titel und ein hohes Amt den Hilfesuchenden, so öffnen sich Tür und Tor. Bescheidenes Auftreten, geduldiges Warten scheinen bei vielen Staatsdienern Italiens einen Reflex auszulösen: Sie ignorieren den Fragesteller oder behandeln ihn von oben herab; wenn er ihre Macht anerkennt, so soll er sie zu spüren bekommen. Ist er zudem ein Fremder und der Landessprache nicht oder nur wenig mächtig, so mischt sich eine Prise Verachtung bei.

Vor diese Situation sah sich Welti gestellt. Wer war er schon in den Augen der Leute auf der Quästur? Selbst wenn er sich als Sohn eines Bundesrats und Bundespräsidenten zu erkennen gab, machte das wenig Eindruck. Die Schweiz war fern, und was ein Bundesrat zu tun hatte, war den meisten untergeordneten Beamten vermutlich unklar. Den Rang eines Ministers dagegen kannte jeder. Darunter vermochte sich auch der letzte Türhüter etwas vorzustellen. Und vor allem: Dieser Minister war hier, er konnte persönlich erscheinen, er vertrat in Person den fremden Staat.

Das alles wusste auch Bavier. Aber er wusste noch mehr. Er musste aufpassen, dass er seine Kompetenzen nicht überschritt. Die Gesandtschaft war dazu da, ihren Staatsangehörigen mit Rat und Tat beizustehen: die Frage war nur, wo die Tat ihre Grenze hatte. Beim Sohn eines Freundes und ehemaligen Bundesratskollegen durfte sie gewiss ein wenig nach aussen verschoben werden. Aber nicht zu weit! Man wusste nie, was später aus derart heiklen Affären – und um eine solche handelte es sich hier – entsprang. Möglicherweise konnte einem ein Strick gedreht werden aus einem blossen Freundschaftsdienst.

Aus diesen Überlegungen heraus begleitete der bevollmächtigte Gesandte der Eidgenossenschaft den Bundesratssohn zum zuständigen höchsten Polizeibeamten, stellte seinen Schützling gebührend vor, zog sich dann aber ins Vorzimmer zurück. Der Auftritt verfehlte indessen nicht seine Wirkung. Jedenfalls wurde noch am gleichen Tag die Verhaftung verfügt. Allerdings hatten der Beamte und Bavier versucht, Welti dazu zu bewegen, Stauffer nicht verhaften zu lassen, und der Quästor hatte sich sogar erboten, den Maler zu sich zu zitieren; unterdessen hätte Welti seine Frau aus dem Hotel Aliberti fortholen sollen, doch er weigerte sich, und so führten das Auftreten des Ministers und der Rang von Weltis Vater zu einem Schnellverfahren, das sonst nur bei akuter Gefahr Anwendung fand. Das Protokoll, das Welti unterzeichnete, erwähnte übrigens nichts von den Morddrohungen.

Minister Bavier musste länger als vorgesehen warten. Welti bat nämlich den Quästor, Stauffer erst zu verhaften, wenn dieser das Hotel allein verlasse. Solange er sich in Begleitung von Frau Welti befinde, dürfe er nicht arretiert werden; er wolle jegliches Aufsehen vermeiden.

Das wurde ihm versprochen. Der Quästor begleitete ihn ins Vorzimmer zum Minister und von dort auf den Gang hinaus. Dann kehrte er in sein Arbeitszimmer zurück und erteilte die nötigen Anweisungen. Der Verhaftbefehl wurde sogleich ausgestellt.

In Biel tickte der Telegraf fast ebensooft wie in Rom. Nachdem Karls erster Brief, jener vom 11. November, bei Bruder und Mutter Entsetzen hervorgerufen hatte, veranlasste der zweite Kopfschütteln. Es war jener, in dem von der Parzellierung des Belvoir und von den Landwirtschaftsplänen die Rede war. Daneben hatte Karl wie ein Patriarch Familienpolitik getrieben; er hatte seinen Schwager ein Kamel genannt und Eduard, der bereits ein Mädchen in Aussicht hatte, eine Bierbrauerstochter aus der Familie Walter, verboten, diese «Gans» zu heiraten.

Nun eilte Frau Stauffer selbst zur Post. So ungern sie es tat: Sie richtete das Telegramm an die Gesandtschaft in Rom zuhanden von Dr. Welti. Was ihr Sohn von seinen Plänen und besonders von der Reinhaltung der Rasse faselte, die er mit Lydia zeugen wollte, liess sich mit einem einzigen Wort umschreiben. Und so diktierte sie dem Schalterbeamten: «Soeben erhaltener Brief zeigt Grössenwahn. Frau Stauffer.»

Das war am Donnerstagnachmittag. Da Postamt und Kontor ihres Sohnes nicht weit voneinander lagen, begab sich Mutter Stauffer gleich hinüber. Der Inhalt ihres Telegramms gefiel Eduard nicht. Er hielt daran fest, Karl sei berauscht und deshalb zu allem fähig; nach dem Abklingen dieses Rausches werde er wieder vernünftig sein. Zum Ärger der Mutter schickte er deshalb gegen Abend seine Meinung nach Rom: «Teile nachmittags von Mama geäusserte Ansicht nicht. Fürsprech Stauffer.»

Diese Ansicht schien der dritte Brief Karls und Lydias zu bestätigen. Er war vom Dienstag, dem 12. November, datiert und erreichte Biel am späten Nachmittag des depeschenreichen Donnerstags. Sein Inhalt war soweit gefasst und klar; er sollte offensichtlich die Mutter, an die er gerichtet, beschwichtigen. Dann freilich traf am folgenden Morgen das vierte und letzte Schreiben ein. Adressat war diesmal wieder Eduard. Und jetzt änderte der Advokat seine Meinung. Was da drin stand, liess keinen Zweifel: Sein Bruder hatte den Boden der Realität unter den Füssen verloren. Welti hatte mit seiner Depesche vom Vortag doch recht gehabt. Und etwas wurde eindeutig offenbar: Karl fühlte sich bedroht. Wieweit seine Furcht begründet war, vermochte Eduard von Biel aus nicht zu beurteilen. Was er in diesem Brief von Pfaffen und Jesuiten, die seine Feinde auf Nimmerwiedersehn verschwinden lassen sollten, vom Untertauchen im Lande der Briganten zusammenphantasierte, das konnte nicht von einem vernünftig denkenden Menschen stammen. Das war Verfolgungswahn. Und dass Lydia jedesmal mit unterschrieb, bezeugte, dass das Virus dieses Wahns auch von ihr Besitz ergriffen hatte. Freilich: Was konnte sie von ihrem Mann, nachdem sie den entscheidenden Schritt getan, anderes erwarten als Rache und Bestrafung, Ächtung in der Gesellschaft und demütigenden Prozess? Schwache und weiche, an sich friedliche Menschen, wie ihr Mann einer war, wurden oft hart und rücksichtslos, sobald man sie beleidigte, sobald man ihre Ehre verletzte. Auf Ehre aber gab Emil viel, als bekannte Persönlichkeit konnte es ihm nicht gleichgültig sein, was man über ihn und seine Gattin sagte. So gab es für Lydia kein Zurück mehr. Sie war die Mitverschworene Stauffers auf Gedeih und Verderb.

Dass Karl krank war, ging nach des Juristen Meinung auch daraus hervor, dass er in seinem Gesuch um rechtlichen Beistand von ganz unsinnigen Voraussetzungen ausging. Wie gern Eduard dem Bruder geholfen hätte, er sah doch auf den ersten Blick, dass die Sache aussichtslos stand. Ein paar klare Überlegungen genügten, um Karls Kartenhaus zum Einsturz zu bringen. Darum antwortete er, als ihn Welti in einem weiteren Kabel dringend bat, er möge sogleich nach Rom kommen: «Warum? Karl offenbar geistesgestört, sie (Lydia) auch.» Er ahnte nicht, dass er damit die letzte Chance verpasste, seinen Bruder vor der Verhaftung zu retten. Er reiste nicht, weil er noch immer überzeugt war, er könne Karl mit Zureden zur Vernunft bringen. Zu diesem Zweck diktierte er seiner Schwester Amalie – derselben, die in den Landwirtschaftsplänen als Agronomin in Aussicht genommen war – folgenden Brief:

«Herr Bruder! Bevor Du diese Zeilen... liesest, wirst Du guttun, in Dein altes Logis zu gehen und den Brief zu lesen, den Dir Mama vor zwei Tagen geschrieben hat. Wenn Du das nicht tun willst, so lass Dir vorher eine Dusche mit kaltem Wasser geben, damit Du dasjenige, was ich Dir sagen will, auch richtig begreifst.

Ich will Dir vor allem (Dir und Deiner Lydia) in nackten Worten den Rechtsstandpunkt erörtern: Du bist mit der Frau Deines Freundes in dessen Abwesenheit durchgebrannt und lebst seither mit ihr. Du bist also ein Ehebrecher; Deine Lydia ist eine Ehebrecherin.

Diese Begriffe fallen unter die Artikel aller Strafgesetzbücher der europäischen Staaten, welche den Ehebruch ausnahmslos bestrafen. Also kannst Du sowohl als Frau Welti wegen Ehebruch mit entehrender Strafe belegt werden. Dies die strafrechtliche Seite Deines Unternehmens.

Ich komme auf die zivilrechtliche, zu welcher ich auch den von Dir gewünschten Scheidungsprozess zähle. Höre! Auf Scheidung kann klagen:

1. Derjenige, welcher mit seiner Frau nicht leben kann und das Einverständnis seiner Frau zur Scheidung hat. Das gleiche gilt umgekehrt von der Frau. Dieser Gesetzesparagraph des Gesetzes vom 25. Mai 1875 über Zivilstand und Ehe trifft hier nicht zu, denn: Doktor Emil Welti wird seiner Frau diese Zugeständnisse nie und nimmermehr erteilen. Das tiefe Zerwürfnis, dessen Beweis dem Gericht vorliegen muss, wird kein schweizerisches Gericht annehmen, wenn nicht der Ehegatte selbst bekennt, es liege wirklich vor.

Auf diesen Artikel gestützt Scheidung zu begehren ist Unsinn.

2. Wegen Ehebruch kann nur der beleidigte Teil, und dies ist Herr Dr. Emil Welti, auf Scheidung klagen. Frau Welti kann dies nicht. Also ist auch hier mit der Scheidung nichts.

Stauffer in seinem Berliner Atelier, wahrscheinlich 1887. (Burgerbibliothek Bern)

Karl Stauffer, Selbstbildnis.

Haus «Belvoir» in Zürich-Enge im heutigen Zustand.

Unvollendetes Ölgemälde Stauffers: Gottfr
Keller, im August 1886 im «Belvoir» gem
(Kunsthaus Züri

Einen anderen Scheidungsgrund hat Frau Welti nicht, also erachte ich diesen Teil der juristischen Erörterung für geschlossen mit den Worten: Frau Welti kann nicht scheiden, wenn ihr Mann nicht will.

Der zweite Teil meiner juristischen Erörterungen bezieht sich auf das Vermögen der Frau Welti. Über diesen Punkt befindest Du Dich ebenso im Irrtum wie über den Punkt der Scheidung. Solange die Ehe des Herrn Welti mit Lydia Escher besteht, hat dieselbe, den günstigsten Fall vorausgesetzt, nämlich denjenigen der Geltung des zürcherischen Zivilgesetzbuches, über die Einkünfte ihres Vermögens in keiner Weise zu verfügen. Der Mann verfügt und nicht die Frau, und die Frau kann über die Kapitalien ohne Einwilligung ihres Mannes nichts befehlen.

Jeder Dritte, dem sie befiehlt, wird ihr einfach an die Nase lachen. Also haben weder Frau Welti noch Du über ihr Vermögen irgendeine Dispositionsgewalt. Sollte gar das aargauische Gesetz zur Anwendung kommen, so gehört das Vermögen der Frau Welti nicht mehr ihr, sondern ihrem Manne.»

Diese Bemerkung musste Eduard machen, denn die Weltis waren Bürger des Kantons Aargau, nicht des Kantons Zürich. Eduard fuhr weiter:

«Diese Rechtserörterungen werden Dir und Frau Welti unangenehm klingen; sie sind aber richtig und dienen vielleicht dazu, Dir Dein Gehirn, das mir vom Schirokko ziemlich verbrannt erscheint, etwas abzukühlen.

Nach meinen juristischen Erörterungen wirst Du einsehen, dass die Firma Stauffer und Ryf einen solch verlorenen Handel mit gutem Gewissen nicht übernehmen kann, auch wenn der Bildhauer Karl Stauffer der Firma Stauffer und Ryf als wildfremder Mensch gegenübertreten würde. Die Firma Stauffer und Ryf lehnt daher die ihr gewordenen Aufträge wegen der ihnen innewohnenden Aussichtslosigkeit definitiv ab, da sie sich nicht mit Geschäften befasst, von denen sie zum vornherein weiss, dass sie grundschief sind.

Dies die Erörterungen des Anwalts.

Die Erörterungen des Bruders klingen anders und bilden vielleicht einen Beitrag zu der Dusche, welche ich Dir am Anfang des Briefes empfohlen habe.

Man zweifelt an Deinem Verstande und hält Dich für geisteskrank. Diese Zweifel scheinen mir ziemlich berechtigt. Wie könnte man sich sonst erklären, dass ein Bursche, wie Du zu sein vorgibst, in Abwesenheit seines Freundes mit dessen Frau durchbrennt? Die Taxation dieses Gebarens kannst Du in dem Briefe von Mama finden. Ich will sie nicht wiederholen. Sie gipfelt in den Worten: Schlechtigkeit, Gemeinheit, Verrat! Und dieses Urteil geht auch Frau Welti an, die mir nicht um ein Haar besser zu sein scheint als Du.

Mit Deiner Naturduselei kommst Du bei mir nicht durch. Alles das ist nichts als Phrase, deren Begründetheit vielleicht ein Anwalt, ein Bruder aber nie plädieren kann.

Ich hatte nach Deinem ersten Brief Zweifel an Deinem Verstande, nach Deinem zweiten noch viel mehr. Glaubst Du eigentlich, dass Mama oder Deine Geschwister mit Dir oder Frau Welti in dieser Weise gemeinsam vorgehen werden? Glaubst Du, dass wir in solch leichtsinniger Weise den von unserem Vater vererbten ehrlichen Namen in die Schanze schlagen werden, um mit Dir, gesetzt den Fall, das Stücklein gelinge Dir, den auf solch niederträchtige Weise erworbenen Gewinn zu teilen? Nein! Lieber gehen wir, um mit Dir zu sprechen, alle zusammen in den Spittel.

Von dem durch Dein sauberes Stücklein allfällig eroberten Gewinn kommt kein Heller über meine Schwelle. Wir haben es bis dahin machen können ohne Dich; wir werden es auch in Zukunft so halten können.

Wenn die Voraussetzung Deiner Bekannten und Freunde, die dahin geht, Du seiest geisteskrank, zutrifft, so werden weitere Erörterungen nichts abtragen. Trifft sie nicht zu, so ist es noch viel mehr Papierverschwendung, etwas Weiteres zu schreiben.

Ich schliesse daher, indem ich Dich noch einmal auffordere, Mamas Rat zu folgen; für den Fall der Nichtbefolgung desselben halte ich es gleich wie Mama.

Gib diesen Brief Frau Welti zu lesen; vielleicht beseitigt er auch bei ihr den Schirokko.

Dein Bruder Eduard Stauffer, Fürsprecher.»

Die Mutter hatte geraten, Karl solle sich von Lydia lösen. Andernfalls wolle sie nichts mehr mit ihm zu tun haben. Dieser Drohung schloss sich also auch Eduard an.

Als Amalie den Brief einwarf, dauerte es nur noch eine Nacht, bis ihr Bruder Karl im Hotel Aliberti vom Frühstückstisch weggerufen wurde. Er sollte Lydia nie mehr wiedersehen.

Die Weigerung Eduards, nach Rom zu kommen, gefiel Welti nicht. Die ganze Schwere der Entscheidungen lastete jetzt auf ihm allein. Mindestens zweimal depeschierte er noch nach Biel und forderte den Advokaten auf, endlich den Zug nach Süden zu besteigen. Den dringendsten Appell enthielt das Telegramm, das er um neun Uhr vormittags des 16. Novembers aufgab und das der Postbeamte Frey um halb elf in Biel aus der Morseschrift in folgenden Klartext übertrug: «Advokat Stauffer, Biel. Deine sofortige Hierherkunft durchaus notwendig. Welti.»

Bis Eduard kam – wenn er kam! –, hielt sich Welti an den Vertrauensarzt der Gesandtschaft des Deutschen Reiches. Dr. Neuhaus fungierte auf Wunsch auch als Arzt der Schweizer Legation. Welti bat ihn, sich zu Lydia ins Hotel zu begeben. Der Arzt ging und traf Lydia mit Stauffer. Nach längerer Unterhaltung mit den beiden brachte er Welti den Bescheid, dessen Frau sei ohne Zweifel irrsinnig, der Maler dagegen scheine bloss exaltiert. Eine fachgerechte Untersuchung hatte er allerdings nicht vorgenommen.

Der Besuch des Arztes alarmierte das Paar. Jetzt bestand kein Zweifel mehr, dass Emil gegen sie vorging. Um so unverständlicher war, dass sie weiterhin wie hypnotisiert im Hotel blieben. Noch hatte sie keiner der Briefe aus Biel erreicht, die ihnen zu sofortiger Fühlungnahme mit Welti rieten. Es stand ihnen also niemand in objektiver Weise bei. Der Arzt tat das auch nicht. Sein Bericht entsprach genau dem, was Emil sich wünschte: Stauffer erschien als Verbrecher, den man hinter Schloss und Riegel setzen durfte, Lydia als Geisteskranke, die für ihr Tun nicht verantwortlich war.

Zumal das letztere kam Welti gelegen. Vor sich selbst, vor der Familie und vor der Öffentlichkeit war er nicht der Versager, der seine Frau nicht hatte halten können; nicht jemand, der ihm überlegen war, hatte ihn ausgestochen, sondern ein skrupelloser Verführer hatte die Widerstandslosigkeit Lydias schändlichst genützt. So stand er in seiner Mannesehre unverletzt da, das reine Opfer des treulosen Freundes. Es blieb ihm erspart, den Fehler bei sich selber zu suchen.

Das Zeugnis von Dr. Neuhaus genügte ihm nicht. Um ganz sicher zu gehen, setzte er sich mit Professor Fiordispini, dem Direktor des Römer Irrenhauses, in Verbindung. Kam dieser bekannte Psychiater zum selben Ergebnis wie Neuhaus, so mussten die letzten Zweifel schwinden.

Im Hotel Aliberti sassen am folgenden Morgen – es war Freitag, der 15. November – Lydia und Stauffer am Frühstückstisch. Sie hatten die Mahlzeit noch nicht beendet, da rief man ihn hinaus. Er trat in die schmale Empfangshalle. Was war los? Was wollte man von ihm? Ehe er sich's versah, verhafteten ihn Geheimpolizisten. Seine Proteste fruchteten nichts. Mit Handschellen gefesselt wurde er zu einem Wagen gebracht, dessen Rückseite eine vergitterte Öffnung zeigte.

Die Fesseln hatte man angeordnet, weil man um die Kräfte des Künstlers wusste. Eigentlich hatte man warten wollen, bis er das Hotel allein verliess, aber das hatte zu lange gedauert. So war man auf die List verfallen, ihn herauszurufen. Nun rumpelte das Gefährt über den Corso, bog zum Pantheon hinüber und ratterte auf den Campo dei Fiori. Noch im Juni hatte hier ein rauschendes Fest stattgefunden. Auf der Stelle, wo dreihundert Jahre zuvor Giordano Bruno als Ketzer verbrannt worden war, war eine Statue zu seinen Ehren errichtet worden. Die Einweihung war ein grosses Spektakel gewesen; mehr als zweitausend Fahnen hatten geweht, und Stauffer war selber im Zuge mitmarschiert. Bruno war als früher Vorkämpfer der Freiheit geehrt worden; seine Rehabilitierung sollte Rom und der ganzen Welt zeigen, dass Italien die Willkürherrschaft hinter sich gebracht und zu einem modernen Rechtsstaat geworden sei, in dem keiner die Willkür der Behörden zu fürchten brauchte.

Stauffer sah zwischen den Gitterstäben hindurch die wie immer vom Volk umlagerten Marktstände und oben auf seinem Piedestal den gefeierten Helden. Doch niemand eilte herbei, den Verhafteten zu befreien, Giordano Bruno stieg nicht vom Sockel, und der unfreiwillige Fahrgast musste sich damit begnügen, sich Gedanken über die Kluft zwischen den Proklamationen öffentlicher Feiern und der Praxis des Alltags zu machen.

Als Ortskundiger wusste er, dass er sich dem Tiber näherte. Gleich musste der Palazzo Farnese das schmale Gesichtsfeld füllen.

Und tatsächlich: Über den gleichnamigen Platz und an der einen Längsseite des Palastes entlang ging es weiter, hinein in die Via Giulia. Jetzt ahnte Stauffer, wo die Fahrt enden werde. Er irrte sich nicht. Der Wagen hielt vor dem Tor der Carceri Nuovi. Glitt der Blick an den Mauern empor, so wurde begreiflich, warum dieser Kerker von den schlimmsten Papstzeiten her berüchtigt war. Seit damals war das Gefängnis kaum modernisiert worden. In ihm brachte man nur die übelsten Individuen unter; war es Zufall oder Absicht, dass man ihn gerade hier aus dem Polizeiwagen hinaus und die drei oder vier Stufen empor ins Portal führte?

Der optische Empfang war nicht einmal unfreundlich. Der Eingangskorridor, hoch und weit, mündete in einen lichterfüllten Hof, in dem sogar Grünes wuchs. Doch dieser freundliche Anblick war Täuschung; Täuschung waren auch die in sauberes Leinen gekleideten Beamten, die ihn durchaus korrekt empfingen, seine Personalien notierten und ihm die wenigen persönlichen Gegenstände abnahmen und ordnungsgemäss registrierten. Denn danach führte man ihn im Hof nach rechts zu einer Eisentür, hinter der sich ein schmaler Gang mehr schloss als öffnete. Er endete in einem engen Geviert, das schachtartig in das Gebäude eingelassen war. Als Stauffer die Augen hob, sah er nichts als vergitterte Fenster in unregelmässigen Höhen und Abständen. Von hier gab es kein Entrinnen. Selbst die wendeltreppartige Eisenstiege im Innern war beidseits vergittert, so dass nicht einmal ein selbstmörderischer Sprung in die Tiefe Freiheit bringen konnte. Auf den Korridoren roch es nach Kot und Urin. An den Wänden fand die Hand keinen Halt vor Schmutz, der glitschig war wie Seife. Von den Klappen, durch welche die Essnäpfe geschoben wurden, krochen Streifen eingetrockneter Speisen hinab. Erst als die Wärter mit Stauffer unterm Dach anlangten, zogen sie die Schlüssel zu einer Gemeinschaftszelle aus der Tasche.

Der Raum war überraschend hoch und gross, aber die Gitterfenster sassen so weit oben unter dem vorkragenden Dach, dass vom Himmel nichts zu erhaschen war. Obschon das Licht schon auf Treppen und Gängen spärlich gewesen, erschien es Stauffer hell im Vergleich zur Düsternis in diesem Loch. Erst mit der Zeit vermochte er zu zählen, wie vielen Leidensgenossen er beigesellt war: achtzehn Gestalten drängten sich neben ihm in der Zelle.

Dank der Beherrschung des römischen Dialekts erfuhr er bald, wer ihm Gesellschaft leistete. Die allermeisten der Herren waren Schwerverbrecher, Strassenräuber und Mörder; kein einziger stammte aus der gehobenen Schicht. Stauffer liess sich indessen nicht entmutigen. Er war überzeugt, er werde nur wenige Stunden oder Tage hier verbringen; dann müsse irgend etwas geschehen, was ihm die Tür zur Freiheit wieder öffne.

Zwei Dinge freilich machten ihm zu schaffen. Erstens hatte man ihm auf seine wiederholte Frage, warum er eigentlich verhaftet sei, aufgrund welcher Paragraphen er in dieses Gebäude verschleppt werde, ausweichend und nichtssagend geantwortet. Er sass ohne das geringste Verhör im Kerker. Zweitens beunruhigte ihn das Schicksal Lydias. Er hatte ihr nicht einmal ein Zeichen zu geben, geschweige denn sie zu warnen vermocht. Was geschah mit ihr? Würde sie sich so entschlossen zur Wehr setzen, wie sie es oft geschworen? Würde sie wie geplant die Jesuiten aufsuchen und sie gegen die Verfolger mobilisieren? War sie so schneidig und verwegen, wie sie es beide in ihren Briefen nach Biel beteuert hatten? Richtig: Biel! Eduard kam ihn bestimmt herausholen, sobald ihn die Kunde von der ungesetzlichen Verhaftung erreichte; auch Mosse war Jurist und setzte gewiss Himmel und Hölle in Bewegung. Was würde in den Zeitungen stehen? «Der berühmte Maler, Kupferstecher und Bildhauer Karl Stauffer-Bern widerrechtlich eingekerkert!» «Stauffer-Bern Opfer eines eifersüchtigen Ehemannes!» Die Öffentlichkeit würde sich empört gegen Emil stellen, der es nicht einmal gewagt hatte, Stauffer unter die Augen zu treten. Wenn er das elende Männchen nur zwischen die Fäuste gekriegt hätte! In ein paar Tagen wollte er ihm diese hinterhältige Verhaftung heimzahlen. Die Vorfreude darauf liess ihn die erste Nacht recht leidlich überstehen.

Lydia wartete eine Weile am Tisch, dann ging sie sich erkundigen, wo Stauffer so lange bleibe. Die Antwort lähmte sie. Bevor sie sich zu einem Entschluss durchrang, stand schon wieder Dr. Neuhaus im Zimmer. Er hatte bereits ihre Aufnahme in das Privatspital Ospedale di San Giuseppe, Via Bafilio 8, vorbereitet. Ohne Widerstand liess sie sich hinführen; ohne Versuch, sich gegen die Leute aufzulehnen, die ihr Ehemann gegen sie vorschickte, verbrachte sie die Nacht in der ihr fremden Umgebung, bereits wie eine Irre bewacht. Welti hatte sich bei ihrer Einlieferung nicht gezeigt, und er zeigte sich auch jetzt nicht. Er schlief, nachdem die Aktion so wunschgemäss und reibungslos wie nur möglich abgelaufen war, in seinem Hotel. Er wusste, dass am nächsten Morgen Professor Fiordispini mit einem weiteren Arzt seine Frau so begutachten werde, dass sie aus dem privaten Hospital in die städtische Heilanstalt übergeführt werden konnte. Minister Bavier hatte mit eigenhändigem Schreiben den Professor dazu aufgefordert, und dieser sagte sogleich zu, als er sah, von wem die Bitte ausging. Die Dinge liefen erfreulich rasch.

Der zweite Arzt hiess Dr. Maxim Bosany. Der Leiter des Irrenhauses und er brachten am folgenden Vormittag das Anmeldeformular gleich mit. Es trug den Titel: «Modula informativa per l'ammissione dei pazzi nel Manicomio di Sta. Maria della Pietà in Roma.» Auf der ersten Seite trug Bosany – der Professor überliess die Schreibarbeit dem Rangniedrigeren – unter dem Namen Lydias ein, dass sie dreissig Jahre alt und verheiratet war, ferner dass sie aus reichem Hause stammte. Und nun tat er etwas Merkwürdiges. Er liess drei Felder frei, die bei ordnungsgemässer Untersuchung hätten ausgefüllt werden müssen, weil sie für Diagnose und Therapie wichtige Angaben verlangten. In diesen drei Feldern wurde nämlich zuerst nach dem Charakter, der körperlichen Verfassung, nach Gewohnheiten und der üblichen Beschäftigung gefragt. Zum zweiten forderte der Anmeldebogen Auskunft über krankhafte Veranlagungen, die entweder vererbt oder erworben worden waren. Drittens schliesslich wollte die Anmeldung wissen, ob der Patient schon früher Anfälle von Irrsinn oder andere schwere Krankheiten durchgemacht habe. Diese wesentlichen Fragen, deren Beantwortung nur aufgrund eingehender Befragung und Untersuchung möglich gewesen wäre, wurden überhaupt nicht gestellt. Der einzige Vermerk zur vierten Frage nach besonderen körperlichen oder seelischen Auffälligkeiten lautete: Missbrauch von Schlafmitteln. Da nun aber Lydia seit dem Zeitpunkt, da sie wusste, sie würde sich in Italien in Stauffers Nähe niederlassen, also seit bald zwei Monaten, keine Mittel mehr genommen hatte, konnte diese Angabe nur aus einer Quelle stammen: von ihrem Mann. Alles, was sie sonst den Ärzten über sich selbst sagte, war für diese offenbar gleichgültig, wenn nicht sogar störend. So liessen sie eben die drei Felder leer. Darum verfuhren sie auch mit der nächsten Spalte gleich. Wo nach dem Zeitpunkt des ersten Auftretens der geistigen Krankheit und danach gefragt war, ob diese im Augenblick schwächer sei oder ob sie anhalte, liessen sie den Raum offen. Dagegen schrieben sie, wo die Schilderung des Verhaltens oder die Diagnose verlangt wurde: «Sie ist von systematisiertem Wahnsinn ergriffen mit Gefahr für sich selbst und für andere. Es ist dringend nötig, sie ins Irrenhaus Sta. Maria della Pietà einzuliefern.» Worin die Gefährlichkeit der Patientin für andere bestand, vergassen Fiordispini und Bosany zu sagen. Das war auch nicht so wichtig, war doch der Antragsteller identisch mit dem Direktor der Anstalt. Mit anderen Worten: Professor Fiordispini richtete das Gesuch um Aufnahme Lydias in sein Irrenhaus an sich selbst. Er brauchte somit nicht zu fürchten, ein unbefangener Dritter werde Formular und Einzuliefernde überprüfen. Und die Formel «follia sistematizzata» war so gehalten, dass sie über die eigentliche Natur der Erkrankung überhaupt nichts aussagte. Sie wies bloss darauf hin, dass das Verhalten der Patientin von einem bestimmten Gedanken – von welchem, wurde verschwiegen – getragen, dass sie nicht völlig wirr sei. Meinten Fiordispini und Bosany Verfolgungswahn, so hatten sie freilich insofern recht, als Lydia sich tatsächlich verfolgt fühlte – von ihrem Manne nämlich.

Nachdem das erledigt war, unterzeichnete zuerst der Direktor und danach Dr. Bosany. So wurde am nächsten Tag, also Sonntag, den 17. November 1889, Frau Lydia Welti, die Tochter des Eisenbahnkönigs Dr. Alfred Escher, zur Nummer 3587 des Manicomio di Roma.

Ihr Gatte durfte zufrieden sein. Nachdem er sie dort hatte, wo er sie haben wollte, liess er sich freilich nicht lumpen. Er liess sie innerhalb des weitläufigen Komplexes der Heilanstalt in der sogenannten Casa Romana unterbringen. Das war der Trakt der Vornehmen, und so bezahlte er fünfhundert Lire monatlich für Pflege und Unterkunft. In dieser Beziehung durfte sich Lydia nicht beklagen; mehr als erste Klasse konnte ihr Gemahl nicht bieten. Dass er sich auch jetzt nicht sehen liess, verargte sie ihm kaum.

10. MACHENSCHAFTEN

Dr. Welti stand in dem Raum, den seine Frau eben noch bewohnt hatte. Lydia war von seinen Massnahmen so überrascht worden, dass sie keine Zeit gefunden hatte, das Zimmer zu räumen. Alles stand und lag herum, wie sie es verlassen hatte. Er schaute sich um, suchte nicht lange und hielt den Testamententwurf in der Hand, in dem Frau Welti-Escher für den Fall ihres Todes den Maler Karl Stauffer zum Universalerben ihres ganzen Vermögens einsetzte.

Welti überlegte. Hatte er nicht den Drohbrief an den Gesandten gelesen? Wusste er nicht von Cornelia Wagner, dass Stauffer auch gegen ihn selbst Morddrohungen ausgestossen hatte? Was sollte also das Testament? Hatte es nur den Zweck, Stauffer für eine ferne Zukunft abzusichern, oder – einem Gemeingefährlichen war das ja wohl zuzumuten! – rechnete er mit dem Ableben Lydias in naher Zukunft? Wenn er schon Emil umzubringen gedachte – warum dann nicht auch Lydia? Falls er es wirklich nur auf ihr Geld abgesehen hatte, was Welti anzunehmen geneigt war, so brauchte er es jetzt, nicht in fernen Jahren. Offenbar hatte sich Emil gerade noch zur rechten Zeit eingeschaltet; zwei, drei Tage später hätte Lydia das Testament mit ihrer Unterschrift versehen, und obschon es deswegen noch lange nicht rechtskräftig geworden wäre, da sie ja noch immer verheiratet und also keineswegs alleinige Herrin über ihren Besitz war, hätte ihr skrupelloser Verführer sie im Glauben an die Gültigkeit der Verschreibung vielleicht beseitigt.

Welti liess das Zimmer räumen und beglich die Rechnung. Dann ging er hinüber ins Atelier seines ehemaligen Schützlings. Er betrachtete den Speerwerfer, der mit nassen Tüchern umhüllt vergeblich auf seinen Vollender wartete. Er stellte keinen Wert mehr dar. Zum Glück lagerten im Belvoir etliche Bilder Stauffers, die sich als Pfänder und Entschädigungen für die Auslagen, die er verursacht, verwenden liessen. Es waren Kopien nach van Dyck und Velasquez und Porträts von Karls Mutter und der Schwester Sophie. Auch orientalische Impressionen waren dabei sowie Erstabzüge sämtlicher Radierungen, zudem das Ölbild von Gottfried Keller. Alles zusammen repräsentierte gewiss einen Wert von über zwanzigtausend Franken. Doch auch hier in Rom fanden sich recht interessante Dinge; vor allem stach Emil ein grosser gelbseidener Schal in die Augen. Er steckte ihn zu sich. Später schenkte er ihn seiner Schwester Mathilde.

In sein Hotel zurückgekehrt, richtete er in Ergänzung seiner Telegramme auch noch die briefliche Aufforderung an Eduard, endlich nach Rom zu kommen. Der Brief lautete:

«Lieber Stauffer, meine arme Frau, die sich gegenwärtig in einem hiesigen Krankenhaus befindet, wird morgen in einer Pflegeanstalt für Geisteskranke untergebracht werden, und zwar mit Rücksicht auf ärztliche Gutachten, welche die Frau als irrsinnig erklären. Dein Bruder wird ebenfalls interniert werden; erklären ihn die Ärzte ebenfalls für geistesgestört, so wird dieselbe Massnahme auch ihm gegenüber eintreten müssen. Bist Du und Deine Familie einverstanden, dass er in diesem Falle hier versorgt wird? Wenn ja, so sende die Ermächtigung Herrn Minister Bavier oder einer andern Person und berichte der Gesandtschaft auf jeden Fall, was Ihr zu tun beabsichtigt. Damit Du persönlich hier alle Verhältnisse ordnen könnest, habe ich Deine Anwesenheit in Rom für nötig erachtet. Mich haben die entsetzlichen Ereignisse so erschüttert, dass ich ausserstande bin, irgendwelche Anordnungen zu treffen. Das Unglück drückt mich jeden Tag mehr.»

Wieso hielt Welti den Verhafteten plötzlich wieder für irrsinnig, nachdem er ihn eben als Verbrecher hatte arretieren lassen? Stauffer hatte bei der Abreise aus Florenz sein Tagebuch liegen lassen. Welti behändigte es und zeigte es in Rom Bavier. Beide wussten also, dass sich des Malers Massstäbe verschoben hatten. Später behauptete Welti freilich, die Aufzeichnungen seien ihm erst Mitte Dezember in die Hände geraten. Er legte sie dem Direktor der römischen Irrenanstalt und einem gerade in Rom anwesenden Schweizer Alienisten vor; beide erklärten, Stauffer sei schwer geisteskrank und werde über kurz oder lang interniert werden müssen. Der Rückzug der Klage wäre die logische Folge davon gewesen, aber ein solcher Schritt unterblieb.

Ganz so untätig, wie er im Brief an Eduard vorgab, war Welti übrigens nicht. Auf der Gesandtschaft bedankte er sich für die andauernde Unterstützung, die ihm der Minister gewährte. Besonders aufmerksam war es von dem Bevollmächtigten der Schweiz, dass er die Einlieferung Lydias mit einem eigenhändigen Schreiben auf offiziellem Papier mit dem Briefkopf «Légation Suisse en Italie» tatkräftig unterstützte. Es war vom 15. November datiert und richtete sich an Herrn Vicenzo Tomasini, Aufsichtsrat des Irrenhauses und Senator des Königreichs. Es lautete:

«Erlauchtester Herr Senator! Infolge der Untersuchung, welche die Herren Prof. Fiordispini und Dr. Maxim Bosany über die Gesundheit der Frau Welti, meiner Mitbürgerin, durchgeführt und in Anbetracht dessen, dass diese berühmten Männer bei ihr systematisierten Wahnsinn festgestellt haben und weil die Dame nach Ansicht der Ärzte in einer Anstalt interniert werden muss, um geheilt zu werden, aber auch, damit ernsthafte Unannehmlichkeiten vermieden werden können, ersuche ich Euer Hochwohlgeboren im Namen des Ehegatten, des verdienten Herrn Dr. Welti aus Zürich, die Kranke im Irrenhaus aufzunehmen, und zwar erster Klasse in der Casa Romana. – In Erwartung einer raschen Antwort von seiten Euer Hochwohlgeboren verbleibe ich mit allergrösster Hochachtung. Ihr Bavier, Minister der Schweiz.»

Das Gesuch war nur eine Formsache. Es ging bei dem Senator nämlich erst am 22. November, also eine ganze Woche später, ein; Lydia dagegen genoss die Vorzüge der ersten Klasse bereits vom 17. November, das heisst vom gleichen Sonntag an, da Minister Bavier merkte, dass er vergessen hatte, dem Brief an den Senator eine Kopie des Antrages der beiden Ärzte beizulegen. Sobald er die Unterlassung feststellte, schickte er die Abschrift hinterher.

Was Dr. Welti vornehmlich schätzte, war, dass Bavier offensichtlich Verständnis für seine Lage hatte. Der Passus im Brief an den Senator, Lydia müsse nicht nur interniert werden, damit sie genese, sondern ebenso sehr, «damit ernsthafte Unannehmlichkeiten vermieden» würden, zeugte davon. Das war ja die Hauptsache: Die Affäre sollte nicht an die Öffentlichkeit dringen. Blieb Lydia in Freiheit, so war sie durchaus imstande, sich für ihren Geliebten einzusetzen, öffentlich Stellung gegen ihren Gatten zu beziehen und die Freunde Stauffers zu alarmieren. Das war nun glücklicherweise verhindert worden. Ins Gefängnis hatte man sie nicht stecken können noch wollen; so war die Internierung der einzig gangbare Weg gewesen. Und Dr. Welti wusste sich mit der überwältigenden Mehrzahl der Männer seiner Zeit einig darin, dass eine Frau, die Ehebruch beging, auf alle Fälle schuldig war und keinerlei Schonung verdiente.

Die wiederholten Aufforderungen Weltis brachten Eduard Stauffer schliesslich doch dazu, am 17. November 1889 nach Rom aufzubrechen. Der Zug fuhr an diesem Sonntagmorgen schon um sechs Uhr früh von Biel ab. Um die Mittagsstunde des Montags hielt er im Römer Hauptbahnhof. Am Kopfende des Bahnsteigs wartete Welti. Er teilte Eduard mit, er habe Karl verhaften lassen. Eduard antwortete: «Ich habe mir das gedacht. Was hättest du sonst tun können.» Danach erfuhr er, dass er um halb drei auf der Gesandtschaft erwartet wurde. Bis dahin speisten die beiden miteinander.

Es war ein seltsames Wiedersehen. Sollten sie sich wie Feinde oder wie Verbündete benehmen? Gefühlsmässig stand Eduard auf der Seite seines Bruders, obgleich er dessen Handlungsweise keineswegs billigte. Anderseits musste er mit Emil zusammenarbeiten, sollte überhaupt etwas erreicht werden. Sie wurden sich bald einig, dass sie eine gemeinsame Plattform besassen: Weder die Familie Welti noch die Familie Stauffer wünschte den Skandal. Diskretion lag in aller Interesse. Vertrauen war nötig; ohne Vertrauen und völlige Offenheit mussten alle Bemühungen, einen für beide Seiten annehmbaren Ausweg zu finden, scheitern. Deshalb liess Eduard Emil die vier Briefe lesen, die Karl und Lydia nach Biel geschickt hatten. Emil machte sich Notizen. Er sah die Drohungen, die ihm schon Cornelia übermittelt, bestätigt. Ein Frösteln überlief ihn, als er las, in Italien sei es keine Kunst, einen unbequemen Menschen auf die Seite zu schaffen. Wie gut hatte er daran getan, Stauffer gleich verhaften zu lassen! Er nahm auch zur Kenntnis, dass der Maler bereits über Lydias Vermögen verfügte, als ob es sein eigenes sei. Er fand es unverfroren, dass ihm und seinem bundesrätlichen Vater Abfindungssummen angeboten wurden. Bezeichnend schien ihm, dass Stauffer seinem Bruder und dessen Kompagnon eine hohe Provision versprach, wenn die Scheidung rasch bewerkstelligt werde. Er war erleichtert, als ihm Eduard mitteilte, auch der Bundesrat kenne alle diese Briefe.

Pünktlich um halb drei traten die beiden durch das Portal des

Hauses Via Piacenza 6. Minister Bavier empfing Eduard äusserst freundlich und führte sie in sein Arbeitszimmer. Eduard beeilte sich, die Verfehlungen, die sich sein Bruder habe zuschulden kommen lassen, zu verurteilen. Dann berichtete ihm auch Bavier, es sei leider nichts anderes übriggeblieben, als den Bruder des Herrn Fürsprech zu verhaften. Das sei übrigens mit aller Schonung geschehen. Auch Frau Welti sei versorgt, und zwar im Irrenhaus. Um ganz sicherzugehen, fragte Eduard nach dem Grunde. Bavier erwiderte, es habe keine andere Möglichkeit bestanden, das Paar zu trennen.

Um Karls Verhaftung zu rechtfertigen, führte der Gesandte die angebliche Unterschlagung von zehntausend – er korrigierte sich – von tausend Franken an. Wenn diese Anschuldigung stimmte, so stand – das wusste der Advokat – die Sache seines Bruders schlimm. Niedergeschlagen wollte er bereits das Gesandtschaftsgebäude verlassen, als sich der Minister erbot, ihm behufs eines Ausgleichs zu helfen. Eduard könne sich jederzeit an ihn wenden. Schliesslich vermittelte er ihm sogar eine Unterkunft: Der Advokat bezog im Hotel Du Midi an der Via delle Finanze Quartier. Dort setzte er sich am Abend hin und schrieb den ersten Rapport an die Seinen zuhause. Nachdem er die Ereignisse in der Gesandtschaft geschildert hatte, fuhr er fort: «Ich versuchte zu Karl zu gehen, wurde aber auf morgen nachmittag bestellt und werde erst morgen abend ausführlich berichten können. So bitter es ist, so sehe ich doch das einzige Heil darin, Karl für geisteskrank erklären lassen zu können. Ich war heute schon auf dem Untersuchungsrichteramt und bei dem Staatsanwalt, wobei mich der Attaché der Gesandtschaft begleitete.» Der Attaché war Edmond Rochette, der ihm, da er praktisch kein Italienisch sprach, als Dolmetscher diente. Bisher war es dem Fürsprech nicht aufgefallen, dass Minister Bavier zwar Emil, nicht aber ihn, Eduard, persönlich bei den massgeblichen Behörden eingeführt hatte. Er dachte noch nicht daran, dass es eben einen Unterschied machte, ob man Bundesratssohn oder bloss ein kleiner bernischer Advokat war; für den letzteren genügte der Attaché, da brauchte sich der Gesandte nicht selbst zu bemühen.

Eduard schrieb weiter: «Ich werde morgen zu einem der ersten Anwälte Roms gehen, um mich mit ihm zu beraten. Ohne Italienisch ist es etwas schwer auszukommen. Meinen Brief hat Karl nicht mehr erhalten; ich habe ihn auf der Post selbst abgeholt. Gesehen habe ich Rom nur durch eine dunkle Brille und könnte nicht sagen, wo ich heute überall durchgekommen bin. Ängstigt Euch nicht zu sehr; ich hoffe noch, die Sache zum Guten wenden zu können. Die Hauptsache ist, dass Karl mir nicht den Steckkopf macht. Wie lange die Sache gehen wird, kann ich natürlich nicht bestimmen. Acht Tage bin ich jedenfalls hier. Die Flucht und alles, Aufenthalt im Hotel etc. war möglichst dumm arrangiert, doch davon morgen. Ich will versuchen zu schlafen, damit ich beruhigt werde von den Aufregungen der Reise und des heutigen Nachmittags. Ich gehe morgen auch zu Klinger, heute konnte ich natürlich nicht. Adieu, lebt wohl und seid herzlich gegrüsst von Eurem unfreiwilligen Romreisenden.»

Der Morgen graute. Sein bleiches Licht fiel durch die knapp unter der Decke angebrachten Gitterfenster auf die neunzehn Häftlinge der Gemeinschaftszelle. Es war Dienstag, der 19. November. Karl Stauffer sass schon bald viermal vierundzwanzig Stunden im Kerker. Einmal war er verhört worden. Er hatte dabei erfahren, wessen er angeklagt war: der Unterschlagung von tausend Franken und des Betrugsversuches über viertausend Franken. Er erklärte dem Untersuchungsrichter wahrheitsgemäss, dass er nicht allein und von sich aus, sondern auf Veranlassung Lydias an Bonciani telegrafiert und geschrieben hatte. Frau Welti hatte mitunterzeichnet, denn das Geld, das als Anzahlung diente, gehörte ja ihr und nicht Stauffer. Auch über die angeblich veruntreuten tausend Franken gab er dem Beamten erschöpfend Auskunft, indem er die Auslagen für Ausflüge und Kunstgegenstände aufzählte. Was er sonst verbraucht hatte, stammte aus den weiteren tausend Franken, die ihm persönlich gehörten.

Insofern standen die Dinge nicht schlecht. Unangenehmer waren die übrigen Umstände. Wäsche zum Wechseln besass Stauffer nicht. Gefängniskleider wurden nicht ausgegeben. Seife und Rasierzeug fehlten. Am lästigsten war, dass man in denselben Kleidern schlief und wachte.

Der vierte Tag in Unfreiheit begann. Jetzt musste die Kunde von der Verhaftung längst überallhin gedrungen sein. Irgend jemand musste heute erscheinen, Max Mosse oder Bruder Eduard.

Selbst wenn keiner von beiden erschien, so hatte er alle Aussicht, noch vor Abend entlassen zu werden: Ein Abgesandter des Untersuchungsrichters hatte ihm die bevorstehende Freilassung angekündigt. Die Anschuldigungen Weltis waren also von den italienischen Behörden als nichtig erkannt worden.

Eigentlich hatte er Eduard oder Max schon gestern erwartet. Auch Klinger hätte sich melden dürfen, trotz dem unverständlichen Hinauswurf vor einer Woche. Er war schliesslich sein Freund. Und Lydia? Hatte sich Welti ihrer bemächtigt? Stauffer stellte sich vor, wie sie sich wehrte und ihm stolz die Schulter zeigte. Ja, es lohnte sich, für eine solche Frau zu leiden, selbst in diesem verfluchten Loch.

Der Vormittag verrann – nichts geschah. Von den Kirchtürmen schlug die Mittagsstunde. Das Essen wurde durch die Klappen gereicht, dann blieb alles wieder still auf den Gängen. Es musste um drei Uhr sein, als Schritte laut wurden. Die Tür kreischte. Ein Wärter rief Stauffers Namen. Die Stunde der Freiheit nahte! Überzeugt, dass alles auf bestem Wege sei, folgte Karl dem Beamten. Sie stiegen die vergitterte Eisentreppe hinab, traten in den schachtartigen Innenhof, tauchten in die Finsternis des schmalen Ganges – und dann sah Stauffer zum erstenmal seit vier Tagen wieder Blätter, Gräser, Gesträuch.

Im Sprechzimmer stand Eduard. Sie hatten früher gelegentlich Streit miteinander gehabt, Spannungen, wie sie sich zwischen Brüdern öfters ergeben. Dass Eduard nun doch gekommen, das rechnete ihm Karl hoch an. Er war trotz allem ein feiner Kerl. Der liebte ja gleichfalls ein Mädchen und wollte es nächstens heiraten, und wenn es nach Karls Meinung auch bloss eine Gans war, so würde Eduard zweifellos Verständnis zeigen dafür, dass er mit Lydia durchgebrannt war. Vielleicht trug er schon die ersten Unterlagen für die Scheidung bei sich.

Es hatte lange gedauert, bis Eduard die Erlaubnis erhielt, seinen Bruder zu besuchen. Er war von Pontius zu Pilatus gerannt. Am meisten hatten ihn die endlosen Wartezeiten aufgerieben. Er hatte tags zuvor und heute Dienstag vormittag Stunden damit verloren. Zwar stand ihm jetzt meistens der Gesandtschaftsattaché Rochette als Dolmetscher zur Seite, aber dessen Verhalten kam ihm je länger je seltsamer vor.

Heute früh war Eduard mit seinem Wirt, dem Besitzer des Hotels Du Midi, der sich ihm zuvorkommenderweise schon zu dieser ungewohnten Stunde als Übersetzer zur Verfügung gestellt hatte, zu einem der ersten Advokaten Roms gegangen. Der Hotelier hatte den Anwalt selber empfohlen. Er hiess Dr. Alberto Rossi, führte den Titel eines «Procuratore della Real Casa» und eines «Patrocinante in cassazione», hatte sein Büro an der Via Sciarra 54 und verwaltete das Privatvermögen des Königs und der Königin. Eduard trug ihm die Sachlage vor. Rossi versicherte, es unterliege keinem Zweifel, dass von einer Unterschlagung vonseiten Karls nicht die Rede sein könne. Über die tausend Franken habe Stauffer nach den Anweisungen Weltis zur Begleichung der laufenden Ausgaben verfügen dürfen. Es sei nie ausdrücklich gesagt worden, sie hätten nur und ausschliesslich zur Begleichung der Hotelrechnungen zu dienen. Der Freilassung stehe nichts im Wege. Die Verhaftung hätte nach italienischem Recht nicht stattfinden können; sie müsse auf die Intervention der schweizerischen Gesandtschaft erfolgt sein.

Mit diesem Bescheid begab sich Eduard zur Legation. Welti war schon dort. Eduard bat den Minister, ihm behilflich zu sein, damit er Karl im Gefängnis sprechen dürfe. Er äusserte, dass nach Rossis Ansicht keine Unterschlagung vorliege und die Haft somit ungerechtfertigt sei. Daraufhin erfuhr er, dass natürlich auch eine andersgeartete Klage eingereicht werden könne, falls die bereits erhobene nicht stichhaltig sei. Eduard wisse ja, dass Lydia für irrsinnig erklärt worden sei, und so liege es nahe, an Missbrauch einer Wehrlosen zu denken.

Eduard erschrak. Welti war offenbar zu allem entschlossen. Deshalb galt es, rasch zu handeln. Auf irgendeine Art musste er seinen Bruder dem Einflussbereich Emils entziehen. Darum wünschte er, sogleich zum Staatsanwalt und zu dem für Karl zuständigen Untersuchungsrichter geführt zu werden. Bavier befahl Rochette, ihn zu begleiten. Er betonte aber, dass die Gesandtschaft in keiner Weise in den Gang der Ereignisse eingreifen werde. – Was hatte sie wohl bisher getan?

Eduard sollte bald noch mehr erleben. Der Procuratore del Re, der öffentliche Ankläger, hatte gegen eine Unterredung mit dem Gefangenen nichts einzuwenden. Er kannte das Ergebnis der Einvernahme Karls im Kerker schon. Dennoch verwies er den Notar an den zuständigen Untersuchungsrichter. Und da geschah etwas, was Eduard stutzig machte. Attaché Rochette verhandelte mit dem Beamten nämlich meistens allein. Eduard musste im Vorzimmer warten. Es habe keinen Sinn, dass er der Unterredung beiwohne; er verstehe ja ohnehin nichts.

Eduard war überzeugt, auch der Untersuchungsrichter zweifle an der Stichhaltigkeit von Weltis Anklage. Dass der Richter bereits seinem Bruder ins Gefängnis hatte melden lassen, er werde gleichen Abends befreit, wusste Eduard zu diesem Zeitpunkt noch nicht.

Eduard wartete. Er gewann den Eindruck, hinter der verschlossenen Tür gehe etwas vor, was er nicht erfahren solle. Schliesslich bekam er den Untersuchungsrichter doch noch zu Gesicht. Der teilte ihm mit, er habe nichts gegen einen Besuch im Gefängnis, doch müsse das Zusammentreffen im Beisein eines Dritten erfolgen. Als solcher erbot sich auf Wunsch Eduards Edmond Rochette. Der Advokat sagte dem Richter, er halte seinen Bruder für verrückt, und er erwähnte, dass in seiner Familie Fälle von Irrsinn vorgekommen seien; so sei der Grossvater in geistiger Umnachtung gestorben, und der Vater habe sich in einem akuten Anfall von Irresein einmal das Leben nehmen wollen; auch sei er in der Heilanstalt verschieden. Darum verlangte Eduard, dass sein Bruder einer fachärztlichen Untersuchung unterzogen werde. War Karl verrückt, so waren die Strafbehörden keinen Tag länger zuständig. Sie mussten ihn als Unzurechnungsfähigen unverzüglich freilassen, so dass ihn Eduard zur Behandlung in die Heimat bringen konnte. Damit würde Karl weiteren Massnahmen Weltis entzogen.

Eduard verabschiedete sich. Auch jetzt sagte der Untersuchungsrichter kein Wort davon, dass die Freilassung Karls beschlossen gewesen sei. Rochette und der Fürsprech fuhren in die Carceri Nuovi. Vergeblich suchte Eduard aus dem Attaché herauszubringen, was dieser unter vier Augen mit dem Italiener gesprochen habe. Rochette schwieg beharrlich.

Als sie vor dem Portal des Zuchthauses hielten, war es drei Uhr. Rochette wies die vom Untersuchungsrichter ausgestellte Einlasskarte vor. Man führte sie ins Empfangszimmer. Was Eduard vom

Gefängnis zu sehen bekam, wirkte nicht übel. Man meldete, der Häftling werde gleich erscheinen; ein Besuch in der Zelle sei nicht gestattet. So bekam Eduard nie zu Gesicht, was sich jenseits der kleinen Eisentür befand.

Der Wärter öffnete die Tür zum Sprechzimmer und liess Karl Stauffer herein. Dieser sah sich zu seinem Erstaunen nicht nur seinem Bruder, sondern auch einem Manne gegenüber, den er von seinen früheren Besuchen bei Minister Bavier her sehr wohl kannte: dem Gesandtschaftsattaché Rochette. Der Attaché hatte ihn in Begleitung Baviers einige Male im Atelier aufgesucht. Was bedeutete seine Gegenwart? Vermutlich war sie ein Zeichen dafür, dass sich die Legation ernsthaft um seine Befreiung bemühte. Es war ein trostreiches Gefühl, auch im Ausland zu spüren, dass einen die Heimat nicht vergass. Und so sagte Karl gleich, es sei ihm mitgeteilt worden, er werde noch heute abend entlassen.

Merkwürdigerweise rief diese Mitteilung auf den Gesichtern seiner beiden Besucher nicht das freudige Leuchten hervor, das er erwartet hatte. Der Ausdruck Rochettes blieb steinern. Eduard dagegen war höchst überrascht, ging aber im Augenblick nicht darauf ein. Er überfiel Karl vielmehr mit Vorwürfen. Er schilderte, wie empört die Mutter sei, und gab zu verstehen, er schliesse sich ihrer Meinung an.

Stauffer stieg das Blut in den Kopf. War sein Bruder deshalb hergekommen? Statt die Scheidung Frau Weltis einzuleiten, erging er sich in moralisierenden Sentenzen! Er begehrte auf. Seine Handlungsweise sei durchaus richtig gewesen. Lydia sei von Rechts wegen seine Frau; er werde zu ihr stehen, wenn er auch lebenslänglich im Zuchthaus sitzen müsse. Nichts könne ihn davon abbringen, Lydia zu heiraten; sie habe ja selbst schon mit seinem, Stauffers, Namen unterzeichnet. Was übrigens mit ihr in der Zwischenzeit geschehen sei?

Eduard rapportierte, sie befinde sich in einem Irrenhaus. Mehrere Ärzte hätten festgestellt, dass sie der Pflege bedürfe. Er verhehlte nicht, dass ihm der Gesandte gestanden hatte, keine anderen Mittel als Verhaftung und Internierung hätten Lydia und Karl trennen können.

Zum Erstaunen Eduards war Karl nicht einmal besonders verwundert über diese Nachricht. Er behauptete, er habe derartiges erwartet, aber er werde niemals an die Krankheit seiner Geliebten glauben.

Eduard fuhr fort, er sei überzeugt, dass die Anklage wegen Unterschlagung nur ein Vorwand sei, damit Emil sich rächen könne. Der Advokat Rossi, den er heute morgen aufgesucht hatte, habe die Unhaltbarkeit der Beschuldigung bestätigt. Mit der baldigen Entlassung dürfe Karl also tatsächlich rechnen.

Die Unterhaltung wurde unerquicklich. Lag es daran, dass Rochette mit unbewegter Miene dabeisass? Karl war enttäuscht. Er hatte sich die erste Begegnung mit einem Menschen aus der Aussenwelt anders vorgestellt, zumal mit seinem Bruder. Der schien nur mit halbem Herzen dabeizusein. Irgend etwas schien ihn zu bedrücken. Es war, als ob er mit seinen eigentlichen Absichten hinterm Berge halte. Karl wurde gereizt. Er sagte seinem Bruder, schliesslich sei er ein berühmter Künstler, mit dem man nicht umspringen könne, wie man wolle. Und dann entwickelte er – er redete sich rasch in Feuer – Eduard die grossartigen Pläne, die er mit Lydia zusammen schon in Florenz gesponnen.

Eduard gewann den Eindruck, dass sein Bruder nicht im üblichen Sinne verrückt sei, wohl aber, dass er an Grössenwahn leide. Karl formulierte seine Gedanken klar; von Verwirrung oder gar Umnachtung war nichts zu spüren. Auch wie er über die Millionen Lydias disponierte, klang vernünftig; der Haken daran war bloss der, dass Karl sie nie zu Gesicht bekommen würde. Ob er Frau Welti wirklich liebte oder ob er sie nur dazu benutzen wollte, um sich die Finanzierung seiner überdimensionierten Ideen zu sichern, blieb dem Fürsprech unklar. Er neigte dazu, seinen Bruder für berechnend und bodenlos schlecht zu halten. So lenkte er von diesem Thema ab und fragte ihn, ob er irgend etwas brauche. Karl verneinte zunächst, da er nach wie vor überzeugt war, seine Entlassung stehe vor der Tür, fügte dann aber bei, frische Wäsche, Kleider und auch Bücher kämen ihm zustatten, falls wider Erwarten eine Verzögerung eintreten sollte.

Niedergeschlagen verliess Eduard das Gefängnis. Mit Karl war nichts anzufangen. Ständig ging ihm die Behauptung, der Bruder werde noch gleichen Abends in Freiheit gesetzt, durch den Kopf. Mit Rochette kaum wieder in die Gesandtschaft zurückgekehrt, erkundigte er sich, ob es wahr sei, dass Karl hätte freigelassen werden sollen. Bavier bestätigte, dass er davon gehört habe, und forderte den Attaché auf zu rapportieren, was er darüber wisse. Rochette gab zu, dass ihm der Untersuchungsrichter davon als von einer beschlossenen Sache Mitteilung gemacht habe. Da hatte er, der Vertreter der Gesandtschaft – und darum musste Eduard im Vorzimmer warten –, dem Richter dargelegt, wie verhängnisvoll die Entlassung eines so gefährlichen Menschen sein müsste. Um diese Behauptung zu untermauern, berichtete Rochette von dem Brief, den der Künstler kurz vor seiner Verhaftung an den Gesandten gerichtet und in dem er in Erinnerung gerufen hatte, welch guter Schütze er sei. Rochette vermied allerdings zu sagen, dass Stauffer ausdrücklich erwähnt hatte, er werde von seiner Schiesskunst nur dann Gebrauch machen, wenn man ihn und Lydia nicht in Ruhe lasse. Der Attaché verschwieg damit, dass sich der Maler also bloss das Recht auf Notwehr, wie er sie sah, vorbehalten hatte, eine Notwehr, die er freilich sehr weitherzig interpretierte. Die reibungslose Arretierung hatte denn auch mit aller Deutlichkeit gezeigt, dass es mit der Gefährlichkeit Stauffers keineswegs so weit her war. Im Augenblick der Verhaftung trug er keine Waffe auf sich, und nicht einmal im Hotel Aliberti hatte man eine solche gefunden. Rochette verteidigte sein Vorgehen damit, er habe nur an die Sicherheit seines Vorgesetzten und an diejenige des Herrn Welti gedacht, woraufhin letzterer dem Attaché bezeugte, er habe völlig richtig gehandelt.

Eduard fühlte sich hintergangen. Er empfand die Intervention beim Untersuchungsrichter als einen Dolchstoss. Noch mehr erstaunte ihn, dass der Gesandte seinen Gehilfen mit keinem Wort rügte. Er kam zum Schluss, dass er auf der Legation vor einer Mauer des stillen Einverständnisses stehe. Fühlte sich nicht auch der Vertreter der Eidgenossenschaft erleichtert, weil Stauffer nicht so bald in Freiheit gesetzt würde? Welti berichtete später, er jedenfalls habe alle Massregeln getroffen, um sich zu schützen. So gewann Eduard den Eindruck, dass ihm von der Gesandtschaft keine echte und aufrichtige Hilfe zuteil wurde. Darum nahm er sich vor, von jetzt an nur noch auf die Hilfe seines Anwalts zu zählen. Das Vorgehen der Legation dünkte ihn mehr als fragwürdig.

Eduard fürchtete Schlimmes. Die Gesandtschaft hatte jede weitere Intervention abgelehnt, nachdem sie offenbar eingesehen hatte, dass die durch ihre Vermittlung erfolgte Verhaftung unangenehme Weiterungen nach sich zog. Damit aber stellte sie sich eindeutig auf die Seite Weltis: Zu Beginn der Affäre hatte sie ihr ganzes Gewicht zu dessen Gunsten in die Waagschale geworfen; jetzt, da die Sache anfing, brenzlig zu werden, verweigerte sie entsprechende Massnahmen zugunsten Eduards. Und was Emil betraf, so war der Advokat überzeugt, dass er alles daransetze, Karl für lange ins Zuchthaus zu bringen. Er konnte sich des Gefühls nicht erwehren, dass sich Emil – den Eindruck hatte er schon früher gewonnen – Karl unterlegen fühle und dass er sich jetzt an ihm räche.

Im Hotel überlegte er, was zu tun sei. Je länger, je überzeugender setzte sich der Gedanke fest, er könne Karl am besten vor Welti schützen, wenn er ihn – entgegen seiner persönlichen Überzeugung – wie Lydia für geisteskrank erklären lasse. In Rom war das anscheinend leicht möglich. Warum sollte er nicht das gleiche tun wie die Gegenpartei?

Er setzte also ein Gesuch auf, das der Hotelier nicht nur ins Italienische übertrug, sondern sogar eigenhändig schrieb, so dass Eduard bloss zu unterzeichnen brauchte. Es war an den Römer Staatsanwalt gerichtet und lautete:

«Da ich wünsche, in der Sache meines inhaftierten Bruders Karl Stauffer neue Schritte zu unternehmen, um mir Klarheit über seinen Geisteszustand zu verschaffen, bitte ich Sie inständig, dass derselbe noch zurückgehalten werde. Ich ersuche Sie, mir so rasch wie möglich Audienz zu gewähren, und zwar noch bevor der Häftling auf freien Fuss gesetzt wird. Ich bitte Sie daher, mir mitzuteilen, wann ich bei Ihnen vorsprechen darf. Auf alle Fälle werde ich mir die Freiheit nehmen, mich morgen früh, den 20. November 1889, auf Ihrem Büro einzufinden, um Ihre freundliche Antwort entgegenzunehmen.»

Eduards Überlegung war die folgende: Wurde Karl sogleich freigelassen, so bestand die Gefahr, dass er eine Unüberlegtheit beging, die Welti erneut einen Vorwand lieferte, gegen ihn vorzugehen. Dass sein Bruder Emil oder Bavier an Leib und Leben gefährden werde, glaubte Eduard nicht, denn Karl hatte im Gefängnis keinerlei Drohungen ausgestossen. Wurde er für geisteskrank erklärt, so war es möglich, ihn aus der Gefahrenzone zu entfernen; falls Emil eine neue Klage formulierte, musste sie bei einem Unzurechnungsfähigen von vornherein gegenstandslos sein.

Am nächsten Morgen – es war Mittwoch – meldete sich Eduard schon in aller Frühe bei seinem Rechtsbeistand Rossi und weihte ihn in den Plan ein. Rossi zögerte nicht und suchte sogleich den Staatsanwalt auf. Doch seltsam: Der Procuratore war nicht aufzufinden. War das Zufall, oder gehörte es zu einer neuen Strategie? Liess sich der Staatsanwalt verleugnen? Schliesslich war Rossi nicht irgend jemand, sondern der Sachwalter des Königs. Die Bitte um Audienz an diesem Morgen hatte der Procuratore – darüber bestand kein Zweifel – erhalten. Schützte er andere Geschäfte vor, um Eduard oder seinem illustren Rechtsbeistand nicht unter die Augen treten zu müssen? Rossi wusste es nicht. Dafür erfuhr er, dass bei der Anklagebehörde bereits eine weitere Klage Weltis eingegangen war. Sie veränderte die Rechtslage grundlegend. Sie war so ungeheuerlich, dass Rossi sie kaum glauben wollte. Sie lautete auf Notzucht: Karl Stauffer habe eine Irrsinnige vergewaltigt und gegen ihren Willen aus Florenz entführt.

Das Ding war schlau eingefädelt. Offensichtlich hatte Welti eingesehen, dass er mit der angeblichen Unterschlagung nicht durchkam. Stauffer drohte ihm also zu entwischen; ausserdem fürchtete er noch immer, von ihm tätlich angegriffen zu werden. Die neue Klage hatte auf alle Fälle aufschiebende Wirkung. Der Gefangene blieb mindestens bis zur Abklärung des Tatbestandes in Haft. Das Schlaueste aber war, dass mit der Formulierung «Vergewaltigung einer Geisteskranken» nicht nur ein äusserst schweres Verbrechen ins Spiel gebracht wurde, sondern dass die Sache nach Florenz überwiesen werden musste. Dort und nicht in Rom hatte sich das Delikt ereignet. So war es möglich, den Römer Instanzen, die Stauffer bisher nicht unfreundlich und vor allem objektiv gegenübergestanden hatten, den Fall zu entziehen. Ferner wurde die Prozedur in die Länge gezogen. Die neue Anklage traf also zwei Fliegen auf einen Schlag. Schliesslich musste sie Stauffer in den Augen der Öffentlichkeit noch stärker herabsetzen, und Welti erschien um so eher als Opfer. Stauffer war zum Wüstling gestempelt.

Weiter erfuhr Rossi, dass sich die römischen Behörden bereits als nicht mehr zuständig erklärten und beabsichtigten, den Fall tatsächlich nach Florenz zu überweisen. Diese Eile war verdächtig. Als Anwalt über den üblichen schleppenden Gang der italienischen Verfahren genauestens informiert, konnte er nicht glauben, dass ein so rasches Vorgehen – die Wendung hatte sich mit allen juristischen Konsequenzen binnen eines halben Tages vollzogen – ohne massive Nachhilfe erfolgt war. Wer hatte den sonst so schwerfälligen Apparat derart in Schwung gebracht? Die Antwort lag auf der Hand.

Eduard war konsterniert. Am Abend schrieb er nach Biel: «Ich halte auch hier dafür, dass diese Klage nicht haltbar ist, erstens weil es fraglich ist, ob Frau Welti wirklich irrsinnig ist, und zweitens deswegen, weil Welti nicht wird beweisen können, dass Frau Welti, als Karl sie entführte, irrsinnig war. Diese Klage ist natürlich ungleich schwerer als diejenige auf Unterschlagung und erfordert meine persönliche Anwesenheit, so dass ich vor Montag oder Dienstag kaum zurück sein kann. Meine Stellung hier ist eine ungemein schwierige. Ich will Karl in keiner Weise Vorschub leisten; auf der anderen Seite kann ich aber unmöglich dulden, dass Welti mit ihm anfängt, was er will.»

Schon tagsüber hatte er die Macht des Bundesratssohnes zu spüren bekommen. Sein Gesuch um Begutachtung des Geisteszustandes von Karl war noch dringender geworden. Wurde ihm nicht bald entsprochen, so war das Ende des Verfahrens nicht abzusehen. Aber auf dem Untersuchungsrichteramt hiess es mit eins, ein solches Begehren sei nicht zulässig. Bei Frau Welti handle es sich um eine ganz andere Sache. Auch diese Instanz sprach schon davon, die Anklage werde vermutlich nach Florenz gewiesen, da das Forum delicti commissi dort sei. Jetzt gab es nur noch einen Ausweg: die provisorische Freilassung ohne ärztliches Gutachten. Auch dafür bot Rossi unverzüglich Hand. Er reichte ein entsprechendes Gesuch ein. Die Behörde liess aber sogleich durchblicken, dass die Chancen sehr gering seien – die Oberbehörde, Camera di Consiglio, müsse sich auf Antrag des Staatsanwaltes über die Zuständigkeit des Gerichtes und über das Gesuch um provisorische Freilassung aussprechen.

Eduard hatte das Gefühl, plötzlich überall auf grosse Voreingenommenheit zu stossen; der Gedanke liess sich nicht vertreiben, die andere Seite arbeite mit Hochdruck gegen seinen Bruder. In dieses Bild passte, dass Eduard, obschon er die Dienste der schweizerischen Gesandtschaft als keinerlei Erfolg versprechend nicht mehr in Anspruch nahm, von Minister Bavier gleichwohl nochmals zum Essen eingeladen wurde. Er empfand diese Geste als eine Tarnung dessen, was hinter seinem Rücken geschah. Er nahm die Einladung an, da er hoffte, doch noch hinter die Kulissen blicken zu können, und verabschiedete sich danach von dem Gesandten mit höflichem Dank für die frühere Hilfe. Für etwas anderes dankte er nicht. Auf eine Beschwerde verzichtete er, weil er keine schlüssigen Beweise für die Mittäterschaft der schweizerischen Interessenvertretung besass und weil er fürchtete, man werde Verdachtsäusserungen als Verleumdung auslegen und womöglich auch gegen ihn vorgehen.

Alberto Rossi, der Sachwalter des Königshauses, tröstete Eduard mit einem freundlichen Handschreiben in französischer Sprache, das aber nicht mehr enthielt als die Zusage, dass Rossi am folgenden Tag nochmals versuchen wolle, den Staatsanwalt zu sprechen. Er machte kein Hehl daraus, wie wenig Aussicht auf provisorische Freilassung bestand. Die Mitgefühl andeutenden Schlussworte täuschten nicht darüber hinweg, dass selbst der so hochgestellte römische Rechtswahrer vor einer stärkeren Macht kapitulieren musste.

Freitag, den 22. November 1889, händigte um drei Uhr nachmittags der Bieler Postbote Frau Stauffer den Brief aus, den Eduard zwei Tage zuvor im Hotel geschrieben hatte. Beim Durchlesen begannen ihre Hände zu zittern. Den ganzen Nachmittag über blieb sie bedrückt. Schliesslich setzte sie sich hin und griff zur Feder. Sie wusste aus Erfahrung, dass die Spannung nachliess, wenn sie aufgewühlte Gefühle und bohrende Gedanken zu Papier brachte. Sie schrieb:

«Mein lieber Eduard. Ich verwundere mich nur, dass Du noch zu schreiben vermagst, nach allem, was Du sonst durchzumachen hast. Ich fürchte nur, Du reibest Dich auch noch ganz auf. Es ist recht, dass Du mit nichts zurückhältst; wir sind ja doch dazu bestimmt, den Becher des Schmerzes bis auf die Hefe leeren zu müssen. Diesen Abend um drei erhielt ich Deinen zweiten Brief, der mich ganz elend machte. Mir kommen die Behauptungen Karls ganz verrückt vor, aber gerade solche Leute, die fixe Ideen haben, haben einen äusserst scharfen Verstand in gewissen Sachen. Karl hat so eine Art Manie. Ich hatte stets eine heimliche Angst, er mache uns noch einmal einen tollen Streich, und sah schon lange eine schwarze Wolke über mir schweben, die nun endlich so verheerend über uns einbricht. – Mich dünkt, Herr Welti widerspreche sich, wenn er einmal telegrafierte: ‚Karl zweifelsohne irrsinnig', und er nun doch gegen ihn losgeht wie gegen einen Menschen, der in ganz vernünftiger Stimmung so etwas macht. Ich begreife schon, dass er rachedurstig ist, aber edel ist es gegen uns nicht gehandelt, die wir uns ja dessen nicht vermögen. Er weiss, dass ich eine arme Witwe bin, die nicht vermag zu prozessieren und welcher ohnedies durch diesen Fall das wenige, was sie hat, ihr guter Name, hart mitgenommen wird. Auch dass Karl noch mit Dir gezankt hat, anstatt Dir für Dein Kommen zu danken und Dich um Verzeihung zu bitten für alles Elend, das er über uns gebracht, lässt mich die gleiche Manie erkennen, die Papa in seinen aufgeregten Zeiten kundgab, wo er gar nichts neben sich sah und blindlings vorwärtsdrängte...

Ich fühle mit Dir, wie schwer es auf Dich fällt, dass Herr Welti nun so feindselige Haltung gegen Karl einnimmt, und dass die Gesandtschaft ihre Einmischung versagt hat, fällt mir auf. Ich hätte geglaubt, es wäre doch an ihnen, zu untersuchen, ob einer in Wirklichkeit geisteskrank sei. – Ich hoffe, Herr Klinger werde Dich nicht ganz im Stiche lassen und sich Deiner annehmen in bezug auf das Atelier und die dortigen Gegenstände.»

Später erfuhr sie, dass sich Klinger ganz zurückzog und nichts mehr mit irgend jemandem, der den Namen Stauffer trug, zu tun haben wollte. – Sie schloss den Brief mit der Frage nach Karls Reisegepäck, ob es wohl noch immer in Florenz liege, und danach, ob sie sogleich Karls Bankguthaben abheben solle, bevor es möglicherweise seiner Verhaftung wegen gesperrt werde.

Eduard war blockiert. Er musste auf den Entscheid der Camera di Consiglio warten. Bis dahin besuchte er den Bruder noch zweimal. Der sprach dauernd von seinem Werk. Er bat Eduard, sich um den Speerwerfer zu kümmern. Welti gegenüber empfand er Bitterkeit, weil ihn dieser an der Vollendung des für ihn so wichtigen Werkes hinderte. Die neue Anklage berührte ihn kaum; er war nach wie vor der festen Meinung, es sei nur eine Frage von Tagen, bis auch diese absurde Behauptung entkräftet sei. Dann würde er sich sogleich wieder der Statue widmen. So sehr beschäftigte ihn die nahe Zukunft, dass er vergass, sich über die üblen Umstände der Haft zu beklagen, und Eduard seinerseits bekam auch jetzt nur die hellen Räumlichkeiten des Gefängnisses zu Gesicht, so dass er den Eindruck gewann, es sei alles in Ordnung.

Da er bald wieder frei sein würde, wollte Karl, dass ihm Wohnung und Atelier erhalten blieben. Eduard kam für die Mieten auf. Fürs Logis waren bis Ende November fast zweihundertfünfzig und fürs Atelier dreihundert Lire zu zahlen. Auch das Modell und die Portiersleute verlangten Geld. Dazu kam der Vorschuss für den Anwalt, der sich des Häftlings in Florenz annehmen sollte. Die römische Staatsanwaltschaft hatte das Gesuch um provisorische Entlassung nämlich endgültig abgewiesen. Rom sei für die zweite Klage – Vergewaltigung und Entführung einer Irrsinnigen – nicht zuständig; das Verfahren übernähmen die Florentiner Gerichte.

Um nicht in Geldnot zu geraten, schrieb Eduard Dienstag, den 26. November, der Mutter in die Heimat, er brauche zu den tausend Franken, die er mitgenommen, nochmals mindestens fünfhundert, die sie ihm ohne Aufschub schicken solle. Er berichtete, vom juristischen Standpunkt aus sei ihm für Karl nicht bange, aber die genaue Untersuchung seines Geisteszustandes werde erst in Florenz stattfinden, da die hiesigen Gerichte nicht darauf eintreten wollten. Welti mache einen sehr deprimierten Eindruck; sie sähen einander nur wenig, und ihre Wege gingen, seit er die neue Klage gegen Karl erhoben, auseinander.

«Ich habe ihn dazu veranlassen wollen, seine Klagen zurückzuziehen. Er hat es auch tun wollen, hat aber von mir eine Garantie verlangt für das Verhalten Karls. Diese Garantie kann ich nun schlechterdings nicht geben, denn wie wollte ich auch garantieren können für jemand anderes als für mich!»

Bei einer der letzten Zusammenkünfte hatte sich Emil tatsächlich auf Verlangen bereit erklärt, Karl strafrechtlich nicht weiter zu verfolgen, so dass er in Freiheit gesetzt werden könne. Aber er hatte gleich angefügt, er fürchte sich vor dem Maler; er nehme dessen Drohungen durchaus ernst. Eduard wusste nicht, was er davon halten sollte. War es echte Angst, oder schob Emil die Forderung nach einer Garantie vor, weil er genau wusste, dass Eduard unmöglich für seinen Bruder gutstehen konnte? Dann wäre das ganze Manöver nur eine Finte gewesen; Emil konnte sich in Zukunft darauf berufen, zu einer ehrenvollen Lösung Hand geboten zu haben, obschon er vielleicht nie im Ernst dazu bereit gewesen war.

Voller Zweifel, Ungewissheit und Sorge ging der Fürsprech ein letztes Mal in die Carceri Nuovi. In einem Koffer brachte er dem Gefangenen Kleider, Wäsche, etwas Geld und auf dringenden Wunsch auch ein paar Bücher. Karl hatte neben Grimms Märchen vor allem Goethes Gespräche mit Eckermann verlangt, die er in einer handlichen Kleinausgabe besass. Seit er wusste, dass sein Prozess den Florentiner Instanzen übergeben war, stellte er sich auf längere Haftdauer ein. Es war erstaunlich, wie gefasst er es trug. Ausser einigen bitteren Worten kein Zeichen der Auflehnung, kein Ausbruch von Zorn oder Wut; es schien, als betrachte er die Haft als eine Bereicherung seines Erfahrungsschatzes, als eine Zeit der Reifung. Einzig das Werk, das im Atelier litt und zerfiel, lastete ihm auf der Seele; immer wieder legte er seine Pflege Eduard ans Herz, aber er wusste, dass nichts die Hand des Fachmanns ersetzen konnte.

Karl erfuhr von Eduard, dass dieser in ein oder zwei Tagen nach Florenz reisen werde, um mit dem dortigen Anwalt alles Nötige zu regeln. Es sollte der Advokat Giovanni Rosadi sein, der am Lungarno degli Archibusieri 4 wohnte. Eduard hatte sich bereits telegrafisch mit ihm in Verbindung gesetzt, und der Römer Rechtswahrer Rossi wollte ihn über das bisher Vorgefallene genauestens ins Bild setzen und ihm die Unterlagen zuschicken. So war dafür gesorgt, dass Karl, einmal in der Arnostadt, nicht ohne Beistand blieb.

Wie Eduard sich verabschieden wollte, kam es zu einem unerwarteten Auftritt. Karl trug dem Bruder auf, die Seinen herzlich grüssen zu lassen, flehte ihn aber an, er solle zuhause nicht die ganze Wahrheit sagen. Nicht die ganze Wahrheit? Was meinte er damit? Nachdenklich verliess Eduard das Besuchszimmer. Vielleicht – so dünkte es ihn – war Karl im Begriff, die Tragweite seines Handelns zu erkennen. Vielleicht dämmerte ihm, dass er doch nicht so ganz unschuldig war, wie er bis anhin geglaubt hatte. Vielleicht stieg ihm auf, von aussen gesehen könne sein Verhalten durchaus als ein Versuch gewertet werden, auf unredliche Weise in den Besitz von Lydias Vermögen zu gelangen. Eduard war sich nicht schlüssig, was er glauben sollte, und Karl hatte sich trotz seinen Fragen nicht weiter geäussert, aber wenn es so war, wenn der Bruder wirklich in sich ging, so durfte man wieder hoffen. Dann war die ganze Affäre, die ganze Aufregung nicht umsonst, nicht sinnlos gewesen.

Als der Fürsprech in sein Hotel trat, war Welti da. Je mehr sich Eduard in den letzten Tagen von Emil zurückgezogen hatte, um so häufiger suchte der ihn jetzt auf. Was wollte er noch? Hatte er nicht sein Ziel erreicht? War nicht alles nach seinem Willen verlaufen? Oder trieb ihn das schlechte Gewissen? Nach einigen belanglosen Worten entschuldigte sich der Fürsprech und stieg in sein Zimmer hinauf. Es war das letztemal, dass sie einander in Rom sahen.

Von merkwürdiger Unruhe getrieben, blieb Welti auch nach der Abreise Eduards in Rom. Ja, er hatte sein Ziel erreicht: Seine Frau war von Stauffer getrennt und sass in sicherem Gewahrsam im Irrenhaus. Besucht hatte er sie nicht. Stauffer wartete auf seinen Transport nach Florenz. Für Wochen würde er vor ihm Ruhe haben. Also hätte er in die Schweiz zurückkehren können. Allein er blieb, bis ihm gemeldet wurde, Karl befinde sich im Gefängnis in der Arnostadt. Auffallend war nur, dass jetzt sämtliche Geschäfte zuhause lange Zeit ruhen konnten, während sie ihn Anfang des Monats so dringend zurückgerufen.

Einen knappen Monat nach ihrer Einlieferung besuchte er Lydia endlich im Manicomio. Eine unmittelbare Folge hatte das Zusammentreffen nicht. Lydia blieb auf unbestimmte Zeit interniert. Höchstwahrscheinlich legte ihr Emil das Tagebuch Stauffers vor, besonders die Stelle, da der Künstler von ihr sagte: «Ich habe sie heute morgen instinktiv mit Eindrücken besoffen gemacht, damit ihr Naturell absolut zum Vorschein komme.» Lieferte das nicht den Beweis, dass Stauffer die Frau mit allen Mitteln gefügig und seelisch widerstandslos gemacht hatte? Jedenfalls musste der Satz Frau Welti ernüchtern.

Emil übergab das Buch und einige andere Schriftstücke Karls dem Untersuchungsrichter. Danach tat er etwas Überraschendes. Er bat nämlich nun seinerseits, der Häftling möge psychiatrisch untersucht werden. Der Richter antwortete, eine solche Untersuchung sei bereits von der Familie Stauffer verlangt worden; diesem Begehren werde man in Florenz entsprechen; die ihm von Welti übergebenen Papiere wolle er sogleich seinem dortigen Kollegen zuschicken.

Der Kläger hatte also anscheinend seine Ansicht gewechselt. Er hielt den so schwer Beschuldigten nicht mehr für einen Verbrecher, sondern für einen Kranken oder wollte ihn als einen solchen behandelt haben. Als Jurist wusste er, dass damit jede rechtliche Handhabe für die Fortdauer der Haft dahinfiel. Nach festgestellter Krankheit musste der Gefangene entlassen und dafür in einer Heilanstalt untergebracht werden. Es war möglich, dass das Florentiner Gericht zum Schluss kam, die Klage auf Missbrauch einer Irrsinnigen sei falsch; dann wurde Stauffer unverzüglich in Freiheit gesetzt. Wurde indessen Geisteskrankheit konstatiert, so konnte es sehr lange dauern bis zur Heilung. Irrenhausmauern waren bekanntlich unübersteiglicher als Gefängnismauern.

In den Carceri Nuovi flossen die Tage zwar immer noch zäh, aber doch etwas schneller dahin, seit Stauffer die Bücher hatte. Papier zum Schreiben wurde ihm aus unerfindlichen Gründen verweigert. Er besass bloss einen Bleistift, und mit dem fing er an, auf die Ränder der Bücher Verse zu kritzeln. Sie flossen ihm ohne Mühe zu, und oft kamen sie leichter aus dem Italienischen als aus dem Deutschen.

Seit er wusste, dass man ihm in Florenz den Prozess machen wollte, war er darauf gefasst, dass es langwierig und bitter sein werde. Dass er, der berühmte Karl Stauffer, jemanden um tausend Franken beschwindelt haben sollte, war ein hässlicher Spass, nicht ernstzunehmen. Die Behauptung aber, er habe eine Geisteskranke vergewaltigt, musste Folgen haben, nicht nur für ihn, sondern auch für den Verleumder. Eine falsche Anklage verpflichtete den Kläger zu Schadenersatz, und den wollte Stauffer mit Zins und Zinseszinsen eintreiben. Wenn man ihm so mitspielte, so würde er auch Welti mitzuspielen wissen. Er war überzeugt, dass er in Florenz – fern von der schweizerischen Gesandtschaft – unbeeinflusste Richter finden werde. Und so ertappte er sich dabei, dass er sich auf die Überführung nach Florenz geradezu freute.

Sie erfolgte Montag, den 2. Dezember. Vor dem Gefängnisportal bestieg er den vergitterten Wagen. Die Leute, die hier wohnten, waren an Transporte gewöhnt und wandten sich kaum um. Anders die Gaffer am Bahnhof. Sie bildeten Spalier, als die Sträflinge wie Schlachtvieh am Strick durch die Vorhalle geschleppt wurden. Wie Stauffer diese Neugier hasste! Mochte sie die Pest holen, die Gottverfluchten! Wäre er nicht gefesselt gewesen, er wäre ihnen an die Gurgel gefahren, und sie hätten es auf ihren Mäulern klatschen hören wie den Schirokkoregen auf dem Pflaster des Corso.

Er hoffte, noch mit dem Nachtzug fortzukommen, doch kam der Trupp nur ins Transit. Da sammelte man die Gefangenen und teilte sie ein für die einzelnen Routen. Es war ein schwarzer Steinkäfig, das Schrecklichste, was er bisher gesehen. Weder Sonne noch Mond fanden Einlass. Hoch oben war etwas wie ein Fenster, eine kaum handbreite Luftspalte. Es war so finster, dass Stauffer zunächst nichts unterschied. Dann machte er links und rechts zwei niedrige Pritschen von Stein aus, auf denen man nicht schlafen, bloss sitzen und die Nacht abwarten konnte.

Im Augenblick waren sie nur zu zweit. Doch bald merkte er, dass er sich getäuscht hatte: Herr des Himmels, es wimmelte vom kleinen Volk der römischen Flöhe! Alsbald begann der Kampf gegen sie. Aber er war aussichtslos. Auch ihretwegen würde von Schlaf keine Rede sein. Er hatte gut daran getan, die schlechtesten Kleider anzuziehen. Dann ging die Tür, und in den engen Raum wurden dreiundzwanzig Strolche, Diebe, Mörder und Raubgesindel jeder Art, hereingepfercht, denn die Gefangenenwagen wurden den Zügen erst angehängt, wenn sie gefüllt werden konnten.

Die Gemeinschaftszelle in den Carceri Nuovi war im Vergleich zu diesem Loch ein Paradies gewesen.

In der langen Nacht dachte er an das, was ihm der Bruder beim Abschied noch gesagt: Eduard hatte den Untersuchungsrichter gebeten, Karl in anständiger Weise von Rom nach Florenz bringen zu lassen; er hatte sich sogar erboten, die Kosten für einen menschenwürdigen Transport zu bezahlen. Das hier war nun das Ergebnis der Bemühungen! Später sollte Stauffer hören, die Klagen über seine Behandlung seien völlig grundlos gewesen; er sei genauso behandelt worden wie jeder andere Gefangene auch... Das jedenfalls war die Ansicht Weltis und Baviers. Eduard dagegen wusste, dass Welti seinen Bruder überall als gefährliches Subjekt geschildert hatte, und er schloss daraus, die entwürdigende Behandlung auf dem Transport habe zwar nicht auf Emils und der Gesandtschaft ausdrückliches Verlangen stattgefunden, aber weder der Kläger noch der Gesandte hatten einen Finger gerührt, um sie zu verhindern und Stauffer von den gewöhnlichen Verbrechern zu trennen. Bavier nahm sich seines Landsmanns in keiner Weise an, in den Carceri Nuovi nicht, noch auf dem Transport, noch später in Florenz.

Stauffer schloss die ganze Nacht kein Auge. Gegen Morgen drehte sich sein Nachbar gähnend nach ihm um und fragte: «Wieviel hast du gefasst?» Karl antwortete: «Vorderhand nichts.» Er sei noch nicht abgeurteilt. Und er stellte die Gegenfrage, wieviel man seinem Zellengenossen aufgebrummt habe. Die Auskunft lautete: zwanzig Jahre Galeere. Er habe seine Mutter «ein wenig» umgebracht. Mit solchen Leuten stellte man Stauffer nun auf eine Stufe. Doch noch jetzt regte sich die Anteilnahme für den Mitmenschen in ihm, jenes Mitgefühl, das man ihm selbst verweigerte. Er wollte nicht glauben, dass der jugendliche Mörder von Grund auf schlecht sei, und so fragte er ihn, warum er die Tat begangen habe. Die Antwort kam prompt und ohne das geringste Bedauern: «Sie rückte nicht mit ihrem Geld heraus. Sie war eine üble Hexe. Und darum habe ich sie getötet.»

Stauffer fröstelte. Mit diesem kaltblütigen Mörder hatte er die Nacht verbracht – Seite an Seite!

Er hoffte, der Andrang auf dem Bahnhof werde noch nicht allzu stark sein, wenn die Fahrt nach Florenz begann. Auch darin sollte er sich täuschen. Verhältnismässig spät erst ging die Tür auf. Ein Gendarm rief, die zwei für Florenz sollten heraustreten. «Die Hände her!» Wie am Tage zuvor schlossen sich die Handschellen um die Gelenke. Sie taten den Pfoten, wie Stauffer seine Hände nach dieser schmutzigen Nacht nannte, nicht besonders gut.

Er biss die Zähne zusammen und dachte an Christus, dem es noch schlimmer ergangen. Dann stapfte er mit sieben anderen an einer Kette, je zu zweien, den ganzen Bahnhof lang bis zu dem Wagen mit achtzehn finstern, wohlverschlossenen Zellen.

Indessen ging auch dieser Kelch vorüber. Die Fahrt war weniger schlimm als befürchtet. Da das Fensterchen etwas offen stand, vermochte er, wenn er sich auf die Zehen stellte, einen Blick auf die Campagna zu erhaschen, auf dieses gesegnete Stück Erde, das er bereits als sein neues Vaterland empfand, weil hier die Wiege aller schönen Künste stand.

Übrigens gab sich die Wachmannschaft menschlich. Der Brigadiere behandelte Stauffer auf der ganzen langen vierzehnstündigen Fahrt anständig.

Schliesslich schob sich das verrusste Gestänge der Florentiner Bahnhofshalle vor Stauffers schmales Gesichtsfeld. Es war schon Nacht. Das war von Vorteil. Die schlechtbeleuchtete Halle schützte weitgehend vor den Blicken der Neugierigen. Wieder formierte sich der Zug paarweise an der Kette. Wie anders war es ihm zumute gewesen, als er das letztemal, vor gut drei Wochen, in diesem Bahnhof gestanden! Damals schien eine goldene Zukunft vor ihm zu liegen, und neben ihm stand Lydia.

Auf dem Platze draussen scharrten die Pferde vor dem Gefängniswagen. Die Peitsche knallte, und los ging's durch Florenz am Dom vorbei zu den Carceri Muratte an der Strasse gleichen Namens. Es war ein schweres, massiges Gebäude im üblichen Renaissancestil der Stadt. Die Aussenmauern mit behauenen Quadern in der Art des Palazzo Pitti strömten sogar einen Hauch von Würde aus. Das Innere war besser als in Rom. Zwar erlaubte das schwere, eisenbeschlagene, zweiflüglige Tor kein Entweichen; auch hier ging nur hinaus, wen man hinauslassen wollte. Doch Treppen und Gänge waren sauberer, heller; vor allem aber sperrte man Stauffer nicht mehr in eine Gemeinschaftszelle. Endlich hatte er wieder vier Wände für sich allein. Der schmale Raum lag nach Südwesten, denn am Morgen erkannte er, dass er die Kirche Sta. Croce und den Dom im Fensterviereck hatte. Das war ein Trost. Er träumte sich in jene Räume hin und betete:

O Herr, lass ohne Bangen
mich still ertragen, was du hast verhangen.
Du weisst es besser, was dem Menschen frommt
und was ihm gut und was ihm schlecht bekommt.
Es möge mir geschehn nach deinem Willen;

du hast mein Leid gesehn und wirst es stillen,
du wandelst droben in der Ewigkeit,
und aller Welten Kraft und Herrlichkeit
webt wunderbar dein zauberhaftes Kleid,
und überall geschieht dein starker Wille.

Mittwoch, 4. Dezember 1889. Das Wetter war für die Jahreszeit hell und mild. Der erste volle Tag in Florenz! Wenn Stauffer sich an den Eisen emporzog, so vermochte er in den geräumigen Innenhof zu spähen, in dem sich die Gefangenen einmal des Tages die Füsse vertraten. Er hoffte, auch bald in den Genuss dieses Vorrechts zu gelangen. Gegenüber und in die Seitenflügel waren die Zellenfenster seiner Leidensgenossen eingelassen, alle vergittert wie seins. Manchmal krallten sich auch dort Hände um die Stäbe, ein Gesicht mit sehnsüchtigen Augen oder verbissen-trotzigen Zügen schwankte ein paar Augenblicke hin und her und sank dann wieder erschöpft unter die Sichtlinie zurück.

Gegen Abend bekam Stauffer Besuch. Der Advokat Giovanni Rosadi stellte sich vor. Er sprach nur Italienisch, was freilich kein Hindernis war. Nur, wie hatte er sich mit Eduard verständigt? Bis wann hatte sich der Bruder in Florenz aufgehalten?

Rosadi erstattete Bericht. Er hatte im Kontor einen deutschen Gehilfen namens Fritsche; der amtete als Dolmetscher. Eduard war erst vorgestern Montag in aller Frühe abgereist. Karl und er hatten einander also bloss um einen Tag verpasst. Aber er hatte etwas für ihn hinterlassen. Karl überflog den Brief, den ihm Rosadi übergab. Es war das Schreiben vom 15. November, welches, weil es Stauffer nicht mehr erreicht hatte, auf der Römer Hauptpost liegengeblieben war. Eduard hatte es dort abgeholt. Es enthielt die Ablehnung des Büros Stauffer & Ryf, den Scheidungsprozess zu übernehmen. Karl kannte den Inhalt bereits. Eduard hatte ihm in Rom des langen und breiten die Gründe für den Verzicht auseinandergesetzt. Was gingen ihn Gründe an! Er wollte, dass man handelte! Niemand, nicht einmal seine nächsten Angehörigen, setzten sich rückhaltlos für ihn ein. Und nun bekam er die ganze Chose – das Wort war ihm zum Lieblingsausdruck für Verächtliches geworden – noch schriftlich vorgesetzt. Er ärgerte sich. Wann endlich liess man ihn mit derartigem in Ruhe?

Rosadi brachte jedoch auch eine Nachricht, die Stauffers Laune etwas aufhellte. Er hatte schon um die provisorische Freilassung nachgesucht und sein Begehren damit unterstützt, dass er eine Kaution in jeder vom Instruktionsrichter für angemessen erachteten Höhe anbot. Der Richter hatte dieses Ansuchen zwar ablehnen müssen, weil die Beschuldigung auf Notzucht lautete, bei der das Gesetz eine provisorische Freilassung ausschloss. Stauffer brauchte deswegen den Mut nicht sinken zu lassen. Rosadi sagte, er habe trotz allem enormes Glück. Denn am ersten Januar 1890, also in einem knappen Monat, trete in Italien das neue Strafgesetz in Kraft. Dieses schliesse eine solche Freilassung auch bei Vergewaltigung nicht aus. Und daher habe Rosadi mit dem Instruktionsrichter verabredet, binnen weniger Tage ein neues Gesuch im Hinblick auf die kommende Gesetzesänderung einzureichen. Dieses Gesuch, das hatte der Richter versprochen, werde zugelassen werden.

Diese Zusage bedeutete noch keineswegs, dass dem Gesuch auf alle Fälle entsprochen wurde. Aber sie war ein Lichtblick. Bis dahin musste sich Stauffer die Zeit vertreiben, wie es ging. Er bat die Gefängnisverwaltung um Schreibpapier, und seine Bitte wurde – anders als in Rom – sogleich erfüllt. Zwar trugen die schönen, sauberen, grossen, freilich etwas rauhen Bogen oben in der Mitte den ovalen Stempel mit der Inschrift «Direzione delle Carceri Firenze», aber was tat das? Auch Tinte und Feder bewilligte man ihm anstandslos. Stauffer kam sich zum ersten Male seit langer Zeit wieder wie ein Mensch vor. Ruhe kehrte in ihm ein. Und in dieser Stimmung stieg erneut das Bild Lydias auf. Die Sehnsucht nach der Frau, von der er so plötzlich getrennt worden war, gab ihm Verse ein, die er mit «Intermezzo» überschrieb:

Jetzt ist es ausgesungen,
das wilde kurze Lied,
und in der Ferne verklungen –
ein leiser Schrei im Ried.
Es liebten sich zwei innig –
hörst du das alte Lied?
Zwei Herzen rein und minnig,
die Gott voneinander schied.

Er las die Zeilen durch und strich das Wort Gott. Gott konnte das nicht gewollt haben. Menschen waren dafür verantwortlich, nicht Gott. Darum setzte er hin:

Die man voneinander schied.
Sie waren zusammengebunden
mit einem starken Band,
doch konnten sie nicht gesunden,
bis sie sich wieder gefunden,
bis sie sich wieder gefunden
in einem besseren Land.

Advokat Stauffer nahm seine Geschäfte in Biel wieder auf. Er war Montag, den 2. Dezember, spätabends von Florenz zurückgekehrt. Trotzdem rapportierte er der Mutter noch alles, was sie nicht schon aus seinen Briefen aus Rom wusste. Im Augenblick war nicht viel zu unternehmen. In Florenz war mit der Beauftragung Rosadis vorgesorgt. Was Welti weiter unternahm, blieb im dunkeln. Aus dessen Vater, dem Bundesrat, war nichts herauszuholen, als Eduard an einem der folgenden Tage nach Bern fuhr und auch ihm genauen Bericht erstattete. Er hielt sich dabei zum Teil an die ausführliche Schilderung der Vorgänge in Florenz, die ihm Cornelia Wagner am 2. Dezember nachgeschickt hatte. Eduard gewann den Eindruck, dass sich die Fronten verhärteten. Feindseligkeit allerdings zeigte sich nicht. Der hohe Magistrat behandelte ihn mit aller Höflichkeit. Er klagte, wie sehr ihn die Affäre treffe, wie sehr er in seinem vorgerückten Alter – er sollte im kommenden Mai seinen fünfundsechzigsten Geburtstag feiern – unter dem Unglück leide, das über seine Familie hereingebrochen sei. Es fiel Eduard auf, dass der Bundesrat die Sache einseitig ansah; er sprach so, als ob sie fast nur auf der Welti-Seite Unannehmlichkeiten und Kummer zeitige. Anderseits verhehlte der Fürsprech nicht, dass er mit dem Vorgehen Emils keineswegs einverstanden war. Ohne Greifbares erreicht zu haben, verabschiedeten sie sich voneinander.

Die Ereignisse nahmen die Angehörigen der Familie Stauffer schwer mit. Die Kunde von den Vorgängen war allmählich in die Öffentlichkeit gedrungen. Einzelne Zeitungen brachten Meldungen und Berichte, die freilich keineswegs immer den Tatsachen entsprachen. So schrieben Blätter in Deutschland, Karl habe Wechsel gefälscht und sitze deshalb im Gefängnis. In der Schweiz waren die Stellungnahmen unterschiedlich. Die grossen Zeitungen schwiegen. Viele Bekannte und Freunde bezeugten ehrliche Anteilnahme, aber es gab auch solche, die sich spürbar distanzierten. Manchmal tuschelten Leute, wenn Mutter Stauffer vorüberging, und sie durfte sie nicht einmal zurechtweisen, denn was ihr Ältester angestellt, billigte sie ja selbst nicht.

Der an Eduard adressierte, französisch geschriebene Brief, der endlich am 20. Dezember von Karl eintraf, war nicht dazu angetan, die Stimmung im Hause Stauffer zu heben. Karl schrieb mit Datum vom 17. Dezember auf dem offiziellen Papier der Gefängnisverwaltung. Dem Briefkopf konnte man entnehmen, dass er die Sträflingsnummer 6940 trug.

Das Schreiben lautete: «Lieber Eduard! Bis jetzt bin ich noch immer auf Kosten der italienischen Regierung untergebracht. Darum bitte ich Dich, folgende Massnahmen zu ergreifen:

1. Schreib meinem bevollmächtigten Freund in Berlin, Herrn Rechtsanwalt Max Mosse, Berlin, S. W., Schützenstrasse 20, und teile ihm die gegenwärtige Sachlage mit. Setz ihn zudem darüber ins Bild, er solle dafür sorgen, dass mein Berliner Atelier an der Klopstockstrasse 52 von Anfang April 1890 an zu meiner Verfügung steht. Bitte ihn, in dieser Beziehung die notwendigen Schritte zu unternehmen. Ich lege Dir ans Herz, unverzüglich zu schreiben.

2. Halte Dich bereit, mit mir vor Neujahr einen Abstecher nach Berlin zu machen. Trage dabei Deine Uniform eines Adjutanten der schweizerischen Infanterie. Ich habe nämlich eine alte Rechnung mit dem Direktor der Deutschen Bank der Ehre eines jungen Mädchens wegen zu begleichen. Du musst natürlich die Erlaubnis einfordern, die Uniform in Berlin am Tage des Duells zu tragen.»

Diese Zeilen las man in Biel mit grossen Augen. Karl rechnete nicht bloss mit seiner Entlassung vor kommendem April – eine Zuversicht, die man in Biel keineswegs teilte –, sondern sogar vor Neujahr, also in den allernächsten Tagen. Der Advokat Rosadi hatte nichts dergleichen verlauten lassen. Handelte es sich also um ein Hirngespinst? Wies der Duellplan auf einen neuen Schub von

Gestörtheit hin? Karl hatte sich in Berlin in viele erotische Abenteuer eingelassen. So war es wohl möglich, dass er auch mit der Tochter – so stand zu vermuten – eines Bankiers eine Affäre gehabt hatte. Unmöglich war dagegen die Zumutung, Eduard solle in Hauptmannsuniform Sekundantendienste leisten. Jeder Angehörige der Armee wusste – und auch Karl hatte Dienst getan –, dass das Militärdepartement in Bern die Erlaubnis zum Tragen der Uniform im Ausland zu einem solchen Zweck nie und nimmer erteilte. Alarmierend war zudem, dass die alte Geschichte Karl just jetzt wieder einfiel und dass sie, die ungleich weniger wichtig war als der gegenwärtige Prozess, ihm so dringend erschien. Kein Zweifel, da verschoben sich die Massstäbe.

Mutter und Schwester sassen niedergeschmettert da. Sie fürchteten Schlimmstes. Sogleich beauftragten sie Eduard, von Rosadi einen Lagebericht zu erbitten. Noch am gleichen Tage stellte Eduard schriftlich vier Fragen. Er wollte umgehend wissen, seit wann Karl in Florenz war, wie es um die provisorische Freilassung stand, ob er endlich auf seinen Geisteszustand hin untersucht worden sei und was Rosadi von Frau Welti wisse.

Den Brief an den Bruder hatte Karl gestern Dienstag abgefasst. Heute war die innere Ruhe erst recht dahin. Was nützte ihm der schönste Ausblick auf den Dom und Sta. Croce? Hinaus wollte er, hinaus! Und wenn er draussen war, dann wollte er all jenen, die ihn hier hereingebracht, an den Kragen. Nicht nur Welti war schuld, nein, auch Klinger, der hochberühmte – Stauffer dehnte das Wort höhnisch – Maler Maximilian Klinger mit seiner monumentalen Kreuzigungsgruppe, die er, Stauffer, für einen Riesenquatsch hielt. Freunde hatten sie sich geheissen – schöne Freundschaft das! Eduard hatte erzählt, was er von Welti erfahren: Dass Klinger ihn einen kalten, berechnenden Schurken genannt und damit wesentlich zum Entschluss Emils beigetragen hatte, Klage zu erheben. Das sah ihm ähnlich! Während er, Stauffer, stets sein Herz geöffnet hatte, hatte sich Klinger immer zurückgehalten. Warum gingen ihm erst jetzt die Augen auf über diesen aufgeblasenen, eingebildeten Kerl?

Stauffers Aggressivität stieg aufs höchste. Er griff hastig nach einem Blatt Papier, faltete es in der Mitte und riss den Teil weg, der mit dem Briefkopf versehen war. Dann begann er zu schreiben:

«Lieber Klinger, oder besser scheugewordenes Rindvieh! Es dürfte Ihnen nachgerade klargeworden sein, was für ein entweder Saukerl oder wie oben angedeutet Rindvieh Sie sind. Im ersten Falle schicken Sie Ihre Zeugen zu Herrn Caslandi, damit ich Ihnen den Schuss Pulver, den ich Ihnen seit sechs Jahren schon zugedacht, endlich in die Rippen jagen kann. Schwein, verfluchtes!

Im zweiten Falle kommen Sie mit dem nächsten Eilzug nach Florenz und besorgen mir die Korrektur der Druckbogen eines Manuskripts, erster Teil meines Opus primum. Es wird von Donnerstagmorgen an gedruckt bei Frati & Co., Florenz, und soll noch auf den Weihnachtsmarkt. Können Sie nicht, so ordnen Sie bitte Ihre Angelegenheiten, denn ich zweifle lebhaft, dass Ihre Hysterie dann noch länger dauern wird als meine Untersuchungshaft. Dieser Brief bedarf keiner Antwort. Basta. Stauffer.

NB. Es ist grässlich, wie meine Rechnung auf alles stimmt.»

Gleich darauf setzte er einen ähnlichen Brief an Welti auf. Auch ihn forderte er zum Duell. Danach freilich beschäftigte ihn schon wieder eine ganz andere Sache: Er hatte gearbeitet, all die Tage hindurch, Blatt auf Blatt hatte er gehäuft, fast jede wache Minute hatte er geschrieben; er war ein Dichter, jetzt wusste er es; nicht nur ein Künstler der Farbe, der Form, des Steins, nein auch der Feder, des Geistes. Die Welt würde sich wundern. Über hundertfünfzig Bogen hatte er in Rom und in Florenz gefüllt. Manches war nichts wert, das strich er durch, aber von vielem war er überzeugt, dass es standhielt. Im Hinblick auf die Veröffentlichung schrieb er im Sinne eines Vorworts: «Da bot der Gott diese Verse auf, in meinem Haupte zu kämpfen für Recht, Wahrheit und Schönheit; und ich hatte nichts weiter zu tun, als zu notieren, was eine unbekannte liebe Stimme mir in die Feder sang. Sollte es die Muse gewesen sein, welche er seinem Knechte an das Lager sandte, das Unglück mit ihm zu teilen? Ich weiss es nicht. Aber das weiss ich, dass der HERR mich in den letzten Wochen stark gepresst hat und dass ich Dichter geworden bin an Leib und Seele. Unter dem starken Druck ist endlich der rote Saft verweis in dieses Büchlein getropft.»

Beim Schreiben hielt er sich nicht sklavisch an die vorgeschriebenen Rhythmen und die pedantische Ordnung der Reime. Er suchte seinen eigenen Stil, und da konnten ihm alle deutschen Dichter kreuzweise...:

Ihr Verselecker mit den langen Zungen,
ich habe, wie es mir gefällt, gesungen,
ihr zunftgerechten deutschen Gliederpuppen
mit euren lauen flauen Wassersuppen!
O möchte Jupiter doch einen Donner senden
und das verdammte Pack einmal verenden,
das treuelos um feiles faules Geld
wohl tausendmal verrät den Herrn der Welt!
Was ich vermag, ihr sollt es wohl erfahren,
und müsst' ich auch mit euch zur Hölle fahren:
Gesinnungslumpen, Esel und Barbaren!

Solches aufs Papier zu werfen tat gut. Das war wie ein Atemzug frischester Luft. Doch er konnte auch anders. Wenn er an Lydia dachte, dann kamen die Verse weich und sanft. Was tat sie wohl? Wo war sie? Noch immer im Manicomio? Hatte sie Selbstmord begangen, wie sie das um seinetwillen schon hatte tun wollen? War sie wirklich wahnsinnig? In solchen Augenblicken überkam ihn der Dichtergeist:

Und stirbst du hin in deines Wahnsinns Graus,
so bau' ich dir ein schönes Totenhaus
auf einem Berge in dem dunklen Hain.
Ich will im Tode auch noch bei dir sein.
Und einen schönen Marmorsarkophag
stell' ich in einen roten Rosenhaag;
und steigt der Mond am Berge still empor,
dann schwebest du aus deinem Grab hervor.
Und küssest mir das Herze lang und leis,
und von der Stirn den kalten Todesschweiss
und steigest wieder in dein kühles Grab –
Doch sieh! Der schwere Stein, er ist gespalten,
und durch den engen Riss mit Sturmgewalten
dringen der Liebe und der Kunst Gestalten!

Stauffer ging unbeirrt auf das Ziel zu, das da hiess: Veröffentlichung. Nicht grundlos konnte Klinger in seinem Briefe lesen, Frati und Compagnon würden nächstens den Druck seines ersten literarischen Werkes beginnen. Er hatte ihnen schriftlich aus dem Kerker den Auftrag erteilt – doch nicht genug damit, denn wer wusste, ob die Firma den Auftrag eines Häftlings annahm? Da musste noch ein anderer Weg eingeschlagen, da musste eine Persönlichkeit eingeschaltet werden, die Eindruck machte. Wer eignete sich dazu besser als der Richter, der mit der Untersuchung des Falles Karl Stauffer-Bern betraut war? Förderte dieser die Sache, dann unterstand sich wohl keiner, abzulehnen. Und so schickte er einen einzigen Tag vor dem Heiligen Abend dem Untersuchungsrichter, der kein Wort Deutsch verstand, einen ganzen Packen Poesie und Prosa und bat ihn, er möge das alles noch vor dem Fest auf Stauffers Kosten drucken lassen.

An seinem Stehpult am Lungarno degli Archibusieri übersetzte am Weihnachtstag der deutsche Gehilfe des Anwalts Giovanni Rosadi, was ihm der Advokat als Antwort auf die vier Fragen Eduard Stauffers diktiert hatte. Zuerst meldete er, dass der Häftling nur einen Tag nach Eduards Abreise ins hiesige Gefängnis eingeliefert worden war, dann, dass Rosadi versucht hatte, unter Anbietung einer Kaution die provisorische Freilassung zu erwirken, welche jedoch erst nach Inkrafttreten des neuen Strafgesetzbuches nach Neujahr in Frage komme. Zum dritten Punkt schrieb Fritsche im Namen des Anwalts:

«Bisher ist Ihr Bruder keiner ärztlichen Untersuchung betreffs seines Gesundheitszustandes unterstellt worden, weil ich mich immer mehr davon überzeugt habe, dass es nicht gut getan wäre, diese Untersuchung zu beantragen. Dieselbe würde die Angelegenheit sehr in die Länge gezogen und ausserdem das Motiv präjudiziert haben, das ich für das Hauptangriffsmotiv halte, das heisst, dass es sich gar nicht um Notzucht handelt.»

Aus den Juristenfloskeln in verständliche Sprache übersetzt, hiess das: Die psychiatrische Untersuchung brauchte, sofern sie seriös sein sollte, einige Zeit. Sie durfte, da sie vom Gericht angeordnet würde, nicht wie diejenige Lydias aus dem Ärmel geschüttelt werden oder wie dort ein Gefälligkeitsattest sein. Bis zu ihrem

Abschluss konnte Stauffer nicht auf Haftentlassung rechnen. Vielleicht zog sie sich weit ins neue Jahr hinein, während Stauffer begründete Aussicht hatte, ohne Untersuchung nach Neujahr gegen Kaution entlassen zu werden. Was sollte da die ärztliche Begutachtung? Sie störte nur.

Sie wäre aber auch aus einem anderen Grunde höchst ungelegen gekommen. Die Taktik Rosadis war nämlich folgende: Er wollte beweisen, dass Stauffer Weltis Frau gar nicht vergewaltigt hatte. Ihm war wichtig, dass das Gericht feststellte, dieser Anklagepunkt sei völlig aus der Luft gegriffen. Nur so vermochte er seinen Klienten von dem schimpflichen Anwurf reinzuwaschen. Wurde das Verfahren eingestellt, weil die Ärzte Stauffer für verrückt erklärten, bevor das Urteil gefällt war, so konnte die Gegenpartei weiterhin behaupten, ihre Version sei richtig: Stauffer sei nur dank seiner Krankheit straflos ausgegangen. Gerade das galt es zu vermeiden.

Fritsche fuhr im Auftrag Rosadis fort: «Endlich kann diese Untersuchung durch Verzögerung für uns an Bedeutung nur gewinnen. Sie müssen nämlich wissen, dass Ihr Bruder, ohne es zu wollen, dem Instruktionsrichter bereits Proben von Geistesabwesenheit gegeben hat. Er hat demselben einen Brief geschrieben, worin er ihn bittet, ihn freizulassen, damit er sich im Duell schlagen könne. Der Brief ist sehr verwirrt geschrieben.» Dann fügte Fritsche die Geschichte von den Manuskripten an, die noch vor Weihnachten hätten gedruckt werden sollen. Mass der Richter diesen Anzeichen geistiger Gestörtheit Gewicht zu, so bestand die Gefahr, dass er die psychiatrische Untersuchung von sich aus anordnete, und zwar sofort. Das hätte Rosadis Plan durchkreuzt. Also musste der Advokat alles unterlassen, was den Richter in diese Richtung drängte.

Über Lydia bekam Eduard zu lesen: «Gegenwärtig ist nach Rom ans Gericht geschrieben worden, damit dasselbe ärztlich den Geisteszustand der Frau Welti untersuchen lasse, weil das auf Betreiben des Herrn Welti ausgestellte ärztliche Gutachten ein aussergerichtlicher Akt ist, der nicht beachtet wird.»

Damit sprach ein Kenner des italienischen Rechts mit aller Deutlichkeit aus, dass die Internierung Lydias aufgrund des Augenscheins der beiden Ärzte Fiordispini und Bosany vor dem Gesetz nichtig war, dass ihm also keine Beweiskraft zukam. Erst wenn von gerichtlicher, objektiver Seite Lydias Zustand abgeklärt war, liess sich feststellen, ob die Anklage auf Vergewaltigung einer Irrsinnigen überhaupt eine Grundlage hatte. Da die römischen Instanzen diese Abklärung unterlassen hatten, hätten sie Stauffer keinen Tag länger in Haft behalten dürfen.

Der Brief ging weiter: «Nach meiner Meinung jedoch kann diese gerichtliche Untersuchung Ihrem Bruder, wie sie auch immer ausfalle, nicht schädlich sein, da sie ja nicht genügt, den Akt der Notzucht zu beweisen.»

Mit anderen Worten: Selbst wenn Lydia gegenwärtig unzurechnungsfähig war, so stand damit noch keineswegs fest, ob sie das auch im Zeitpunkt des Ehebruchs, also in Florenz, gewesen war. Ebensowenig stand fest, dass Stauffer sie zum Beischlaf gezwungen hatte; das Gericht musste so oder so mangels Beweisen nach dem Grundsatz «in dubio pro reo» die Möglichkeit gelten lassen, dass Lydia nicht das geringste gegen die Aufnahme intimer Beziehungen gehabt hatte. Darum fuhr Fritsche im Namen Rosadis fort: «Ich glaube und hoffe daher, dass zu guter Letzt die Sache für Ihren Herrn Bruder gut endigen wird,... da die Sache, alles wohl erwogen, sich auf einen übereifrigen – und auch ungesetzlichen – Racheakt eines verratenen Ehemannes zu reduzieren scheint, der sehr einflussreich ist.»

Neujahr rückte rasch näher. Aus dem Druck der Manuskripte war nichts geworden. So blieb Stauffer Zeit, neue Gedichte zu verfassen und eine Vorrede zu ihnen zu schreiben. Sie lautete auszugsweise so: «Dieses Büchlein ist, wie ich auf einem der vielen Titel vermerkt habe, im Kerker geschrieben, wo ich Zeit hatte, über so viele schon begangene und so Gott will noch zu begehende Sünden bussfertig nachzudenken. – Wer viel geliebt, dem wird man viel verzeihen; so hoffe ich denn, der liebe Gott werde mir tun nach seiner Barmherzigkeit, nicht nach seiner Strenge (seine Güte reicht ja so weit), und will, sobald ich wieder draussen bin, lustig weiter sündigen drauflos, solange es Tag ist, und nicht warten bis zur Nacht, wo niemand mehr wirken kann. Amen.

Ich lache schon mit dem ganzen Gesicht, wenn ich an die faulen Eier denke, die ihr mir an den Kopf werfen werdet, biedere deutsche Tugendwächter! Aber in der Mitte zwischen Krähwinkel und

Rom hat der Gott eine Mauer aufgerichtet, die Alpen genannt. Schmeisst mal rüber, wenn ihr könnt! Sollte mich je eins treffen, so ist das Meer ja ganz in der Nähe, und darin ist soviel Wasser zum Waschen, ihr glaubt es gar nicht. Überhaupt! Tut, was ihr wollt und was euch gefällt, ich will mich um euch so wenig wie um jemand anderes den Teufel scheren! Amen. – Was du nicht willst, das man dir tu, das füge immer anderen zu!

Da man mir als einem Attentäter gegen das Sakrament der Ehe, einem Hymentempelschänder, Tinte und Feder und Papier nicht anvertrauen durfte, aus Furcht, ich möchte auch diese leblosen und unschuldigen Dinge meinen bösen Gelüsten dienstbar machen, so habe ich dreiviertel der Verslein mit einem Bleistiftstummel auf die weissen Ränder zweier Bücher geschrieben, die mich seit Jahren wie den Pfaffen das Brevier begleiten und mir stets zur Hand sind. Ich meine Grimms Märchen und Eckermanns Gespräche mit Goethe. Nach meiner Meinung enthalten diese zwei Bücher, falls man noch als Dritten im Bunde die Heilige Schrift hat, alles, was der Mensch schlechterdings von Papier und Druckerschwärze zur normalen Bildung und Entwicklung auf seinem Lebenswege benötigt...

... Wenn ihr, wie ich bescheiden hoffe, dieses Büchlein verbieten werdet, peggio per voi, denn dann kaufen es die Leute und ich kriege Geld und schreibe sofort wieder ein anderes neues Büchlein, ein noch viel schöneres, und beschenke euch noch einmal, ihr neunundneunzig Gerechten. Hundert Jahre soll mich der liebe Gott alt werden lassen, damit ich die Gewissheit mit mir ins Grab nehmen kann, dem letzten von eurer verfluchten Sorte seine vier Bretter und zwei Brettlein zusammengemacht zu haben. Ihr Pharisäer und Schriftgelehrten, ihr Ottergezüchte, ihr Splitterrichter, ihr Wasserdichter, o ich bin ein schneidiger Geselle, und wenn der Tag vierundzwanzig Stunden hat, will ich zweiundzwanzig davon schreiben, dass mir die Finger schwitzen, um euch zu ärgern und krepieren zu machen. Zählt darauf, ich halte Wort! Auf die Gasse will ich gehen und Krüppeln und Lahmen rufen und sie essen lassen vom Tisch, den ich für Herren gedeckt habe, die ihn verschmähten. Zu den Waffen, denn ecclesia militat.»

Daraufhin setzte sich Stauffer temperamentvoll mit den Vertretern der neuen Kunstrichtung, den Naturalisten, auseinander und beschwor den Gott der Kunst, dem Treiben dieser Leute ein Ende zu machen. Den Höhepunkt erreichte die Beschwörung mit den Worten: «Um Gottes Willen, gib ein Zeichen, oder ich glaube nicht mehr an dich – ich – es brennt mich wie Feuer – ich – gib ein Zeichen – sonst – in drei Teufels Namen werfe ich die Lanze nach dir – noch einmal – zum letztenmal – Götze – gib – ein – Zeichen! – Und krachend flog das gleissende Eisen dem Götzen in das morsche Haupt, dass es auseinanderspellte und mit dem Geschosse zu Boden sank. Siehe da: Es war hohl und voller Moder und Spinnweben. Ich aber hieb im Zorne Rumpf und Beine und Arme und Thron und Schemel und Ägis und Blitz und Donner, alles, alles kurz und klein in tausend Stücke. Da liegt nun die Bescherung. Man wird sie wegkehren müssen, sonst, wenn Leute kommen und den Frevel sehen, wird's heissen, ich wäre ein Tempelschänder und Atheist und was weiss ich was alles...»

Nachdem er sich diese Seiten von der Seele geschrieben hatte, kehrten Stauffers Gedanken wieder zu Lydia zurück:

Als endlich ich am Herzen dir geruht
und endlich, endlich stillte meine Glut,
da schlugen auf die lang verhaltenen Flammen,
und unsre Herzen gossen sich zusammen
in eins. In unserem Glücke schwammen
wir wie die Salamander in den Flammen.

Ja, so sollte es sein: Nichts durfte sie trennen, wie die Salamander hatten sie im Feuer gelebt, und es würde ihnen auch in Zukunft nichts anhaben. Daneben aber waren Dinge zu erledigen, die prosaischen Charakter trugen. Vor allem gefiel Stauffer der von Eduard bestellte Anwalt nicht. Er war ihm zu jung und unerfahren. Ging das nicht eindeutig daraus hervor, dass er, Stauffer, noch immer im Gefängnis sass? Ein guter Anwalt hätte ihn schon längst herausgebracht. Also griff er am letzten Tag des Jahres zur Feder und schrieb an Eduard, indem er sich wiederum der französischen Sprache bediente:

«Wie Du bereits aus meinem Telegramm erfahren hast, habe ich zum Verteidiger den Professor Pelosini von der Universität Pisa – er ist Abgeordneter des Königreichs Italien – gewählt; die übrigen

Geschäfte führt Rechtsanwalt Bicci, an der Via degli Archibusieri 5, Erdgeschoss. Ich kann meine Zukunft nicht in die Hände eines jungen Mannes legen, den ich überhaupt nicht kenne.» Danach forderte er den Bruder auf, zwei kleine Rechnungen in Rom zu begleichen. Ein befreundeter Bildhauer, Tuaillon, solle ihm anständige Kleider schicken, damit er am Tage der öffentlichen Verhandlung würdig auftreten könne. Er vergass, dass er eben noch auf baldmöglichste Befreiung gedrängt hatte, als er fortfuhr: «Die Verhandlung wird, so glaube ich wenigstens, anfangs Februar stattfinden, und ich bin entschlossen, bis zum Verhandlungstag im Gefängnis zu bleiben, denn weil ich in Eisen und Ketten gelegen habe, beanspruche ich das Recht auf feierliche Genugtuung.»

Nachdem er noch für Wäsche, die ihm die Mutter zugeschickt, gedankt und von seiner Zelle berichtet hatte, sie sei hell und sauber und biete eine schöne Aussicht, wurde er vom Wärter unterbrochen. Der holte ihn zum Gefängnisarzt. Stauffer hatte nämlich eine Kur begonnen. Er litt an einer Krankheit, die der Arzt mit Quecksilber behandelte. In die Zelle zurückgekehrt, fuhr der Häftling deshalb weiter: «Ich mache hier im Gefängnis eine Kur gegen Syphilis durch. Ich werde äusserst gründlich und nach neuester Methode behandelt...» Oder war es auch diesmal bloss die Pseudosyphilis, der Herpes, der ihn schon früher geplagt?

Die Behandlung kostete Geld: «Meine Reserven sind erschöpft. Bitte schick mir einige hundert Franken, damit ich die Kost verbessern kann. – Man verhält sich mir gegenüber mit aller Zuvorkommenheit, so dass ich manchmal drauf und dran bin zu vergessen, dass ich noch immer hinter Schloss und Riegel sitze...»

Im verschneiten Bern läuteten die Neujahrsglocken. Sie läuteten auch in Biel. An beiden Orten gedachte man der Ereignisse des vergangenen Jahres und schaute bangend dem kommenden entgegen. Bundesrat Weltis Familie war bedrückt. Die Dinge liefen nicht so, wie man gehofft hatte. Es schien, als ob Stauffer nicht verurteilt würde, sondern dass ein Freispruch bevorstand. Ein solcher war am schlimmsten. Er kompromittierte Emil, indem er die schweren und ehrenrührigen Anschuldigungen als grundlos und falsch entlarvte. Die einzige Hoffnung bestand darin, das Gericht in Florenz werde Stauffer doch noch für verrückt erklären. In diesem Falle würde das Verfahren niedergeschlagen. Die Frage, ob Welti den Künstler zu Recht oder zu Unrecht hatte verhaften lassen, würde dann nie geklärt. Dann verlor man das Gesicht nicht. Darum arbeitete man schon einige Zeit auf dieses Ziel hin. Die Gegenpartei allerdings schien es darauf abzusehen, die Untersuchung bis zum Ende zu treiben. Sie hatte ja alles Interesse an der Aufdeckung der Wahrheit.

Im Hause «La Terrasse» bangte man verstärkt um Karls geistige Gesundheit. Der Brief, den er am 17. Dezember geschrieben und in dem er Eduard als uniformierten Sekundanten angefordert hatte, sowie der Bericht des Advokaten Rosadi vom 25. Dezember wirkten alles andere als ermutigend. Dazu kam, dass die ganze Familie an Grippe erkrankt war. Traurigere Festtage hatte man seit den Lebzeiten des Vaters nie mehr verbracht. War des Elends denn kein Ende? Was ging in Bern vor? Eduard nahm sich vor, nächste Woche wieder zum Bundesrat zu fahren.

In Florenz sass am Altjahrabend Nummer 6940 in der Zelle, aus der der Blick auf die jenseits des Arnos auf den Höhen gelegene Piazza Michelangelo ging. Die Stadt war hell erleuchtet, voll von Leuten; auch drüben auf der Piazza brannten die Gaslaternen. Wieviele Wochen war es her, seit dort oben ein freier Mann und eine freie Frau die herrliche Rundsicht über die Stadt genossen hatten? Oder waren es Monate, Jahre, Jahrzehnte? Stauffer wusste es nicht. Die Angst packte ihn, seine Gefangenschaft könne bis in den Frühling und noch länger dauern, vielleicht sein ganzes Leben lang. Da fiel ihm ein, der Bildhauer Adolf Hildebrand lebe ja in Florenz. Er kannte ihn zwar nur flüchtig, war für eine einzige Stunde bei ihm gewesen in seinem baumumstandenen Palazzo an der Piazza San Francesco di Paola 3 – er hatte sich die Anschrift genau gemerkt. Das war noch in den Tagen gewesen, bevor Lydia mit ihrem Gatten nach Florenz kam. Freundschaft war es nicht, die er jetzt anrief, es war menschliche Anteilnahme, die sein Hilferuf erflehte. Würde er gehört werden, dieser Hilferuf eines Ertrinkenden? Die daheim waren so merkwürdig still. Schon lange hatte er nichts von ihnen gehört. Auch Max Mosse schwieg. Stauffer wusste freilich nicht, dass der Freund am Weihnachtstage Eduard nach Biel geschrieben und dabei die Frage gestellt hatte: «Sollte die hohe Stellung des alten Herrn Welti mehr erreichen, als es gewöhnlichen Menschen vergönnt ist?» Ächtete man ihn bereits? Gingen Gerüchte um, die ihn erledigten? Wurde er systematisch verleumdet? Es war furchtbar, so machtlos in seiner Zelle zu sitzen und zu warten auf einen Tag, dessen Datum man nicht kannte, während draussen in der Welt Mächtige am Werke waren, Rufmord an ihm zu begehen.

Das Gejohle und der Gesang der Feiernden in den Strassen hielt bis in den Morgen an. Dann riefen die Kirchenglocken zum Gottesdienst am ersten Tage des neuen Jahres. Als der Wärter kam, übergab ihm Stauffer den Brief, den er in der Nacht an Hildebrand geschrieben. Er bat den Schliesser, doch ja dafür zu sorgen, dass er baldmöglichst in die rechten Hände komme.

Lydia Welti-Escher lebte seit bald fünfzig Tagen im Römer Irrenhaus. Der Besuch ihres Gatten lag schon mehr als drei Wochen zurück. Durfte sie hoffen, dass er ihr verzieh? Sie sah nicht klar. Er sagte nichts über seine Pläne. Manchmal glaubte sie, es werde sich wieder alles einrenken lassen. Wenn sie im Sommer Ferien zu zweit machen würden? Das wollte sie ihm vorschlagen. Allein in einem kleinen Chalet irgendwo in den Bergen würden sie sich vielleicht wiederfinden.

Sie wusste freilich, was ihre Eskapade mit Stauffer bedeutete. Sie war ja nicht irr. Niemand im ganzen Haus hier glaubte das ernstlich. Und es blieb ihr nicht verborgen, warum sie interniert worden war; es war von Emil vielleicht sogar menschlich, sie so zu behandeln. Er hätte sie nach dem Gesetz als Ehebrecherin ins Gefängnis werfen können; so aber zeigte er ihr den Weg zurück, zurück mindestens in die Gesellschaft, ohne die sie nicht leben konnte, und womöglich in die Ehe. Was sie getan, war im Wahn geschehen, zur Zeit ihrer völligen Hilflosigkeit. Sie war nicht Herr über sich selbst gewesen damals in Florenz und in den ersten Tagen in Rom. Andeutungen fielen, sie habe sogar unter Drogen gestanden, die ihr Stauffer heimlich verabreicht. Nur so sei sie gefügig geworden. Sie trage keine Verantwortung. Wäre sie damals klar gewesen, sie hätte sich mit ihm nie eingelassen.

Was für eine goldene Brücke man ihr da baute! Warum sollte sie sie nicht überschreiten? Da hatte sie einen Mann gekannt, den sie für ein Genie gehalten, den sie Carlone, einen zweiten Karl den

Grossen, genannt hatte! Wie war das nur möglich gewesen! Wäre er wirklich der, den sie in ihm gesehen, er hätte sich nicht so übertölpeln lassen, er wäre nicht so blindlings in die Falle getappt. Von ihrem Manne wusste sie, dass Stauffer im Gefängnis sass. Er hatte sie enttäuscht. Hätte er Schneid besessen, er hätte sie besser geschützt, hätte sie sogleich hier herausgeholt. Schreiben und reden, das verstand er – aber handeln? Das war offenbar nicht seine Sache. Und der Gedanke an die Stelle im Tagebuch, die ihr Emil vorgelegt, empörte sie immer wieder: «Ich habe sie heute morgen instinktiv mit Eindrücken besoffen gemacht, damit ihr Naturell absolut zum Vorschein komme.» Auch der Testamentsentwurf sprach nicht für Stauffer. Ihre blinde Verehrung schlug in blindes Misstrauen um. Sie würde sich an ihren Gatten halten. Der hielt zudem ihr ganzes Vermögen in Händen, der gebot dank seinem Vater über alle Machtmittel. Wenn er nicht wollte, so kam sie nicht frei. Sie musste mit ihm Frieden schliessen!

Am Morgen des 2. Januar überdachte Advokat Bicci in seinem Kontor am Arno den Fall, der ihm vor wenigen Tagen übertragen worden war. Es ging um die provisorische Freilassung eines Künstlers aus der Schweiz. Ein alter Klient hatte den Auftrag vermittelt. Dieser Vermittler war freilich nicht die beste Empfehlung; Bicci kannte ihn als notorischen Betrüger und traute ihm schon deshalb nicht über den Weg, weil er bisher noch nie eine Lire bezahlt hatte. Sollte er dem krankhaften Lügner glauben, wenn der behauptete, der Schweizer sei unermesslich reich und besitze mehrere Häuser in Zürich; er werde bald eine Frau heiraten, die das grösste Vermögen der Schweiz geerbt habe? Traf nur die Hälfte zu, so winkte ein fettes Honorar. Und das reizte Bicci.

Aber die Geschichte hatte einen Haken. Wenn er aus seinem Büro trat, das zu ebener Erde am Lungarno degli Archibusieri 4 lag, so stand er nach ein paar Schritten vor Nummer 5 bei Rosadi, seinem Nachbarn. Und dieser war der von Stauffers Bruder bestellte Verteidiger, nicht er. Anderseits: Wenn der Maler Rosadi das Vertrauen entzog und es Bicci schenkte, tat er dann unrecht, wenn er annahm? Dem Gefangenen musste geholfen werden.

Er ging hinüber und setzte Rosadi ins Bild. Dieser war erstaunt. Eine kurze Weile fühlte er sich verletzt und versucht, die Sache an den Nagel zu hängen. Dann überlegte er, dass er nicht vom In-

...orant. Zeitgenössische Aufnahme in Stauffers ...elier in Rom. (Privatbesitz Redaktor Hermann Böschenstein, Bern)

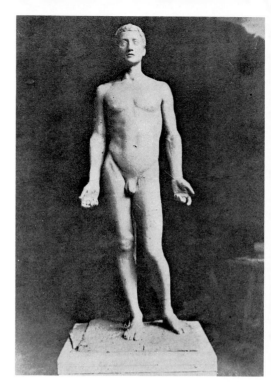

...ie Pension Bonciani am Viale dei Colli, Florenz. Hinter dem unverschlossenen Fenster im ...sten Stock lag Lydias Schlafzimmer.

Schriftprobe Lydias: Anhang an Stauffers Brief an seinen Bruder Eduard vom 12. November 1889 aus Ro
«Mit allem, was Karl in obigem Brief sagt, bin ich vollkommen einverstanden. Lydia Stauffer.»

Der protestantische Ausländerfriedhof «Agli allori» vor den Toren von Florenz. Hier setzte Lydia den Maler e
scheidend unter Druck. Stauffers Grab befindet sich ausserhalb des rechten Bildrandes.

haftierten, sondern von dessen Bruder mit dem Fall betraut worden war. Er durfte also nicht zurücktreten. Da er indessen gerade in diesen Tagen häufig mit dem Schwurgericht zu tun hatte, kam ihm der Vorschlag Biccis, er wolle ihm als Mitverteidiger einen Teil der Last abnehmen, nicht ungelegen. Er erklärte sich einverstanden, dass sein Kollege mit Stauffer Fühlung aufnehme. Zufrieden ging Bicci in sein Kontor zurück. Er hatte noch erfahren, dass Stauffers provisorische Entlassung vor der Tür stand, weil das neue Strafgesetz gestern ja in Kraft getreten war. Kam es zur Entlassung, so brauchte er bloss zu kassieren; die Vorarbeit hatte Rosadi geleistet. Manchmal hatte er eine gute Nase. Dann kollerten ihm die reifen Früchte nur so vor die Füsse. Wer durfte ihm verübeln, wenn er sich nach ihnen bückte?

Adolf Hildebrand las den Brief immer wieder und wieder. Er war eben im Begriffe gewesen, auszugehen, und hatte ihn dem Boten persönlich abgenommen. Er war erschüttert. Er erinnerte sich sehr wohl an Stauffers Besuch im November des vergangenen Jahres. Er schätzte ihn als Künstler. Was Stauffer für ein Mensch war, wusste er nicht. Aber hier ging es einfach darum, einem in Not Geratenen beizustehen. So wie der Brief die Sachlage darstellte, musste ein schweres Unrecht vorliegen. Wenn er helfen konnte, so wollte er es unverzüglich tun. Sogleich – es war Freitag, der 3. Januar 1890 – eilte er zu den Carceri Muratte. Der Direktor empfing ihn äusserst höflich, musste ihn aber an den Untersuchungsrichter verweisen, der für die Entlassung zuständig sei. Wenig später stand Hildebrand im Gerichtsgebäude, erlegte die Kaution von dreihundert Lire und war schon wieder am Gefängnistor.

Stauffer in seiner Zelle hörte die Schritte nahen, und es war ihm, sie tönten anders als sonst: Das war nicht die bedächtige Gangart des Schliessers. Auch schien ihm, es näherten sich mehrere Menschen. Aufs äusserste gespannt wartete er in der Mitte des Raums. Schlüsselgeklirr. Das Knirschen des Schlosses. Die Tür sprang auf, und in ihrem Rahmen sah der Häftling ausser dem Wärter, der rasch in den Hintergrund trat, den Gefängnisdirektor und neben diesem einen blonden, grossen, breitschultrigen Mann, dessen Augen blank vor Freude waren, und sogleich erkannte ihn Stauffer: Es war Adolf Hildebrand.

Kein Zweifel, er war frei! Frei nach monatelanger Kerkerhaft, frei, weil er einen kurzen Brief an einen ihm beinahe Unbekannten verfasst, frei, weil sich einer für ihn, den Geächteten und Verfolgten, eingesetzt hatte! Das Gefühl der Freiheit erfüllte ihn wie ein Rausch. Vergessen war, was er erduldet, vergessen, was man ihm angetan. In seiner unbändigen Freude dachte er nicht nur an sich: Sobald ihm der Direktor die Verfügung des Richters vorgelesen, sobald er mit Hildebrand und dem Anstaltsleiter in dessen Büro hinuntergestiegen war, bat er, man möge seinen Mitgefangenen, den gleichen, der ihm Bicci empfohlen, hereinholen. Als der Gefangene dann erschien, schenkte ihm Stauffer seinen Rock, die Weste und den Regenmantel: da er jetzt frei sei, könne er sich ja neue Kleider kaufen.

Hildebrand vermochte kaum zu folgen, so schnell stürmte Stauffer davon, als sich die Flügel des schweren Tores vor ihm auseinanderschoben. Luft, Licht und eine Weite boten sich Stauffer dar, wie er sie in der Zelle fast schon vergessen hatte. Gassen und Strassen erschienen ihm breit wie noch nie, die Plätze unermesslich, die Welt herrlich; was störte es, dass der Himmel bedeckt war! Stauffer kannte nur ein Ziel: das Telegrafenamt. Er musste in alle Fernen hinausschreien, dass er keine Ketten mehr trug, dass niemand mehr ihn hinter Mauern halten durfte.

Der Schalterbeamte schaute verwundert auf den zu dieser Jahreszeit nur mit Hemd und Hose bekleideten, abgerissenen Mann, der ins Amt hereinbrach wie ein Wilder. Zum Glück folgte ihm ein Blonder, der in Kleidung und Gebaren Vertrauen erweckte. Zwei Telegramme wollte der Fremde abschicken, das eine an Frau Luise Stauffer-Schärer in Biel in der Schweiz und das andere, gleichfalls mit dem Vermerk «URGENTE», an Max Mosse, Rechtsanwalt in Berlin. Das letztere sollte nur ein einziges Wort enthalten: «Libertà!»

Als der Telegrafist den Namen des Absenders in die Morsezeichen umsetzte, erinnerte er sich, dass gerade eine Depesche an eben diesen Mann eingelaufen war. Er holte sie aus dem Fach und schob sie Stauffer hin. Sie kam von Eduard und kündigte an, dass der Bruder fünfhundert Franken überwiesen habe. Kein Vermögen, aber doch so viel, dass Stauffer sich wieder einkleiden, gute Mahlzeiten einnehmen und sich eine komfortable Pension leisten konnte; all das durfte er sich wohl gönnen nach fünfzig Tagen Kerkerhaft. Wer wollte es ihm wehren, nachzuholen, was er versäumt, was er an Lebenszeit verloren hatte? Gewohnt, dauernd tätig zu sein, hatte sich in ihm eine unbändige Kraft angestaut, ein Tatendrang, begeisternd zugleich und gefährlich.

Wann das Geld abholbereit sei, wollte Stauffer wissen. Nach den Vorschriften könne es nur über die Gefängnisverwaltung freigemacht werden, und zudem werde es wohl erst morgen ausbezahlt. Enttäuscht liess sich Stauffer von Hildebrand in dessen Heim an der Piazza San Francesco di Paola führen. Der Platz lag wie fast immer ruhig und verlassen da, die Kirche, an die Hildebrands palastähnliches Haus linkerhand angebaut war, sah werktags nur wenige Besucher. Wohltuend empfing die beiden der dem Haus vorgelagerte Park mit seinem alten Baumbestand. Stauffer kam er wie ein Klostergarten vor. Ein Bild stieg in ihm auf: das Klösterchen hoch oben auf dem Monte Soratte mit dem Mönch, der ihm geraten, doch der Welt Valet zu sagen, bevor ihm ein Rad am Lebenswagen zerbreche. Das Rad war zerbrochen inzwischen, aber es gab Wagner, die es wieder flicken konnten. Zu denen, die halfen, gehörte Hildebrand, der da blond, gesund und so sicher neben ihm stand, gehörte auch dessen Gemahlin, die ihn aufnahm, als schwebte nicht die schändliche Anklage über ihm, eine Irrsinnige vergewaltigt zu haben. Kein Wort fiel davon. Die beiden wollten allerdings wissen, was ihm widerfahren, wie man ihn behandelt und verpflegt hatte. Dass nicht viel Gutes zu berichten war, zumal aus der Zeit in Rom, verwunderte sie nicht, und mit einer Mischung von Neugier und Schauder betrachteten sie die Narben, welche des Königs Handschellen an den Handgelenken zurückgelassen hatten. Und plötzlich kam sich Stauffer wie ein Held vor.

Nach einiger Zeit wurde er unruhig. Er verliess die gütigen Menschen in San Francesco und eilte hinunter zum Arno. Bald liess er sich beim Advokaten Bicci melden. Bicci war überrascht, ihn schon in Freiheit zu sehen. Jetzt war ihm ein Honorar sicher. Was nun zu tun sei, wollte Stauffer wissen. Bicci schlug vor, man solle sich zu dritt drüben bei Rosadi besprechen. Das geschah. Stauffer gewann den Eindruck, sein neuer Verteidiger sei gar nicht im Bilde; jedenfalls musste sich dieser andauernd bei Rosadi erkundigen. Ernüchtert verliess er mit Bicci zusammen Rosadis Praxis. Nicht lange darauf kehrte er allein zurück und sagte, er sehe wohl ein, wie sein Mitgefangener ihn hinsichtlich des neuen Verteidigers hinters Licht geführt habe; er vertraue Bicci nicht länger. Beschämt gestand er, dass er doch nur zu Rosadi Vertrauen hege. Rosadi war erleichtert. Ihm ging es viel weniger um ein Geschäft – er machte sich über die finanzielle Situation seines Klienten keine Illusionen – als darum, einem Hilfsbedürftigen beizustehen. Dass er dafür auch bezahlt sein wollte, war selbstverständlich. Aber er war entschlossen, seine Forderungen erst zu stellen, wenn alles zum guten Abschluss gelangt war.

Stauffer kehrte zu Hildebrand zurück. Wo sollte er über Nacht bleiben? Geld besass er keins, und die fünfhundert Franken Eduards wurden erst morgen greifbar. Nochmals ass er in der stillen Abgeschiedenheit des Hildebrandschen Hauses. Dann brachte ihn der Bildhauer in der Pensione Casa Nardini am Borgo Santi Apostoli 11 hinter dem Dom unter. Es war das bekannte Logierhaus deutscher Künstler. Hildebrand bürgte für ihn, da Stauffer noch immer in seinen abgerissenen Kleidern stak.

Stauffer legte sich zu Bett. Es war herrlich, wieder einmal Daunen zu fühlen. Er hatte schon in vielen Betten gelegen, und das eine in dieser Stadt, drüben auf der Höhe, in der Pensione Bonciani, war ihm zum Verhängnis geworden. Seinetwegen hatte er fünfzig Nächte lang die harten Bretter unsauberer Lagerstätten unter sich gespürt, und es war schon ein Glück gewesen, wenn wenigstens eine dünne Decke zwischen ihm und dem Gestell ausgebreitet war. Mit dem Gedanken, diese fünfzig Nächte seien vielleicht die Strafe gewesen für seine zahlreichen früheren Ehebrüche, schlief Stauffer ein.

Der nächste Tag war ein Samstag. Stauffer fühlte sich vom Frühstückstisch weg dorthin gezogen, wo die fünfhundert Franken lagen. Von der Gefängnisdirektion erfuhr er, dass der Untersuchungsrichter sie zurückbehielt. Schon witterte er neues Unrecht, aber der Richter beruhigte ihn und setzte ihm auseinander, warum er ihm das Geld nicht aushändige. Anspruch darauf hatte in erster Linie Bildhauer Hildebrand; ihm mussten die dreihundert Lire der Kaution zurückerstattet werden. Das sah Stauffer ein. Er erklärte sich bereit, Hildebrand auszurichten, er solle am frühen Nachmittag im Gerichtsgebäude seine Rückzahlung in Empfang nehmen. Auf den gleichen Zeitpunkt hatten sich auch die beiden Verteidiger Bicci und Rosadi einzufinden; mit dem Rest der Summe sollten ihre Honorarforderungen zwar nicht ganz, so doch teilweise abgegolten werden. Auch das sah Stauffer ein. Doch wovon sollte er selbst leben? Er hatte Eduard um Geld gebeten, damit es ihm und nicht andern zukomme. Doch der Richter beruhigte ihn auch da: Für ihn waren hundert Lire vorgesehen; mit denen liess sich gewiss eine Weile leben.

Zur anberaumten Stunde fand sich Stauffer wieder im Gerichtsgebäude ein. Er meldete, Hildebrand verzichte vorderhand auf die Rückzahlung zugunsten Stauffers; deshalb erscheine er auch nicht vor dem Richter. Dieser lobte die Rücksichtnahme des Bildhauers, fügte jedoch hinzu, allein auf mündliche Anweisung hin dürfe er die dreihundert Lire nicht auszahlen. Hundert lege er hier für Stauffer auf den Tisch; den Rest bekomme er, sobald Hildebrand seinen Willen unterschriftlich bestätige.

Während der Richter und Stauffer über dieses Prozedere sprachen, erschien Rechtsanwalt Bicci. Er brachte die Nachricht, sein Amtsbruder Rosadi stelle seine Honoraransprüche noch zurück, weil er ja nicht Karl, sondern Eduard Stauffer verantwortlich sei. So hatte Bicci freies Feld. Er erkundigte sich, wieviel demnach von den fünfhundert Lire noch zu haben sei. Als er erfuhr: hundert – schrieb er an Ort und Stelle seine Rechnung. Und siehe da: sie lautete auf hundert Lire! Das war ein recht hübsches Sümmchen für einen einzigen Besuch im Gefängnis und für die kurze Unterredung zu dritt vom Vortag. Aber Bicci war eben schon immer ein Glückspilz gewesen.

Die Audienz ging zu Ende. Bicci und Stauffer verliessen das Amtsgebäude, jeder mit einem Hunderterschein in der Tasche. Während der Anwalt in die Praxis zurückkehrte, schaute sich Stauffer die Kleidergeschäfte an. Er wollte so rasch wie möglich heraus aus der schäbigen Kluft, in der noch immer die Gefängnisluft sass.

Frisch eingekleidet, trug er noch fünfzig Lire in der Tasche. Was die Welt nicht alles bot! Wie ein Ausgehungerter betrachtete er gierig die Dinge, die ihn verlockten: Ausstattungsgegenstände aller Art, Zigarren, Delikatessen und – Weiber. Sie waren an jeder Ecke zu haben. Aber da war dieser Stachel in seinem Herzen:

Lydia! Wo war sie? Noch immer im Römer Irrenhaus? Warum schrieb sie ihm nicht? Wer hielt ihre Briefe zurück? Oder wollte sie nicht schreiben, hatte sie ihn verraten? Ungewissheit war schlimmer als die schlimmste Gewissheit. Sie erzeugte unerträgliche Spannung, aus der es nur einen Ausweg gab: sich in den Strudel des Genusses zu stürzen, um zu vergessen.

Und Stauffer vergass. Er vergass so gründlich, dass er noch am selben Abend mittellos war. Todmüde legte er sich in der Casa Nardini zu Bett. Morgen musste ihm Hildebrand schriftlich bestätigen, dass er nichts gegen die Auszahlung der restlichen dreihundert Lire hatte. Mit dem Gedanken daran, was sich mit ihnen alles kaufen liess, schlief Stauffer ein.

In den folgenden Tagen besuchte er mehrmals seinen Retter Hildebrand, der ihn mit dem Nötigsten versorgte. Indessen weigerte sich der Bildhauer, die dreihundert Lire freizugeben, offenbar weil er fürchtete, sein Schützling werde sie wie die ersten hundert sogleich verschleudern. Obschon sich Stauffer deshalb einschränken musste, fühlte er sich weiterhin als Millionär. Er konnte und wollte nicht glauben, der Traum von Lydias Reichtum sei ausgeträumt. Darum setzte er sich Dienstag, den 7. Januar, in seinem Hotelzimmer hin und schrieb folgenden Brief:

«Herr Schreiner Vetter in Enge-Zürich.

Nach siebenwöchiger Haft befreit, zeige ich Ihnen hiermit an, dass vom 15. Januar 1890 an die Verwaltung des Escherschen Vermögens mir, dem Unterzeichneten, obliegt, respektive dem Büro Stauffer und Ryf, Biel (Advokatur, Notariat und Inkasso), dass Sie also eventuelle Rechnungen mit Herrn Notar Ryf in Biel zu begleichen haben. Hochachtungsvoll Karl Stauffer, Maler, Bildhauer, Kupferstecher.»

Stauffer kannte den Mann vom Belvoir her. Andreas Vetter war der Hofschreiner Lydias und Emils. Sein Geschäft stand an der Bederstrasse, nicht weit vom Bahnhof Enge. Man sollte in Zürich wissen, wer der künftige Herr im Hause sein würde. Es focht Stauffer nicht an, dass der rechtmässige Eigentümer des Belvoir nach wie vor Dr. Emil Welti hiess. Machte er Emil die Handwerker und Lieferanten abspenstig, so war er bald erledigt.

Stauffer rieb sich zufrieden die Hände. Dann griff er gleich nochmals zur Feder. Den zweiten Brief richtete er an Bundesrat Welti in Bern. Er hoffte, das Schreiben werde dem Magistraten einen tüchtigen Schreck einjagen.

Auf dem Wege zum Postamt nahm er sich ausserdem vor, Emil und Cornelia Wagner in den nächsten Tagen zu telegrafieren. Sie alle sollten wissen, dass wieder mit ihm zu rechnen sei. Auf der Post fragte er nach Depeschen. Der Beamte bedauerte; es waren keine eingelaufen. Stauffer wollte es nicht glauben. Er begehrte auf. Wollte man ihn am Narrenseil herumführen? Am besten ging er zu Rosadi; der würde schon zum rechten sehen.

Rosadi hörte sich die Klagen ruhig an. Er konnte nur den Kopf schütteln. Stauffer stellte die Behauptung auf, das Telegrafenamt händige ihm auf Befehl seines Bruders keine Depeschen aus; Eduard habe angeordnet, sie müssten Rosadi zugestellt werden. Der Bruder masse sich also Kontrollrechte über ihn an. Das lasse er sich nicht gefallen, er sei ja schliesslich wieder ein freier Mann. Rosadi versuchte ihm diesen absurden Gedanken auszureden. Was für ein Interesse hätte Eduard an einer solchen Zensur? Wohl keins. Aber Stauffer liess sich nicht überzeugen. Erst als ihm Rosadi vorschlug, sie wollten gemeinsam aufs Amt gehen, ihm als Rechtsanwalt dürfe man wahrheitsgemässe Auskunft nicht verweigern, beruhigte er sich einigermassen.

Unterwegs kam er auf Lydia zu sprechen. Er hatte sich in den Kopf gesetzt, sie sei hierhergereist und wohne irgendwo in einem Hotel. Rosadi staunte noch mehr, als Stauffer ihn beschuldigte, er tue gemeinsam mit Eduard sein Bestes, um ein Zusammentreffen mit ihr zu verhindern. Aber er begann, noch bevor sie das Telegrafenamt erreichten, ernsthaft an seines Klienten geistiger Gesundheit zu zweifeln.

Seine Bedenken verstärkten sich, als sie in der Schalterhalle standen. Rosadi wies sich als Rechtsanwalt aus und verlangte genaue Auskunft über allfällige Depeschen. Die Auskunft wurde ihm anstandslos gewährt. Weder lag ein Telegramm für den Maler vor noch irgendeine Anordnung, wonach für ihn bestimmte Telegramme zurückgehalten oder umgeleitet werden sollten. Da aber begann es im Gesicht Stauffers zu zucken; er witterte ein allgemeines Komplott, tobend und schreiend hämmerte er mit den Fäusten auf das Schalterbrett, beschuldigte die Italiener im allgemeinen und Rosadi im besonderen der Unredlichkeit, stiess Verwünschungen gegen seinen Bruder Eduard aus und lief schliesslich brüllend ins Freie, die ganze Welt verfluchend. Rosadi stürzte ihm nach, vermochte ihn jedoch nicht einzuholen. Eine Woche später fasste der Advokat in einem Bericht an Eduard zusammen: «Auf diese Weise war ich also von neuem ohne Autorität über ihn geblieben und hatte er mir sein Vertrauen entzogen, und seitdem habe ich ihn nicht wieder gesehen. Ich habe Bicci nach ihm gefragt, der ihn auch nicht gesehen... Mir bleibt also nichts übrig, als mich um Auskunft an Hildebrand zu wenden... Ich habe nach Hildebrand schon gesucht, aber denselben noch nicht gefunden; morgen werde ich weitersuchen.

Das ist alles, was ich Ihnen über die Tatsachen mitzuteilen habe, indem ich alles getan habe, was in meinen Kräften stand. In meiner Eigenschaft als Verteidiger Ihres Bruders lag mir ob, ihm die provisorische Freiheit zu verschaffen, was auch geschehen ist. Alles übrige ging über meine Kräfte, und Sie selbst hätten, bei dem Charakter ihres Bruders, nichts weiter tun können, ebensowenig als die andern beiden Advokaten, wenn diese überhaupt etwas für ihn getan hätten.»

In Bern herrschte Alarmstimmung. Seit Stauffers Brief vom 7. Januar aus der Pensione Nardini eingegangen war, fand Bundesrat Welti keine Ruhe mehr. Wäre nur wenigstens Emil zugegen gewesen! Der aber hielt sich mit seiner Schwester Mathilde in Genua auf. So blieb Vater Welti nichts anderes, als ihn sogleich vom Inhalt des Schreibens telegrafisch in Kenntnis zu setzen. Emil seinerseits schrak derart auf, dass er noch in der Nacht zurückdepeschierte.

Stauffer durfte mit der Wirkung seines Briefes zufrieden sein. Der Bundesrat wusste sich kaum zu helfen. Krankheit, Depressionszustände hatten seine Frau heimgesucht. Und nun noch das! An wen sollte er sich wenden? Nachdem des Sohnes Antwort eingegangen war, wusste er, dass ihm nur sein Freund Simon Bavier, der Gesandte in Rom, beizustehen vermochte. Ihn musste er ohne Verzug informieren, telegraphisch und ausführlicher brieflich. Es war keine Zeit zu verlieren.

Kaum war Bundesrat Welti von der Hauptpost, wo er das Kabel abgesandt hatte, zurück, schrieb er an Bavier folgende Zeilen: «Bern, 9. Januar 1890. Mein lieber Freund, das neue Jahr beginnt mit neuen Sorgen. Gestern erhielt ich unter der von Stauffer geschriebenen Adresse, ohne jedes Begleitschreiben, aus Florenz den von der dortigen Anklagekammer erlassenen, vom 3. Januar datierten Bescheid, dass Stauffer gegen eine Kaution von dreihundert Franken und gegen die Verpflichtung zur ‚sottomissione' provisorisch in Freiheit gesetzt sei.»

Das war die Nachricht, die wie eine Bombe eingeschlagen und allseits Bestürzung verbreitet hatte. Stauffer frei! Die Folgen waren nicht abzusehen. Und würde der Befreite die «sottomissione» respektieren, die Auflage nämlich, er müsse sich bis zur Urteilsverkündung weiterhin zur Verfügung der Florentiner Behörden halten? Dafür war nicht die geringste Gewähr vorhanden. Die Kaution war lächerlich gering. Er konnte ohne weiteres in die Schweiz reisen. War es da nicht geboten, schleunigst das Nötige vorzukehren?

Bundesrat Welti fuhr fort: «Offenbar ist Stauffer bereits frei, und ich habe dies Emil bereits sofort nach Genua mitgeteilt... Auf meine Anzeige antwortete Emil letzte Nacht telegrafisch: ‚Prego avvisare legazione Svizzera Roma prendere misure necessarie riguardo malotta.' Auf dieses hin schickte ich Ihnen soeben folgendes Telegramm: ‚Tribunale Firenze decretato libertà provisoria.'»

Was Emil wünschte, war deutlich. Er bat seinen Vater, die schweizerische Gesandtschaft in Rom ins Bild zu setzen und sie zu veranlassen, angesichts des Unglücks – «malotta» –, das darin bestand, dass Stauffer nicht mehr hinter Gefängnismauern sass, die nötigen Massnahmen zu ergreifen. Warum aber telegrafierte er von Genua aus nicht unmittelbar nach Rom? Kam die Aufforderung von Bern, wurde sie vom Bundesrat und mehrfachen Bundespräsidenten persönlich unterstützt, so konnte sich Bavier ihr unmöglich entziehen. Vater Welti dachte gleich; sonst hätte er keinen Grund gehabt, die Depesche seines Sohnes im Wortlaut wiederzugeben. Bereitwillig hatte er deshalb nach Rom gekabelt: Gericht in Florenz hat provisorische Freilassung verfügt.

Der Bundesrat griff erneut zur Feder: «Dieser bedenklichen Tatsache gegenüber kann ich nicht begreifen, weshalb Stauffer nicht auf seinen Gesundheitszustand untersucht worden ist. Nach allem, was ich über ihn gehört und was ich von ihm gelesen habe, und nach dem Urteil des Dr. Schaufelbüel ist Stauffer sehr hochgradig krank.»

Schaufelbüel musste es schliesslich wissen; ihm als dem langjährigen Vertrauensarzt der Familie Welti und auch Lydias hatte der Bundesrat die Briefe Karls, welche ihm Eduard Stauffer jeweils zur Einsicht vorgelegt hatte, teils im Original, teils in Abschriften gezeigt. Und nun setzte man einen Menschen, der drohte, er werde seine Verfolger in Italien verschwinden lassen, der über ein Vermögen disponierte, das ihm nicht gehörte und nie gehören würde – einen solchen Menschen setzte man in Freiheit! Dachten denn die italienischen Richter überhaupt nicht daran, in welche Lage ihr Beschluss die Familie Welti versetzte? Mehreres war zu bedenken: Wie stand man da, wenn die Nachricht durchdrang? Musste nicht jedermann glauben, die von Emil angeführten Anklagepunkte seien unbegründet, erfunden? Dieser Eindruck konnte um so eher entstehen, als die Kautionssumme derart niedrig bemessen war. Ebenso bedenklich musste der öffentlichen Meinung erscheinen, dass kein Wort von Irrsinn in der Verfügung stand. Hätte das Gericht bemerkt, die eingeklagten Tatbestände des Missbrauchs und der Entführung einer Geisteskranken seien von einem Umnachteten begangen worden, so hätte man sich mit dem Argument verteidigen können, zur Zeit der Anklageerhebung habe Emil von Stauffers Gemütszustand nichts gewusst. Man hätte immerhin das Gesicht wahren können. So aber war man aller Waffen beraubt. Das bisherige Vorgehen gegen Stauffer erschien jetzt als illegal.

Glücklicherweise schwiegen die führenden Zeitungen ihm, dem Bundesrat, und Emil zuliebe noch immer über die leidige Sache, doch wie lange noch?

Das aber war nur das eine. Das andere war die Bedrohung von Leib und Leben, weshalb Bundesrat Welti fortfuhr: «Er» – Stauffer – «ist überdies ein sehr gefährlicher Geisteskranker, wie seine Briefe hinlänglich beweisen, und sowohl Lydia wie meinem Sohn gegenüber zu allem fähig. Wie da zu helfen und vorzusorgen ist, weiss ich freilich nicht. Ich weiss auch nicht, ob Emil seinen dortigen Advokaten benachrichtigt hat und ob dieser etwas tun kann.

Ich muss mich selber darauf beschränken, Ihnen die Anzeige zu machen, so leid es mir tut.»

Der Gesandte in Rom verstand diese Zeilen hoffentlich richtig. Rechtlich war Stauffer vermutlich nicht beizukommen; also war es zwecklos, sich auf italienische Anwälte zu verlassen. Wenn jemand vorsorgen konnte – Bundesrat Welti legte grosses Gewicht auf dieses Wort «vorsorgen» –, wenn jemand, wie es Emil gefordert hatte, dazu imstande war, vorbeugende Massnahmen zu ergreifen, so nur Bavier. Seine Aufgabe musste es sein, Emil vor einem tätlichen Angriff zu schützen. Um Lydia brauchte man kaum zu bangen; sie sass ja noch immer im Irrenhaus hinter sicheren Mauern. Doch Emil konnte etwas zustossen. Wie also Stauffer unschädlich machen? Die Lösung dieses Rätsels überliess der Bundesrat seinem Freund in Rom; der kannte gewiss Mittel und Wege. Vater Welti wusste aber auch, was auf dem Spiele stand. Seine und seines Sohnes klare Aufforderung an den Gesandten, die «nötigen Massnahmen gegen das Unglück» der Freilassung vorzukehren, konnte gefährliche Folgen haben, wenn sie an die Öffentlichkeit drang. Man musste sich also absichern: «Selbstverständlich will ich damit keinen amtlichen Schritt. Einzig die unbegrenzte Güte und Freundschaft, die Sie mir bewiesen, gibt mir den Mut zu der Bitte, sich auch ferner, soweit es mit Ihrer Amtsstellung vereinbar ist, unser anzunehmen.» Und damit der schweizerische Vertreter in Rom sich ja verpflichtet fühlte, schlug der Bundesrat noch diese Saite an: «Ich weiss überhaupt nicht, wie weit meine Kräfte noch reichen; ich bin zwar Gott sei Dank noch gesund und arbeitskräftig, aber lange kann das nicht mehr vorhalten, wenn das Unglück immer wieder neue Anläufe macht.» Damit stellte Vater Welti die Sachlage auf den Kopf. Nicht der während sieben Wochen unrechtmässig Eingekerkerte war das Opfer; vielmehr forderten jene für sich Anteilnahme, welche ihn ins Gefängnis gebracht hatten – sie hatten Wind gesät, jetzt fürchteten sie den Sturm.

Einen Tag später, Freitag, den 10. Januar 1890, legte der Eilbote ein Telegramm auf Eduard Stauffers Arbeitstisch, dessen Absender Advokat Jacot war. Jacot amtete als Rechtsbeistand der Familie Welti. Er bat Eduard, unverzüglich nach Bern zu kommen. Eduard informierte seine Mutter und eilte zum Bahnhof. Er konnte sich nicht denken, was der Anwalt von ihm wollte. In Bern begab er sich sogleich in dessen Büro. Jacot trug ihm im Namen seines Auftraggebers folgendes vor: Bundesrat Welti habe zwei Tage zuvor erfahren, dass Karl provisorisch freigelassen worden war, und erkläre sich nun bereit, auf seinen Sohn dahingehend einzuwirken, dass er die Klage gegen Karl zurückziehe. Eduard stutzte. Woher diese plötzliche Sinnesänderung? War sie der Ausdruck besserer Einsicht der Gegenpartei? Wenn ja, so konnte er sich darüber nur freuen. Dann gaben die Weltis zu, dass sie unrechtmässig gehandelt hatten. Was wollten sein Bruder und er selbst, geschweige die Mutter, mehr? Wurde die Klage zurückgezogen, so stand Karl endlich wieder unbescholten da. Der Name Stauffer wäre reingewaschen. Eduard war bereit, dem Bundesrat menschliche Grösse zuzuerkennen. Denn dass dieser nach dem Rückzug der Klage vor der Öffentlichkeit keinen leichten Stand haben werde, lag auf der Hand. Natürlich gab Eduard sogleich sein Einverständnis. Aber er hatte sich zu früh gefreut. Jacot fügte an, dass ein Rückzug der Klage nur in Frage komme, sofern Karl für geistesgestört erklärt werde.

Eduard überlegte. Der Prozess konnte in diesem Fall nicht zu Ende geführt werden. Er blieb auf halbem Weg stecken. Das, worum es der Familie Stauffer und ihrem Anwalt Rosadi ging, würde nicht erreicht: der Beweis nämlich, dass Karl im Sinne der Anklage unschuldig war. Damit gewann die Gegenseite die Möglichkeit, nach wie vor zu behaupten, ihre Darstellung der Vorgänge sei richtig. Sie deckte sich ab. Das aber wollte und musste Eduard verhindern. Er verlangte Bedenkzeit. Ohne dass es zu einer Einigung kam, verabschiedete er sich von Jacot.

Seit dem Auftritt im Telegrafenamt hatte Rosadi seinen Klienten nicht mehr zu Gesicht bekommen. Zwar beunruhigte ihn das unbeherrschte Geschrei Stauffers im Schalterraum und vor dem Gebäude nach wie vor; im ganzen indessen mass er dem Vorkommnis kein allzu grosses Gewicht bei. Darin wusste er sich mit dem Untersuchungsrichter einig; sie beide hielten Stauffer in erster Linie für extravagant, und der Richter fügte ausdrücklich bei, dass solche Extravaganzen nicht dazu ausreichten, die Einschliessung in eine Heilanstalt zu rechtfertigen. Darum schrieb Rosadi seinem Auftraggeber und Kollegen in Biel auf dessen Anfrage:

«Derartige Einschliessungen sind in Italien schwer zu erwirken.» Und als Kenner seines Landes und seiner Landsleute setzte er ironisch hinzu: «In Italien, wo die Extravaganzen recht gewöhnlich und die Maisons de santé nur die Filialen eines recht grossen und zahlreich besuchten Narrenhauses sind! Übrigens bestehen die Narrheiten Ihres Herrn Bruders in Verschwendungen auf Ihre Kosten und bilden keine grosse Gefahr für andere, falls nicht besondere Verwicklungen hinzukommen. Nach meiner Ansicht hat Ihr Herr Bruder freilich auch das Zeug und die Anlagen zu wirklicher krankhafter Geistesverwirrung.»

Leider hatte Rosadi mit diesen Befürchtungen nur allzu recht. Die Verwicklungen ergaben sich rascher als erwartet. Denn die Tage der Freiheit bekamen Stauffer nicht gut. Das Erlebte hatte seine Nerven vollständig zerrüttet. In seinen Empfindungen für Lydia fühlte er sich ständig hin und her gerissen. Was sich nicht änderte, war die feste Überzeugung, Lydia halte sich in Florenz auf. Ihn übermannte jetzt die Sehnsucht nach ihr von neuem. Irrend und suchend lief er durch Florenz, und wo er ein Hotel erblickte, da meinte er die Geliebte zu sehen. Wenn er dann Zutritt verlangte und man ihm diesen verweigerte, so machte er von seinen Fäusten Gebrauch. Zur Sicherheit schrieb er auch einen Brief nach Rom ins Irrenhaus, ohne jedoch Antwort zu erhalten.

Dass diese fiebrige Suche ergebnislos verlief, war nicht das Schlimmste. Viel schlimmer war, dass er sich beobachtet, verfolgt, beschattet, überwacht wähnte. Wo er ging und stand, begleiteten ihn verdächtige Gestalten. Einzig im stillen Palazzo Hildebrands – er war Donnerstag, den 9. Januar, zum letzten Male dort – fühlte er sich sicher. Wenn er aber allein nach Hause musste, über den Ponte Vecchio zum Dom hinunter, wo der Albergo Nardini lag, und ihm immer wieder einer folgte, der sich hinter Mauervorsprünge duckte, in Hauseingänge glitt oder in Seitengassen verschwand, sobald er sich umdrehte, dann fiel ihn dieselbe Furcht an wie in Rom kurz vor der Verhaftung. Litt er an Hirngespinsten, bildete er sich die Verfolger und Überwacher nur ein, oder täuschte er sich nicht? Er konnte nicht wissen, dass der Gesandte seines Heimatlandes in Rom bereits den Auftrag empfangen hatte, «die nötigen Vorkehrungen im Hinblick auf das Unglück» seiner Freilassung zu treffen, da man ihn zu allem fähig hielt. Die Technik des

Überwachens war in den Novembertagen ja bereits mit Erfolg geprobt worden.

Das Gefühl des Verfolgtseins steigerte sich. Gegen Ende der Woche liess sich Stauffer von einem Barbier den Schnurrbart abnehmen. Er hoffte, so werde er weniger erkannt. Aber es nützte nichts. Die Unbekannten schlichen ihm weiter überallhin nach. Schliesslich nisteten sie sich sogar in der Casa Nardini ein. Es fiel Stauffer auf, dass die Gäste in den Hotelzimmern links und rechts von dem seinen nicht fortgingen, solange er zuhause war. Noch zu Beginn der Woche hatten die Nachbarräume tagsüber leergestanden; jetzt hielt sich immer jemand darin auf. Stauffers Argwohn war seit Rom geschärft. Dass er damals wie blind in die Falle gegangen war! Das sollte ihm nicht noch einmal passieren.

Vielleicht konnte Hildebrand ihm helfen. Am Samstag hielt er es nicht mehr aus. Er floh mehr, als er ging, über den Arno hinüber zur Piazza San Francesco di Paola, er begehrte angsterfüllt Einlass – da wurde ihm beschieden, der Hausherr bedaure; er sei erkrankt.

Das war keine Ausrede. Der Bildhauer musste tatsächlich ein paar Tage das Bett hüten. Aber für Stauffer brach der letzte Halt. Er konnte nicht warten, bis sich der Helfer erholte; man bedrohte ihn jetzt, nicht erst in der Zukunft. Taumelnd kehrte er ins Hotel zurück. Vielleicht wäre es besser gewesen, er hätte seine Ängste der Gattin Hildebrands mitgeteilt; unerklärliche Scham hatte ihn davon abgehalten.

Genau acht Tage befand er sich jetzt in Freiheit, acht Tage, von denen er die ersten genossen, die letzten in steigender Angst zugebracht hatte. Liess man ihn denn nie unbehelligt? Wollte man ihn wie ein Wild zu Tode hetzen? Nochmals verhaftet, nochmals in Ketten gelegt zu werden, das würde er nicht mehr ertragen.

Er stieg die Treppe zu seinem Zimmer hinauf. Noch war es Nachmittag, und das Haus lag still da. Nur links und rechts von seinem Raum glaubte er Geräusche zu vernehmen. Er horchte an den Türen: Die Zimmer waren besetzt. Häscher, Geheimpolizisten wie in Rom! Aber heute war er schlauer als die Schergen einer mächtigen Familie! Sie hatten einen Fehler gemacht, die Kerle; ihre Zimmerschlüssel staken aussen. Welch eine Chance! Leise drehte Stauffer die Schlüssel im Schloss, leise zog er sie aus der Öffnung, leise liess er sie in seine Tasche gleiten. Mit einem

Triumphgefühl sondergleichen wandte er sich der Treppe zu. Die Hand, die die Schlüssel fest umklammert hielt, tief in der Tasche des Paletots versenkt, so stieg Stauffer hinunter, ging vorbei am Portier, der vor dem Schlüsselbrett sass, trat hinaus auf die Strasse und fühlte sich erstmals seit Tagen befreit.

Er wusste genau, wohin er ging. Er musste sich Gewalt antun, damit er nicht lief. In den Arno hatte sich einst Lydia stürzen wollen; in ihn würde er jetzt die Schlüssel versenken.

Am Ufer zog er das kühle Metall aus der Tasche, und im Schwung warf er es über die Brüstung. Stauffer war es, als falle eine erdrückende Last von ihm ab. Zum erstenmal durfte er sich ohne Angst bewegen. Drehte er sich um, so verdrückte sich niemand, blieb er stehen, zog sich keiner zurück. So einfach schüttelte man seine Verfolger ab. Ja, er war noch immer ein Kerl, er, der Stauffer-Kari, der Schweizer-Kari. Es war schon richtig gewesen, was er mit Lydia zusammen in Rom seinem Bruder geschrieben hatte: Es gebe weit und breit kein verwegeneres Paar als sie. Er lachte in sich hinein, als er sich ausmalte, was die Geliebte zu seinem Geniestreich sagen würde...

Der Nachmittag war wunderbar. Aber als er am Abend zurückkam, da waren beide Türen aufgesperrt, und in einer stand ein schwarzgekleideter Herr mit einem Kneifer. Der Mann lächelte ihn höhnisch an. Natürlich, wie hatte er es vergessen können – jedes Hotel besass Nachschlüssel! Die Eingeschlossenen hatten nur laut klopfen oder um Hilfe rufen müssen, und schon war der Hausknecht gekommen und hatte sie befreit.

Da packte Stauffer unsägliche Wut, Wut auf den höhnisch Grinsenden, Wut auf Welti, Wut über seine eigene Dummheit. Er fuhr dem Menschen an die Kehle, er würgte ihn, warf ihn zu Boden. Der Kneifer ging in Stücke. Mochte er! Der Mann schlug wie ein Sack hin, und eigentlich war es ein Glück, dass gerade ein Zimmermädchen vorbeikam und sogleich Alarm schlug. Das Ding schrie das ganze Haus zusammen. Sonst wäre der liebe Nachbar gar unter seinen Händen krepiert. Wenn der schon Geheimpolizist spielen wollte, so sollte er wenigstens erfahren, dass dieses Spiel nicht ganz harmlos, nicht ganz ungefährlich war.

Stauffer raste. Mit Stöcken und Pistolen kamen Leute, deren Gesichter er nicht unterschied. Bis sie ihn von seinem Gegner losbrachten, war sein Rock in Fetzen gegangen. Es dauerte noch eine Weile, bis die Guardia eindrang. Inzwischen verdrosch der Maler sein Gegenüber immer von neuem, sobald er sich nur Luft verschaffen konnte. Endlich hatte er wenigstens einen seiner Peiniger in Händen, und ihm vergalt er, was er den Herren in der Schweiz und in Rom zudachte.

Die Gendarmen waren in der Überzahl. Trotzdem warf er drei von ihnen zu Boden, bis ihn des Königs Handschuhe daran hinderten. Doch selbst gefesselt schlug er um sich, bis sie schliesslich eine Zwangsjacke herbeischafften. Die machte ihn wehrlos. Da gab es nur noch ein kurzes Sich-Aufbäumen, ein ohnmächtiges Sich-Winden, ein mattes Um-sich-Treten; der Kittel ermüdete ihn bald.

Draussen rasselte ein Wagen heran. Handfeste Burschen stiessen ihn in den Karren, und los ging's im Trab in die nahe Via San Gallo. Der Karren hielt. Ein Porticus im reinsten Renaissancestil zog sich dem Irrenhaus entlang. Das Tor ging auf. Man schleppte ihn über die Schwelle. San Bonifazio hiess das Haus, und wahrlich, es verdiente seinen Namen: Wohltaten liess man ihm jetzt angedeihen wie noch nie. Es war schon Nacht, und die armen Insassen hatten ein Anrecht auf Ruhe. Doch Stauffer nahm keine Rücksicht. Er lärmte und tobte derart, dass man ihn in eine Zelle drängte mit einer besonderen Ausstattung. Da war ein Brett mit Riemen, fest eingebaut; war man erst darauf festgeschnallt, verging das Vergnügen an der Raserei von selbst. Und obgleich es Stauffer mit Geschrei versuchte, stundenlang, kam kein Wärter, bevor er still geworden.

Dann sperrte man ihn in eine Einzelzelle. Zwischen dem römischen Gefängnis und dem Florentiner Irrenhaus war kaum ein Unterschied; es war wie jenes unreinlich und nicht viel anderes als ein Kerker. Das Bett war völlig verlaust. Und wie der Wärter zum erstenmal die Mahlzeit brachte, da zeigte es sich, wohin es Stauffer verschlagen hatte: in die Kategorie III, die unterste Klasse der Mittellosen. Was er vorgesetzt bekam, er brachte es kaum hinunter.

Samstagnacht hatten sie ihn hergebracht, jetzt war es Sonntag, ein Sonntag, wie er noch keinen erlebt. Im Vergleich zu diesem Aufenthalt waren die Carceri Murate das Paradies gewesen. Wer würde ihm helfen? Wer wusste überhaupt, wo er war! Rosadi hatte er seit der Geschichte im Telegrafenamt nur noch einmal flüchtig gesehen – am vergangenen Donnerstag. Hildebrand lag krank zu Bett. Wie lange würde es dauern, bis man ihn vermisste, bis die beiden erfuhren, was vorgefallen, wohin man ihn verschleppt? Er konnte nicht weiterdenken. Sein Kopf schmerzte, er war müde, unsagbar schwach. Er erinnerte sich kaum, was er getan. Manchmal fühlte er sich schwindlig, dann plötzlich fuhr er von der Pritsche hoch: War das nicht die Stimme seines Bruders? Schritt nicht Eduard draussen über den Flur? Aber dann verstummten Stimme und Schritte, und andere Töne drangen an sein Ohr: das Geschrei der Irren, das fürchterliche, nie abreissende Stöhnen von Menschen, als ob sie in Geburtswehen lägen. Selbst wenn Stauffer die Fäuste gegen die Ohren presste – die schrecklichen Laute drangen durch alles hindurch, durch Wände und Hände bis an sein gemartertes Trommelfell und bis in sein todwundes Gehirn.

11. DER NARR VON SAN BONIFAZIO

Am Montag – es war der 13. Januar – fühlte sich Bildhauer Hildebrand besser; die Grippe klang ab, und im Laufe des Tages verliess er das Bett. Gegen Abend empfing er die Botschaft, die ihn erschütterte: sein Schützling Karl Stauffer im Irrenhaus! So hatten sich die Befürchtungen des Bruders, des Rechtsanwalts in Biel, doch bestätigt. Dieser hatte ihm ein paar Tage zuvor geschrieben, Hildebrand habe seine Hilfe offenbar einem Geisteskranken gewährt, und er hatte ihn gebeten, alles zu tun, damit Karl von einem Irrenarzt untersucht werde.

Hildebrand machte sich Vorwürfe. Machte er sie sich zu Recht? Gewiss, Stauffer war ihm am vergangenen Donnerstag etwas konfus vorgekommen, aber im allgemeinen hatte er sich vernünftig benommen. Hildebrand hatte die leichte Zerfahrenheit den überstandenen Aufregungen zugeschrieben. Was inzwischen geschehen, war weiss Gott nicht vorauszusehen gewesen. Freilich: Wäre die leidige Krankheit nicht dazwischengekommen, das Unglück hätte sich vielleicht verhindern lassen. Viele Wenn und Aber waren jetzt freilich nicht am Platz. Zielstrebig wie immer beschloss der Bildhauer, seine Rettungsaktion zu wiederholen. Am nächsten Morgen schon liess er sich beim Direktor der Anstalt, Dr. Grilli, melden. Der berichtete ausführlich. Dann gestattete er einen Besuch in der Zelle.

Stauffers Augen erschreckten Hildebrand. Er wusste nicht, ob der Kranke ihn sogleich erkannte. Noch mehr aber erschreckte ihn, wie wirr er sprach. Er redete gehetzt und flatterig. Er faselte von Verfolgern und Geheimpolizei; auch behauptete er steif und fest, seinen Bruder auf dem Gang draussen und im Vorzimmer gehört zu haben. Hildebrand schauderte. Irgend etwas an Stauffer kam ihm neu und verändert vor, nicht so sehr die wirren Reden, nicht, dass er fahl und abgemagert schien, sondern etwas anderes – aber was? Plötzlich erkannte es Hildebrand, und es war wie ein Schock: das Kopfhaar des Kranken war über Nacht ergraut.

Erschüttert verliess er die Zelle. So weit war es also gekommen! was war aus dem lustigen, derb-intelligenten Mann geworden, der das Leben so sehr geliebt hatte! Was er eben gesehen, war eine Ruine. Und doch konnte und wollte er nicht glauben, dass jeglicher Funke von Verstand erloschen, jeglicher Wille zur Genesung erstorben sei. Er musste versuchen, Stauffers Los zu erleichtern, und sei es auch nur, indem er seine Lebensbedingungen in diesem Haus der Verlorenen verbessern half.

Wieder sass er dem Direktor im Büro gegenüber. War es nicht am besten, wenn er gleich des Kranken Bruder informierte? Der käme gewiss unverzüglich hergereist, um Karl in die Schweiz zurückzuholen. Ohne es auszusprechen, dachte Hildebrand daran, dass die schlechteste Heilanstalt jenseits der Alpen immer noch tausendmal besser sei als dieses Loch hier. Aber durfte man es wagen, den Irren mit der Bahn zu transportieren?

Dr. Grilli antwortete, das komme nur in Frage, wenn man ein Separatabteil miete. Was das koste, wisse er nicht, aber billig werde es wohl nicht sein. Stauffer mitten unter den Reisenden fahren zu lassen, sei undenkbar. Auch müsse er von geschultem Personal oder einem Arzt begleitet werden. Könne man sich ein solches Abteil erster Klasse nicht leisten, so müsse man einige Zeit zuwarten, bis sich der Kranke beruhigt habe.

Hildebrand beschloss, noch gleichentags nach Biel zu schreiben. Bevor er von dort Anweisung erhielt, wollte er nichts unternehmen. Eines freilich liess sich tun: Er bat den Direktor, Stauffer in eine höhere Klasse zu versetzen. Er hatte sich ja selbst davon überzeugt, dass in der untersten, der dritten, die Insassen wie Hunde gefüttert wurden. Damit die Versetzung ohne Verzug geschah, schoss er das nötige Geld aus eigener Tasche vor. Dann verliess er das Irrenhaus und kehrte heim. Dort setzte er sich hin und rapportierte Eduard alles, was er eben erlebt hatte. Er beschwor den Fürsprech, mit der Abreise nicht zu zögern, und schloss seinen Bericht mit den Worten: «Ich bitte Sie nun, sehr geehrter Herr, sobald Sie angekommen, mich aufsuchen zu wollen, da ich annehme, dass Sie hier fremd sind, und ich Ihnen gerne zu allen Diensten bereitstehe. Mit aufrichtiger Teilnahme, Ihr ergebener A. Hildebrand.»

Die Erlebnisse dieses Tages griffen ihn so an, dass er einen Rückfall erlitt. Die Influenza zwang ihn für ein paar weitere Tage ins Bett.

Hildebrands Brief erreichte Biel am Donnerstagmorgen, den 16. Januar. Er verbreitete Schrecken und Trauer. Kaum hatte man in der «Terrasse» etwas aufgeatmet, kam dieser neue Schlag. Mutter und Schwester Amalie spürten noch immer die Folgen der Grippe, die sie schon Anfang Dezember befallen hatte. Eduard war etwas besser dran; er ging seit bald vierzehn Tagen wieder seinen Geschäften nach. Ganz unversehens kamen die Dinge allerdings nicht. Jetzt war es an der Zeit, sich endlich Gewissheit über Karls Geisteszustand zu verschaffen. Welcher Art mochte seine Erkrankung sein? Der Bericht Hildebrands deutete auf einen akuten Anfall von Verfolgungswahn. Genügte diese Erkenntnis? Sollte es nicht möglich sein, auf Grund der Briefe, die Karl bisher geschickt hatte, eine genauere Diagnose zu stellen? Und wer eignete sich dazu besser als der Stellvertreter des Direktors der bernischen Heil- und Pflegeanstalt Waldau, Dr. Wilhelm von Speyr?

Der Leiter der Anstalt selbst, Frau Stauffers Bruder, war erkrankt. Prof. Rudolf Schärer war als Arzt hoch angesehen und seiner Menschenfreundlichkeit und seines Humors wegen allgemein geschätzt. Und doch hatte auch ihn ein Gemütsleiden befallen. Er litt an starken Depressionen, die ihn zwangen, sein Amt bis auf weiteres seinem Ersten Assistenten zu übertragen. Schärer hatte sich in seine Dienstwohnung neben dem Hauptgebäude zurückgezogen und suchte dort abseits von den Pflichten Heilung von seinem Leiden. So wollte man ihn nicht stören, ihn nicht zusätzlich belasten mit der Affäre seines Neffen, die ihm ohnehin schon nahe genug gegangen war. Zudem hatte sich von Speyr – ein Basler übrigens – so gut ausgewiesen, dass man ihm ohne weiteres vertrauen durfte. Speyr seinerseits kannte Familie und Fall so genau, dass es keiner langen Erklärung bedurfte.

Als Eduard von der Ostermundigenstrasse her in die Allee einbog, die zur Anstalt führte, sah er im Geiste all die Glieder seiner Sippe vor sich, die schon diese oder eine ähnliche Zufahrt als Patienten betreten hatten: den Grossvater väterlicherseits, den Vater, den Bruder Karl und jetzt auch Onkel Schärer. Eine beängstigend stattliche Zahl! Ein leises Grauen stieg in ihm hoch. Nachdem die Lohnkutsche die Pförtnerhäuschen passiert und das Rondell vor dem Haupteingang umfahren hatte, stieg Eduard mit klopfendem Herzen die Freitreppe empor. Es war nicht das erstemal, dass er hier eintrat, aber es schauderte ihn, wenn er daran dachte, dass vielleicht auch in ihm Keime staken zu unbegreiflichen Veränderungen im Gehirn, die einen gesunden und lebensfrohen Menschen zu einem Wesen werden liessen, unfähig, sich selbst zu kontrollieren. Dann wollte er lieber früh sterben, mitten aus der Arbeit heraus, statt als Schatten seiner selbst ausgebrannt in diesen Gängen umherzugeistern.

Von Speyr schaute Eduard lange an, nachdem er die Briefe und auch das eben erst eingetroffene Schreiben Hildebrands durchgelesen hatte. Zweifellos lagen schwere Störungen vor. Als vorsichtiger Mann wagte er keine Diagnose zu stellen. Dazu hätte er den Patienten selbst sehen müssen. Aufschlussreich wären Aufzeichnungen des Kranken aus den letzten Wochen gewesen, etwa solche, die aus der Zeit seiner Internierung stammten. Der Arzt riet Eduard, so rasch es ging nach Florenz zu reisen und ihm wenn immer möglich derartige Notizen einzuschicken. Die sofortige Überführung in die Schweiz hielt er für unmöglich. Selbstverständlich stehe der Aufnahme Karls in die Waldau nichts im Wege, aber letztlich müsse der Kollege in Florenz darüber entscheiden, wann der Zeitpunkt für den Transport gekommen sei. Speyr versprach, er werde von Grilli genaue Auskunft verlangen; einem Kollegen gegenüber sei der Direktor der Geheimhaltepflicht entbunden.

Etwas enttäuscht verliess Eduard die Anstalt. Er hatte mehr erwartet, doch verstand er, dass Speyr nichts Konkreteres sagen wollte und konnte. Wichtiger war, dass der Arzt ihn im Entschluss bestärkt hatte, nochmals nach Italien zu reisen, und zwar je eher, je besser. Die Erfahrungen in Rom hatten ihn belehrt, wie wichtig der Zeitfaktor war.

Der nächste Zug fuhr morgen früh, derselbe, den er auf den Tag genau zwei Monate zuvor bestiegen hatte. Vorerst indessen musste er noch etwas erledigen. Emil Welti erwartete ihn seit zwei Tagen in Bern. So befahl Eduard dem Kutscher, sogleich zum Haus von Emils Vater ins Kirchenfeld zu fahren.

Auf dem Weg hatte Eduard Zeit zu überlegen, was er Emil sagen wollte. Er gedachte ihm ohne Rückhalt alles zu rapportieren, was er über die knappen neun Tage wusste, die Karl in Freiheit verbracht hatte. In der Tasche trug er des Bruders jüngste Briefe; er würde sie wie die früheren zur Einsichtnahme vorlegen. Hildebrands Bericht sollte davon nicht ausgenommen sein.

Gleich zu Beginn konnte Emil einen gewaltigen Erfolg für sich buchen. Unter dem niederschmetternden Eindruck der jüngsten Ereignisse war Fürsprech Stauffer nämlich bereit, vom Florentiner Gericht persönlich Einstellung des Verfahrens zu verlangen und den Bruder, wenn der Gerichtshof dem Gesuch entspräche, nach Bern in die Waldau zu bringen. Emil hatte im Hinblick darauf bereits eine Erklärung vorbereitet, des Inhalts, er wolle für den Fall, dass Stauffer als geisteskrank erklärt werde, die gegen ihn erhobenen Klagen zurückziehen. Kam es dazu, dann war erreicht, was Weltis Advokat Jacot sechs Tage zuvor vergeblich zu erreichen versucht hatte: Kein Tribunal würde sich in Zukunft mehr um die Frage kümmern, ob die Verhaftung Karls begründet oder unbegründet, rechtmässig oder unrechtmässig erfolgt war, niemand würde mehr die unbequeme Frage stellen, wie sich die Gesandtschaft in Rom und wie er, Emil, sich dabei verhalten hatten. Endlich würde der Schleier des Vergessens über die unselige Geschichte gebreitet.

Nachdem Eduard gegangen war, setzte sich Welti an seinen

Schreibtisch und meldete dem Minister Bavier eingehend, was sich eben abgespielt hatte. Er kündigte an, dass Karl Stauffers Bruder morgen mit dem Frühzug nach Florenz reisen und dort dafür besorgt sein werde, dass das Gericht das Verfahren einstelle.

Als Welti so weit gekommen war, zwangen ihn Zweifel, eine böse Ahnung vielleicht, folgendermassen fortzufahren: «Hoffentlich macht das Gericht keine neuen Schwierigkeiten; nach der ganz unqualifizierbaren Art, wie die Untersuchung geführt wurde, wäre das eben nicht unmöglich.»

Als unqualifizierbar bezeichnete Emil das Vorgehen der italienischen Untersuchungsbehörden offenbar deshalb, weil sie an der genauen Abklärung der Tatbestände unbeirrbar festhielten. Er fuhr fort: «Fürsprech Stauffer versprach mir, von Florenz aus zu telegrafieren, ob das Gericht Einstellung des Verfahrens beschlossen habe, und ich werde mir erlauben, Ihnen sofort den Inhalt der Depesche ebenfalls telegrafisch mitzuteilen. Die Verfügung des Gerichts betreffend provisorische Freilassung ist um so unerklärlicher, als Stauffer auch während seiner Haft untrügliche Beweise seiner Geisteskrankheit gegeben hat. So übergab er zum Beispiel dem Untersuchungsrichter Gedichte, die dieser drucken sollte; ferner richtete er an ihn das Begehren, man solle meine Frau zu ihm ins Gefängnis bringen etc. etc. Das von mir eingereichte Tagebuch des Stauffer zu lesen, hat sich der Untersuchungsbeamte offenbar nicht die Mühe genommen. Wenn nur die traurige Sache jetzt endlich zur Ruhe kommt; ich wünschte dies namentlich auch im Interesse meines lieben Vaters, der sehr gedrückt ist und seit einiger Zeit über schlechten Appetit und Schlaflosigkeit sich beklagt.

... Von meiner armen Frau traf ich hier einen Brief, in welchem sie unter anderem schreibt, dass es ihr in Rom je länger je besser gefalle. Es tritt nun die schwierige Frage an mich, wo ich diesen Sommer und in der Zukunft mit meiner Frau mich niederlassen solle. Auf alle Fälle wohl in der Schweiz, aber an welchem Ort, darüber bin ich noch nicht im klaren. Wo es auch sei, die Aussicht in die Zukunft ist eine trübe und trostlose.

Ich wünsche, dass diese Zeilen Sie, hochverehrter Herr, und Ihre verehrte Familie... in bester Gesundheit treffen werden, und verbleibe mit nochmaligem innigem Dank für die unzählbaren Beweise Ihrer und Ihrer Frau Gemahlin warme Teilnahme an meinem

Unglück und für die tatkräftige Hilfe, welche Sie mir zu gewähren nie müde wurden.»

Unterdessen fuhr Eduard Stauffer über die Kirchenfeldbrücke zum Bundeshaus hinüber. Bundesrat Welti erwartete ihn schon. Er hielt ein französisch abgefasstes Empfehlungsschreiben bereit, in dem alle italienischen Behörden gebeten wurden, dem Überbringer in jeglicher Weise beizustehen. Dieses Dokument hatte er eigenhändig geschrieben und mit Namenszug und vollem Amtstitel unterzeichnet. Er bekleidete dieses Jahr wieder einmal den Posten des Vizepräsidenten des Bundesrates, trug also die zweithöchste Würde, die die Eidgenossenschaft zu vergeben hatte.

Eduard teilte ihm mit, er sei mit der Niederschlagung des Verfahrens und der Einleitung einer ärztlichen Untersuchung einverstanden. Nun konnte mit Hilfe des Empfehlungsschreibens nichts mehr schiefgehen. Das Gewicht seines Namens, der auch in Italien seit dem Bau der Gotthardbahn wohlbekannt war, würde die Wirkung nicht verfehlen.

Eduard nahm das Schriftstück dankend entgegen. Erleichtert begleitete ihn der Bundesrat zur Tür. Mit Diplomatie liessen sich die verwickeltsten Dinge lösen. Freilich musste man den Blick haben für den richtigen Zeitpunkt. Diesen Augenblick hatte er, so glaubte der Bundesrat, eben genutzt.

Gegen Abend kehrte Eduard nach Biel zurück. Auf dem Bahnhof kaufte er sich gleich die Fahrkarte für den folgenden Morgen. Die finanziellen Belastungen im Zusammenhang mit seinem Bruder begannen sich zu häufen. Nun musste er schon wieder die Praxis vernachlässigen. Seit die Affäre begonnen hatte, blieb ihm nicht mehr viel Zeit zur Betreuung der Klienten. Die Einnahmen gingen zurück, und er verfügte keineswegs über die unerschöpflichen Reserven der Weltis.

Am nächsten Morgen herrschte eisige Kälte, als er um sechs den Zug nach Florenz bestieg. Vierundzwanzig Stunden später war er dort. Er logierte sich im «Hotel de Londres et Pension Suisse» an der Via Tornabuoni ein. Hildebrand war noch immer krank, versprach aber, sofort nach seiner Genesung mit ihm in die Casa Nardini zu gehen, um mit dem Wirt abzurechnen, der als geldgierig bekannt war. Der Untersuchungsrichter hatte ihm die dreihundert Lire Kaution wiedererstattet, da der Internierte einer solchen

Summe jetzt nicht mehr bedurfte. Die Klage sollte zurückgezogen und Karl so bald wie möglich in die Heimat gebracht werden.

Übers Wochenende erlaubte der Direktor des Irrenhauses noch keinen Besuch; am Montag aber standen sich die beiden Brüder gegenüber. Karl erschien Eduard als krank, doch vermochte er nicht herauszufinden, welcher Art die Störung war. Im allgemeinen verhielt sich der Bruder ruhig, nur hatte er Mühe, die Gedanken beisammenzuhalten. Das zeigte sich besonders, als er versuchte, die Historie mit Lydia der Reihe nach zu erzählen. Er beteuerte, dass eigentlich er der Verführte sei und Frau Welti ihn förmlich gezwungen habe, mit ihm durchzubrennen. Dabei schwang Abneigung in seiner Stimme. Bald darauf jedoch redete er erneut von ihr als seiner inniggeliebten Lydia. An seine Krankheit glaubte er nicht und hielt deshalb seine Internierung für ungerechtfertigt.

Eduard sass Dr. Grilli, dem Direktor, gegenüber. Der wollte erst abwarten, was für einen Eindruck der Besuch auf den Kranken machte, bevor er entschied, wann Stauffer heimtransportiert werden dürfe. Eduard rechnete mit Ende der Woche.

Im Hotel fand er einen Brief von Bundesrat Welti. In ihm hiess es: «Verehrtester Herr! Ich habe in der Ihnen übergebenen Empfehlung den Fehler gemacht, darin auch von den Behörden zu sprechen, was ich in meiner persönlichen Eigenschaft nicht tun kann. Aus diesem Grunde lege ich Ihnen eine andere Fassung bei, von der Sie übrigens auch jeden beliebigen Gebrauch machen können.»

Das neue, gleichfalls französisch formulierte Schreiben lautete: «Der Unterzeichnete erlaubt sich, sich an all jene ihm bekannten Personen zu wenden, welchen diese Zeilen vorgelegt werden, und ihnen angelegentlich und dringendst Herrn Stauffer, Advokat aus Biel, zu empfehlen, der sich in wichtigen Angelegenheiten nach Florenz begibt. Herr Stauffer verdient in jeder Beziehung gut aufgenommen zu werden, und ich bitte, ihm alle Unterstützung angedeihen zu lassen, die er nötigenfalls verlangt.»

Es war auffallend, wie der Ton Bundesrat Weltis gewechselt hatte, seit er des Einverständnisses Eduards mit der Krankerklärung Karls sicher zu sein glaubte. Wieviel ihm daran lag, die Affäre zu seinen Gunsten zu bereinigen, ging daraus hervor, wie er sich um Eduard bemühte: «Haben Sie die Güte, mir über den

Fortgang Ihrer Bemühungen zu schreiben; vielleicht können wir Ihre Schritte in Florenz oder Rom unterstützen, wenn wir genau wissen, in welcher Weise es zu geschehen hat... Mit den freundlichsten Grüssen, Welti.»
Eduard schickte die ursprüngliche Fassung wunschgemäss zurück. Gleichzeitig aber liess er einen Brief an Emil abgehen, in den er alle Bitterkeit über das legte, was er von Rosadi gehört und im Irrenhaus gesehen hatte. Er konnte sich nicht enthalten, Welti und dessen Vater für den Zustand des Bruders verantwortlich zu machen.

Am nächsten Tage legte er Rosadi sämtliche Briefschaften und Dokumente vor, die er von Vater und Sohn Welti bekommen hatte. Der gewiefte Jurist erkannte sogleich, wo die beiden hinauswollten: Ihre Briefe und Empfehlungen waren deshalb plötzlich so überaus freundlich gehalten, weil sie um jeden Preis verhindern wollten, dass der Prozess bis zum für sie zweifellos blamablen Ende durchgeführt werde. Daher riet Rosadi, nicht auf der Einstellung des Verfahrens zu beharren. Er ahnte nicht, dass zur gleichen Stunde bereits ein Brief unterwegs war, den er zwar nie zu Gesicht bekommen sollte, der aber seine Vermutung vollumfänglich bestätigte. Diesen Brief hatte Bundesrat Welti Montag, den 20. Januar 1890, an seinen Helfer Bavier in Rom gerichtet. Er lautete: «Mein lieber Freund! Ihr freundlicher Brief an meinen Sohn» – die umgehende Antwort Baviers auf Emils Zeilen vom 16. Januar – «gibt mir doppelte Veranlassung, an Sie zu schreiben und Sie in erster Linie aufs neue mit Bitten zu belästigen, was ich ohne Ihr eigenes Anerbieten kaum getan hätte.» Wahrhaftig: Des Gesandten Eifer, seinem bundesrätlichen Freund von sich aus an die Hand zu gehen, liess nichts zu wünschen übrig. «Anderseits habe ich aber die Überzeugung, dass eine Unterredung mit Herrn Zanardelli» – dem Advokaten Emils in Rom – «sehr dazu beitragen würde, uns in dem etwas unklaren Labyrinth des italienischen Rechtsganges etwas Klarheit zu verschaffen. Wie es scheint, soll das Strafverfahren gegen Stauffer auch auf den Fall seinen Fortgang nehmen, dass derselbe als geisteskrank erklärt wird» – und nun kam der Bundesrat zu jenem Punkt, der ihm weitaus am wichtigsten war –, «womit wir offenbar das grösste Interesse daran hätten, dass das Verfahren in diesem Falle entweder ganz aufgehoben oder doch wenigstens eingestellt würde. In diesem Sinne hat Emil eine Erklärung ausgestellt und dem Bruder von Stauffer zuhanden der Florentiner Gerichtsbehörden mitgegeben. Dieselbe lautet dahin, dass er auf den Fall, dass Stauffer als geisteskrank erklärt werde, die gegen ihn erhobenen Klagen zurückziehe.

Ich weiss nun nicht, was geschieht. Vor allem sollte der Angeklagte auf seinen Gesundheitszustand untersucht werden, wozu in seiner Person und in den von Emil und dem Bruder eingereichten Schriftstücken die nötigen Materialien vorliegen.

Wird er als unzurechnungsfähig erkannt, so wird der Bruder verlangen, dass ihm erlaubt werde, Stauffer nach seiner Heimat zu bringen, insofern dies aus ärztlichen Gründen möglich ist. Die Hauptfrage ist nun die, ob die Gerichte dieses zugeben, und hierüber könnte wohl niemand besser als der Justizminister Auskunft geben.»

Mit diesem Satz liess der Bundesrat die Katze aus dem Sack. Nur Intervention von höchster Seite konnte das Verfahren mit Sicherheit in die gewünschte Bahn lenken. Gab der oberste Vorgesetzte aller italienischen Gerichte den Justizbehörden von Florenz einen Wink, so würden diese sich beeilen, die Untersuchung endgültig zu begraben.

Aber Bundesrat Welti war ein zu gewiefter Taktiker, als dass er mit der Tür geradewegs ins Haus fiel. Die Beeinflussung durfte nicht offensichtlich sein. Bekam jemand Wind von dem Druck, der da auf das Florentiner Gericht ausgeübt werden sollte, so konnte das Unannehmlichkeiten nach sich ziehen. Darum setzte er sofort hinzu: «Ein Gesuch irgendwelcher Art möchte ich an ihn nicht stellen und ebensowenig Ihnen zumuten, dasselbe zu vermitteln. Aber eine blosse Anfrage ist ja wohl erlaubt und kann unter keinen Umständen Anstoss erregen.»

Welti war sich darüber im klaren, was auch eine blosse Anfrage in diesem Fall bedeutete, wenn sie von ihm als dem Vizepräsidenten des Bundesrates kam und vom schweizerischen Gesandten in Rom übermittelt wurde. Der Justizminister würde, schon im Interesse der gutnachbarlichen Beziehungen zwischen der Schweiz und Italien, dem Kollegen den Dienst nicht versagen. Doch Welti war dabei gedeckt: Ein förmliches Gesuch stellte er nicht, und auch der Gesandte blieb aus dem Spiel, weil er nur eine simple

Anfrage weiterleitete... Ähnlich war man ja im November gegenüber den römischen Polizei- und Gerichtsinstanzen verfahren.

Nach dieser subtilen Unterscheidung setzte Bundesrat Welti den Brief fort: «Wenn Sie der gleichen Ansicht sind und Herrn Zanardelli die ganze traurige Geschichte auseinandersetzen wollten, so würde er Ihnen ohne Zweifel auch sagen, was geschehen kann und auf welche Weise zum Ziele zu gelangen ist; wir würden überhaupt über alles, was noch zu erwarten steht, grössere Klarheit bekommen. Jedenfalls scheint es mir, dass die Verhandlungen so lange werden ruhen müssen, als Stauffer krank ist, denn man wird doch wohl so einen Geisteskranken nicht vor Gericht stellen wollen.» Damit wäre wenigstens ein Aufschub erzielt. Es war aber auch denkbar, dass die Krankheit nie aufhörte – und das hätte vom Standpunkt Weltis aus kein Unglück bedeutet. Indessen musste man auch mit der Heilung rechnen: «Wenn er wieder gesund wird, muss dann der Prozess fortgesetzt werden, auch wenn die Klage zurückgezogen wird?» Traf das zu, so waren alle Bemühungen umsonst. «Doch Sie wissen ja alle diese Fragen selbst zu formulieren, und wenn Sie es tun wollen und Herrn Zanardelli konsultieren, so sind wir Ihnen einen herzlichen Dank schuldig.»

Zum Schluss klagte der Bundesrat dem Gesandten, dass er sich nicht in das Elend zu schicken vermöge, das über ihn gekommen sei. «Es ist leider nicht wahr, dass die Zeit alles heilt, jedenfalls für mein Alter nicht; ich sehe es deutlich voraus, dass die Tage, die mir noch beschieden sind, schwere und kummervolle sein werden. Ich beklage mich für meine Person nicht und weiss sehr wohl, dass ich überhaupt keinen Anspruch darauf habe, glücklich zu sein. Aber wenn ich an meine armen Kinder denke, die länger als ich werden ausharren müssen und denen die Blüte ihres Lebens geknickt ist, so weiss ich manchmal keinen Ausweg mehr...»

Zwei Tage zuvor hatte der Gesandte in Rom ein böses Erwachen gehabt, und deshalb kreuzte sich der eben zitierte Brief mit einem dringenden Schreiben Baviers an Bundesrat Welti. Der Minister war nämlich in der Tessiner Zeitung «Dovere», Ausgabe vom 17. Januar 1890, angegriffen worden. Das Locarneser Blatt befasste sich kritisch mit dem Vorgehen der Gesandtschaft gegenüber Stauffer. Es schrieb: «Die Meldungen über die Verhaftung von Herrn Stauffer... rufen ein ungutes Gefühl hervor. Da bisher beim Bundesrat kein Einspruch erhoben worden ist, versteht man nicht, wie Herr Bavier offiziell hat intervenieren können, so wie er es getan hat. Stauffer wurde nach seiner Verhaftung in Rom nach Florenz geführt, wo er sich gegenwärtig befindet. Man sagt, die Arretierung habe in ihm eine so grosse Gemütserregung hervorgerufen, dass seine Gesundheit ernstlich gelitten habe. In der Öffentlichkeit werden diese Tatsachen lebhaft kommentiert, und die Empörung ist allgemein. Herr Stauffer hatte mit der Familie Welti-Escher Auseinandersetzungen, aber diese rechtfertigten in keiner Weise die Intervention des Herrn Bavier. Man verlangt eine Untersuchung.» Durch diese Notiz wurde die Affäre in die breite Öffentlichkeit getragen. Der Verfasser sah in ihr ein Beispiel dafür, wie Mächtige dank ihren Beziehungen einen Missliebigen beseitigen können.

Der Angriff musste in Bern eine Untersuchung auslösen. Eine solche konnte Bavier Scherereien, ja sogar ein unrühmliches Ende seiner Laufbahn bringen. So war es verständlich, dass er seine Sorgen sogleich dem Papier anvertraute und den Brief unverzüglich der Post übergab. Diese arbeitete wie immer prompt und legte ihn dem Bundesrat am Morgen des 21. Januar auf den Tisch.

Kaum hatte Welti gelesen, was vorgefallen, griff er zur Feder. Er schrieb: «Mein lieber Freund! Es schmerzt mich sehr, dass Sie nun noch in der Presse Angriffe erfahren, und ich würde gerne auch das noch auf mich nehmen, wenn ich könnte.» Er ahnte nicht, dass dieser Wunsch nur allzubald in Erfüllung gehen sollte. «Aber es scheint, dass es noch nicht genug ist; ich soll auch meine Freunde noch unter meinem und der Meinigen Unglück leiden sehen. – Glücklicherweise ist der Angriff ein ungerechter und unbegründeter. Sie haben in gar keiner Weise das Einschreiten irgendeiner Behörde gegen Stauffer veranlasst oder unterstützt.» Den letzten Satz unterstrich er mit der Feder.

War der Bundesrat dabei gewesen, dass er derartiges schreiben durfte? Seine einzige Quelle war sein Sohn. Darum ging der Brief so weiter: «Soviel ich von Emil weiss, beschränkt sich Ihre Tätigkeit ausschliesslich darauf, dass Sie auf das Verlangen des Ehemanns die mit ihrem Verführer flüchtige Frau haben überwachen lassen. Ich denke, das sollte Ihnen kein anständiger Mensch zum

Vorwurf machen, um so weniger, als durch diese Überwachung Stauffer kein Haar gekrümmt worden ist. Die amtlichen Klagen und Anzeigen sind ausschliesslich von meinem Sohn ausgegangen...»

Der Bundesrat stützte sich also darauf, dass in dieser Sache kein Schriftstück der Gesandtschaft bei den italienischen Behörden vorlag; dass aber das Vorstelligwerden des Ministers bei der Polizei und die Intervention seines Ersten Sekretärs bei Gericht ein beschleunigtes Verfahren ausgelöst hatten, welches sonst kaum ins Rollen gekommen wäre und das mit der Einkerkerung Stauffers endete, verschwieg Welti. Stauffer war also mehr als ein «Haar gekrümmt worden». Der Bundesrat wandte die gleiche Taktik an wie im Briefe vom Vortag, wo er vermieden hatte, als Amtsperson auf den italienischen Justizminister einzuwirken oder den Gesandten einwirken zu lassen. Es war die indirekte, aber nicht weniger wirksame Methode.

Der Brief war noch nicht zu Ende: «Dass die ebenfalls auf Verlangen meines Sohnes angeordnete Untersuchung von Lydia gar nicht für Dritte in Betracht kommen kann, versteht sich von selbst.»

Damit brachte Welti zum Ausdruck, dass es niemanden etwas angehe, auf welche Weise die Frau seines Sohnes für geistesgestört erklärt worden war. Sollten sich Aussenstehende, Unparteiische, mit der Sache befassen, so mussten sie freilich bald merken, wie faul sie war. Nicht umsonst hatte das Gericht in Rom das ärztliche Attest als Beweisstück zurückgewiesen, weil die Untersuchung nicht von amtlicher Seite angeordnet worden war und deshalb keine Gewähr für Objektivität bot.

Angriff ist bekanntlich die beste Verteidigung. Das wusste auch Bundesrat Welti. Deshalb gab er im folgenden seinem Freund in Rom genaue Instruktionen, wie er einer allfälligen Untersuchung von seiten der Bundesbehörden zuvorkommen könne:

«Unter allen diesen Umständen ist meine Meinung die, dass Sie am besten täten, veranlasst durch den Artikel des ,Dovere', die obgenannten Tatsachen dem Departement des Auswärtigen von sich aus zu berichten. Tun Sie es nicht und bemächtigt sich die Presse noch weiter der Sache, so wird es nicht fehlen, dass das Departement Sie zum Bericht auffordert. Ich glaube, meine Herren

Kollegen sind überhaupt schon lange neugierig. Dieser letztere Umstand würde mich übrigens nicht zu einem langen Bericht veranlassen. Die Hauptsache wird darin bestehen, dass Sie den Vorwurf, als hätten Sie das gerichtliche oder polizeiliche Einschreiten veranlasst oder sich in dasselbe eingemischt, bestimmt verneinen und zurückweisen. Wer dann noch mehr will, der soll Ihnen sagen, was man für Vorwürfe zu machen hat.»

Welti riet Bavier also nicht, die Vorgänge in allen Einzelheiten darzulegen, im Gegenteil: Sein Rat, ja seine Aufforderung ging dahin, der Gesandte habe einfach rundweg alles abzustreiten.

Endlich näherte sich der Bundesrat dem Schluss des Briefes: «Man hat mir gestern den Artikel des ‚Dovere' auch gezeigt und sogar behauptet, er sei von einem meiner Kollegen inspiriert. Ich traue diese Niederträchtigkeit keinem zu. Dass Sie, mein lieber Freund, nun noch hineingezogen werden, ist mir entsetzlich. Doch zum Glück wird es ohne Erfolg sein. Schreiben Sie uns bald, was Sie zu tun gedenken, und nehmen Sie die Sache nicht zu schwer, ich bitte Sie. Ihr Welti.»

Bundesrat Welti wusste genau, warum er geschrieben hatte, die Angriffe auf Bavier würden ohne Erfolg sein. Welche Gegenmassnahmen er zu ergreifen hatte, war ihm sogleich klar. Er zögerte auch nicht zu handeln. Der Erfolg war durchschlagend, wenigstens was den «Dovere» betraf. Vierzehn Tage nach dem Erscheinen ihres Artikels sah sich die Zeitung nämlich gezwungen, einen klassischen Rückzieher zu machen. Sie musste sich genau an die Auffassung Weltis halten. In ihrer Samstagausgabe vom 1. Februar veröffentlichte sie folgende «Richtigstellung», deren Argumentation und Wortschatz unverkennbar aus Bern stammten:

«Wir haben die Meldung einer Schweizer Zeitung wiedergegeben, wonach in Rom einer unserer Landsleute, der junge Maler Stauffer von Bern, verhaftet worden ist, und haben diese Notiz mit gewissen Kommentaren versehen, wonach unser Minister in Rom, Herr Bavier, sich eine unerklärliche Einmischung erlaubt habe. Nachdem wir jetzt besser informiert sind, drängt sich eine Richtigstellung auf: 1. Die Verhaftung Stauffers geht ausschliesslich auf Privatangelegenheiten zurück, über die im einzelnen zu berichten das Feingefühl verbietet, um so mehr, als der Gesundheitszustand dieses selbigen Herrn Stauffer daran am meisten Schuld trägt. 2. In besagte Verhaftung hat sich die schweizerische Gesandtschaft in Rom weder direkt noch indirekt in irgendeiner Weise eingemischt; diese ist von den italienischen Behörden vollzogen worden, und zwar auf die Klage der interessierten Personen hin; Stauffer wurde daraufhin nach Florenz übergeführt, wo ihm der Instruktionsrichter die provisorische Freiheit gewährte; heute befindet sich Stauffer in einem Irrenhaus. Auf die wahren Verhältnisse zurückgeführt, verliert die Angelegenheit jenes Gewicht, das ihr einige Zeitungen haben zumessen wollen, und es bleibt offensichtlich nichts mehr übrig von der Kritik, die allzu leichtfertig gegen unsere Legation in Rom erhoben worden ist.»

Die Sorgen, welche Mutter Stauffer bedrückten, waren anderer Art. Am 19. hatte sie den Brief Rosadis bekommen, der das Verhalten Karls nach der Entlassung aus dem Gefängnis schilderte. Dann trafen die ersten Berichte Eduards ein. Nun trieb sie die Unruhe in den Zimmern umher. Sie hatte Frau Richardet, die Weissnäherin, im Haus, eine entsetzlich redselige Person. Heute Mittwoch lief ihr Mundwerk gottlob etwas langsamer. Mutter Stauffer wusste, was Weissnäherinnen sind, die in Privathäusern arbeiten: Zwischenträgerinnen allen Klatsches, und so würde in Kürze halb Biel über die neuesten Ereignisse in Italien orientiert sein, wenn sie sich nicht von ihr zurückzog.

Sie ging in die Wohnstube hinüber. Etwas stimmte nicht. Nach einer Weile merkte sie, dass die Wanduhr nicht lief. Eduard oblag sonst die Pflicht, sie in Gang zu halten. Nun rückte Mutter Stauffer selbst einen Stuhl herbei und zog sie auf. Schlug die Uhr richtig, so war ihr gleich, als ob auch sonst alles in Ordnung sei.

Doch diesmal wich die Bedrückung nicht. Sie verschaffte sich Luft, indem sie Eduard schrieb. Aber es wurde ein konfuser Brief. Sie riet ihrem Zweitältesten, zum Rücktransport Karls eine Zwangsjacke mitzunehmen: «Ich möchte doch dann nicht noch Dein Leben aufs Spiel setzen.» Dann sprang sie zu einem andern Gedanken über: «Es wird jedenfalls noch schreckliche Kosten geben und dünkt mich, der Welti brauchte nicht immer bloss nur auf seinen Beutel zu verweisen, sondern er hätte Dir gleich etwas mitgeben können.» Selbstverständlich war Frau Stauffer nicht so naiv zu glauben, Emil rücke aus Barmherzigkeit mit Geld heraus. Aber sie dachte, wenn ihm so viel an der Beendigung der Untersuchung liege, dürfe er wohl einiges springen lassen, zumal es mit den eigenen Finanzen schlecht stand: «Die dreitausend Franken, die Karl mir zur Verfügung stellte und von denen ich hoffte, die Zinsen zu beziehen, sind nun alle den Mäusen; die Statue kauft er» – sie meinte Welti – «ihm nun auch nicht mehr ab. Bicci muss auch ein minderer Kamerad sein, dass er uns mir nichts, dir nichts um hundert Franken bringt.» Und: «Es tut mir so leid, dass der ganze verzwackte Handel nun auf Dir lastet.» Doch nochmals kam sie auf die Knausrigkeit Emils zu sprechen: «Der geizige Gstabi hätte Dir auch an die Hand gehen können...»

In San Bonifazio in Florenz beruhigte sich Stauffer nur langsam. Immerhin befand er sich in der mittleren Kategorie, die Mahlzeiten waren geniessbar. Das neue Zellenfenster, vergittert wie jenes im Gefängnis, ging auf den Garten der Anstalt hinaus.

Von sofortiger Überführung in die Heimat war nicht mehr die Rede. Eduard beschloss, nächstens allein heimzufahren. Unterredungen mit Rosadi hatten ihn erneut davon überzeugt, dass der Prozess bis zum Ende durchgefochten werden musste, wollte man nicht den Trumpf aus der Hand geben, der schliesslich allein stechen würde: der gerichtlich festgestellte Beweis für die Unhaltbarkeit der Anklage und damit für Karls Unbescholtenheit und Unschuld.

Aber nicht nur die Einsicht, dass die Familie Stauffer die völlige Rehabilitierung Karls unbedingt brauchte, bewirkte die Fortführung des Prozesses. Es gab auch einen objektiven Grund. Als Eduard nämlich die Rücktrittserklärung Emils dem Gericht vorlegte, erwies es sich, dass sie nach italienischem Gesetz formell unrichtig war. Das telegrafierte er sogleich nach Bern. Daraufhin beauftragte Dr. Welti umgehend seinen Rechtsvertreter in Rom, Zanardelli, er möge den Verzicht auf Klage aufgrund der Vollmacht einreichen, die ihm Welti noch im vergangenen Jahr ausgestellt hatte. Zanardelli antwortete, die ihm erteilte Vollmacht ermächtige ihn nicht zum Rückzug der Klage. Er halte den Rückzug überhaupt für unnötig, da das Gericht von sich aus den Prozess niederschlagen werde, sobald der Nachweis erbracht sei, dass Stauffer in geistiger Umnachtung gehandelt habe.

Weil dieser Bescheid des Römer Rechtsanwaltes erst Freitagabend, den 24. Januar, in Bern eintraf, konnte Welti diese juristischen Komplikationen nicht früher als am Samstag nach Florenz melden. Er schrieb an Eduard:

«Lieber Stauffer. Mein Advokat in Rom schrieb mir gestern, dass er die Rücktrittserklärung für unnötig halte, weil das Gericht in Florenz mit Rücksicht auf Deines Bruders Geisteszustand sehr wahrscheinlich erklären werde, dass meinen Klagen keine weitere Folge zu geben sei. In ganz demselben Sinne äussert sich die schweizerische Gesandtschaft.»

Das konnte diese tun, weil sie hoffte, die Intervention Baviers, die «Anfrage» beim italienischen Justizminister, werde die gewünschten Früchte zeitigen. Davon schrieb Emil allerdings nichts. Er fuhr fort: «Wenn Du trotzdem wünschest, dass ich Dir eine Rückzugserklärung zustelle, so werde ich es selbstverständlich tun. Angesichts des grenzenlosen Elendes bleibt in mir nur das Gefühl des tiefsten Mitleides und der Trauer zurück, das kann ich Dich versichern.»

Das erneute Angebot, die Klagen zurückzuziehen, war wohlverstanden nach wie vor keineswegs dem Eingeständnis gleichzusetzen, dass Stauffer unschuldig sei; auch diese Offerte setzte voraus, dass das Verfahren einzig und allein der Geistesverfassung Karls wegen niedergeschlagen würde.

Dann kam Emil auf etwas zu sprechen, was ihn besonders beschäftigte. Eduard hatte ja nicht nur telegrafiert, sondern einen Brief geschrieben, in dem er ungefähr die gleichen Vorwürfe erhob wie der Artikel im «Dovere». Dazu hatte er die Angriffe auf Emils Vater ausgedehnt. Seine Attacken gründeten sich auf die Unterredungen mit Karl und Rosadi. Emil konnte sie nicht hinnehmen; sonst hätte er zugegeben, dass sie stimmten. Also schrieb er weiter: «Wenn Du selbst einmal wieder ruhiger zu überlegen imstande bist, wirst Du finden, dass Du mir den Brief vom 20. des Monats nicht hättest schreiben sollen und dass Du namentlich meinem Vater gegenüber nicht richtig gehandelt hast. Ich habe meinem Vater von jenem Briefe nichts mitgeteilt, um ihm einen traurigen Eindruck zu ersparen, und will auch mit Dir hier wegen der Richtigkeit oder Unrichtigkeit Deiner Annahme nicht rechten. Nur das bitte ich Dich nicht zu vergessen, dass doch gewiss beim Handeln von Geisteskranken – denn dass sowohl Dein Bruder als meine Frau schon seit längerer Zeit gestört waren, wird mir immer mehr klar – von Schuld (Verführung) nicht gesprochen werden kann.»

Mit diesem Satz setzte sich Emil zum erstenmal von der Ansicht seines Vaters ab, der am 21. Januar in seinem Schreiben an Bavier das Wort «Verführer» noch ohne Einschränkung gebraucht hatte. Emil ging aber noch weiter und schrieb: «Ob mein Verhalten korrekt gewesen ist oder nicht, das zu beurteilen steht mir nicht zu, aber ich glaube, auch Du seiest in dieser Sache – und namentlich jetzt – kein unparteiischer Richter. Ich nehme Dir Deine Äusserungen nicht übel, denn es weiss niemand besser als ich die Situation zu würdigen, in welcher Du dieselben getan hast, und es soll mich auch nicht abhalten, künftighin dem armen Irrsinnigen diejenigen Freundschaftsdienste zu erweisen, die ich ihm erweisen kann. Mit freundlichem Gruss.   Dein Dr. Emil Welti.»

Als Welti seine Unterschrift unter diesen Brief setzte, sass der Adressat bereits im Zug nach der Schweiz. Die Post aber tat ihre Pflicht; sie beförderte das Schriftstück, wie es sich gehörte, nach Florenz ins «Hotel de Londres», von wo es den gleichen Rückweg antrat wie wenige Tage zuvor der Empfänger.

Der Notar wurde aus dem Inhalt nicht klug. War tatsächlich eine Wendung in Emils Haltung eingetreten? Dachten die Weltis wirklich nicht wie bisher nur an sich selbst? Durfte er dem Angebot trauen, Emil wolle in Zukunft Karl im Rahmen des Möglichen beistehen, und das sogar als Freund? Der Ton war derart ungewohnt, dass er Mühe hatte, an Aufrichtigkeit zu glauben. Zudem: Wann seit der Verhaftung hatte Emil dem Bruder je Freundesdienste geleistet? Oder war das ganze bloss Taktik? Gab sich Welti den Anstrich der Grossmut, um sein Ziel desto sicherer zu erreichen, nämlich Eduard über seine wahren Absichten zu täuschen?

Eduard war verwirrt. Alles, was er in Rom und Florenz mit eigenen Augen und Ohren gesehen und gehört hatte, sprach dafür, dass seinem Bruder ein schweres Unrecht zugefügt worden war. Von dieser Überzeugung brachten ihn auch die Zeilen Emils nicht ab. Sie kamen um Wochen zu spät. Darum beschloss Eduard, auf die Rückzugserklärung zu verzichten, und beantwortete den Brief nicht. Das bedeutete den Bruch mit der Familie Welti. Er fand dabei die volle Unterstützung seiner Mutter.

Seit einiger Zeit sammelte diese die sich mehrenden Notizen und Meldungen über die Verhaftung ihres Ältesten in Rom. Die Zeitungsausschnitte versprachen zu einem stattlichen Häufchen anzuwachsen. Zuunterst lag die Nummer 104 des «Emmenthaler Blattes» vom 28. Dezember 1889, einer Lokalzeitung, die etwa dreissigtausend Leser hatte. Die Darstellung ging freilich weit an der Wahrheit vorbei. Sie lautete:
«Frau Dr. Welti-Escher soll sich gegenwärtig als geisteskrank in Königsfelden befinden. Schon im Belvoir-Enge war der Porträtmaler Stauffer aus Bern Hausfreund, und zwar so sehr, dass er dort längere Zeit sein Atelier aufgeschlagen hatte. Nach der Übersiedelung nach Florenz stellte sich auch sofort der Maler wieder ein, und während Herr Dr. Welti in Geschäften für einige Zeit nach Zürich zurückkehren musste, entführte der Herr ‚Hausfreund' die Frau Dr. Welti nach Rom, setzte sich in den Besitz ihrer sämtlichen Kostbarkeiten und ebenso mehrerer Wechsel im Betrage von je fünfzigtausend Franken. Da aber die Gebarung der zwei jungen Leute, zumal das aufgeregte Wesen der Frau Dr. Welti, Aufsehen erregte, griff der schweizerische Gesandte Bavier in das Drama ein und veranlasste durch italienische, deutsche und schweizerische Ärzte eine Prüfung des geistigen Zustandes der bedauernswürdigen Frau. Die Untersuchung ergab übereinstimmend – Irrsinn! Daraufhin wurde der gewissenlose Maler, der die Geisteskrankheit der Frau Dr. Welti dazu benutzt hatte, sich Vorteile zu verschaffen, verhaftet, die Kranke aber, wie eingangs gemeldet, nach Königsfelden verbracht. – Wir entnehmen diese Daten einer Korrespondenz des ‚Oberländers'.»

Danach folgte ein Artikel aus dem in Biel redigierten «Journal du Jura», und zwar in der besonders häufig gelesenen Sonntagsausgabe vom 26. Januar 1890. Der Korrespondent in Bern betonte. dass mit Ausnahme des «Emmenthaler Blattes» und des «Oberländers» «die schweizerische Presse eine Mauer des Schweigens um diese Affäre» baue. Dann fuhr er fort: «Ich will hier nicht alles wiedergeben, was im ‚Emmenthaler Blatt' berichtet wird, denn ich bin überzeugt, dass die Tatsachen völlig entstellt wurden; aber es gibt einen Punkt, über den, wie mir scheint, nicht geschwiegen werden darf. Das ‚Emmenthaler Blatt' zieht unmittelbar Herrn Bavier, Botschafter der Schweiz in Rom, in die Sache, und dessen Intervention ist offiziell noch nicht in Abrede gestellt worden... Ich weiss nicht, warum der Bundesrat, der sonst sehr kitzlig ist, wenn es sich um Presseangriffe handelt, es nicht für nötig befunden hat, sich mit dieser Angelegenheit zu befassen. Sie dreht sich ja schliesslich nicht um irgendeinen Hergelaufenen: Stauffer ist ein sehr talentierter junger Mann, er ist unser Mitbürger, und er hatte daher das Recht, von Minister Bavier beschützt zu werden, wenn er eine Auseinandersetzung mit den italienischen Behörden hatte. Wie dem auch sei: Das alles erklärt nicht das allgemeine Schweigen der Presse. Würde ein wenig Licht in die Sache gebracht, so hörten die Erörterungen von selber auf. Hoffen wir, dass es dazu kommen werde.»

An die letzten Sätze knüpfte Rechtsanwalt Eduard Stauffer an, als er gegen Ende Januar beschloss, sich an das Eidgenössische Justiz- und Polizeidepartement zu wenden. Er, der die Dinge aus nächster Nähe hatte mitansehen müssen, fühlte sich legitimiert, eine wahrheitsgemässe Darstellung der Vorgänge zu geben. Er erhoffte eine unparteiische Untersuchung der ganzen Affäre. Er war sich freilich bewusst, was es hiess, den ehemaligen Bundesrat und Bundespräsidenten und jetzigen Gesandten in Rom des Amtsmissbrauchs zu bezichtigen und durchblicken zu lassen, dass das Vorgehen dieses Mannes nur möglich gewesen sei, weil er sich einem amtierenden Bundesrat verpflichtet und gleichzeitig von diesem gedeckt gefühlt habe. Deshalb befleissigte sich Eduard Stauffer eines äusserst zurückhaltenden Stils. Seine Eingabe vom 30. Januar 1890 begann:

«An das Eidgenössische Departement der Justiz und Polizei in Bern.

Hochgeehrter Herr Bundesrat! Seit einiger Zeit macht in der Presse mit Recht eine, wie man allgemein sagt, romanhafte Geschichte von sich reden, und es verlangt das Publikum über die Vorgänge genauen Aufschluss und die Intervention der Bundesbehörden. Da ich nun im Falle bin, die verlangte Aufklärung zu erteilen und von einer Publikation in der Presse gerne absehen möchte, so erlaube ich mir, Ihnen diese Zuschrift zu unterbreiten.»

Danach fasste Eduard die Vorgeschichte bis zum September 1889 kurz zusammen und schilderte anschliessend alle Einzelheiten der Vorgänge in Italien, soweit sie ihm bekannt waren. Dabei enthielt er sich jeglicher persönlicher Angriffe auf Dr. Welti und Minister Bavier. Seiner Darstellung fügte er folgende Bemerkungen an: «Der Zweck meines Berichtes ist nun der, bei dem hohen Justiz- und Polizeidepartement der Eidgenossenschaft eine Untersuchung dieser Vorfälle zu beantragen und dasselbe zu bitten, dafür sorgen zu wollen, dass mein Bruder nicht auf ungebührliche Weise behandelt wird, dass ihm in der Irrenanstalt die gehörige Pflege zuteil wird und dass seine Familie benachrichtigt wird, wann ein Transport möglich ist.

Ich erlaube mir keine Verurteilung des Benehmens der beteiligten Personen. Es wird Sache des hohen Bundesrates sein, die nötigen Massregeln zu treffen. Ich bitte nur um Schutz gegen Macht und Geld für meinen armen Bruder.

Ein jeder Schweizer Bürger hat in gleicher Weise Anspruch auf den Schutz der Gesandtschaft. Ich glaube mit vollem Recht behaupten zu dürfen, dass der Schutz der Gesandtschaft nicht nur nicht zuteil geworden ist, sondern dass man denselben, sei es aus Freundschaft für die Familie des Verfolgers, sei es aus anderen Rücksichten, geradezu unterdrückt hat.

In der Erwartung, dass Sie, Herr Bundesrat, die ganze Angelegenheit einer unparteiischen Untersuchung unterwerfen und meinen Bruder bei seinen Rechten schützen werden, verharre ich mit vollkommener Hochachtung als Ihr durchaus ergebener
Eduard Stauffer, Fürsprecher.

Diese Eingabe ging Freitagabend, den 31. Januar 1890, im Bundeshaus ein, und zwar unter der Registernummer 274. Bundesrat Droz fühlte sich indessen nicht zuständig. Er übergab sie der politischen Abteilung des Departements des Auswärtigen. Dort wurde sie mit der Nummer 104 versehen. Wie würde die Antwort ausfallen?

In den Tagen, da Eduard Stauffer seine Eingabe abschickte, sass in seinem vergitterten Zimmer mit Blick auf den noch immer winterlich kahlen Irrenhausgarten sein Bruder Karl und füllte wiederum grosse, rauhe Bogen mit Gedichten. Das meiste schrieb er mit Bleistift; die Tinte sparte er für die Reinschrift auf. Die Verse kreisten um Vater und Mutter, um den Vater, dessen Schicksal er nun teilte, und um die Mutter, die seinetwegen am Verzweifeln war. Dann wieder packte ihn die Sehnsucht nach der Frau, um deretwillen er all das Schreckliche der letzten Monate erlitten hatte. Plötzlich indessen schlug seine Stimmung um, und oben auf einen liniierten Briefbogen setzte er hin: «Herrn Klinger, Rom, Via Claudia 8.» In vom Zorn beflügelten Lettern schrieb er: «Nach dem Vorgefallenen hören natürlich zwischen uns beiden alle Beziehungen auf. Mit einem Menschen, der mich erst für verrückt erklärt, dann für einen Schuft hält, auf Beleidigungen nicht reagiert» – damit spielte er auf seinen ersten Brief mit der Aufforderung zum Duell an –, «ist es mir unmöglich zu verkehren. Jeder Annäherungsversuch Ihrerseits würde von mir ignoriert oder falls nötig mit der Reitpeitsche beantwortet, also sehen Sie sich vor. Einen guten Rat noch auf den Weg: Lassen Sie sich Ihren Uterus untersuchen; Sie sind hysterisch, und rennen Sie gefälligst Ihren Starrkopf allein ein an den Mauern menschlicher Dummheit, mir ist die Lust vergangen. Ferner, ob wir auch im Narrenhaus sind: Weder Lydia noch ich waren einen Augenblick verrückt. – Falls Ihnen wieder ein Mensch begegnet wie ich, so tragen Sie besser zu ihm Sorge, basta. Im übrigen bleiben Sie mir gefälligst gewogen.»

Ob der Brief durch die Zensur, die der Direktor ausübte, durchschlüpfen werde, wusste er nicht. Aber es tat schon gut, dem Grimm freien Lauf zu lassen. Lange Aufgestautes löste sich wohltuend, sobald es Worte fand. Ein Wort fand er auch für sich selbst, ein Wort, in dem alles mitschwang, was ihn erfüllte: die Ausweglosigkeit seiner Lage, Hohn auf die Mitwelt, die ihn für verrückt hielt, und tiefe Verzweiflung darüber, dass er vielleicht doch das Erbe seines Vaters angetreten hatte. Von jetzt an nannte er sich: der Narr von San Bonifazio.

Die kleineren Zeitungen in der Schweiz hielten sich nach wie vor nicht an das Schweigegebot, das sich die grosse Presse aus Rücksicht auf die Familie Welti selbst auferlegt hatte. In der Freitagsausgabe vom 31. Januar 1890 brachte das «Journal du Jura» eine im wesentlichen korrekte Zusammenfassung der Ereignisse in Italien bis zur Freilassung des Malers gegen Kaution. Der Ton des Artikel war sachlich. Die letzte halbe Spalte lautete:

«Das sind im grossen und ganzen die Fakten, wie sie uns von einer genau informierten Persönlichkeit berichtet worden sind. Und nun: Welche Rolle spielt die schweizerische Gesandtschaft in Rom in dieser Sache? Nach Aussage kompetentester römischer Juristen – Advokat Rossi ist, wie ich glaube, einer der Sachwalter der Krone – hatte die Verhaftung des Malers nur aufgrund einer diplomatischen Intervention erfolgen können. Karl Stauffer hatte seinen Wohnsitz in Rom, er besass dort ein Atelier, er bezahlte in dieser Stadt die Steuern, und sämtliche Formalitäten, die seinen Aufenthalt in Rom betrafen, waren peinlichst genau erfüllt. Nach italienischer Rechtsprechung hätte er unmöglich bloss auf das Verlangen eines Ausländers hin verhaftet werden können, dessen Beschuldigungen schon auf den ersten Blick als in keiner Weise gerechtfertigt erschienen. Es wird deshalb allmählich nötig, dass in diese traurige Angelegenheit vollumfänglich Licht gebracht werde, und es drängt sich auf, dass auf unwiderlegbare Weise dargetan werde, dass die schweizerische Gesandtschaft in Rom nicht die Hände im Spiel gehabt habe. Das Gegenteil würde uns in Erstaunen versetzen bei einem Diplomaten, dessen Integrität bisher über alle Zweifel erhaben gewesen ist.»

Während diese Zeilen von unzähligen Abonnenten gelesen wurden, sass in Rom Minister Bavier an seinem Schreibtisch und verfasste eine erste Rechtfertigungsschrift zuhanden des Departementchefs des Auswärtigen in Bern. Er befolgte dabei genau die Instruktionen, die ihm Bundesrat Welti im Brief vom 21. Januar erteilt hatte: «Die Hauptsache wird darin bestehen, dass Sie den Vorwurf, als hätten Sie das gesetzliche oder polizeiliche Einschreiten veranlasst oder sich in dasselbe eingemischt, bestimmt verneinen und zurückweisen. Wer dann noch mehr will, der soll Ihnen sagen, was man für Vorwürfe zu machen hat.»

Die Rechtfertigung liess denn auch wichtige Einzelheiten unerwähnt und war im übrigen ungenau. Sie begnügte sich damit, den äusseren Ablauf der Ereignisse darzustellen, und schwieg sich über die psychologische Wirkung des persönlichen Auftretens des Gesandten und seines Sekretärs völlig aus. Ebenso sagte Bavier kein Wort davon, dass Bundesrat Welti ihm geraten hatte. einer Anfrage der obersten Landesbehörde zuvorzukommen. Dagegen lobte er das Schweigen der grossen Zeitungen; er hoffte nämlich, «dass das tessinische Blatt mit seiner unwahren Behauptung vereinzelt dastehe, indem die schweizerische Presse sich nicht dazu hergeben wird, das unverschuldete Missgeschick einer achtbaren Familie» – er meinte damit die Familie Welti – «durch böswilligen Klatsch auszubeuten». Er beteuerte, was ihm zu glauben war: «Ich versuchte,... jeden Skandal möglichst zu vermeiden...» Dann schloss er seinen Bericht: «Ich habe getan, was ich für meine Pflicht hielt, und habe gegenüber den Herren Welti und Stauffer so gehandelt, wie ich es jedem anderen Schweizer gegenüber getan hätte. Ich halte es überhaupt für meine Aufgabe, jedem meiner Landsleute, der meine Hilfe verlangt, dieselbe angedeihen zu lassen, und habe mich schon unzählige Male für Schweizer, namentlich für schlechtbehandelte Dienstboten, an die Quästur gewendet. Die Akten, welche sich in Händen des Instruktionsrichters befinden, werden übrigens den besten Beweis dafür liefern, dass die Gesandtschaft sich nicht in den Gang des Prozesses eingemischt hat.»

Der Bericht wurde in Bern in keiner Weise auf seine Stichhaltigkeit geprüft; das geht schon daraus hervor, dass nicht einmal die von Bavier zu seiner Entlastung angeführten Akten des italienischen Untersuchungsrichters angefordert wurden.

In der bernischen Heil- und Pflegeanstalt Waldau fühlte sich Direktor Rudolf Schärer, der Bruder von Frau Luise Stauffer-Schärer, in seiner Amtswohnung in diesen Tagen zwar körperlich erträglich, aber seelisch gedrückt und leidend. An seiner Stelle leitete weiterhin Dr. von Speyr das Haus. Er hatte schon eine Woche zuvor von Fürsprech Eduard Stauffer Aufzeichnungen und Briefe Karls aus Florenz zugeschickt bekommen. Dienstag, den 4. Februar, fand er Zeit, auf diese Zusendung zu antworten:

«Geehrter Herr. Die Aufzeichnungen Ihres unglücklichen Bruders, die Sie mir von Florenz aus anvertraut haben und die ich Ihnen hiermit dankbar zurückschicke, habe ich mit Interesse gelesen. Ich erlaube mir immer noch kein bestimmtes Urteil, kann jedoch nicht verhehlen, dass ich, wie Sie es auch in Ihrem begleitenden Brief andeuten, eher zu schweren Befürchtungen geneigt bin. Ich bin nun gespannt, von Ihnen Genaueres zu vernehmen, obschon ich Ihre Zeit nicht zu sehr in Anspruch nehmen möchte, wo die Rückreise des Kranken doch nicht nahe bevorsteht. Aus

diesem Grunde würde ich Ihnen freilich für baldige Mitteilung recht dankbar sein, weil ich sehe, dass die Familie Welti, besonders Herr E. Welti Sohn, sich viele Sorgen um Ihren Bruder macht und sehnlich auf Ihre Nachrichten wartet.»
Tatsächlich hatte Emil mit der Waldau Kontakt aufgenommen. Dem Arzt erschien das als menschliche Anteilnahme. Er konnte nicht ahnen, was die Fühlungnahme bezweckte: Über ihn, von Speyr, die Familie Stauffer dahin zu beeinflussen, dass sie aus Rücksicht auf Karls Geisteszustand den Prozess nicht bis zum Ende durchführen lassen solle. Noch immer hielt Welti das Angebot aufrecht, er werde die Anklage zurückziehen, sobald die Gegenseite auf die gründliche Abklärung der Tatbestände verzichte. So wurde von Speyr, ohne es zu wissen, worum es eigentlich ging, als Mittelsmann eingespannt. Er wusste auch nichts davon, dass die Weltis auch auf anderen Wegen das gleiche Ziel anstrebten, dass sie unter der Hand sogar finanzielle Versprechungen machten für den Fall, dass ihnen die Familie Stauffer zu Willen war, dass sie also versuchten, die Gegenseite mit Geld zu bestechen.

Die mit Gedichten gefüllten Bogen häuften sich in Stauffers gittergeschützter Kammer. Zweifel und Hoffnung spiegelten sich in ihnen wieder: Das einemal war er überzeugt, Lydia liebe ihn noch immer, so dass er schrieb: «Mit dir im Arm bin ich ein starker Schwimmer»; das anderemal hiess es, dass man ihn gebrochen habe, weshalb es nur kurze Zeit dauern werde, bis man ihn zum Kirchhof schaffe; das jedoch mache Lydia schwerlich Pein. Schliesslich fasste er all seine Bedenken, doch auch seine Zuversicht in vier Strophen zusammen, die er an Fortuna, die Glücksgöttin, richtete und deren letzte lautete:

> Erlöse mich, den schwerverfolgten Mann!
> Hilf, dass ich wieder vorwärtsschreiten kann!
> O lasse mich dein gnädig Antlitz sehen
> Und mich nicht hier in Elend untergehen!

Donnerstag, den 6. Februar, hielt Stauffer den ersten Brief seiner Mutter in Händen, den sie ihm ins Manicomio geschrieben. Nun tauchte er die verkrustete Feder in die Tinte und antwortete, zusätzlich gehindert von der Rauheit des Papiers, in einer Schrift, die allen Schwung vermissen liess:

«Liebe Mama, das ist hübsch, dass Du endlich schreibst. Ich hatte wahrscheinlich Deinetwegen ebensoviel Angst wie Du wegen mir. Sei ganz unbesorgt, ich bin wieder völlig auf dem Damm, und zwar in einer Weise wie seit langem nicht mehr, was Dir übrigens aus dem Brief, der vorgestern an Euch abgegangen ist, ohne grosse weitere Versicherung klar werden muss. Ich hoffe, er verfehle seine Wirkung nicht und lasse Euch wieder aufleben. Solch kritische Situationen sind ausgezeichnet und tragen zur Selbsterkenntnis sehr viel bei. Es ist nicht die erste, die ich durchmache, und Du ja auch nicht. Wie mir Hildebrand sagte, hat mich Welti, der Esel, einsperren lassen aus Furcht! Was soll das heissen? Es ist wirklich zum Lachen. Er hat durch diese Dummheit sich völlig um jede Reputation gebracht. Was für eine Rolle der Bundesrat und Mathilde, der schweizerische Gesandte in Rom etc. spielen dabei, vermag ich nicht zu entscheiden. Ich fürchte – ich fürchte, sie können nicht alles verantworten, was geschehen. Immerhin, wie dem sei, Lydia und ich haben einander gern seit vier Jahren, das heisst seitdem wir uns kennen, und haben gefunden, es wäre an der Zeit, den Esel an die Luft zu setzen. Wir hatten die Sache so eingefädelt, dass er mit nur einem halben Quintlein mehr Verstand jeden Skandal hätte vermeiden können. Aber gegen die Dummheit ist kein Kraut gewachsen. Und wenn er zum Schaden sich den Spott aufladet mit seinem wahnsinnigen Vorgehen, so hat er sich das selber zuzuschreiben. Ich jedenfalls werde ihm nichts ersparen und...»

An dieser Stelle blieb die Feder im Papier stecken. Spritzer und ein hässlicher Klecks beschmutzten den Bogen. Als sie eingetrocknet waren, fuhr Stauffer fort: «Entschuldige die schauderhafte Pfote, aber die Feder ist danach. – Ich habe meinen Kopf voll, das kann ich Dir sagen, und bin geladen wie ein Chilbiböller. Warum ich Euch nicht geschrieben? Sehr einfach: Weil ich nur eine beschränkte Anzahl von Briefen aus dem Gefängnis schreiben konnte. Dann: Was hätte ich Euch schreiben sollen? Ich müsste doch erst wissen, was aus der Lydia geworden, ich weiss ja zur Stunde noch nichts Bestimmtes; zwar haben wir diesen Fall (Inkarzeration) vorgesehen und uns für diesen Fall gelobt, den Esel so lächerlich als möglich zu machen. Lydia ist so gesund und munter wie ich...»

So ganz sicher fühlte sich Stauffer in dieser Hinsicht allerdings nicht, und so flickte er vor das Wörtchen «gesund» nachträglich «wahrscheinlich» ein. Dann nahm er den Satz wieder auf: «... denn in Königsfelden» – eine Heilanstalt im Kanton Aargau – «ist sie nicht. Ich hatte sofort aus dem Kerker in Rom (wenn ich Euch dann davon erzähle, ihr werdet Euch halb totlachen) an den Staatsanwalt geschrieben und gebeten, er solle Lydia vor den Vorurteilen der schweizerischen Ärzte um Gotteswillen schützen und niemand zu ihr lassen, der von der Schweiz komme. Es scheint gefruchtet zu haben, denn als mein Advokat (Rosadi) nach Rom schrieb, um sich mit Lydia in Verbindung zu setzen, wurde ihm gesagt, es sei vietatissimo di parlare con la Signora.»

Hier irrte Stauffer freilich. Das Verbot ging nicht auf seinen Wunsch zurück, sondern auf denjenigen Weltis, der begreiflicherweise alles daransetzte, dass niemand und schon gar nicht Stauffer mit seiner Frau in Fühlung trat.

«Hier aus Bonifazio konnte ich Euch nicht schreiben, weil man mir nichts zum Schreiben gab. Beruhigt Euch völlig meinetwegen in jeder Hinsicht und auch wegen Lydia. Wir haben, Lydia und ich, nicht vier Jahre uns zum Sterben gern gehabt, um bei dem ersten Windstoss umzuschmeissen. Seid dessen sicher. Und wenn Lydia bis dahin noch nichts von sich hören liess, so tut sie es, weil sie mir versprochen, im Falle sich ihr Mann, der Esel, dumm oder arrogant benehmen würde, mir nicht ins Handwerk zu pfuschen, denn ich, voraussehend, was komme, sagte ihr, dass ich ihn auf meine, das heisst auf Künstlerweise, vornehmen will. – Genug, in den nächsten Tagen werde ich ja sehen, wie die Aktien stehen, und Euch weiterberichten. Für heute nur noch: Ich habe in den drei Monaten Reklusion einen Band, etwa zweihundertfünfzig Druckseiten, Poesien geschrieben, die ich, nehmt mir den alten Adam nicht übel, für sehr gut und absolut originell halte und im Laufe dieses Sommers drucken will. Seht, ich bin ja viel zu sehr Künstler und Poet, als dass ich mich auch in vier kahlen Mauern einen Augenblick langweilen sollte. Ich habe eine solche Phantasie, dass ich tage- und tagelang hinträumen kann, ohne überhaupt die Augen, geschweige denn das Maul aufzutun. Dazu bin ich ein Kerl stark wie ein Baum, und um mir wehzutun oder mich zu ruinieren, gehören andere Pickel dazu als der Welti. – Nach der Schweiz komme ich nicht aus Vorsicht, denn wenn mir das Kamel begegnete, ich könnte für nichts gutstehen... Also meinetwegen ohne Sorge, auch Lydias halber. Ich bin ein hagebuchener Geselle, und Lydia ist eine Escher; die sind auch nicht von den Zartesten, also. Eduard soll jetzt ohne jede Rücksicht vorgehen, sie haben mit mir auch keine gehabt. Auge um Auge, Zahn um Zahn, in dieser Beziehung gefällt mir das Alte Testament besser als das Neue. – Ich etabliere mich für die nächsten Jahre wahrscheinlich für lange hier in Florenz, später wahrscheinlich in – Bern.

Rosadi habe ich nicht gesehen. Wahrscheinlich wollte er nicht die Ursache nervöser Aufregung sein; er hätte es ganz ruhig riskieren können, er ist ein famoser Kerl. Also viele Grüsse und Küsse. Euer Karl.»

Einige Zeit zuvor hatte Stauffer Lydia einen Brief geschickt. Sie antwortete nicht. Vielleicht hatte sie ihn gar nie zu Gesicht bekommen. Oder wollte sie die allfällige Versöhnung mit ihrem Gatten nicht gefährden? Ihr lag daran, möglichst bald aus dem Irrenhaus hinauszukommen, obschon der Aufenthalt von ferne an die Kuren in Baden und am Giessbach erinnerte.

Bis dahin füllte sie Hefte mit Aufzeichnungen, die den Titel trugen «Gedanken einer Frau, geschrieben im Manicomio di Roma». Nach der Entlassung wollte sie sie veröffentlichen. Sie würden beweisen, dass sie keineswegs wahnsinnig war.

Deutsch, französisch und italienisch schrieb die Internierte ihre Gedanken über Philosophie und Religion, über Natur, Kunst und Literatur, über Sittlichkeit, Liebe und Leidenschaft nieder. Byrons Briefe kamen ihr in den Sinn, die sie einst während des Früchteeinmachens auf dem Küchenstuhl gelesen, Voltaires Schriften und die Romane Zolas, den sie vorm Vorwurf der Sittenlosigkeit schützte. Ihr eigenes Jahrhundert und das vorangegangene, die Prüderie des gegenwärtigen und die allzu grosse Freizügigkeit des verflossenen wog sie gegeneinander ab und forderte zwischen den Extremen den Mittelweg. Gerade die Frau habe Anrecht auf eigene Gestaltung ihres Daseins. Aus Erfahrung wusste sie, wohin die «Erzieherei» führte, die statt lebendigem Beispiel nur Verbote und Tadel einzusetzen wusste: Es kam nicht zur Bildung einer Persönlichkeit.

Die Mädchen zumal wurden zu einer auf den erstbesten Käufer wartenden Ware erniedrigt. Demgegenüber forderte sie das Recht auf Individualität und auf Kritik an der für absolut gehaltenen Moral, an die sie nicht zu glauben vermochte. Mindestens Ausnahmemenschen, Rassenaturen mussten die herrschenden Sitten durchbrechen, wollten sie nicht verkümmern, wie sie beinahe verkümmert wäre. Daher widerstrebte ihr auch das Gelübde ewiger Treue, das zwei selbständige Menschen aneinanderschmiedete, deren Charaktere, deren Lebenswege sich so leicht auseinanderentwickeln konnten. Drum wünschte sie sich lieber ein frei verrauschendes als ein zwangvoll verharrendes Glück. Was war trauriger, so fragte sie sich: ein geliebtes Wesen durch den Tod zu verlieren – oder durch das Leben?

Wen meinte sie mit dem geliebten Wesen? Stauffer? Emil? Sie wusste es selber kaum. Sie fühlte sich zwischen den zwei Welten, die die beiden verkörperten, hin und her gerissen. Karl, das war die Freiheit, der Rausch, das ganz andere, aber auch die Gefahr, der Verzicht auf Bequemlichkeit und Gesellschaft, die Emil ihr bot. Warum liessen sich die zwei Pole nicht vereinen? Weshalb war das Leben so unvollkommen eingerichtet? War das Dasein überhaupt lebenswert – unter solchen Bedingungen? Da die schönen Dinge nicht lange dauerten und es nichts Traurigeres gab als einen Absturz aus dem Höhenflug der Empfindungen in die rauhe Wirklichkeit – war es da nicht unsinnig, wie stark der Mensch sich nach Wollust, Aufschwung, Glück sehnte? Vielleicht war es besser, sich nach der Wollust des Todes zu sehnen, der aller Drangsal ein Ende setzte.

Zu den Zeitungsausschnitten, die Mutter Stauffer sammelte, gesellte sich ein neuer. Er stammte aus der Sonntagsausgabe des «Journal du Jura» vom 2. Februar 1890. Unter dem Titel «Nochmals die Affäre Stauffer» gab die Zeitung eine im wesentlichen richtige Darstellung der Vorgänge auf dem Polizeipräsidium von Rom. Den Artikel schlossen folgende Ausführungen: «Auf diese Weise also unterstützt und beschützt die schweizerische Gesandtschaft in Rom ihre Mitbürger. Die Öffentlichkeit beschäftigt sich jetzt nur noch mit Stauffer. Aber was ist aus der jungen Frau geworden, die man in irgendeinem Irrenhaus eingesperrt hält, sie, die auf ebenso illegale Weise arretiert worden ist wie ihr Schicksalsgenosse? Weder in Frankreich noch in England und vielleicht überhaupt nirgends ausser in Russland sind derartige diplomatische Verhaftungen möglich. Im Interesse der Unbescholtenheit unserer Behörden muss endlich Licht in die Sache gebracht werden.»

12. IM BUNDESHAUS

Samstagmorgen, den 8. Februar 1890, sass Bundesrat Welti wie gewöhnlich in seinem Büro im Bundeshaus. Sein Blick schweifte über die Dächer Berns bis dorthin, wo im immer noch winterlichen Nebel die Alpenkämme liegen mussten. Aber er suchte nicht die Aussicht. Sein Geist beschäftigte sich fast unaufhörlich mit dem Skandal, der inzwischen in Stadt und Land publik geworden und in den sein Sohn, sein Freund Bavier und er selbst verstrickt waren. Politischen Gegnern musste es leichtfallen, aus der Sache Kapital zu schlagen. Welti wusste, dass er wegen seiner Eisenbahnpolitik und wegen der Art, wie er das Parlament regierte, neben zahlreichen Bewunderern auch viele Feinde besass. Die Familienangelegenheit war zum öffentlichen Ärgernis geworden. Das Schlimmste würde sein, wenn alle Welt erführe, dass die Vorgänge vom letzten November recht fragwürdig waren; um so mehr musste man steif und fest das Gegenteil behaupten.

Der Bundesrat hatte schon manchen harten Strauss ausgefochten, und er war bisher stets Sieger geblieben auf dem schlüpfrigen Parkett der Politik. Sollte ihn dieser Skandal zu Fall bringen? Er war bald fünfundsechzig Jahre alt, er hatte eine rühmliche Karriere hinter sich; er musste einen Abgang von der Bühne vermeiden, der alles in Frage stellte und der seine Widersacher in Triumphgeheul ausbrechen liess.

Die Zukunft machte ihm Sorgen. Nach aussen musste er den Sicheren, Unbekümmerten spielen; auch Bavier gegenüber wollte er in Zukunft zurückhaltender sein. Steckte er den Gesandten mit seiner Besorgnis an, so war alles verloren. Immerhin hatte dessen

Bericht eine gewisse Beruhigung gebracht, jener Rapport, zu dem er Bavier vor zweieinhalb Wochen aufgefordert hatte und der eben eingetroffen war. Zu Emil, der jetzt fast ständig in Bern im väterlichen Hause auf dem Kirchenfeld wohnte, hatte er in bezug auf des Gesandten Darstellung geäussert: «Ich bin sehr froh, dass Herr Bavier diesen Bericht eingesandt hat.» Bundesrat Droz gegenüber, an den das Schreiben gerichtet war, verschwieg er freilich, wer den Anstoss dazu gegeben hatte. Droz durfte nicht erfahren, dass es eine abgekartete Sache war.

Beruhigend war ferner, dass die Menschen, mit denen sie beide, Vater und Sohn, zusammenkamen, auf ihrer Seite zu stehen schienen. Diesem Gefühl gab Emil am 4. Februar in einem Brief nach Rom Ausdruck: «Von der ‚indignazione' des ‚Dovere'» – des Tessiner Blattes, das den Gesandten angegriffen und von allgemeiner Empörung gesprochen hatte – «findet sich in Bern keine Spur. Die Leute wissen sehr wohl, dass Advokat Stauffer nicht unparteiisch urteilt, und zudem ist die Sympathie für Karl Stauffer, der durch sein absprechendes Wesen viele vor den Kopf gestossen hat, nicht gerade gross. Ich weiss dies von meinem Freund Jacot, der hier mit allen Kreisen in Fühlung steht.» Ob demgegenüber er und sein Vater die Sache unparteiisch zu beurteilen imstande waren, darüber schwieg sich Welti aus.

Schliesslich griffen die beiden auch zu aktiven Mitteln der Beruhigung. Bundesrat Welti zitierte nämlich Eduards Rechtsbeistand in Bern, Fürsprech Sahli, zu sich. Eine Einladung in den Arbeitsraum eines amtierenden Bundesrates tat immer ihre Wirkung. Er machte Sahli mit aller Deutlichkeit klar, was man von ihm erwartete: Einflussnahme auf Eduard, damit sich dieser in Zukunft zurückhalte; die Grenze sei mit der Eingabe an den Bundesrat erreicht. Noch vor der Zusammenkunft umriss Emil den Zweck der Unterredung in einem Brief an Bavier so: «Es dürfte dies bewirken, dass Advokat Stauffer sich Dritten gegenüber mit etwas mehr Vorsicht äussert.» Und der Bundesrat selbst schrieb dem Gesandten: «Mit Herrn Sahli habe ich gesprochen. Ich denke, dass er die nötigen Schritte tun wird, um Fürsprech Stauffer das Missliche seines Auftretens klarzumachen». Die Einschüchterung konnte nicht stärker sein.

Aus seinen Gedankengängen schreckte den Bundesrat ein Klopfen an der Tür. Der Weibel brachte die Post. Unter anderem legte er einen Briefumschlag aus Rom auf den Tisch. Bavier fragte beunruhigt nach der Verbreitung des Artikels im «Dovere» und erkundigte sich, wie er sich weiteren Presseangriffen gegenüber verhalten solle. Er war offensichtlich nicht mehr fähig, auch nur einen Schritt ohne Anweisung aus Bern zu tun. Welti beruhigte ihn mit der Bemerkung, dass keine der grösseren Zeitungen bisher etwas darüber gebracht habe. Ferner war er der Meinung, dass trotzdem eine Entgegnung zu erfolgen habe, und zwar in einer Form, die dem Gesandten volle Satisfaktion gewähre, also eine offizielle, die zweifellos mehr Gewicht habe als eine Erklärung Emils, deren Wert ohnehin bestritten würde.

Während er noch darüber nachdachte, wie Bavier im einzelnen gedeckt werden müsse, ging die Tür schon wieder. Herein trat Bundesrat Droz, in der Hand zwei Schriftstücke: das von Welti veranlasste Rechtfertigungsschreiben Baviers und die Eingabe Eduards.

Droz gab Welti beide zu lesen. Dieser verriet mit keiner Silbe, dass er den Wortlaut des ersteren schon kannte, weil ihm Bavier eine Kopie geschickt hatte. Als er gelesen, schaute ihn Droz erwartungsvoll an. Als Vorsteher des Justizdepartementes war er auch seinem älteren Ratskollegen gegenüber verpflichtet, auf Recht und Ordnung zu sehen. Dessen war sich Welti natürlich bewusst, und darum erklärte er, dass er sich in die Vorgänge, welche zur Verhaftung Stauffers führten, in keiner Weise eingemischt und dass er erst nach der Verhaftung von ihnen Kenntnis erhalten habe.

Damit sagte er keine Unwahrheit. Dann fügte er freilich etwas hinzu, was der Wahrheit weniger entsprach: «Überhaupt habe ich nie irgendwie versucht, weder durch Minister Bavier noch in anderer Weise, den Gang der Gerichte zu beeinflussen. Wenn jemand das Gegenteil behauptet, so redet er die Unwahrheit.»

Wusste Welti nicht mehr, wie er über den italienischen Justizminister versucht hatte, das Gericht in Florenz zur Einstellung der Untersuchung zu bewegen? War ihm entfallen, dass er dazu den Gesandten in Rom eingesetzt?

Dann machte er einen geschickten Schachzug. Er bot Droz an, das Justizdepartement oder der Gesamtbundesrat sollten beschliessen, was sie für gut fänden. Er legte die Sache ostentativ in die Hände seines Kollegen, und dieser musste nun annehmen, dass Welti ein reines Gewissen habe.

Die gewünschte Wirkung trat ein. Bundesrat Droz erwiderte, die Eingabe des Advokaten Stauffer an das Justizdepartement sei an das Departement des Auswärtigen weitergeleitet worden, und dieses werde sie Welti zur Berichterstattung übersenden. Im übrigen sei dank Baviers Bericht vom 2. Februar die Angelegenheit bereits erledigt; nur ein Punkt bedürfe noch der Abklärung, nämlich die Behauptung von Fürsprech Stauffer, der Attaché Rochette habe den Procuratore del Re gebeten, den Verhafteten noch nicht zu entlassen, weil eine weitere Klage von Dr. Emil Welti folge.

Bundesrat Welti hörte sich die Worte seines Kollegen mit Wohlgefallen an. Sein Wohlgefallen wuchs noch mehr, als Droz fortfuhr, sobald Baviers Vernehmlassung zum Verhalten Rochettes vorliege, werde in einem amtlichen Communiqué den Zeitungen mitgeteilt werden, dass sich die Gesandtschaft völlig korrekt benommen habe.

Die Art, wie Bundesrat Droz den Fall anpackte, bewies, dass sich der oberste Schirmherr der schweizerischen Rechtsstaatlichkeit mit einer einfachen mündlichen Erklärung seines Kollegen, der selber Partei war, begnügte, sie unbesehen glaubte und ebenso leichtgläubig annahm, was der Gesandte in Rom, der eigentliche Angeschuldigte, in höchsteigener Sache niedergeschrieben hatte, sei auf alle Fälle und in jeder Hinsicht richtig. Es bedeutete, dass Bundesrat Droz von vornherein auf eine auch nur einigermassen ernsthafte Untersuchung verzichtete, dass er nicht daran dachte, eine über den Parteien stehende Instanz zur Prüfung des Falles einzusetzen, dass er das Ganze offenbar als lästig empfand und es möglichst rasch erledigt haben wollte.

Was wollte Welti, was wollte Bavier mehr! Solche Untersuchungsorgane hätte sich jeder Angeklagte gewünscht! Der «Untersuchende» verlangte vom Beschuldigten nicht mehr, als dass er seine Unschuld beteure – und schon war er gänzlich reingewaschen. Droz zweifelte von Anfang an nicht daran, wie die Rechtfertigung Rochettes ausfallen werde; dieser noch ausstehende Bericht sank damit zu einer blossen Formsache herab. So wurde das Verfahren zur Farce. Und schliesslich würde – das stand schon jetzt fest – mit dem Segen des Gesamtbundesrates der Presse eine nicht zu diskutierende Erklärung zugehen, die allen weiteren Erörterungen des Falles Karl Stauffer-Bern ein Ende setzte...

Während sich Vater Welti die Hände reiben durfte, machte sich sein Sohn noch immer Sorgen. Die «Anfrage» beim Justizminister in Rom zeitigte keine Früchte, und so schrieb er an Bavier: «Die Camera d'accuso in Florenz hat, wie es scheint, noch keinen Beschluss gefasst. Vielleicht will Advokat Stauffer, auf Anraten seines dortigen Anwalts, einen Prozess provozieren, nachdem durch die provisorische Freilassung des Bruders klar die Absicht, ihn freizusprechen, erwiesen ist.»

Welti täuschte sich nicht. Nachdem die Annäherungs- und Bestechungsversuche gegenüber der Familie Stauffer in Biel erfolglos verlaufen waren, galt es um so mehr, den Prozess in Italien zu hintertreiben. Wichtig war, dass man sich über die Vorgänge genau ins Bild setzte. Darum fügte er an: «Ich will Herrn Welty in Livorno bitten, unter der Hand Näheres zu erfahren.»

Dieser Welty schrieb sich zum Unterschied von der eigenen Familie mit einem y und war nicht verwandt, aber ein guter Bekannter mit vielen Verbindungen. Zum letztenmal hatte ihn Emil gesprochen, als er um die Jahreswende in Livorno gewesen war. Aber auch anderes wusste er Bavier mitzuteilen: «Meine arme Frau schreibt öfters; all ihr Interesse ist auf ihr Werk gerichtet, das sie durchaus drucken lassen will. Herr Klinger soll dazu eine Einbanddecke zeichnen. Lydia bemerkte im letzten Brief, sie müsse nach Aussage des Arztes noch bis zum Mai in Rom bleiben; für den Sommer solle ich im Kanton Graubünden oder im Wallis ein einfaches Chalet mieten.» Begeisterung sprach aus diesen Sätzen kaum. Konnte man es Emil verargen, wenn er mit gemischten Gefühlen einem Höhenaufenthalt mit seiner Frau zusammen entgegensah? Konnte man es ihm übelnehmen, dass er sie in Rom nicht besuchte? Denn diese selbe Frau, die mit ihm in einem einsamen Chalet leben wollte, beharrte darauf, nicht nur ihre eigenen Tagebücher, sondern auch den Briefwechsel mit Stauffer aller Welt preiszugeben. Was bezweckte sie damit? Emil war überzeugt, dass der Publikation ein Riesenerfolg beschert sein würde. Würden dann nicht die Sympathien der Leserschaft auf die Seite des Malers hinüberwechseln? War das Lydias Absicht? Die Ausstattung mit einem Einband von Klinger musste den Erfolg noch steigern; dabei war es mehr als geschmacklos, dass sie ausgerechnet den Künstler beauftragte, der den Anstoss zur Verfolgung ihres Geliebten gegeben hatte.

Die unbequemen Fragen, die das «Journal du Jura» in Biel seit einiger Zeit mit Beharrlichkeit stellte, erbosten schliesslich das «Journal du Genève». Interessanterweise vermochte dieses Blatt schon drei Tage vor der Unterredung zwischen den Bundesräten Droz und Welti, nämlich am 5. Februar 1890, zu melden:

«Die Auskünfte, die wir über die Angelegenheit Stauffer im Bundeshaus erhalten haben und deren Kernpunkte wahrscheinlich veröffentlicht werden, sobald einige weniger wichtige Einzelheiten abgeklärt sind, erlauben bereits heute die Feststellung. dass die Gesandtschaft in Rom eine äusserst minime Rolle gespielt und sich durchaus korrekt verhalten hat und dass die Einflüsse von hochgestellter Seite nur in der Vorstellungswelt des Korrespondenten des ‚Journal du Jura' existieren. Es ist deshalb sehr bedauerlich, dass das Augenmerk der Öffentlichkeit auf diese traurige Familiengeschichte gelenkt worden ist, und zwar bevor die Gesandtschaft in Rom in der Lage war, alle nötigen Unterlagen zu liefern.»

Die Informationen aus dem Bundeshaus konnten bloss von Droz stammen. Die Notiz in der Genfer Zeitung besagte also, dass der Chef des Justizdepartements auch die Einvernahme Weltis von vornherein nur als Formsache auffasste. Sein Entscheid, dass niemand unrichtig gehandelt habe, stand demnach von allem Anfang an fest.

Das angegriffene «Journal du Jura» nahm den Fehdehandschuh auf. In der Sonntagsausgabe vom 9. Februar konterte es mit ironischer Überlegenheit:

«Wir fassen uns kurz und könnten uns eigentlich darauf beschränken, dem Korrespondenten des ‚Journal de Genève' zu sagen, dass wer den Schlaukopf spielen möchte, über das Talent dazu verfügen muss, wenn er sich nicht blamieren will. Die Richtigstellung des Korrespondenten stellt überhaupt nichts richtig: Sie ist im Gegenteil die schlichte und einfache Bestätigung dessen, was wir bereits vorgebracht haben. Für eine halbamtliche Verlautbarung ist die Notiz des ‚Journal de Genève' überdurchschnittlich gewunden. Wir haben gesagt, und wir wiederholen es, dass sich das Personal der Gesandtschaft in eine Affäre eingeschaltet hat, die es nichts anging. Auch wenn die Rolle der Gesandtschaft bloss minim war, beweist das nur, dass unsere Behauptung richtig gewesen ist. Wir haben nie verkündet, dass die Gesandtschaftsangehörigen mit Musik an der Spitze hingegangen seien und Herrn Stauffer verhaftet hätten, und wenn der Korrespondent des ‚Journal de Genève' uns das Gegenteil unterstellt, so beweist das nur, dass seine Einbildungskraft der unsrigen weit überlegen ist, was wir ihm gerne zugestehen... Wir geben ihm zudem zu bedenken, dass die Anschuldigungen gegen Minister Bavier keineswegs vom ‚Journal du Jura' ausgegangen sind. Sie finden sich schon in Nummer 104 des ‚Emmenthaler Blattes' unterm Datum des 28. Dezember 1889, und sie sind von etwa dreissigtausend Personen gelesen worden. Es ist doch eigentlich erstaunlich, dass nur der Bundesrat und der Korrespondent des ‚Journal de Genève' als einzige bisher keine Kenntnis davon haben. Vom 28. Dezember bis zum 8. Februar sind es immerhin zweiundvierzig Tage. Braucht die schweizerische Gesandtschaft wirklich so viel Zeit, um sich zu rechtfertigen?»

Es zeigte sich immer deutlicher: In den Augen Berns trug jedermann, der gegen Karl Stauffer aufgetreten war, eine saubere Weste. Wer sich indessen erdreistete, anderer Meinung zu sein, der wurde als Phantast, Brunnenvergifter, ja sogar als Irrer angeprangert. In bezug auf die Bieler Schriftleitung begnügte man sich mit den beiden ersten Qualifikationen; in bezug auf Eduard Stauffer rückte man der dritten schon gefährlich nahe. Denn am gleichen Tag, an welchem die Zeitung aus Biel ihrer Schwester in Genf heimzahlte, schrieb Emil Welti in Bern-Kirchenfeld an Bavier nach Rom: «Hochverehrter Herr Minister. Ich danke Ihnen zunächst verbindlich für Ihren verehrten Brief vom 6. Februar. Den Artikel im ‚Journal du Jura'» – es handelte sich dabei um denjenigen vom 31. Januar – «habe ich nicht gelesen, es scheint derselbe nach allem zu schliessen ein Extrakt der Staufferschen Beschwerde an das Eidgenössische Justizdepartement zu sein. Fürsprech Stauffer hat mit seinen Machinationen so viel erreicht, dass die Meinung unter dem Publikum Platz zu greifen anfängt, alles sei auf Erpressung abgesehen. Meine hiesigen Freunde, die Stauffer genauer kennen, meinen dagegen, und ich teile diese Ansicht vollständig, die Zeitungsartikel sowohl als die Beschwerde seien ein sicherer Beweis dafür, dass auch Fürsprech Stauffer nicht bei normalem Verstand sei und dass er früher oder später das Schicksal seines unglücklichen Bruders teilen werde.»

Weltis Auffassung war aus seiner Sicht verständlich: Wenn der kleine Fürsprech aus Biel es wagte, die Handlungsweise eines ehemaligen Bundesrates und jetzigen Gesandten, eines amtierenden Bundesrates und seines Sohns kritisch zu betrachten, ohne dass er über entsprechende Machtmittel verfügte, dann musste er verrückt sein. Sassen etwa seine Leute in den Schlüsselpositionen? Hatte er auch nur die geringste Chance, gegen sie aufzukommen? Wer aber trotz völligem Mangel an Erfolgsaussichten in die Arena trat, bei dem konnte es im Kopf nicht stimmen. Zudem: Wenn man verbreitete, auch Eduard sei geistig angeschlagen, so vermochte man ihn vielleicht auf diese Weise in der Öffentlichkeit herabzusetzen. Rufmord war schon immer eine wirksame Methode gewesen.

Welti griff zu diesem Mittel, weil er genau wusste, wie schwach seine eigene Position war. In dem Brief an Bavier fuhr er nämlich fort:

«Meine Freunde gaben mir auch den Rat, auf Zeitungspolemik mich mit Fürsprech Stauffer nicht einzulassen, weil ich mich damit einer grossen Gefahr seitens des halbverrückten Stauffers aussetzen würde. Diese Erwägung würde mich zwar nicht abhalten, dem Stauffer in der Presse zu erwidern, allein damit würde meines Erachtens nur das erreicht, dass auch diejenigen Zeitungen, die bisher mir zu Gefallen geschwiegen haben, sich mit der Angelegenheit beschäftigten und dass so der Skandal noch grösser würde.» In einer Zeitungspolemik hätte sich das Publikum eben sehr bald ein Bild davon machen können, welche Seite besser focht. Gleich gefährlich wäre ein anderer Weg zur Bekämpfung des unbequemen Fragers in Biel gewesen: «Denselben Effekt (nämlich grosse Publizität) hätte eine gerichtliche Klage gegen Stauffer und seine Helfershelfer. Es ist vielleicht auch angezeigt abzuwarten, ob Stauffer, nachdem ihm das Resultat der bundesrätlichen Untersuchung mitgeteilt worden sein wird, weitere Schritte unternimmt.»

Das schrieb Dr. Welti am 9. Februar. Er wusste also schon jetzt, wie die bundesrätliche Antwort ausfallen werde. Die Antwort an

Eduard erfolgte jedoch erst einen guten Monat später, nämlich am 11. März, ein weiterer Beweis dafür, dass eine ernst zu nehmende Untersuchung überhaupt nicht geplant war und auch nicht durchgeführt wurde. Die Beschwerde Eduards hatte von Anfang an nicht die geringste Aussicht, objektiv und unvoreingenommen behandelt zu werden. Dass er in seiner Eingabe schrieb, er habe in Rom gespürt, wie «mit Hochdruck» gegen seinen Bruder gearbeitet worden sei, das traf nun auch auf ihn selber zu.

Emil Welti nahm die Feder erneut in die Hand: «Mein Rüstzeug halte ich auf alle Fälle bereit. Die perfide und lügenhafte Eingabe an das Justizdepartement hat Stauffer sehr wahrscheinlich nicht allein verfasst; sein Freund Gassmann – ein als ordinärer Mensch bekannter Wühlhuber – wird dabei wohl mitgeholfen haben. Die Frechheit, mit der Stauffer in dieser Eingabe die Tatsachen verdreht und mit Bewusstsein fälscht, ist ganz unglaublich und wirft auf seinen Charakter ein bedenkliches Licht.»

Bei dem «ordinären Wühlhuber» handelte es sich um den Drukker und Herausgeber des «Journal du Jura». Gassmann war in Biel und grossen Teilen des Juras hoch angesehen. Um so kontrastreicher wirkten die persönlichen Beleidigungen, die Welti gegen seine Feinde schleuderte, wenn man sie mit dem verglich, was Eduard Stauffer im drittletzten Abschnitt seiner Beschwerde gesagt hatte: «Ich erlaube mir keine Verurteilung des Benehmens der beteiligten Personen.»

Emil hatte indessen noch mehr zu sagen: «Stauffer weiss so gut wie ich, dass sein Bruder nicht infolge der Intervention, sondern wegen gemeiner Verbrechen auf Befehl des Staatsanwaltes verhaftet worden ist und dass ich selbst mit dem Staatsanwalt nie verkehrt habe und ihn nicht einmal dem Namen nach kenne.» Das zweite stimmte natürlich, nur war der Gang zum Staatsanwalt gar nicht nötig gewesen, denn die Weiterleitung der Klage hatte ja die Quästur, die oberste Polizeibehörde, besorgt. Bei dieser indessen war Welti immerhin vom schweizerischen Gesandten höchstpersönlich eingeführt und empfohlen worden.

Welti ereiferte sich weiter: «Auch das weiss er sehr wohl, dass die zweite Klage nicht auf einer Konferenz auf der Gesandtschaft abgefasst wurde, sondern in der Wohnung respektive Büro des Advokaten Verona, ich habe das alles dem Stauffer erzählt.»

Selbst das stimmte der Form nach. Indessen wusste Welti genauso wie Eduard, dass von der zweiten Klage – Entführung und Missbrauch einer Irrsinnigen – schon längst vor ihrer schriftlichen Abfassung auch in den Räumen der Gesandtschaft die Rede war, dass sie dort zur beschlossenen Sache erhoben wurde. Das bestätigte sogar Minister Bavier in seinem Bericht vom 2. Februar in dem Passus «Er (Dr. Welti) brachte sodann seine Klage gegen Stauffer vor: wegen Unterschlagung von Franken tausend und eventuell wegen Entführung einer Irrsinnigen.» Ob die endgültige Formulierung der zweiten Klage, welche die Freilassung Karl Stauffers verhinderte, im Gesandtschaftsgebäude oder in den Räumen des Rechtsanwaltes erfolgte, änderte nichts an der Tatsache, dass Bavier samt seinen Untergebenen jederzeit genau im Bilde war.

Und nun stiess Welti zu der für ihn beruhigenden Folgerung durch: «Je mehr ich mir die Sache überlege, desto mehr komme ich zur Überzeugung, dass allseitig durchaus korrekt vorgegangen wurde. Es konnte weder in meiner Aufgabe noch in derjenigen der Legation liegen, sich in erster Linie um Stauffers Geisteszustand zu kümmern, sondern ich hatte vorab mit der Tatsache der Unterschlagung und Entführung zu rechnen. Schutz für seinen Bruder hat meines Wissens Advokat Stauffer von der Legation gar nie verlangt, er hat im Gegenteil im Büro der Gesandtschaft von Karl Stauffer ein Bild entworfen, das nicht geeignet war, für denselben besondere Sympathie zu erwecken, und mehr als einmal erklärt, es sei recht, dass sein Bruder im Gefängnis sitze, er wolle ihm einen Revolver kaufen, damit er wisse, was er zu tun habe etc.» Hier verschwieg Welti beharrlich, dass Eduard diese Haltung nur am ersten Tage eingenommen hatte.

Danach kam Welti auf etwas überaus Wichtiges zu sprechen: «Wenn Herr Rochette dem Untersuchungsrichter erklärt hat, die provisorische Freilassung des Stauffer involviere eine Gefahr, so hat er ganz recht gehabt. Stauffer hätte seine Drohung ohne Zweifel auszuführen versucht, und ich meinerseits hatte auch alle Massregeln getroffen.»

Damit gab Welti mit aller wünschbaren Deutlichkeit zu, dass Eduard Stauffer mit seiner Darstellung der Vorgänge beim Untersuchungsrichter die Wahrheit gesagt hatte. Mit anderen Worten:

Er stritt nicht nur nicht ab, dass Rochette in seiner Eigenschaft als Gesandtschaftsangehöriger in das Verfahren eingegriffen hatte – er rechtfertigte die Einmischung sogar ausdrücklich. Und indem Bavier dieses eigenmächtige Vorgehen seines Attachés nicht nur nicht rügte, sondern mit seinem Stillschweigen und dem Verzicht auf eine korrigierende Massnahme billigte und deckte, machte sich auch der Minister eines unstatthaften Verhaltens schuldig.

Noch war das Schreiben nicht zu Ende: «Ich schliesse hier die beiden von Stauffer an Sie gerichteten Briefe bei – Kopie des einen habe ich gestern abgesandt.» Es handelte sich um den «Drohbrief», den Stauffer aus dem Hotel Aliberti an Bavier geschickt, und um einen zweiten, nicht mehr zu identifizierenden; beide hatte der Minister zwecks Einsichtnahme Dr. Welti zur Verfügung gestellt. «Wenn Sie es nicht für durchaus nötig halten, dem Departement die Originale einzusenden, so möchte ich freundlich bitten, die meine arme Frau betreffenden Stellen dem Departement nicht zur Kenntnis zu bringen; es würde daraus nur falsche Schlüsse ziehen. In dem von Rom datierten Brief ist ja auch die Drohung die Hauptsache.» Wiederum lieferte mit diesen Sätzen Emil Welti ein schlagendes Beispiel dafür, wie er die Affäre behandelt haben wollte: Bekannt werden durfte nur, was für ihn sprach; alles andere musste man unterdrücken. Die Lydia betreffenden Stellen im «Drohbrief», der ja von ihr mitunterzeichnet war, konnten allerdings die Bundesbehörden zu bestimmten Schlüssen veranlassen, nämlich: Dass Lydia aus freien Stücken mit dem Maler geflohen, dass sie ihn voll und ganz unterstützte und dass demzufolge die Behauptung, sie sei gegen ihren Willen entführt worden, als grotesk und absurd in sich selbst zusammenfiel.

Tatsächlich bekam das Departement in Bern nie den vollen Wortlaut des Briefes zu Gesicht. Dass der Gesandte seinem Wunsche willfahren und nur die Stauffer belastenden Passagen weiterleiten würde, wusste Emil im voraus. Darum schloss er sein Schreiben ähnlich wie schon viele zuvor: «In steter Verehrung Ihr ganz ergebener Dr. Emil Welti.»

In der Gesandtschaft in Rom arbeitete am folgenden Morgen, Montag, den 10. Februar 1890, Sekretär Rochette im Auftrag Baviers an einem Aktenstück. Er musste dem Gesandten zuhanden der Bundesbehörden Bericht erstatten über den Punkt, über welchen Bundesrat Droz noch Auskunft verlangte. Die Kernstellen seiner Verteidigung – sie war an Bavier gerichtet – lauteten: «Eines Tages erfuhren wir zufällig, dass davon die Rede sei, Karl Stauffer freizulassen, und auf einem der zahlreichen Gänge zu den Gerichten mit Advokat Stauffer... machte ich den Königlichen Staatsanwalt auf die schlimmen Folgen aufmerksam, welche die Entlassung einer so gefährlichen Person, wie Karl Stauffer eine ist, nach sich ziehen könnte, und ich erwähnte den Drohbrief, den dieser vor seiner Verhaftung an Sie gerichtet und in welchem er daran erinnert hat, was für ein ausgezeichneter Schütze er sei.»

Damit gab Rochette zu, dass er in das Verfahren eingegriffen hatte. Aber er war in seinem Bericht ungenau. Die Warnung vor den Folgen der Freilassung brachte er nicht vor dem Staatsanwalt, sondern vor dem Untersuchungsrichter vor. Im Endeffekt kam das freilich auf das gleiche heraus. Hatte er nach knapp drei Monaten die Einzelheiten bereits vergessen? Jedenfalls erinnerte er sich nicht mehr an das genaue Datum. Auch anderes war ihm inzwischen aus dem Gedächtnis entschwunden oder hatte sich verwischt. Anschliessend behauptete er nämlich: «Advokat Stauffer war über meine diesbezügliche Bemerkung völlig auf dem laufenden, wie übrigens über alles Weitere, was sich damals abspielte, machte keinerlei Einwände und fand es höchst unverständlich, dass man seinen Bruder aus dem Gefängnis entlassen wollte.»

Rochette verschwieg dabei bewusst oder unbewusst, dass er allein, unter vier Augen, mit dem Untersuchungsrichter gesprochen und dass Eduard Stauffer unterdessen im Vorzimmer gewartet hatte. Erinnerte er sich nicht mehr daran, wie der Gefangene eine Stunde später erklärt hatte, man habe ihm gemeldet, er werde noch heute befreit und dass Eduard Stauffer über diese Mitteilung höchst erstaunt war, weil ihm vom Richter nichts dergleichen gesagt worden war? Wusste der Attaché wirklich nicht mehr, dass er während der Unterhaltung im Gefängnis beharrlich schwieg und erst in der Gesandtschaft den Mund öffnete, als ihn Minister Bavier auf Verlangen des Fürsprechs aufforderte zu rapportieren, was er mit dem Untersuchungsbeamten gesprochen habe?

Bedenklich war auch die Behauptung, Eduard sei gegen die Entlassung seines Bruders gewesen. Verwechselte Rochette dies mit

Bemerkungen des Notars, die dieser Tage zuvor getan hatte, solange er noch an die Schuld seines Bruders glaubte? Damals erklärte sich Eduard tatsächlich mit der Inhaftierung einverstanden, änderte seine Meinung aber, als er von den italienischen Behörden erfuhr, dass die Klage auf Unterschlagung gegenstandslos sei. Oder verdrehte der Attaché eine andere Tatsache? Im Bestreben, seinen Bruder dem Machtbereich Weltis zu entziehen, hatte Eduard an den Römer Staatsanwalt ein Gesuch um geistesärztliche Untersuchung Karls gerichtet und ihn gebeten, den Gefangenen zu diesem Zwecke – aber nur zu diesem! – noch einige Tage zurückzuhalten, damit er ihn nach erfolgter Feststellung einer Gemütskrankheit sogleich in die Schweiz zurückbringen könne. Dieses Gesuch hatte nichts, aber auch gar nichts mit der Einkerkerung der ersten Klage wegen zu tun.

Rochette beschrieb dann wahrheitsgemäss, wie Eduard Stauffer – nachdem er aus dem Vorzimmer wieder beim Richter hatte eintreten dürfen – auf die Fälle von Irrsinn in seiner Familie verwies, was der Beamte zu Protokoll nahm. Dann fuhr Rochette fort: «Der Untersuchungsrichter fügte diese Aktennotiz dem Dossier bei, das dem Gericht zu Florenz zu gleicher Zeit wie der Häftling selbst überstellt werden sollte, weil sich der Tatort in Florenz befand und das Römer Gericht deshalb nicht zuständig war.»

Das war an diesem 19. Dezember schon deshalb unmöglich, da Dr. Welti seine neue Klage erst am Tage darauf einreichte. Ein nach Florenz zu überweisendes Dossier existierte damals also noch gar nicht. Die behauptete Unterschlagung war ordnungsgemäss in Rom anhängig gemacht und auch dort als gegenstandslos bezeichnet worden. Trotz diesen Tatsachen zog Rochette aus seiner «Beweisführung» folgenden Schluss: «All das beweist klar, dass meine Bemerkung gegenüber dem Staatsanwalt» – hier brachte er schon wieder die beiden Justizpersonen durcheinander – «keinerlei Einfluss auf den Gang des Prozesses hat haben können, weil die Untersuchung ja ohnehin in Florenz und nicht in Rom durchgeführt werden musste; die Freilassung war daher nur ein falscher Alarm, und die Unterstellung, als hätte ich den Untersuchungsrichter gebeten, er solle eine zweite Klage von Dr. Welti gegen Karl Stauffer abwarten und diesen nicht freilassen, ist demnach absolut falsch.»

Minister Bavier las diese Rechtfertigung mit Befriedigung. Sie lag genau auf der Linie dessen, was Bundesrat Welti am 21. Januar geraten hatte: Ohne allzusehr auf Einzelheiten einzugehen, verwischte sie die Dinge und stritt rundweg alles ab. War das gefährlich? Keineswegs. Wer denn in Bern – sofern dort überhaupt ernsthafter Wille zur Wahrheitsfindung bestand – konnte die Dinge, wie sie sich wirklich abgespielt hatten, überprüfen? Bavier behielt zwei Kopien von Rochettes Werk bei seinen Akten. Das Original schickte er Bundesrat Droz. Die Beweiskette war perfekt: Die drei ins Kreuzfeuer der Kritik Geratenen, nämlich Bundesrat Welti, der Gesandte und dessen Gehilfe, bestätigten sich gegenseitig ihre Unschuld und deckten einander in der Runde. Genügte das nicht, den unbequemen Fragern den Mund zu stopfen?

13. DEM FRÜHLING ZU

Während Vater und Sohn Welti sowie Bavier und Rochette nur daran dachten, sich reinzuwaschen, sass Stauffer noch immer im Irrenhaus von Florenz. Unaufhörlich arbeitete er an seinen Gedichten. Er fühlte sich dabei als der grosse Karl, als «Carlone», und manchmal bezeichnete er sich als einen Spross aus dem alten Königsgeschlecht der Staufen und setzte «Carlo Corradino de Stauffer» unter die Verse.

Der Stoss Gedichte war nahezu auf das Doppelte angewachsen. Natürlich war nichts aus der Veröffentlichung geworden. Aber er gab die Hoffnung nicht auf. Sollte er jemals wieder die Freiheit geniessen, so wollte er schon einen Verleger finden. Was schadete es, wenn er schon jetzt ein Nachwort schrieb? Am 12. Februar tat er das in Gedichtform. Die letzte Strophe – sie war an Welti gerichtet – lautete:

Ich schrieb, du feiger, hinterlistiger Affe,
um mich zu rächen, gottverfluchter Laffe.
Vor der Pistole war dir bange.

Changeons les armes, verehrtes Herrlein!
Ich halte überall die Stange.
Ich, Freundchen, hätte freilich vorgezogen:
Brucciata la cervella; bleibe mir gewogen.

«Brucciata la cervella» hiess, dass Stauffer Emil am liebsten eine Kugel durchs Hirn gejagt hätte. Sein Zorn gegen den Verfolger musste sich in derartigen Kraftausdrücken Luft verschaffen; was anderes hätte er denn von seiner Zelle aus unternehmen können? Zwei Tage zuvor war bei Mutter Stauffer der Brief Karls vom 6. Februar eingetroffen. Sein Inhalt hatte die alternde Frau erneut bedenklich gestimmt. Sie empfand Angst, ihr Ältester werde das ihm Angetane nicht verwinden, bevor er nicht an seinen Gegnern das Gesetz des Alten Testamentes «Auge um Auge, Zahn um Zahn» vollzogen hatte. Diese Furcht hielt sie eine volle Woche davon zurück, Karl zu antworten. Zwischendurch allerdings bekam sie von Paul Volmar, dem treuen Familienfreund und ehemaligen Lehrer Karls, einen Brief zugeschickt, der ihr wohltat. Sie las darin: «Ich lebte der festen Überzeugung, dass Karls Zukunft durch die Zürcher Beziehungen in materieller Hinsicht wesentlich gefördert sei. Leider ist das anders gekommen. Wer trägt die Schuld? Darüber kann ich mir kein Urteil bilden. Denn was ich über den Tatbestand aus zweiter und dritter Hand gehört habe, widerspricht sich so sehr, dass ich nur eines sagen kann, dass nämlich ein an sich unglückliches Verhältnis ein zweites noch unglücklicheres geboren hat. Welchen Ausgang diese Sache nehmen wird, wer weiss es? Für mich aber steht fest, und das ist in allem ein Trost, dass des unerforschlichen Schicksals Schläge, wie hart sie auch einstweilen erscheinen mögen, doch zum Heile Deines Schwergeprüften ausfallen werden und dass sein jetzt in seiner Gesundheit gestörtes Gemüt sich wieder erheben wird in voller Kraft, um zu seiner und seiner Angehörigen Genugtuung fortan nur noch dem reinen Ideal der Kunst entgegenzustreben. Dies ist meine Zuversicht und mein Trost; möge mein fester Glaube in diesen trüben Tagen auch Deine Seele erheben!»

Nicht zuletzt diese schönen Zeilen bewirkten, dass Frau Stauffer am 19. Februar doch zur Feder griff. Was sie fühlte, fand seinen Niederschlag in einem langen und besorgten Brief:

«Lieber Karl. Obschon es mir eigentlich nicht gar ums Schreiben ist, will ich Dich nicht länger auf Nachrichten warten lassen. Deinen Brief habe ich erhalten, habe aber daraus nicht ganz begriffen, was Deine Pläne sind. Ein anderes Mal, hoffe ich, drückst Du Dich klarer aus, damit ich mir einen Begriff machen könne von dem, was Du treibst. – Gestern, Sonntagabend um acht Uhr, erhielt ich ein Telegramm, dass der arme Onkel Ruedi von seinem langen Leiden durch einen sanften Tod erlöst worden sei. Am Mittwoch wird wahrscheinlich die Beerdigung sein. Eduard wird derselben beiwohnen; ich gehe nicht hin, weil ich mich überhaupt nicht mehr unter den Leuten zeigen mag.»

Dieser Verzicht wog um so schwerer, als der Verstorbene ja Frau Stauffers Bruder war. Das allgemeine Gerede über ihren Sohn hielt sie ab. Nach ein paar unwesentlichen Mitteilungen fuhr sie fort: «Die starke Produktion Deiner Phantasie, von der Du sprichst, ist ja wirklich eine schöne Sache, doch muss man immer dafür Sorge tragen, dass dieselbe in das richtige Flussbett geleitet werde, das eine gehörige Tiefe hat, sonst gibt's Unregelmässigkeiten. Es darf niemand wundern, wenn Deine Nerven durch die fatalen Ereignisse heftig erschüttert wurden, habe ich doch an mir selbst genugsam die Rückwirkungen gespürt. Am besten wirst Du dieselben beruhigen, wenn Du Dir den Tag so einteilst, dass Du verschiedene Tätigkeiten betreibst: ein wenig lesen, schreiben zeichnen und womöglich Arbeit an der frischen Luft. Die Stauffer sind in rauherer Luft stets besser gediehen als in den Niederungen... Wenn Du etwa glaubst, ich stehe mit Frau Welti in irgendeinem Verkehr, so irrst Du Dich sehr; erstens ist dieselbe gut bewacht, und zweitens muss eine Frau wenig Hirn besitzen, die triftige Scheidungsgründe gegen ihren Mann hätte und statt dessen, weil sie zu feige ist, ihre Meinung zu verfechten, lieber eine ganze Familie unglücklich macht. Eine solche Person kann mir gestohlen werden! Wenn der Glanz des Reichtums sie nicht umgäbe, so erschiene sie Dir als eine graue Libelle. Solche Frauen sind rechte Irrlichter für die Herren und machen sie blind gegen wahre weibliche Tugend. – Mit der übrigen Familie Welti haben wir total gebrochen, seit Eduard zurück ist, trotz verschiedenen auf Umwegen eingeleiteten Annäherungen und Versprechungen finanzieller Nachhilfe. Eduard kann Dir dann später darüber schreiben, und wenn Du dann wieder ruhiger und gesetzter geworden bist, so musst Du mir noch klar und gründlich eine Frage beantworten.

Sei jetzt nur ruhig und plage Dich nicht mit Racheplänen, sondern halte Dich an den Spruch Römer 12/19.» Dieser heisst ‚Rächet euch nicht selbst, sondern gebet Raum dem Zorn Gottes, denn es steht geschrieben: Mir gehört die Rache, ich will vergelten, so spricht der Herr.'

Deine Handlungsweise beschönige ich keineswegs, aber ebensowenig die der Weltis und der schweizerischen Gesandtschaft. Sie werden sich in ihren eigenen Netzen fangen...»

In Florenz herrschte Karneval. Musik, Lärm, Lebensfreude erfüllten die Luft. Der Winter war vorbei, Grund genug, ausgelassen zu sein. Die Wogen des Narrentreibens schlugen bis zu Karl Stauffers Fenster hinauf. Dienstagabend und -nacht erhoben sie sich nochmals besonders hoch, dann verebbten sie allmählich: Aschermittwoch zog herauf.

Stauffer hatte kaum geschlafen. In aller Frühe nahm er einen von den rauhen Bogen zur Hand, auf denen die Kohle des Bleistifts nur schwer haftete. Es war der 19. Februar. Wie kaum je war ihm bewusst, wo er sich befand. Dem Andrang der Gefühle machte er in einem Gedicht Luft, das er danach in der Reinschrift in die sechste Gruppe der «Peitschenhiebe» einreihte, Verse, in denen er mit seinen Verfolgern ins Gericht ging.

Aschermittwoch

Verklungen sind Spass und Scherze,
zerstoben der Maskenschwarm.
Ich liege noch immer gebunden
mit Ketten an Fuss und Arm.

Zwischen vier kahlen Mauern
den ganzen Karneval
jämmerlich zu vertrauern,
ist, weiss der Teufel, fatal.

In meiner kahlen Kammer
tobte ich wohl und sang,
als draussen auf den Gassen
die Tanzmusik erklang.

Ich träumte von Walzer und Polke,
von schwarzem Weiberhaar,
von dunkeläugigem Volke,
von Blüten wunderbar.

Hol dich der Teufel, Bestie,
die mich so weit gebracht!
Bin ich erst frei, die Weste
will ich dir flicken, dass's kracht.

Dein ganzes langes Gestelle,
du pitoyables Kamel,
das schwöre ich dir, Geselle,
bei meiner armen Seel –

bei meiner armen Seele
zu Ehren dem lieben Gott:
die Pest dir an die Kehle,
du Lump von Dreck und Spott.

Das walte Gott.

Ein paar Stunden später brachte ihm der Pfleger den Brief der Mutter. Als er beim Lesen auf die Stelle stiess, wo sie ihn an den Römervers erinnerte, zog er mit dem Bleistift einen dicken Strich quer durch den Entwurf. Dann aber reuten ihn die Anfangsstrophen, und in der Reinschrift liess er nur die beiden letzten weg. Wenn er sich überlegte, in wessen Haut er lieber stak, in derjenigen Emil Weltis oder in seiner eigenen, so gab es keinen Zweifel: Mit dem Gehörnten hätte er niemals tauschen wollen.

Die Tage flossen unglaublich zäh dahin. Stauffer fragte sich, was weiter gegen ihn gesponnen werde, wie man in Rom und in Bern die Maschen noch enger zog. Das Genie – und er war doch ein Genie? – war ihnen zum Ärgernis geworden. Er redete sich ein, sie hätten ihre eigene Durchschnittlichkeit neben ihm als peinlich empfunden. Verhängnisvoll war bloss, dass die Mittelmässigen so oft einflussreich waren, dass sie Politik und Wirtschaft in Händen hielten. Was wäre Welti ohne Geld gewesen? Da hatte die Mutter nicht unrecht: Ohne diesen Nimbus stächen derartige Leute nie aus der Masse. Doch Lydia? War sie wirklich nichts weiter als eine graue Libelle? War er tatsächlich ihrem Reichtum erlegen? Gegen diesen Gedanken wehrte er sich, denn hätte er zugeben müssen, dass er sie überhaupt nicht geliebt hatte, Kerkerhaft und gegenwärtiger Aufenthalt hätten jeden Sinn verloren. Die Liebe, in die er sich seit seiner Verhaftung hineinsteigerte, hielt ihn aufrecht.

Das andere, was ihn aufrechthielt, waren die Gedichte. Samstag, den 22. Februar, diktierte ihm die innere Stimme ein gereimtes Vorwort zum Poesieband. Das Nachwort hatte er ja schon zehn Tage zuvor verfasst. Da das Reimen Spass machte und er so

hübsch im Schwung war, entwarf er gleich noch Vorworte für eine
zweite und dritte Auflage. Das letztere hiess:

> So lass ich dich laufen zum drittenmal.
> Hilf selber dir jetzt im irdischen Tal!
> Leb oder stirb als guter Christ,
> der auch dein Vater gewesen ist!
> Dann gehst du nach dieser Erdenqual
> als Engelein in den himmlischen Saal.
> Das wünscht dir dein Vater, der Kupferstecher,
> Maler, Bildhauer und Ehebrecher.

Der Frühling zögerte in diesem Jahre 1890 lange. Gegen Ende
Februar war Bern noch winterlich. Winterlich sah es auch im Gemüt Dr. Emil Weltis aus. Die Affäre, die er mit der Verhaftung seines ehemaligen Freundes in ungeahnte Bahnen gelenkt hatte, belastete ihn schwer. Überall redete man von ihm, seiner Frau und dem Maler. Ins Belvoir nach Zürich mochte er nicht zurück. Das Haus war mit allzu vielen Erinnerungen angefüllt. Nur auf einen Sprung suchte er jeweils die Stadt an der Limmat auf, wenn dringende Geschäfte ihn dazu zwangen. Danach kehrte er so rasch wie möglich ins Kirchenfeld heim zu Vater und Schwester Mathilde. Von dort aus liess sich die Entwicklung der Dinge besser überwachen, und die Nähe des mächtigen Vaters vermittelte ein Gefühl von Geborgenheit. Trotzdem trieb ihn Unruhe um. Wo immer er glaubte, einer Information über Karl habhaft zu werden, eilte er hin. So sprach er erneut bei Dr. von Speyr in der Waldau vor; von Schreiner Vetter in Zürich-Enge verlangte er den Brief, den ihm der Künstler am 7. Januar zugeschickt hatte; der Vater musste ihm genau rapportieren, wie sich Eduards Anwalt Sahli nach der Unterredung im Bundeshaus verhielt, und er atmete auf, als er erfuhr, Advokat Stauffer verhalte sich augenblicks ruhig, da ihm Sahli den Kopf gehörig zurechtgesetzt habe. Ob die Beschwerde ans Justizdepartement zurückgezogen worden sei, wusste er freilich nicht, aber er hoffte und vermutete es. Doch er vermutete falsch. Eduard liess sich trotz dem Druck, der vom Bundeshaus ausging, nicht einschüchtern und blieb bei seiner Forderung, unparteiische Instanzen möchten seinen Bruder vor Macht und Geld beschützen.

«Drohbrief», den Stauffer kurz vor seiner Verhaftung an Bavier richtete, mit seiner und Lydias Unterschrift. (Staatsarchiv des Kantons Graubünden, Chur)

mon Bavier, Alt-Bundespräsident und
ndesrat, schweizerischer Gesandter in
om. (Chur)

Bundesrat und Bundespräsident Emil W
im Jahre 1883.

Die Carceri Nuovi in der Via Giulia, Rom, das Gefängnis, in dem Stauffer zuerst eingekerkert war. Die drei Fenster unter dem Dach gehörten zur Gemeinschaftszelle. Heute Kriminalmuseum und Archiv.

Weltis Kontakt mit Speyr riss nicht ab. Er drängte auf eine Diagnose. Bevor sich der Arzt eindeutig äusserte, behauptete Emil Bavier gegenüber, es sei «soviel als sicher, dass Stauffer an Paralysie leide».

Und er zog daraus den Schluss: «Das macht Stauffer nur um so gefährlicher, wenn die italienischen Irrenärzte ihn freilassen sollten. Seine Familie wünscht, dass er hier untergebracht werde, und Dr. von Speyr hat deswegen nach Florenz geschrieben.» Litt der Künstler wirklich an einer chronischen Geistesstörung infolge der Entartung der Hirnrinde, so würde er wahrscheinlich für immer interniert. Zudem hatte Speyr in Florenz angefragt, ob der Patient an Syphilis leide, die ja zur Paralyse führen konnte; traf das zu, dann liess sich Stauffer als Luetiker in der Öffentlichkeit noch wirksamer herabsetzen. Von da rührte das erstaunliche Interesse, das Emil für den Internierten zeigte und das Dr. von Speyr für warme menschliche Anteilnahme hielt.

Dr. Grilli, der Direktor der Florentiner Irrenanstalt, antwortete auf die Anfrage Speyrs: «Herr Stauffer ist in unserem Asyl am 11. Januar letzthin aufgenommen worden. Er litt an Tobsucht. Jetzt geht es ihm viel besser, und er ist in die Grenzen einfacher manischer Erregung zurückgekehrt. Für die Heimreise ist er noch zu wenig ruhig, und ich glaube, man müsste ein ganzes Abteil für ihn und die Wächter nehmen. Aus diesem Grunde habe ich Herrn Hildebrand geraten, ein paar Tage zuzuwarten und ihn dann noch einige Zeit bei sich zuhause zu behalten. Erst dann darf an die Reise gedacht werden. – Es sind keine Anzeichen vorhanden, die eine Paralyse fürchten lassen. Stauffers körperliche Gesundheit ist sehr gut.»

Speyr war von diesen Auskünften nicht befriedigt, am wenigsten von jenen über Karls Gesundheitszustand. Eduard gegenüber äusserte er: «Man kann körperlich gesund sein und doch vielleicht paralytisch.» Indigniert war er, weil seine Frage nach allfälligen Schritten bei den Behörden unbeantwortet blieb. Grilli fasste eine Entlassung ins Auge, von Speyr dagegen die neuerliche Internierung in der Schweiz. Gar nicht einverstanden erklärte er sich mit der Absicht, Stauffer solle noch eine Weile bei Hildebrand bleiben. Speyr mochte diesen Künstler nicht. Jedenfalls schrieb er Eduard: «Ich fürchte mich vor den noch so gut gemeinten Laienansichten

Herrn Hildebrands. Dieselben haben schon genug Unheil gestiftet und könnten jetzt leicht noch mehr verschulden.» Worin das Unglück, das der stets hilfsbereite Hildebrand heraufbeschworen haben sollte, bestand, verschwieg der Arzt freilich. Welti musste der magere Bescheid gleichfalls enttäuschen. Es liess sich mit ihm nichts anfangen. Speyr hatte nicht übel Lust, einen seiner Mitarbeiter zwecks Abklärung von Karls körperlichem Zustand nach Florenz zu schicken. Ein Assistent hatte schon versichert, er ginge gerne in die Arnostadt. So nahm der neue Leiter der Waldau eine seltsame Stellung zwischen den Fronten ein.

Als hätte er gewusst, wie abschätzig man andernorts über Hildebrand dachte, nahm ihn Karl Stauffer gerade in diesen Tagen in Schutz: «In dem verfluchten Durcheinander von Ereignissen und Personen habe ich wieder einmal gesehen, dass die einzig vernünftigen, klardenkenden Leute auf der Welt die ausgezeichneten Künstler sind. Hildebrand von allen meinen Bekannten und sogenannten Freunden hatte allein Verständnis und guten Willen gezeigt für meine fatale Situation.» Dann fuhr er fort: «Über das Florentiner Narrenhaus, das genau noch so ist wie vor dreihundert Jahren, werde ich ein Werk herausgeben in Bild und Wort; es ist wert, denn das, was ich hier von der Dummheit der Ärzte und dem schauderhaften Lokal zu leiden hatte, bis Hildebrand sich schliesslich meiner annahm, verdient Illustration. Mein ganzes früheres Leben, die Carceri Nuovi und die Carceri Muratte mit inbegriffen und alles, was ich sonst von Dispiacere durchgemacht, ist ein Pfifferling gegen das, was ich hier in dem gottverfluchten Saustall ausgestanden. Gott sei Dank, es ist vorüber, denn in ein paar Tagen komme ich hinaus.» Diese Annahme stützte sich auf vage Äusserungen des Direktors. Sie sollte sich erst einen knappen Monat später erfüllen. «Aber an meinen Haaren werdet Ihr schon merken, was passiert ist. Sowie ich frei bin, lasse ich meine Gedichte... drucken und bringe sie in Handel. Es sind ein paar darunter, die dem Dr. Emil Welti nicht gerade nach dem Maul sein werden, verlasst Euch drauf... Wenn diese Chosen das Licht der Welt erblickt haben werden, so redigiere ich meine Briefe an Lydia, die etwa zu Martini gedruckt sein können. Sie geben ein Bild des ganzen Künstlerlebens seit vier Jahren, und es wird sich mancher wundern, aus welchem Gesichtspunkt ich ihn skizziert. Ein

Buch wird es sein wie ein Schwert, denn ich fürchte mich vor keinem Teufel, geschweige denn Menschen... Für die Berliner Ausstellung mache ich meine Statue fertig und lasse auch den kleinen Adoranten giessen in Bronze. Ich habe nicht eine Minute Zeit verloren in den drei Monaten, ausgestanden allerdings viel, denn am dritten Tage nach der Brautnacht in die Carceri Nuovi wandern ist gerade kein Spass. Aber: Chi ride l'ultimo, ride bene. ... Sobald ich herauskomme aus S. Bonifazio, gehe ich erst ein bisschen in die Berge und ans Meer, bevor ich mich von neuem in die Arbeit stürze, denn all der Zauber – Kerker, Liebe, Zwangsjacke, Narrenhaus – hat mir doch etwas stark zugesetzt; na, die Kosten davon soll der Dr. Emil Welti, gewesener Escher, bezahlen... Er hat mich lange genug geärgert, der Lump...»

Eigentliche Rachegedanken hegte Stauffer also nicht. Genugtuung und finanzielle Entschädigung sollte der Widersacher allerdings leisten. Geld konnte er brauchen, denn trotz der zeitweiligen Nervosität war er noch nicht gebrochen. Noch immer stand ihm die Zukunft offen. Jetzt wollte er der Welt erst recht beweisen, dass er ein ganzer Kerl war. Daran änderten auch die inzwischen völlig weiss gewordenen Haare nichts.

Dienstag, den 11. März 1890, versammelte sich in Bern um neun Uhr vormittags das Bundesratskollegium zu seiner dreiundzwanzigsten Sitzung dieses Jahres. Es hatte darüber zu beschliessen, was in Sachen Stauffer kontra Bavier noch zu unternehmen und welche Antwort dem Advokaten Stauffer zu geben sei. Der Rat war nicht vollzählig; neben Bundesrat Deucher fehlte auch Welti. Es hiess, er sei in Amtsgeschäften abwesend.

Der Protokollführer Schatzmann schrieb nach der Sitzung auf einer der beiden hochmodernen Schreibmaschinen, das Departement des Auswärtigen sehe, nachdem der Gesandte in Rom «aus freien Stücken Material zur Beurteilung dieser Angelegenheit überschickt» habe, davon ab, «den vorgelegten Berichten des Herrn Bavier etwas beizufügen. Nach seiner Ansicht gibt das Verhalten des Gesandten, welcher in dieser Angelegenheit privatim (nicht in seiner amtlichen Eigenschaft) gehandelt hat, zu keiner Bemerkung Veranlassung und ist erstellt, dass die Beschwerde des Herrn Fürsprech Stauffer eine unbegründete ist.»

Der Protokollauszug sollte sowohl Minister Bavier als auch Fürsprech Stauffer übermittelt werden. Letzterer erfuhr zudem, dass die Anstalt, in der sein Bruder untergebracht war und die er mit eigenen Augen kennengelernt hatte, einen ausgezeichneten Ruf geniesse, so wie auch Behandlung und Verpflegung gut seien. «Wenn jedoch die Familie des Herrn Stauffer es wünsche, dass er noch besser gehalten werde, so wird die Gesandtschaft sofort die nötigen Schritte tun.»

Damit war nach Ansicht des Gesamtbundesrates die Sache erledigt. Welti und Sohn durften höchlich zufrieden sein. Der Familie Stauffer war hoffentlich endlich das Maul gestopft. Wenn die oberste Landesbehörde feststellte, die Beanstandungen seien unbegründet, so konnte nur ein Wahnsinniger weitere Schritte unternehmen.

Obschon Bundesrat Welti an der Sitzung nicht teilnahm, wurde ihm der Wortlaut des Beschlusses natürlich bekannt. Er erhob keinen Einspruch gegen die Bemerkung, Bavier habe seinen Bericht vom 2. Februar aus freien Stücken eingereicht. Die erste Unaufrichtigkeit anlässlich der Unterredung mit Droz musste diese zweite zwangsläufig nach sich ziehen. Erleichtert war Welti auch darüber, dass seine Kollegen darauf verzichtet hatten, nach den Grenzen zu fragen, welche die private und die amtliche Tätigkeit eines Gesandten und seiner Angestellten schieden. Wieso das persönliche Auftreten Baviers beim Römer Polizeipräsidenten, warum die Intervention Rochettes gegen die Entlassung Stauffers privater Natur gewesen sein sollten – das zu erörtern war glücklicherweise unterlassen worden.

Schliesslich hatte die Regie auch da geklappt, wo von der «Fürsorge» der Gesandtschaft für den im Irrenhaus Sitzenden die Rede war. Laut Protokollauszug hatte sich Bavier nach Eingang von Eduards Beschwerde einmal bei der Direktion erkundigt, ob alles in Ordnung sei, und, siehe da, die Direktion bestätigte, es sei so! Weder in bezug auf den Irrenhaus-Aufenthalt Stauffers noch in bezug auf die beanstandeten Handlungen Baviers und Rochettes bemühte man sich also auch nur im geringsten um Objektivität.

Bundespräsident Ruchonnet, Vorsteher des Departements des Auswärtigen, unterzeichnete eigenhändig den Brief, der Eduard über den Beschluss des Bundesrates informierte. Im Unterschied zum Protokollauszug behauptete das Schreiben, die Legation habe sich sogar noch vor der Einreichung von Fürsprech Stauffers Beschwerde in Florenz nach dem Befinden Karls erkundigt, womit offenbar betont sein sollte, wie hilfsbereit und menschlich das Gesandtschaftspersonal doch sei. Eigenartig daran war bloss, dass die entsprechende Meldung Baviers vom 1. März stammte, also einen ganzen Monat jünger war als Eduards Eingabe, und dass in Baviers früherem Rapport keine Silbe davon zu lesen stand.

Ruchonnets Brief schloss: «Wir stellen uns Ihnen für alle weiteren Schritte zur Verfügung, die zugunsten Ihres unglücklichen Bruders unternommen werden könnten, und wir wären glücklich, Ihnen in Ihren schmerzlichen Familienverhältnissen wenn nötig dienlich zu sein, wie wir auch glücklich wären, wenn wir erfahren dürften, dass Sie die Zweifel, die Sie eine Weile hinsichtlich der Unparteilichkeit und der Rechtlichkeit unseres Ministers in Rom genährt haben, zurseitegelegt hätten.»

Leider liessen sich die nur allzu begründeten Zweifel auf diese Weise nicht aus der Welt schaffen. Fürsprech Stauffer nährte sie nicht nur «eine Weile». Er sah ein, dass es wahrhaftig schwer war, gegen die Familie Welti aufzukommen, und er glaubte Bundespräsident Ruchonnet aufs Wort, dass jedermann in Bern aufgeatmet hätte, wenn er, Eduard Stauffer, sich hätte beschwichtigen lassen.

Ebenfalls um den 12. März herum bekam Dr. Welti im Kirchenfeld überraschend ein Schreiben zu Gesicht, das ihm ein Bekannter vorlegte. Dieser Bekannte hatte das Schreiben von Karl Stauffer empfangen, und er war aufgefordert worden, dem Gatten Lydias vom Inhalt Kenntnis zu geben.

Emil Welti las das Schriftstück, das vom 9. März datiert war, durch und erblasste. Da stand unter anderem: «Der Dr. Welti hat mich durch sein Vorgehen tödlich beleidigt; ich hatte ihn vom Florentiner Kerker aus fordern lassen; er zog es aber vor, als man mich in Freiheit setzte, beizeiten auszukneifen. Prügeleien sind mir zuwider, besonders in einem Fall wie dem vorliegenden; ausserdem bin ich ein Mensch von so ungewöhnlicher Körperstärke und Raufgewandtheit, dass ich ihn halb totschlagen würde. So möchte ich den Welti ersuchen lassen, mir vorsichtig aus dem Wege zu gehen, falls ich nach Bern komme, denn ich bin wohl oder übel gezwungen, ihn auf berndeutsch durchzunehmen und zu ohrfeigen, falls er mir in die Finger läuft. – Noch eins, Frau Lydia und mich betreffend: Sie liebt weder mich noch ich sie und hatte mich einfach gebeten, ihr von ihrem Manne zu helfen, der ihr um Ursachen, die sie mir nicht mitteilen konnte, ekelhaft geworden war. Also falls es Ihnen passend erscheint, so haben Sie die Güte, den Dr. Welti von dem Gesagten zu unterrichten, denn ich fürchte, er ist imstande, nach dem Vorgefallenen noch an meine Gutmütigkeit zu appellieren...»

Welti liess das Blatt sinken. Hatte er jetzt nicht schwarz auf weiss den Beweis vor sich, wie gefährlich Stauffer war? Zwar drohte er ihm nicht mit Mord, aber wenn er tatsächlich freigelassen wurde und nach Bern zurückkehrte, so stand auch so Schlimmes genug bevor. Emil hatte begreiflicherweise keine Lust, auf offener Strasse verdroschen zu werden; auch eine Ohrfeige in den Lauben oder auf dem Bundesplatz war übel genug. Er konnte es sich nicht ausdenken, wie er in Zukunft Tag für Tag auf einen Überfall gefasst sein musste, wie ihm vom Verlassen des Bahnhofs bis vor das Tor des Bundeshauses oder bis vor die Haustür hier auf dem Kirchenfeld ständig Gefahr drohte. Eine tätliche Auseinandersetzung vor Zeugen – er zweifelte nicht daran, dass er dabei unterliegen würde – würde seinem Ansehen einen tödlichen Stoss versetzen.

Gemein war auch, wie Stauffer nicht davor zurückschrak, ihn lächerlich zu machen. Warum musste er Dritten erzählen, dass er, Emil, die Forderung auf ein Duell nicht einmal beantwortet hatte? Stauffer stellte die Sache so dar, als ob Emil ein Feigling sei. Sollte er wirklich sein Leben aufs Spiel setzen gegen einen Verrückten? Übrigens war der Zweikampf verboten, und so war er keineswegs darauf erpicht, mit dem Gesetz in Konflikt zu geraten.

Am niederträchtigsten war, dass Stauffer von seinen ehelichen Verhältnissen sprach. Derartiges war tabu. Dass er es dennoch getan, liess befürchten, dass er in einem allfälligen Prozess alles, was ihm Lydia anvertraut, gegen Emil ins Feld führen würde. Dann mochte es geschehen, dass die Richter sich fragten, warum Welti in Florenz plötzlich solche Eile gehabt hatte, seine Frau und den Maler allein zu lassen, obschon er wusste, wie es um Lydia stand. Der Verdacht, er habe es getan in der Hoffnung, es werde etwas passieren, war zwar schwer zu beweisen, aber auch schwer zu widerlegen. Sollte das Elend kein Ende nehmen? Sorgenvoll wandte er sich wieder seinen Geschäften zu.

Einen Tag später hielt auch Eduard ein Schreiben seines Bruders in der Hand. Dieser hatte es am Montag, dem 10. März, verfasst. Eduard las seiner Mutter vor:
«Mein Lieber! Endlich bin ich wieder so weit ruhig und nervös wieder hergestellt, um Dir das, was mir im September» – Karl meinte natürlich im November – «passiert ist, so zusammenhängend als möglich zu erzählen. Du magst dann selber urteilen, ob ich Ursache hatte, nervös zu werden oder nicht. Wie ich Dir bereits gesagt und auch an Mama geschrieben, hat sich Lydia vom ersten Augenblicke, d. h. vor vier Jahren, gleich so sterblich verliebt, dass, wenn ich gewollt hätte, die Chose, welche im Oktober respektive November passiert ist, schon damals ruhig hätte stattfinden können. – Als Du dazumal nach S. Bonifazio kamst, sagte ich inbetreff Lydias mehr, als ich verantworten kann. Ich glaube nicht, dass sie, wenigstens seit ich sie kenne, ihrem Manne untreu geworden. Was ich weiss, ist nur, dass mir die Pforte jederzeit geöffnet war, ohne dass ich Gebrauch machte. Um nicht viel Zeit mit Unnötigem zu verlieren: Sie hat einen absolut stichhaltigen Scheidungsgrund, den sie vielleicht, wenn Welti nicht Verstand annimmt, geltend macht. Der Mann scheint in bezug auf erotische Vergnügungen gewisse Eigenheiten gehabt zu haben...» Dann ging Karl auf diese Eigenheiten ein und nannte als weiteren Scheidungsgrund, dass Lydia von ihrem Manne keine Kinder erwarten könne. Darauf fuhr er fort: «Der dritte Grund schliesslich, den sie wahrscheinlich in Anwendung bringen wird, ist die unerhörte Art und Weise, wie der Saukerl sowohl sie als mich behandeln liess. – Trotzdem dass ich Lydia nie mehr gesehen, auch nicht mit ihr korrespondieren konnte, so hatten wir doch, wie ich Dir bereits andeutete, das, was gekommen ist, zum Teil vorausgesehen. Sie hält sich in Rom still, weil sie wahrscheinlich schwanger ist... Sei dem, wie ihm sei, das geht Dich für meinen Prozess in erster Linie nichts an. Ich will gegen Welti klagen auf Entschädigung; mit der Scheidung mag es dann Lydia halten, wie sie will, das ist ihre

Sache, denn wie ich Dir schon schrieb, wir haben ausgemacht, je nach den Umständen zu heiraten oder nicht. Kriegt sie ein Kind, so heirate ich sie wahrscheinlich, um dem Kind einen Namen zu geben, sonst werde ich mich wohl schwerlich dazu entschliessen.

Hildebrand sagte mir neulich, es wäre in einer Schweizer Zeitung gegen die Gesandtschaft in Rom polemisiert worden wegen meiner Affäre; da kann ich dann auch ein Liedlein singen. Ich habe mich öfter in Rom gefragt, wozu wir denn eine Gesandtschaft haben, wenn sie sich in solchem Fall nicht um einen kümmert.

Welti hat sich, indem er mich einsperren liess, ganz den ‚lätzen' Finger verbunden, denn eine traurigere Figur, als der Strohmann in dem Prozess spielen wird, ist wohl kaum denkbar.

Du sagtest dazumal ‚Wohltäter'; zum Lachen, er hatte ja nicht über einen Franken zu verfügen, das Geld gehört ja alles der Lydia, die ihn einfach geheiratet hat faute de mieux, quasi aus Erbarmen.»

Da er nicht mehr überzeugt war von der gemeinsamen Zukunft mit Lydia, nahm Stauffer erneut einen Gedanken auf, der ihn schon früher beschäftigt hatte. Auch sein Bruder wusste bereits davon. Er fuhr nämlich fort: «Der Auftrag in bezug auf Anna von Erlach war nicht etwa Spass; ich sah das Mädchen zwar nur wenig, aber ich wüsste keine, die mir besser gefiele als Frau, wenn sie unterdessen nicht zu alt geworden.»

Das Fräulein von Erlach trug einen der angesehensten Namen nicht nur Berns, sondern der ganzen Schweiz. Stauffer war er besonders vertraut, denn ein Vorfahre Annas, Rudolf von Erlach, hatte als bernischer Feldherr 1339 die Schlacht von Laupen gewonnen und Bern gerettet. Wie oft war Karl mit dem Vater von Neuenegg zum nahen Denkmal gepilgert, wie oft hatte er das Schlachtfeld abgeschritten, wie oft auf der Bastei des Laupener Schlosses gestanden! Die Nachfahrin Anna war eine begabte Zeichnerin und Porträtistin. Wenn er sich mit ihr verband, so war er rehabilitiert. Stauffer-von Erlach – das klang nicht schlecht!

Hildebrand teilte Stauffer mit, dass sein Schwager, der Arzt Dr. Robert Vogt aus Bern, ihn nächstens in die Heimat zurückholen werde. Stauffer war erfreut.

Vogt war der Gatte von Hildebrands Schwester Emmy. Vermutlich war sie aus ebenso gutem Holz geschnitzt wie ihr Bruder. Einer, der eine Hildebrand zur Frau bekam, konnte keiner von den Übelsten sein. So erklärte er sich gleich einverstanden. Dies meldete er sofort Eduard: «Ich komme jetzt also mit Robert Vogt in die Schweiz, bleibe, solange es absolut notwendig ist, dort und kehre hieher zurück, sobald Du mich nicht mehr nötig hast, denn, weiss Gott, ich habe ja seit Anfang September keinen Strich mehr machen können... Ich will also, dass Du mit aller nur erdenklichen Brutalität gegen den Esel vorgehst; ist dann der Prozess gewonnen, so kann ich, wenn es mir nötig scheint, ihn immer noch ohrfeigen; vorderhand Geld... Rosadi war gestern hier, ich hatte ihn gebeten zu kommen. Mein nachträgliches Kompliment; Du konntest nicht besser wählen. – Punkto Prozess gegen Welti: Ich will den Prozess, nicht gütlichen Vergleich, denn nach dem Affront, den er mir gemacht hat, bin ich gezwungen, auf irgendeine unanfechtbare Weise die Tatsachen, wie sie geschehen, festzustellen, damit der Publicus weiss, was passiert ist. Ich will von dem Aargauer Untertanengesindel keine Gnade oder Geschenk.»

Diese Bemerkung machte Stauffer offensichtlich Freude. Der Aargau war jahrhundertelang bernisches Untertanengebiet gewesen; Karl als alteingesessener Bernburger fühlte sich deshalb turmhoch über die aargauische Familie Welti erhaben.

«Was meine körperlichen Verhältnisse betrifft, so bin ich so gesund und stark wie nie, ich habe im Kerker alle Tage eine bis zwei Stunden geturnt (Freiübungen) und dadurch mich frisch erhalten. Läuft mir der Unglücksmensch unter die Finger, so könnte ihm das fatal werden, denn ich bin ein ganz gefährlicher Raufer, und wo ich hinschlage, da wächst fürs erste kein Gras mehr.

In zirka zehn Tagen hoffe ich in Bern zu sein. Zähle darauf, die Sache wird ganz günstig für uns verlaufen. Es ist mir schon Schlimmeres passiert im Leben als dieser Handel.»

Auf die Rückseite des letzten Bogens setzte Stauffer ein Postskriptum: «Unter dem Gepäck, welches nach Italien spediert werden sollte vom Belvoir, befindet sich eine Kiste, in welcher nur Effekten sind, die mir gehören. Sei so gut und lasse dieselbe nach Biel spedieren... Unter uns: Was ich hier im Narrenhaus ausgestanden, das geht doch noch weit über Kerker und alles andere, was ich sonst erlebt, Zwangsjacke usw. Na, so etwas erzählt sich dann besser bei einer Flasche Neuenburger. Eine Probe von der Reinlichkeit hier: Ich bin voll Gewandläuse, mein Bett desgleichen. Du wirst Dich noch über vieles wundern.»

Seit etwas mehr als drei Wochen war eine Anzahl von Freunden Dr. Weltis im Besitz einer Schrift, die er Ende Januar und Anfang Februar dieses Jahres 1890 verfasst und am 14. Februar verschickt hatte. Sie trug den Titel «Darstellung der Tragödie K. Stauffer – Lydia Welti» und war eine Rechtfertigung der Vorgänge in Italien. Sie hob an mit der kurzgefassten sachlichen Schilderung der Vorgeschichte vom Jahre 1866, als Emil und Karl einander in der bernischen Kantonsschule kennenlernten, bis zum Herbst 1889, dem Augenblick, da die Verwicklung begann. Diese Darlegungen füllten eine gute Seite. Dann jedoch wurde der Bericht ausführlicher: «Im September 1889 kam Stauffer wieder zu uns auf Besuch. Er war uns für die Einladung ganz besonders dankbar, denn die angestrengte Tätigkeit seit Januar 1887 habe ihn sehr ermüdet, und ein paar Wochen Entspannung werde seiner Arbeit selbst zugutekommen.»

Dieser September lag im Zeitpunkt der Niederschrift keine vier Monate zurück. Das war eine kurze Spanne; in ihr konnten sich die Erinnerungen nicht grundlegend verändern oder verwischen. Um so auffälliger war die Entstellung der Tatsachen. Sie konnte nicht unbeabsichtigt oder fahrlässig sein. Emil liess kein Wort davon verlauten, dass seine Frau den Maler dringend herbeigerufen und dass sich dieser bis zuletzt gesträubt hatte. Er verschwieg auch, in welcher Depression er sich selber damals befunden. Damit war die Ausgangslage verfälscht. Warum schilderte Dr. Welti bereits diese Vorgänge nicht wahrheitsgemäss? Wenn er sie so darstellte, als ob es sich um einen gewöhnlichen Erholungsurlaub Stauffers gehandelt hätte, musste der Künstler in der Folge als besonders undankbar erscheinen. Indem er die verzweifelten Versuche des Hausfreundes, die Reise nach Zürich abzuwenden, unterschlug, stützte er seine spätere These, der Künstler habe nur darauf gelauert, sich seiner Gattin zu bemächtigen.

Danach berichtete Welti, wie die Nervosität seiner Frau einen Klimawechsel als notwendig erscheinen liess. Dabei schob er den schlimmen Zustand Lydias ausschliesslich ihrer übereifrigen

Pflichterfüllung als Leiterin des Haushaltes zu. Die Übersiedlung nach Florenz sah in seiner Version so aus, als habe Stauffer darauf gedrängt, Lydia möglichst nah bei sich zu haben; in Wahrheit war das Gegenteil der Fall. Richtig war dagegen Emils Darstellung in bezug auf die Unterkünfte in Florenz: getrenntes Wohnen des Ehepaares und Stauffers. Dann allerdings vertraute er dem Papier etwas ganz Merkwürdiges an: «Vierzehn Tage später war ich wegen Berufsgeschäften genötigt, für die Dauer von acht bis zehn Tagen in die Schweiz zurückzukehren.» Tatsächlich reiste Emil am sechsten Tag nach seiner Ankunft wieder ab: zu seiner Rechtfertigung verlängerte er den Aufenthalt im Bericht um mehr als eine Woche. Wäre er bei der Wahrheit geblieben, so hätte es auffallen müssen, wie unvorsichtig er handelte, indem er seine überreizte Frau so bald schon mit dem Manne allein liess, den diese so offensichtlich begehrte. Es konnte der Verdacht aufkommen, er sei absichtlich so früh abgereist.

Was sich bis zur Abreise Karls und Lydias nach Rom ereignete, schilderte Welti aus seiner Sicht einigermassen korrekt. Die Vorgänge, die zur Verhaftung des Künstlers führten, erläuterte er nur sehr summarisch; was sich in der Gesandtschaft und beim Polizeipräsidenten zugetragen hatte, erwähnte er nicht. Vom «Drohbrief», den Stauffer Bavier zuschickte, unterschlug er, dass der Bildhauer nur dann von der Waffe Gebrauch machen wollte, wenn er selbst angegriffen werde. Wurde etwa der Arzt Dr. Neuhaus bedroht? Trug Stauffer eine Schusswaffe auf sich, als man ihn verhaftete? Beides war zu verneinen.

Die Internierung Lydias erschien in Weltis Darstellung als durchaus ordnungsgemäss. Es fiel kein Wort von der dringenden Aufforderung, die der Gesandte an Prof. Fiordispini richtete, keins davon, dass Antragsteller und Antragsempfänger identisch waren, so dass eine objektive Begutachtung der Frau unmöglich wurde, nichts davon, wie lückenhaft die «Untersuchung» war, und auch davon nichts, dass Bavier geäussert hatte, es sei kein anderes Mittel übriggeblieben, das Paar zu trennen.

Den Ablauf der Ereignisse stellte Welti restlos auf den Kopf, als er von der bevorstehenden Haftentlassung Stauffers redete. Er behauptete nämlich wie Rochette, Stauffer habe überhaupt nie entlassen werden sollen, weshalb die zweite Klage auf Missbrauch einer Irrsinnigen an der Haftdauer nichts geändert habe. Bezeichnenderweise verschwieg Welti die Intervention Rochettes und erwähnte nichts davon, dass Bavier das Vorgehen seines Untergebenen deckte. Im folgenden kreidete Welti der Familie Stauffer mehrfach an, dass sie Karl nicht für geisteskrank erklären liess. Er blieb bei der Wahrheit, als er sagte, er werde seine Klage nur zurückziehen, falls bei dem Künstler Irrsinn konstatiert werde. Aber er verschwieg, was für ein eminentes Interesse er an der Niederschlagung des Verfahrens hatte, und stellte sich als der Grossmütige hin, dessen menschliches Angebot von der Gegenseite schnöde zurückgewiesen worden sei. Ebenso überging er mit Stillschweigen die Umstände, die zu Stauffers Tobsuchtsanfall in der Casa Nardini geführt hatten und für die er und sein Vater mittelbar verantwortlich waren.

Der Bericht schloss mit der Reinwaschung des Gesandten in Rom. Dieser Schluss unterschied sich taktisch nicht von den Darstellungen Baviers und dessen Attaché Rochette. Auch er hielt sich an den Rat Bundesrat Weltis, es sei alles abzustreiten. «Sonst allerdings» – so endete Emils Darstellung – «hat Herr Bavier und seine Familie alles versucht, mir mein schweres Los zu erleichtern, und ich werde mich stets mit dem Gefühl grösster Dankbarkeit der Beweise seiner liebevollen Teilnahme erinnern.» In dem Wörtchen «sonst» lag die eigentliche Wahrheit beschlossen. Aber das konnten die Empfänger des Rundschreibens natürlich nicht wissen.

Gleichermassen wusste Karl Stauffer in seiner Florentiner Zelle nichts von den Mitteln, mit denen seine Geschichte vor der Öffentlichkeit entstellt wurde. Er sass am liebsten am Fenster. Ein paarmal ging er in den Gartenanlagen spazieren, aber er ermüdete rasch, und die Düfte des heraufziehenden Frühlings erfüllten ihn mit namenloser Traurigkeit. Aus dieser Wehmut heraus schrieb er in freien Rhythmen ein Gedicht, in dem er das Schmelzen des Schnees und das Aufbrechen der ersten Blumen besang. Die Schlussverse lauteten:

Kummer und Sorgen schmolzen nicht dahin,
aber die Liebe –
ruhe, mein Herz!

Liebend gedenke ich deiner, und
sehnend breit' ich die Arme nach dir
tausendmal aus,
ach, tausendmal umsonst aus
und senke sie traurig wieder.
Ferne weilst du, und kalt und
flackernd erlosch das Feuer deiner Seele.
Es versank deine Liebe wie der Schnee im Frühjahr.
Ruhe, mein Herz —

Ein paar Tage hielt diese Stimmung an. Dann wich sie einer Mischung von Wut und Hohn über den Mann, der ihn in die gegenwärtige Lage gebracht hatte. Es war Mittwoch, der 19. März, als Stauffer sich zur Reinschrift eines Gedichtes entschloss, in dem er einmal mehr mit Welti abrechnete. Da der Tag dem heiligen Josef geweiht war, begann er:

Ein San Giuseppe von der schlimmsten Sorte,
mein bester Freund und Gönner, scheinst du mir.
Im Kopfe Stroh; es fiel das pfeildurchbohrte,
liebwunde Froschherz in die Hosen dir.

Was für ein Pack, du und dein edler Vater,
ein Lausepack, ein faules, scheint ihr mir.
La la, so so, du impotenter Kater,
trau, schau, schau, wem, hat man geraten dir.
Ein flottes Weib will einen flotten Pater!

Ich sag noch einmal im Vertrauen dir:
trau, schau, schau, wem! Siehst du die braune Pfütze?
Lass deine Hosen nicht bespritzen dir!
Ein voller Schuh kühlt deine erste Hitze!
Was ich vermag, ich will's nicht sparen dir.

Lobsingen will ich deinem Mut und Witze.
Jaja, so geht's! Wir trieben's auf die Spitze,
mein Schatz und ich, mit unserer Liebe schier.
Ein junges Weib will eine starke Stütze!

In Bern machte sich der Arzt Dr. Robert Vogt-Hildebrand reisefertig. Mutter Stauffer hatte ihn aus begreiflichen Gründen Dr. Speyr vorgezogen. Mittwoch, den 19. März, setzte er sich in den Zug, fuhr die Nacht durch nach Florenz und suchte am Donnerstag sogleich seinen Schwager und danach Stauffer auf. Der Internierte machte ihm keineswegs den Eindruck, als ob er ärztlicher Betreuung bedürfe; er brauche nur Ruhe und liebevolle Pflege. Die würde er am ehesten bei der Mutter in Biel finden. Gespräche mit dem Direktor und den Behörden bewirkten, dass die dritte Abteilung des Zivilgerichts von Florenz zwei Tage später beschloss, Stauffer aus dem Irrenhaus zu entlassen. Die Begründung lautete, «dass der genannte Stauffer Carlo in denselben Zustand von Ruhe und Urteilsfähigkeit zurückgekehrt ist, den er früher besass».

Noch am gleichen Nachmittag bestieg Vogt mit dem Wiederhergestellten den Zug. Hildebrand blieb zurück. Die Fahrt ging – übrigens mitten unter Reisenden – über Genua nach Mailand. Dort stiegen sie am frühen Samstagnachmittag in die Wagen nach der Schweiz um.

In Como wartete Eduard, doch das Wiedersehen fiel nicht sehr freudig aus. Karl fürchtete nämlich, er werde gleich beim Grenzübertritt erneut als Verbrecher verhaftet; er war überzeugt, dass die mächtige Familie Welti auf heimatlichem Boden ungehindert ihren Einfluss geltend machen könne. Er weigerte sich, weiterzureisen.

Vogt und Eduard redeten ihm zu. Sie versicherten, dass in Bern unmöglich jemand von der Entlassung wissen konnte; die Nachricht würde erst in zwei, drei Tagen hindringen. Dazu sei die Affäre schon so bekannt, dass die Weltis es nicht wagen würden, auch in der Schweiz ungesetzlich gegen ihn vorzugehen. Gesetzliche Handhaben besässen sie keine. Bei der Mutter in Biel werde er Geborgenheit finden; sie erwarte ihn mit einer Sehnsucht, die er nicht enttäuschen dürfe.

Das half. Allein, als sich der Zug dem Gotthardmassiv näherte, da trat das Bild Lydias, der Tochter des Gotthard-Escher, übermächtig vor ihn. Wo war sie? Was tat, was litt sie? Vogt und Eduard wussten nichts. Er traute ihnen freilich nicht ganz. Ihre Güte und ihre schonende Rücksichtnahme kamen ihm verdächtig vor. Sie behandelten ihn trotz dem Attest der Zivilkammer von Florenz wie einen Kranken. Es gab nur eine, die ihm offen und redlich gegenübertreten würde: die Mutter. Zu ihr wollte er, so schnell es nur ging. Deshalb sträubte er sich, als die Begleiter in Luzern übernachten wollten; er setzte es durch, dass sie weiterfuhren nach Bern und dort den letzten Anschluss nach Biel erreichten. Ein seltsames Gefühl beschlich ihn, als er sich im Berner Hauptbahnhof so nahe seinen Widersachern wusste.

Es war sehr spät an diesem Samstagabend, dem 22. März 1890, als Mutter Stauffer ihren Erstgeborenen erstmals seit dem Oktober des vergangenen Jahres wieder in die Arme schloss.

14. «ICH KANN NICHT MEHR»

Stauffer schien es, er falle wie in einem Traum langsam und unaufhaltsam tiefer und tiefer. Er liess sich in das wortlose Verstehen der Mutter sinken. Sie fragte nicht und rechtete nicht. Wie leicht hätte sie auf die Warnungen von früher zurückgreifen können, wie sehr hatte sie mit ihnen recht gehabt – doch davon kam keine Silbe über ihre Lippen.

Schon nach einem Tage fühlte sich Karl besser. Es war wunderbar zuhause. Freiheit ohne Bedrohung – dass es das noch gab! Er streifte durch die Stadt und schlenderte am See entlang und stieg auf die Jurahöhen hinauf, von wo er weit über das Mittelland bis zu den Alpen hin die Vorfrühlingslandschaft in sich einsog. Hier oben hatte er einmal Landschaften gemalt und dabei eingesehen, dass er dafür nicht taugte, aber er würde trotz allem, was hinter ihm lag und was die Leute von ihm behaupteten, wieder Tüchtiges schaffen. Noch warteten Jahrzehnte auf ihn, und die wollte er nutzen. Er würde allen, die ihn schlechter machten, als er war, beweisen, dass er noch nicht zur Strecke gebracht war.

Er blickte in die Richtung, in der Bern lag. Die Stadt selbst sah man nicht, aber Stauffer erkannte ihre Lage an den Anhöhen, die sie umgaben. Morgen würde er hinfahren und sich persönlich beim Bundespräsidenten beschweren. Noch heute wollte er um die Audienz nachsuchen. Er hatte die bundesrätliche Entgegnung auf seines Bruders Eingabe gelesen und sofort gemerkt, dass sie auf die beanstandeten Dinge überhaupt nicht einging. Gleichlautende Erklärungen waren der Presse übergeben worden. Für die Herrschenden erledigten sie die Angelegenheit, aber für ihn, den Zunächstbetroffenen, war gar nichts erledigt.

Stauffer fühlte, wie seine Unruhe wieder erwachte. Wenn er sich stillhielt, erweckte er den Anschein, als ob er sich nicht zu beklagen hätte, als ob die Gegenpartei doch im Recht sei. Und zudem wollte er endlich erfahren, wo Lydia stecke. Selbst die Mutter wusste nichts Sicheres und nahm an, sie lebe noch immer hinter den Irrenhausmauern von Rom. Mit dem Entschluss, sich in zweifacher Hinsicht Klarheit zu verschaffen, kehrte er heim.

Am nächsten Morgen erhielt Bundesrat Welti einen Brief seines Sohnes. Emil hatte vor mehr als zwei Wochen Bern verlassen und war gen Süden gefahren. Zurückgekehrt, meldete er dem Vater schriftlich das Ergebnis der Reise. Es brachte einen Lichtschimmer in die Trübnis der letzten Zeit, denn der Bundesrat hatte sich des Unglücks wegen, wie er die Affäre kurzerhand nannte, so sehr zurückgezogen, wie es in seinem hohen Amte nur ging. Jetzt las er, dass sich Emil mit Lydia auf Scheidung geeinigt habe; die Frau sehe ein, dass es anders nicht gehe.

Welti atmete auf. Lydia hatte nicht nur den Gatten, sondern die ganze Familie belastet. Nur ein harter Schnitt konnte das Krebsgeschwür entfernen. Die Einigung war also ein gewaltiger Schritt vorwärts.

So erfreulich sich der Vormittag anliess, so entsetzlich wurde der Nachmittag. Zwei Hiobsbotschaften kurz hintereinander verscheuchten die gelöste Stimmung des Bundesrates. Zuerst erreichte ihn die Meldung, Stauffer sei bei seinem Bruder in Biel, und eine halbe Stunde darauf, er befinde sich hier in Bern in exaltiertestem Zustand und drohe mit Mord und Totschlag.

Die Nachricht stammte aus sicherster Quelle: von Bundespräsident Ruchonnet persönlich. Der hatte kurzfristig das Gesuch um eine Audienz empfangen. Er hatte nicht abgelehnt. Es war wohl besser, den Mann nicht einfach abzuweisen; vielleicht gelang es im persönlichen Gespräch, ihn zu beschwichtigen. Aber die Unterredung – sie dauerte eine Stunde – war erfolglos. Der Künstler beschwerte sich bis zuletzt über seine Behandlung und über die Gesandtschaft in Rom und beharrte auf einer unparteiischen Untersuchung.

Bundesrat Welti erschrak zutiefst. Er schickte sofort ein Telegramm an Emil, er solle nicht in die Nähe kommen. Am folgenden Morgen schilderte er seinem Freund Bavier die Ereignisse. Er schloss mit den Sätzen: «So folgt eine Qual der anderen, und immer scheint es noch nicht genug zu sein... Es wird die Zeit nur zu bald wieder kommen, in der ich von neuem Elend werde reden müssen.»

Karl Stauffer verliess das Bundeshaus unbefriedigt. Über Lydia hatte er keine Silbe erfahren. Auch sonst hatte man ihn nur mit ausweichenden Worten abgespeist.

Zuhause fand er einen Brief von Max Mosse vor, der wenigstens einen Lichtblick brachte. Der Freund meldete nämlich, er habe für Stauffer noch dreihundertachtzig Mark in Verwahrung. Postwendend bat ihn Stauffer, das Geld gleich herzuschicken; die Affäre habe ihn bisher dreitausendfünfhundert Franken gekostet, weshalb er wieder wie gewöhnlich auf dem Hund sei. Hinter die Bitte setzte er sechsundzwanzig Ausrufzeichen.

Das Geld kam bald, doch Stauffer leistete keine Rückzahlungen an den Bruder für dessen Auslagen. Es sollte ihm helfen, Lydia zu befreien. Er begriff nicht, wie er Vogt und Eduard so gutmütig gefolgt war, statt seine Geliebte aus der schmachvollen Internierung herauszuholen. Er wollte sie im Triumph aus der Anstalt führen. Sie hatten füreinander gleiches erlitten; das wob ein unzerreissbares Band.

Mutter, Schwester und Bruder setzten alles daran, ihn zurückzuhalten, aber er trug die Fahrkarte bereits in der Tasche. Dienstag, den 1. April, bestieg er den Nachtzug. Er fuhr über Genua; das ging schneller. Am folgenden Abend schon trat er in Rom aus dem Bahnhof hinaus, den er vier Monate früher mit Handschellen an den Gelenken in umgekehrter Richtung durchquert hatte, doch diesmal als freier Mann.

Etwas hielt ihn ab, ins Atelier zu gehen. Dicht am Bahnhof kannte er ein Hotel. Dort blieb er über Nacht. Am Morgen trieb es ihn früh hinaus. Es war Gründonnerstag; morgen würde Christus gekreuzigt.

Bis zehn Uhr war das Irrenhaus für Besucher gesperrt. So lief er fast drei Stunden lang kreuz und quer durch die ihm vertrauten Strassen. Schon etwas müde kam er wieder vor dem Portal an. Bürgerlich gekleidete Leute bewachten das Tor.

Er liess sich beim Direktor Fiordispini melden. Was für ein seltsamer Name! Dornenblume hiess er ungefähr. Dornenblume – Dornenkrone? Gab ihm die Passionswoche diesen Vergleich ein? Wer trug die Dornenkrone ausser Christus? Lydia? Er selbst? Nein – wenn jetzt eine Krone aufzusetzen war, so diejenige seiner Liebe zu der Frau, die nicht ahnte, wie nah ihre Erlösung bevorstand.

Der Direktor empfing ihn. Ob er Lydia Welti-Escher, die Frau des Dr. Emil Welti von Zürich, sprechen dürfe? Der Arzt sah ihn erstaunt an. La signora Welti? Die war längst nicht mehr da, fast zwei Wochen zuvor hatte sie ihr Gatte abgeholt, am 22. März.

Stauffer stand das Herz still. Der 22. März, das war derselbe Tag, an dem ihn Vogt und Eduard in Chiasso über die Grenze gebracht hatten.

Es wurde ihm schwindlig. Er konnte nicht glauben, was er eben vernommen. Aber der Arzt schob ihm ein Formular hin, das links oben die Matrikelnummer 3587 und rechts im ovalen Stempel der Anstalt die Aktennummer 31126 trug. Er las: «Römer Irrenhaus. Ärztliche Leitung. 22. März 1890. Auf Begehren und unter Übernahme der Verantwortung durch ihren Gatten, Herrn Emilio, wird die kranke Frau Escher, verheiratete Welti Lydia, aus der Anstalt auf Zusehen hin entlassen, da sich ihr Zustand gebessert hat, und an folgenden Wohnsitz verbracht...»

Der Text war vorgedruckt, nur die Namen und das Datum waren handschriftlich eingesetzt. Die Stelle, wo der gegenwärtige Aufenthalt Lydias hätte eingetragen sein sollen, war leer geblieben.

Stauffer sah den Arzt fragend an. Der schüttelte den Kopf; er wusste auch nichts. Dr. Welti hatte sich geweigert, über das künftige Schicksal seiner Gemahlin Auskunft zu geben. Die Dame war am Arm ihres Gatten kreuzfidel von dannen gezogen.

Das also war das Ende der grossen Historie! Die Frau, die ihn ins Elend gestürzt hatte, lachend bei Emil eingehakt! Diesen Schlussakt des Dramas hatte Stauffer nicht vorausgesehen.

Stauffer stellte plötzlich fest, dass er Fioridispini sein Schicksal erzählte und dass er fragte, wie der Direktor als erfahrener Psychiater diese Wendung erkläre. Der Chefarzt erwiderte: «Che vuole, signore, le donne sono così», was soviel hiess wie: «Was wollen Sie, Herr, die Frauen sind eben so.» Und dann fügte Fiordispini, derselbe Fiordispini, der dereinst mit vollem Namenszug seine Diagnose auf «follia sistematizzata» bekräftigt hatte, an: «Verrückt war sie nie.»

Der Wärter draussen hörte, wie sich der Besucher beim Direktor höflich bedankte; dann sah er ihn herauskommen, schwankend wie ein Betrunkener. Stauffer bat, sich eine Weile setzen zu dürfen. Eine Viertelstunde blieb er so, dann bedankte er sich auch beim Pförtner und trat ins Freie.

Lydia war die Frau von Emil gewesen und war es immer noch. Sie hatte ein Abenteuer mit einem Künstler gehabt, das war alles. Was aus dem Künstler wurde, war ihr gleichgültig. Sein Werk, sein guter Name – beides dahin... Sie konnte zurückkehren in die Bürgerlichkeit ihres gewohnten Lebens, sie hatte in der bevorzugten Abteilung nicht durchgemacht, was er gelitten. – Wohin sollte er sich wenden?

Er stieg zum Pincio hinauf, über die Spanische Treppe, aber ihm war, als nähmen die Stufen kein Ende. Noch nie hatte so viel Blei in seinen Knien gewuchtet.

Oben liess er seinen Blick langsam über die Dächer der Ewigen Stadt gleiten, von der Engelsburg zum Petersdom mit Michelangelos Kuppel und ganz in die Nähe zurück zu den matten Fenstern seines Ateliers an der Via Margutta. Dort unten warteten Adorant und Speerwerfer. Warteten sie wirklich noch? Der Adorant war fast fertig, aber der Jüngling mit dem Speer... Sollte er sie aufsuchen? Er wollte sich nichts ersparen. Die Pförtnersfrau schaute seltsam, doch die Miete war ja noch bezahlt. Der Schlüssel drehte sich nur schwer im Schloss. Die Blenden waren zugezogen, Halbdunkel herrschte und verstaubte, muffige Luft. Der Adorant stand unversehrt in seinem Verschlag, doch der Werfer reckte sich nur noch als trauriges Gespenst in die Höhe. Der Ton war längst ausgetrocknet. Domenico und die Schliessersleute hatten es vor

Monaten aufgegeben, die Tücher zu befeuchten. Die Arbeit von dreiviertel Jahren war umsonst, das Werk, mit dem er vor die Berliner Kleingläubigen und Spötter hatte hintreten wollen, war zerbröckelt. Wie hatte er damals geprahlt? «Ich werde euch etwas Rechtes hinstellen, zählt darauf! Wenn ich nichts fertigbringe, seht ihr mich nicht wieder.»

Er hatte nichts fertiggebracht. Wer war schuld? Lydia? Emil? Bavier? Er selbst? Wohl alle miteinander hatten sie zu dem Scherbenhaufen beigetragen, vor dem er jetzt stand. Von vorn beginnen? Hier in Rom? Nein, das nicht. Hier hatte ihn der schwerste Schlag getroffen von allen, die er schon ausgehalten. Lydia – warum hatte sie ihn verraten? Der Glaube an ihre Liebe hatte ihn aufrechterhalten im Kerker und im Irrenhaus, und wenn er manchmal auch geschwankt hatte in seiner Zuversicht, so war der Baum der Hoffnung doch nie entwurzelt worden. Jetzt aber lag der Baum da, gefällt, zur Erde gestreckt, so wie die Tonklumpen des Speerwerfers wüst den Boden bedeckten.

Die Krone war doch zur Dornenkrone geworden. Und wer sie trug an diesem Gründonnerstag, darüber bestand kein Zweifel. Er war am Ende. Auf einem Stuhl lag ein Buch mit einem Lesezeichen drin; er schlug es auf. Es waren Goethes Gedichte, und die angekreuzten Verse waren die gleichen, die er seinem letzten Geburtstagsbrief an die Mutter beigelegt hatte:

Schaff das Tagwerk meiner Hände,
hohes Glück, dass ich's vollende.
Lass, o lass mich nicht ermatten!
Nein, es sind nicht leere Träume;
jetzt noch Stangen, diese Bäume
geben einst noch Frucht und Schatten.

Schöne Worte das – nur galten sie jetzt umgekehrt. Was einst in Frucht gestanden, reckte bloss noch sein Gestänge: die rostende Armierung der unvollendeten Statue.

Bis zur Nacht blieb Stauffer im Atelier, dann bestieg er den Spätzug nach Florenz. Karfreitag früh war er dort. Er nahm Quartier in dem Hotel am Borgo San Jacopo 8. Was er in der Stadt am Arno eigentlich wollte, wusste er nicht. Er zeigte sich nicht einmal bei Hildebrand. In einem kurzen Brief meldete er Eduard, was tags zuvor geschehen. «Du kannst Dir denken, dass ich etwas Mühe habe, mich an diese Wendung der Dinge zu gewöhnen, aber die Sache hat ihre Richtigkeit. Also – Schwamm darüber. Nächstens mehr, ich weiss für den Moment nichts weiter.» Trotzdem gab er nicht auf. Noch war denkbar, Lydia sei über ihn falsch informiert, Emil habe ihn verleumdet; so hielt er es für seine Pflicht, ihr die Augen zu öffnen über seine echten Gefühle. Darum schrieb er am Ostersonntag den Brief, mit dem er das Schicksal noch einmal zu beschwören hoffte. Er schickte ihn ins Manicomio nach Rom; irgendwie würde er von dort seinen Weg schon weiterfinden.

Er schrieb: «Liebe Lydia. Am Grünen Donnerstag war ich in Rom und erkundigte mich bei dem Direktor des Irrenhauses über Dein Befinden. Er teilte mir mit, dass Du zufrieden mit Emil irgendwohin gereist seiest. Es war dies die erste Nachricht, die ich über Dich einzuziehen imstande war, seit meiner Verhaftung. Du weisst wohl, dass Du das einzige Weib bist, welches ich je liebte, und dass meine ganze Kraft, seit ich Dich kenne, nur auf Deiner moralischen Unterstützung fusste – und alles, was ich tat, nur geschah, um Dir zu gefallen. Du weisst auch, wie ich das Menschenmögliche tat, um der Versuchung zu widerstehen, und dass Du nicht nur mich, auch meine ganze Familie unglücklich machst, vernichtest, meine Mutter, meine Geschwister, wenn Du mich verlässt. Du hast mich zerbrochen, mein Herz, meine Kraft, alles, alles. Habe ich das verdient? In Ketten und Fesseln, in Schande und Krankheit dachte ich nur meine Liebe. Ist es möglich, hast Du wirklich kein Herz? Du weisst wohl, dass ich unschuldig bin an den unerhörten Verbrechen, deren man mich beschuldigt. Willst Du mich völlig vernichten, bitte, mach die Sache kurz. Du hast mit einem reichen Leben voll Feuer und Liebe gespielt und es zerstört. Ach, ich kann es immer noch nicht glauben. Du kannst mich nicht zertreten wollen, denke, Er wird einst meine Seele von Dir fordern. –

Du kennst mich ganz, ich liege vor Dir wie ein offenes Buch. Mach ein Ende, so oder so. Ich will alles ertragen, sage mir meinetwegen, dass Du Dich in Deinen Gefühlen für mich getäuscht, aber gib nicht zu, dass ich in Schande untergehen muss.

Ich habe ja nie gewagt, Dich mein zu nennen, ich war glücklich in Deiner Nähe, das Bewusstsein, eine Seele zu besitzen, die mich wirklich, wirklich liebt, wie eine Schwester liebt, hätte mir für mein ganzes Leben genügt. Du wolltest es anders und hast mich damit zugrunde gerichtet. Alles, jede Hoffnung, jede Lust, alles, alles ist hin, vorbei alles.

Bevor ich mich dessen entledige, was für mich ohne Deine Liebe und Freundschaft keinen Wert mehr hat, möchte ich von Dir noch zwei Zeilen; es ist so wenig, was ich fordere, gewähr es mir. Du kannst mein Verderben nicht wollen, es ist unmöglich, unmöglich. Ich kann nicht mehr. Dein Karl.»

Stauffer heuchelte nicht, obschon die Liebesgefühle, die ihn jetzt so stark bedrängten, nicht immer vorhanden gewesen waren. Was rechtfertigte seine Leiden, wenn nicht diese Liebe? Nun ging es nicht mehr um die Finanzierung von Künstlerträumen, nun ging es um den Sinn seines Daseins.

Er wartete. Er wusste, dass es eine Zeitlang dauern würde, bis Antwort kam – wenn sie kam! Inzwischen hiess es die Unruhe dämpfen. Da half Schreiben noch immer am besten. Deshalb richtete er am Ostermontag diese Worte an den Bruder: «Da Lydia, wie es scheint, sich mit ihrem Manne ausgesöhnt hat, sitze ich wirklich elend in der Patsche. Erstens hat mich die Nachricht um fast alle Courage gebracht, denn, weiss Gott, das Weib hat mich verführt, nicht ich sie, du kannst mir's glauben. Hätte sie mir nicht diese unerhörte Szene gemacht bei Bonciani und in der Certosa, ich hätte ja nie gewagt, irgendeinen Schritt zu tun, es wäre mir einfach nicht in den Sinn gekommen. Da sie mir aber beinahe auf den Knien anhielt und mich aufforderte, beschwor, durchzubrennen, so hatte ich an alles andere gedacht als einen Verrat von ihrer Seite. Da ich die Frau seit vier Jahren kenne als eine Dame von durchaus nobler Gesinnung und mir an dem Verkehr mit ihr viel gelegen war, da ich wahrhafte Freundschaft für sie empfand und – leider – noch empfinde, so kannst Du Dir denken, dass ich am Donnerstag das Ärgste von allem, was mich betroffen, erlebt habe. Ich bin wie zerschlagen und sehe erst jetzt nach und nach, wie schauderhaft sie mich hineingeritten. Ich kann das alles unmöglich so ohne weiteres über mich ergehen lassen. Der Welti muss mich entschädigen, denn er hat mich, wie ich sehe, vollständig ruiniert.

Die Statue in Rom» – er meinte den Adoranten – «braucht wenigstens noch ein halbes Jahr Arbeit, und bis ich mich von dem Schlag erholt, gesellschaftlich und künstlerisch, können Jahre vergehen. Ich stelle Dir nun anheim, in der Angelegenheit das zu tun, was Du für recht hältst. Einen Prozess gegen den Mann anzustrengen, dazu kann ich mich doch nur im äussersten Notfall entschliessen, denn wozu schmutzige Wäsche coram publico waschen. Er soll die Klage förmlich zurückziehen oder nicht, in jedem Fall aber mich in einer Weise für die infamen Torturen, die ich ausgestanden, schadlos halten. Wie ich Dir bereits sagte, besitzt er von mir eine ganze Reihe Bilder, Zeichnungen und Stiche, die ich ihm geschenkt, ferner hat er den Adoranten bestellt. Ich bin ihm also nichts schuldig, im Gegenteil. Vielleicht findest du für gut, ihn einen Vorschlag machen zu lassen. Jedenfalls schiebe die Sache nicht auf die lange Bank und schreibe mir bald, wie Du darüber denkst. Dieses Finale hat mir den Gnadenstoss gegeben... Bitte, antworte mir bald; ich bin in einer fürchterlichen Unruhe und Niedergeschlagenheit.»

Eduard antwortete: «... Was Lydia anbetrifft, so kannst Du froh sein, dass die Geschichte so zu Ende gegangen ist, denn was hättest Du mit dem Weibe anfangen wollen, Du wärest sterbensunglücklich geworden und hättest nachher noch dümmere Geschichten gehabt... Der Direktor Fiordispini hat vollkommen recht, wenn er solche Weiber als flatterhaft bezeichnet. – Eine Frage wünschte ich noch beantwortet: Ist Frau Welti wirklich schwanger?»

Der Bruder hatte nämlich rapportiert, die Monatsregel Lydias sei bei seiner Verhaftung zwölf Tage überfällig gewesen. Karl konnte für die Verzögerung freilich kaum verantwortlich sein, weil die erste intime Begegnung nur vier Tage zuvor stattfand und der Überhang also in diesem Augenblick schon volle acht Tage betrug. Die Möglichkeit der ehelichen Verbindung schreckte Eduard nicht zuletzt deshalb, weil er jeglichen Verdacht abwenden wollte, er sei am Escherschen Vermögen interessiert.

Interessiert war er indessen an einem schriftlichen Zeugnis Fiordispinis darüber, dass Lydia – wie der Psychiater ja zugegeben – nie verrückt gewesen war. Es hätte unwiderlegbar bewiesen, wie haltlos Emils Anschuldigung war, Stauffer habe eine Irre vergewaltigt. Dem gleichen Zweck – die Unschuld seines Bruders zu beweisen – diente der Rat, Karl solle einen Ring, den ihm Lydia in den Römer Tagen zum Zeichen ihrer Liebe an den Finger gesteckt, behalten. Es handelte sich natürlich nicht um das Schmuckstück, das Cornelia Wagner zum Pfandhaus gebracht hatte. Blieb dieser zweite Ring in Karls Händen, so war er ein weiterer Beweis dafür, dass Frau Welti aus freien Stücken mit Stauffer zusammengelebt hatte.

Schliesslich schrieb Eduard: «Ich glaube, eine Entschädigungsforderung bei der Aufhebung der Untersuchung liesse sich gegenüber dem Staate geltend machen.» Das hätte zwar die finanzielle Lage verbessert, denn Karl war ja, wie er Max Mosse schrieb, «dadurch, dass die Frau Lydia wieder bei ihrem Manne ist und ihren Schritt mit mir bereut, total, aber auch total ruiniert», doch änderte selbst eine Genugtuungs- und Entschädigungssumme wenig daran, dass Stauffer in der Öffentlichkeit diffamiert worden war, weshalb er im gleichen Brief an Mosse äusserte: «Nach Berlin zurück kann und mag ich nicht, mein Name ist kompromittiert; denk Dir, dass in den Zeitungen stand, ich hätte Wechsel gefälscht... Es ist grausam.»

Lydias Antwort liess auf sich warten. Wenn überhaupt eine kam, würde sie Stauffer auch in der Schweiz erreichen. Darum beglich er Freitag, den 11. April, die Hotelrechnung und setzte sich in den Zug, dem Norden zu.

Währenddessen sass Frau Welti-Escher in der aargauischen Heilanstalt Königsfelden. Sie war bitter enttäuscht. Am 22. März hatte sie hoffnungsvoll an der Seite ihres Gemahls die Schwelle des Römer Irrenhauses überschritten, und zwar im Glauben, ihre Gefangenschaft sei endlich zu Ende. Doch schon bald stellte sie fest, wie sehr ihr Traum von gemeinsamen Chaletwochen, Versöhnung und Wiederaufnahme des früheren Lebens ein blosser Wunschtraum gewesen war. Denn gestützt auf das vorgedruckte Entlassungszeugnis Fiordispinis, wonach ihr Zustand sich zwar gebessert habe, sie aber noch immer krank sei, liess Emil seine Gemahlin in der Schweiz neuerdings internieren. Hinter den Anstaltsmauern konnte sie sich nicht auf die Seite Stauffers schlagen. Und die Scheidung wurde zur beschlossenen Sache.

Gleichfalls am 11. April ermahnte Bundesrat Welti, wie schon zuvor sein Sohn, den Gesandten in Rom, das Gutachten der vom Gericht eingesetzten Irrenärzte über Lydia im Wortlaut oder doch in den Schlussfolgerungen zu beschaffen. Erkannten die unabhängigen Sachverständigen auf Irrsinn, so war alles gut. Erkannten sie auf geistige Gesundheit, liess sich die Klage auf Notzucht nicht aufrechterhalten. Das war zwar schlimm, doch konnte man auch diesem Fall eine positive Seite abgewinnen: Hatte sich Emils Gattin bei vollem Verstand mit Stauffer eingelassen, so würde jedes Gericht in der Schweiz die Scheidung allein aufgrund dieses Tatbestandes aussprechen. Noch war es indessen nicht so weit, und darum schrieb Bundesrat Welti an Bavier: «Solange diese Scheidung nicht ausgesprochen ist, kann Emil seine Frau nicht sich selbst überlassen, sondern er hat... die Pflicht, für ihr gehöriges Unterkommen und ihren Schutz zu sorgen.» Unterkommen und Schutz gewährten ihr Königsfelden. «Dass dies nur unter schweren Leiden für ihn und uns möglich ist, können Sie leicht ermessen, und wir wünschen sehnlich, dass unser schweres Leben, wenigstens nach dieser Seite, etwas erleichtert werde.»

Der Bundesrat fuhr fort: «Stauffer ist schon einige Zeit wieder in Italien und war, soviel ich weiss, in Rom. Hier hat er sich bei verschiedenen Personen so ausgesprochen, dass er heute noch als irrsinnig oder als ein ganz schlechter Kerl betrachtet werden muss. Lydia, die ich übrigens noch nie gesehen habe, befindet sich, wie mein Sohn schreibt, körperlich und geistig ziemlich oder zeitweise auch ganz und gar wohl. Sie ist unglücklich darüber, dass sie geschieden werden soll, und verwünscht heute Stauffer, welcher sich in der gemeinsten Weise über sie ausgesprochen hat.»

Damit spielte der Magistrat auf die Tagebuchstelle an, wo es hiess, Stauffer habe Lydia mit Eindrücken besoffen gemacht. Er wie sein Sohn legten diese Worte sexuell aus, ohne sich die Mühe zu nehmen, den zeitlichen Ablauf der Ereignisse zu rekonstruieren und zu untersuchen, in was für einem Textzusammenhang sie standen. Indem sie Lydia dauernd vorhielten, Stauffer habe sie missbraucht, verringerten sie die Gefahr, dass sie sich jetzt oder nach der Scheidung zu ihm bekannte. Mit der gleichen Absicht redeten sie ihr ein, Karl habe sie hypnotisiert und mit künstlichen Mitteln, also Drogen, an sich gefesselt.

Derart beeinflusst empfing die noch immer nicht Freie den Brief Stauffers aus Florenz. Sie wartete mehrere Tage, bis sie, nach Abfassung mindestens eines Entwurfs, Samstag, den 19. April, entgegnete. Niemand brauchte ihr zu diktieren; sie schrieb jetzt von selbst im gewünschten Sinne: «Herrn Karl Stauffer. Ihr Brief vom 6. des Monats ist mir zugestellt worden. Sie behaupten in demselben, dass ich es gewesen sei, welche eine Änderung unserer früheren Beziehungen, ‚welche Ihnen für das ganze Leben genügt hätten', herbeigeführt habe. Sie sagen damit, wie Sie genau wissen, eine Unwahrheit. Tatsache ist, dass Sie damals in Florenz meinen Ihnen wohlbekannten, durch Krankheit überreizten Nervenzustand benützt und mich in der schändlichsten Weise getäuscht haben. Dies allein habe ich hier zu konstatieren. Auf weitere Auseinandersetzungen mit Ihnen werde ich mich unter keinen Umständen einlassen. Lydia Welti-Escher.»

Als dieser Absagebrief am Montag oder Dienstag der folgenden Woche in Biel eintraf, befand sich Stauffer bereits sieben Tage daheim. Der Inhalt traf ihn wie ein Schlag. Der Brief war zweifellos Lydias Fabrikat. Es war ihre Schrift, ihr Stil und – davon war er überzeugt – auch ihre gegenwärtige Ansicht.

Bitterkeit erfasste ihn. Jetzt war es offenkundig: Lydia hatte mit ihm gespielt. Vielleicht war es ihr eine Zeitlang ernst gewesen, doch als sich Schwierigkeiten ergaben, sah sie die Dinge anders an. Vielleicht war gar nicht Emil der eigentliche Gegner, sondern sie selbst, und er hatte sich täuschen lassen. Vielleicht hatte Welti sogar in guten Treuen gehandelt, als er ihn einstecken liess. Nach diesem Brief war alles möglich. Als anständiger Mensch musste Welti die Klage jetzt allerdings zurückziehen; er durfte beruhigt sein, denn Stauffer hatte nachgerade «genug, übergenug von Roman und Skandal, und das Weib mochte der Teufel holen».

Was Kerkerhaft, was Irrenhaus nicht zustandegebracht, das brachte Lydia mit den paar Zeilen fertig: Stauffer brach entzwei. Das erfuhr auch bald Frau Emmy Vogt-Hildebrand, die Gattin des Arztes, der Karl heimgeholt hatte. Sie wollte dem Schwergeprüften helfen. Sie war überzeugt, Arbeit sei das einzige, was ihn wieder aufrichten werde. Darum suchte sie Bestellungen für Porträts zusammen. Sobald die Aufträge gesichert waren, schrieb sie nach Biel und bat, Stauffer möge nach Bern kommen und die Arbeit nicht von der Hand weisen. Er entgegnete, sie solle sich die Mühe sparen; er sei ein verlorener Mensch. Sie gab indessen nicht nach. Sie redete ihm so lange zu, bis er sich bei ihr einquartierte. Vier Bilder sollte er malen, von Kindern und einer alten Dame, welche offenbar erwartete, er mache «aus einer verschrumpften Feige einen blühenden Pfirsich». Ohne Eifer ging er ans Werk. Er ersetzte ihn durch eisernen Fleiss. Von früh bis spät malte er bei den Leuten zu Hause, unter ungünstigen Raum- und Lichtverhältnissen. Er spürte, dass die Aufträge Almosen waren, die man ihm zuhielt aus Mitleid und nicht aus Achtung.

Am schlimmsten war jeweils der Heimweg am Abend. Da sah er, wie gründlich man in Bern gearbeitet, wie perfekt der Rufmord gelungen war. Ehemals gute Bekannte wichen ihm aus und flüchteten in Nebengassen. Das hatte entfernte Ähnlichkeit mit den Tagen zwischen Kerker und Irrenhaus in Florenz, nur dass damals er floh; heute taten es die andern. Darum gab er auch die Eintrittskarte zur Matthäuspassion, die ihm Frau Vogt schenken wollte, zurück: «Ich würde dem Publikum doch nur als Zielscheibe entweder des Mitleidens oder der Schadenfreude dienen.»

Das Malen war nur noch Broterwerb. Hier war kein Neuanfang möglich. Aber die Arbeit weckte doch die Begierde, sich zu rehabilitieren. Das war nur im literarischen Bereich denkbar. Freilich waren Verse unter seinen Gedichten, die nicht jedermann schmeckten, doch sofern sich im deutschsprachigen Raum ein Verleger fand, liess sich noch immer darüber reden, welche gedruckt werden sollten. Die angriffigsten und persönlichsten hatte Bruder Eduard übrigens schon ausgeschieden.

An wen sollte er sich wenden? Einer drängte sich auf: Dr. Joseph Viktor Widmann, der geschätzte Schriftsteller und Feuilletonredakteur am «Bund». Stauffer wollte in der engsten Domäne seiner Feinde in die Arena treten. Setzte sich Widmann für ihn ein, so war ihm der Sieg gesichert.

Stauffer schickte die Gedichte ein. Es ging ihm ähnlich wie zwei Wochen früher mit dem Brief an Lydia. Spannung auf die Antwort erfüllte ihn. Aber der Redakteur schwieg. Er reiste nämlich gerade in Italien. Erst Sonntagabend, den 27. April, kehrte er nach Bern zurück. Am Morgen darauf las er Stauffers Zusendung durch. Er antwortete ausweichend, indem er nur auf Sprachliches einging,

räumte nebenbei ein, dass an «genialen Gedanken» kein Mangel sei, und schloss mit den unmissverständlichen Worten: «Ich behalte also die Gedichte noch ein wenig, um sie wiederholt zu lesen und Ihnen dann wieder zuzustellen.
– Mit dem besten Dank für Ihr mir bewiesenes Vertrauen.
Ihr ergebener J. V. Widmann.»
Stauffer hielt diese Antwort am Dienstag in Händen. Was nützte die Anerkennung der «genialen Gedanken», wenn sie doch nicht veröffentlicht wurden? Nicht Widmann sollte sich die Verse zu seinem privaten Vergnügen zu Gemüte führen, sondern Bern, die Schweiz, die ganze Welt musste Zuhörer sein. Warum lehnte Widmann ab? Die Antwort war einfach: Wenn der Redaktor die Spalten seiner Zeitung dem Narren von San Bonifazio öffnete, so bekam er es mit der Familie Welti zu tun. Das eigene Hemd war ihm näher als die Haut eines gestrandeten Glücksritters. Stauffer begriff Widmann nur zu gut. Aber die Antwort war ein Schlag mehr. Die Mauer der Abwehr war um einen tüchtigen Quader erhöht worden.

In Biel stellte auch Mutter Stauffer fest, dass gegen ihren Ältesten ein Feldzug der Diffamierung geführt wurde. Mit aller Deutlichkeit hatte sie das bei ihrem letzten Besuch in der Waldau gespürt. Ihrer Schwägerin Rosalie, der Witwe ihres Bruders, schrieb sie deshalb, sie könne ihren Einladungen nicht mehr folgen, weil Karl von Dr. von Speyr «so viel schlechter gemacht worden war, als er wirklich ist». Von Emil hörte sie die Behauptung, ihr Sohn habe dessen Frau «hypnotisiert, künstliche Mittel angewandt, um sie an sich zu fesseln». In diesen monströsen Anschuldigungen sah sie einen Teil des Plans, Karl als völlig gewissenlosen Schurken hinzustellen.

Es blieb jedoch nicht bei der Diffamierungskampagne. Die Weltis schienen auch nicht gesonnen, mit dem erklärten Eigentum Stauffers herauszurücken. Eduard hatte Karls Bitte weitergeleitet, wonach dessen Malutensilien, die in einer Kiste im Belvoir lagen, nach Biel zu spedieren seien: «Sie haben uns auch kein Wort gesagt, dass sie uns die Sachen wieder aushändigen wollten.» Mutter Stauffer fuhr darum in ihrem Brief an die Schwägerin fort: «Du begreifst, dass unter solchen Umständen meine Gegenwart keine angenehme ist. Ich sehe wohl, wie traurig unsere Lage ist und wie verlassen wir dastehen. Und doch war unsere Familie stets darauf bedacht, nach Kräften andern... zu helfen mit Rat und Tat. Auch kann man mit Recht unserer Familie nicht Habsucht vorhalten und dem Karl gewiss auch nicht, und dennoch sieht es aus, als wenn man sich von Dr. Welti schon Millionen hätte anschwindeln lassen.» Tatsächlich hatte sie erfahren, dass die Gegenseite behauptete, sie habe an Karls Italienaufenthalt viel Geld verloren. Wenn die Mutter an den Zahlungsmodus Emils dachte, konnte sie über derartige Klagen nur den Kopf schütteln. Würde sie die Kunstwerke und Materialien im Belvoir, Verdienstausfall und Unkosten Karls und Eduards gegen Weltis Auslagen aufrechnen, so mochte sich leicht herausstellen, dass Emil nicht Gläubiger, sondern Schuldner war.

Vier Tage später, Montag, den 5. Mai, händigte der Postbote Welti einen Brief aus. Er kam aus Biel und trug die Unterschrift von Stauffers Mutter. Welti las: «Geehrter Herr! Vor einigen Wochen ist mein Sohn Karl wieder aus Italien zurückgekehrt, und zwar in einem Zustande melancholischer Depression, welche kein Ende absehen und für die Zukunft das Schlimmste befürchten lässt. Sie haben durch die Art, wie sie den offenbar Kranken unter Anklage und in Haft bringen liessen, ihn um alles, um seine Existenz, seinen ehrlichen Namen und die Gesundheit gebracht; und ich richte diese Zeilen an Sie als Mutter, die unter dem Unglück, welches über ihren Sohn und mit ihm über die ganze Familie hereingebrochen, das Grausamste ausgestanden hat. Nach der Aussage von Herrn Fiordispini befindet sich Frau Dr. Welti, über deren damaligen Geisteszustand noch kein Gutachten vorliegt, wieder mit Ihnen im Einvernehmen; trotzdem haben Sie die Klage bis dahin nicht zurückgezogen. Sie wissen, dass Karl Winter und Sommer beinahe über seine Kräfte gearbeitet hatte, um ein Kunstwerk für Ihre Villa in Zürich zu schaffen, welches seinen Ruf auch als Bildhauer begründen sollte, und dass er von seiner Arbeit durch Frau Dr. Welti aus Besorgnis für Ihre Gesundheit dringend nach Zürich gerufen wurde und dass er sein Werk ohne weiteres im Stich liess, um der Aufforderung Folge zu leisten. Als er kaum angekommen, wurde bei Ihnen der Entschluss reif, nach Florenz überzusiedeln; und Karl, der schon geistig überanstrengt Rom verlassen hatte, fand anstatt Erholung, deren er dringend bedürftig war, mehr Arbeit als je durch die Hilfe, welche von ihm als Freund des Hauses bei der Übersiedlung gefordert wurde. Er konnte in den vier Wochen, die er in Zürich zubrachte, nicht einmal Zeit finden, mich, seine Mutter, mehr als ein, zwei Tage zu besuchen, und er schien schon damals in einem Zustande nervöser Aufregung, welche infolge der Kerkerhaft und der erduldeten unwürdigen Behandlung im Gefängnis in völlige Geisteskrankheit umschlug und seine Kräfte gelähmt hat.

Es liegt mir fern, meinen Sohn entschuldigen zu wollen, aber ich habe ihm verziehen, weil ich überzeugt bin, dass er in normalem Geisteszustand die Pflicht gegen Sie nicht vergessen hätte.

Der Prozess hat durch die Aufhebung seines römischen Ateliers, die Reisen von Eduard, die Unterbrechung der Arbeit, durch Kerker und Krankheit solche Kosten verursacht, dass nicht nur Karls ganze Ersparnisse verschlungen wurden, sondern dass sogar ich unbemittelte Witwe daran mithelfen muss zu tragen. Durch diesen Umstand und dadurch, dass die Arbeit von zwei Jahren, auf welche Karl seine Hoffnungen setzte, unfertig und zwecklos liegen bleiben muss, ist ihm die Möglichkeit, seine bisherige Laufbahn fortzusetzen, gänzlich abgeschnitten, und ich sehe nicht ein, wie es ihm gelingen soll, bei seiner gegenwärtigen Geistesverfassung sich eine neue Existenz zu gründen.

Karl ist anderen Leuten gegenüber jetzt ruhiger geworden, da seine Krankheit in das Stadium der Depression getreten ist, und haben Sie, da er selbst zugibt, Sie wenn auch im Zustand krankhafter Aufregung schwer beleidigt zu haben, keine Rache seinerseits mehr zu befürchten. Ausserdem können Sie versichert sein, dass niemand von uns die Handlungsweise von Karl billigte; sonst hätten wir nicht Ihrem Herrn Vater vertrauensvoll alle die übersandten Briefe unterbreitet. Leider glaubte Eduard nicht, wie ich sofort, dass Karl geisteskrank sei, sondern überzeugte sich erst bei seinem zweiten Besuch im Gefängnis, während Sie uns schon von Florenz aus dasselbe telegrafisch mitteilten. Ich finde es begreiflich, wenn die Beziehungen zwischen Ihnen und Karl aufhören, hingegen möchte ich Sie doch bitten, die unglückselige Klage gegen ihn endlich zurücknehmen zu wollen.

Achtungsvoll   Luise Stauffer, geb. Schärer.»

Die Bitte am Schluss überraschte Welti nicht. Erst neulich war sie schon einmal an ihn herangetragen worden. Dr. Vogt hatte sie ihm vorgetragen. Offenbar nahm man ihn in die Zange. Da war es am klügsten, wenn er sich mit dem Vater besprach, bevor er antwortete. Dazu brauchte er Zeit. Er nahm sie sich bis zum Wochenende. Erst dann schickte er seine Antwort nach Biel.

Der 12. Mai 1890 hätte Mutter Stauffers grosses Fest werden sollen. Auch Karl war da, denn dieser Montag war ihr sechzigster Geburtstag. Darum war der Briefträger, als er die Glocke zog, willkommen. Vielleicht brachte er die Antwort Weltis. Vielleicht hatten ihre Worte den grossen Herrn gerührt. Gewiss besass auch er ein Herz.

Erwartungsvoll zog sie das Blatt aus dem Umschlag. Es war nur klein, doch selbst auf engem Raum fand eine gute Nachricht Platz. Das Schreiben hob sehr höflich an: «Hochgeehrte Frau! Auf Ihren Brief vom 3. Mai beehre ich mich zu erwidern, dass mir kürzlich durch Vermittlung des Herrn Dr. Robert Vogt Eröffnungen gemacht worden sind, welche den am Schluss Ihres Briefes geäusserten Wunsch zum Gegenstand hatten.»

Dieser Anfang verstärkte die Hoffnung auf Rückzug der Klage. Welti konnte den angesehenen Arzt nicht einfach zurückstossen. Was Mutter Stauffer weiterhin zu Gesicht bekam, erfüllte sie hingegen mit steigender Kälte: «Es scheint mir am richtigsten, wenn diese Angelegenheit zunächst durch Vermittlung des Herrn Dr. Vogt weiterbehandelt wird. Ich begreife sehr wohl, dass Sie die Handlungsweise Ihres Sohnes anders beurteilen als ich, und glaube darum auch, dass ein Eingehen auf Ihre Äusserungen zu derselben zu keinem Ziele führen würde.

Mit vollkommener Hochschätzung   Dr. Emil Welti.»

Frau Stauffer empfand die Antwort wie einen Würgegriff. Sie zog mit der Feder unter dem Namenszug Weltis einen raschen Strich quer über die Seite und setzte darunter: «Also dieser Schlag an meinem sechzigsten Geburtstag!»

Der Ton des Schreibens liess keinen Zweifel darüber, dass die Zurückziehung der Klage auf die lange Bank geschoben war. Was gab es denn zu vermitteln? Entweder hob Welti die Anschuldigung auf, oder er liess es bleiben; einen Mittelweg sah Luise Stauffer nicht. Welti beharrte offensichtlich auf dem alten Kuhhandel: Karl musste in aller Form für verrückt erklärt und das Verfahren aus diesem Grunde eingestellt werden; erst dann würde er sich zum Rückruf der Klage bequemen.

Was der Frau ebenso ins Gesicht schlug, war die Entstellung ihrer Worte. Sie hatte das Verhalten ihres Sohnes mit aller Schärfe verurteilt; sie hatte Karl zitiert, der zugab, Welti schwer gekränkt zu haben. Nun tat dieser so, als ob sie ihren Sohn in Schutz genommen hätte, und liess unmissverständlich durchblicken, mit ihr könne man nicht reden.

Zum dritten traf sie, dass der Bundesratssohn mit keiner Silbe auf die Bemerkung einging, von Karl drohe keine Gefahr mehr. Sie wusste, wie sehr sich Welti gefürchtet, dass er Massnahmen zu seinem Schutze ergriffen. Sie erinnerte sich, dass er in Rom von Eduard eine Garantie für das Wohlverhalten Karls gefordert hatte; diese Garantie hatte sie ihm jetzt gegeben. Sie hatte gehofft, das werde irgendwie honoriert, doch keine Spur davon. So empfand sie den Brief als schnöde Abweisung, als einen Beweis dafür, dass Welti jede Anteilnahme abging.

Die Antwort Weltis bestärkte Stauffer in der Überzeugung, dass eine gütliche Beilegung der Affäre in unerreichbarer Ferne lag. Was sollte er da an den Bildern weitermalen? Vorderhand jedenfalls wollte er in Biel bleiben. Aber die Mutter wusste, wohin das führte; zu gänzlicher Passivität in Melancholie und Niedergeschlagenheit. Aus dem frischen, mutigen, lebensfrohen Mann hatten die Ereignisse einen trüben, ängstlichen, lebensmüden Menschen gemacht. Deshalb bat Mutter Stauffer Vogt, er möge ihren Sohn zur Rückkehr nach Bern bewegen. Vogt kam, und sein Zureden bewirkte, dass Karl mit ihm am Dienstag, dem 13. Mai, wieder in die Stadt zurückfuhr.

Der Einfluss des Arztes war wohltuend. Vogt versicherte, er werde weiterhin auf Welti einwirken, damit dieser die Klage bedingungslos zurückziehe. Denn die schweren Beschuldigungen, deren Nichtigkeit so offen zutagetrat, quälten Stauffer unaufhörlich, so dass kaum ein Tag verging, an dem er nicht von Selbstmord sprach, sofern die Freisprechung von seiten des Florentiner Gerichts nicht bald erfolge. Der Freispruch allein vermochte den Leiden ein Ende zu setzen, und wenn er gebührend bekanntgemacht wurde, so durfte er endlich wieder als Unbescholtener unter die Leute treten.

Abends, nach getaner Arbeit, war es am schlimmsten. Dann fürchteten die Gastgeber oft, er mache seinem Leben ein Ende. Sie behüteten ihn ängstlich. Darum begrüssten sie es, als er eines Tages äusserte, er möchte ein Bild von der Hausfrau malen; sie willigte freudig ein und sass ihm von da an täglich mehrere Stunden. In diesen Sitzungen löste sich seine Erstarrung. Oft erzählte er voller Humor und Witz von der Münchner und der Berliner Zeit; dann aber gab's wieder Tage, an denen er verzweifelt den Kopf gegen die Wand schlug, weinte und nur «Lydia, Lydia!» rief.

Vielleicht half es ihm, wenn man ihn dazu brachte, seine Leidensgeschichte zu erzählen; das schuf Distanz und löste die Spannung. Er tat es, und Frau Vogt schrieb möglichst wortgetreu nach den Sitzungen auf, was sie erfuhr.

So wohltätig Porträtstunden und Lebensbeichte wirkten: das Grundübel vermochten sie nicht zu beseitigen, das Wissen um das völlige Ausgeliefertsein an eine Familie, die so viele Fäden in der Hand hielt. Wenn dieses Gefühl der Ohnmacht ihn übermannte, dann konnte sich Stauffer mitten in der Arbeit hinsetzen, lange vor sich hinstarren und, den Zeigefinger vor dem Gesicht hin- und herbewegend, unaufhörlich sagen: «Unerhört, unerhört.»

In der zweiten Maihälfte zeigte sich ein Lichtblick. Das Berner Kunstmuseum kaufte Stauffer die Radierungen ab und wollte dafür 1200 Franken zahlen. Eine solche Aufmerksamkeit hatte er von den Bernern nicht mehr erwartet. Er liess die Platten mitsamt der Presse von Rom kommen. Sie lagen, ebenso wie das gesamte Stechmaterial, noch bei Cornelia Wagner. Im Januar hatte sie die Mutter in Biel schriftlich gebeten, man möge ihr mitteilen, wann Karl die Dinge brauche. Jetzt war der Zeitpunkt gekommen.

Trotz diesem Erfolg reifte in Stauffer der Gedanke, nach Fertigstellung der Porträts die Schweiz zu verlassen. Er wollte nach London gehen, obschon er kein Wort Englisch konnte. Auch zweifelte er daran, ob er drüben Erfolg haben werde. «Für meine Zukunft wünsche ich nichts weiter als ein ganz bescheidenes Auskommen mit sympathischer Tätigkeit. An eine glänzende Künstlerlaufbahn denke ich nicht mehr, und meine Ideale habe ich einstweilen weggepackt; aber es ist sehr schwer, sich davon zu trennen, denn schliesslich sind sie doch das, was das Leben erst zum Leben macht.» Und seit Lydia auf einen zweiten Brief, den er ihr geschrieben, durch einen Rechtsanwalt hatte mitteilen lassen, sie verbitte sich alle ferneren Annäherungsversuche, schwand auch die Lust, am Adoranten weiterzuarbeiten, der mit dem Druckermaterial zusammen von Rom her unterwegs war.

Bundesrat Welti litt zurzeit schwer unter dem, was die voreilige Verhaftung Stauffers nach sich zog. Eine Frage bereitete ihm besonderen Kummer. Er formulierte sie am 2. Juni, einem Montag, Bavier gegenüber so: «Von Interesse wäre es auch zu wissen, ob Stauffer verlangt hat, dass die Akten nach Bern geschickt werden. In diesem Falle schiene uns dann die Sache doch gar zu bunt. Ich denke doch, dann wäre es eher am Kläger, zu sagen, ob er die Übersendung verlange oder damit einverstanden sei.»

Was bedeuteten diese Sätze? Gegen Ende April trug sich Stauffer mit dem Plan, eine Gegenklage gegen Emil Welti in Bern anhängig zu machen. Sein Bruder hatte bereits einen Entwurf angefertigt. Er lautete auf falsche Anschuldigung. Schadenersatz- und Genugtuungsansprüche wären die natürlichen Folgen gewesen. Wurde die Klage eingereicht, so würde die zuständige Berner Instanz selbstverständlich Einsicht in die Akten verlangen, die sich in Rom und Florenz befanden. Dann würde im Verlauf der Verhandlungen die Wahrheit mit Sicherheit bekannt. Dagegen waren Vater und Sohn Welti machtlos. Eine Beeinflussung des Gerichts kam in der Schweiz nicht in Frage. Klagten die Brüder Stauffer wirklich, dann blieb Emil nur eines übrig: Er würde erklären, er verzichte auf die Fortsetzung des Prozesses vor hiesigem Forum. Das wäre leichter und gefahrloser als die Zurückziehung von Emils Klagen vor dem Gerichtshof in Florenz. So jedenfalls schätzte der Bundesrat die Lage in seinem Brief an Bavier ein. Er fügte an: «Die Sache macht mir wieder schwere Stunden, und ich sehe düster in die Zukunft, wenn wirklich dieser Skandal hier vor meinen Augen abgespielt werden soll. Es scheint, ich müsse förmlich totgehetzt werden.»

Wurde wirklich Vater Welti totgehetzt? Wichen die Leute ihm aus? Wurde allenthalben er angeschwärzt? Was ihn hetzte, war die Angst vor der Wahrheit, die auskam, falls die Prozessunterlagen nach Bern geschickt wurden. Dann würde die grosse Presse kaum mehr so leicht zu zügeln sein.

Schliesslich kam Welti «noch das Bedenken, ob selbst die Zurückziehung der Klage der Aktenübersendung überhaupt ein Ende machen würde. Dann wäre die Sache doppelt schlimm.» Mit dieser Befürchtung hatte der Bundesrat recht. Sogar die – an sich schon peinliche – Rückzugserklärung war keine Garantie dafür, dass nicht doch bernische Instanzen Einblick in das Material erhielten. Dann konnte man nicht einmal mehr behaupten, man verzichte aus Menschlichkeit, aus Rücksichtnahme auf Stauffer auf das Verfahren. Die Akten würden nur allzu deutlich zeigen, wie sehr Eduard mit seiner Eingabe an das Justiz- und Polizeidepartement im Recht gewesen war.

Der Bundesrat näherte sich dem Schluss: «Ich bitte Sie, mein lieber guter Freund, nehmen Sie mir meine Klage nicht übel; ich kann niemandem klagen als Ihnen, und Ihnen allein ist es vielleicht möglich, der Sache eine bessere Wendung zu geben. Ich will alles geduldig ertragen; aber ob ich es noch lange kann, ist eine andere Frage.»

Wahrhaftig: Welti konnte nur Bavier seine Befürchtungen offenbaren, seinem Komplizen! Ja, Bavier war der gute, treue Freund, und daher bat ihn Welti einmal mehr, eine Intervention zu versuchen. Nur er verfügte über die Möglichkeit, in Florenz dahin zu wirken, dass die Prozessakten liegen blieben, wo sie lagen.

Emil hielt sich wie sein Vater genau auf dem laufenden. Er kannte die Leute, die Stauffer Aufträge erteilten, alle mit Namen. Es gefiel ihm wenig, dass sich unter ihnen bekannte Familien befanden. Genugtuung verschaffte ihm dagegen die Nachricht, die Arbeit an den Bildern schleppe sich hin.

Vor einer Woche war übrigens etwas Ungeheuerliches passiert. Stauffer war durch Vermittlung Dr. Vogts mit einem Ansinnen an ihn herangetreten, auf das es nur eine Antwort gab: Kommt nicht in Frage! Eine grössere Unverschämtheit war ihm noch nie begegnet. Der Arzt hatte ihm nämlich die Bitte des Künstlers übermittelt, er, der von Stauffer hintergangene Gatte der Lydia Escher, möge ihn noch vier Jahre bis zur Beendigung der Lehrzeit als Bildhauer finanziell unterstützen! Eine solche Zumutung überstieg alle Grenzen. War sie nicht der Beweis dafür, dass der

Maler ausserhalb aller gängigen Ehr- und Moralbegriffe stand?
Der Bericht Dr. Vogts über seine Unterredung mit Welti des
Unterstützungsgesuches wegen trug mit dazu bei, die letzten Hoffnungen Stauffers zu zerstören. Nein, hier war seines Bleibens nicht
länger. Die Bilder wollte er vollenden, dann aber musste er fort.
Der 3. Juni 1890 – es war ein Dienstag – liess sich prächtig an.
Der Weg zur Arbeit führte den Maler die Gerechtigkeitsgasse mit
ihren Patrizierhäusern hinunter zur Nydeggbrücke und über sie
hinweg zum Bärengraben. Von dort musste Stauffer rechterhand
dem sanft ansteigenden Muristalden bis auf die Höhe der Schosshalde folgen. Beim Aufstieg würde sich der einmalige Blick auf die
Altstadt mit ihrem Dächergewirr und den Firsten der herrschaftlichen Palais öffnen, deren Fronten fensterblinkend auf die
Aare hinabschauten. Alles würde der gotische Münsterturm überragen, an dessen Vollendung nach den mittelalterlichen Plänen
man eben arbeitete. Doch statt den Stalden in Angriff zu nehmen,
blieb Stauffer an der Brüstung des Bärengrabens stehen. Hier war
er zum erstenmal dem Übermächtigen begegnet, der ihm gedroht:
«Bürschchen, lauf mir nicht nochmals über den Weg!»

Damals hatte er die Bären gezeichnet. Jetzt kam ihm ihr Tun wie
ein Sinnbild vor. Sie trotteten im Kreise den gleichgültig gebogenen, abweisenden Mauern entlang, schielten mit ihren Äuglein
schräg nach oben, machten Männchen und bettelten mit den Tatzen, weil sie glaubten, der Segen komme von oben. Wenn es hochkam, kletterten sie plump den entrindeten Baumstamm empor, der
sich in der Mitte skelettartig reckte, und suchten über die Umringung hinweg mit dem Blick die Weite, die Freiheit. Mit vorgestrecktem Kopf wiegten sie sich in einer Astgabel und glitten hernach wieder hinunter, und Ferne und Freiheit versanken erneut
hinter dem unbarmherzigen Verlies.

Stauffer schlug sich nach links. Mochte der Range, den es abzupinseln galt, warten, so lange er wollte! Es zog ihn hinab zur
Aare. In ein ähnliches Wasser hatte sich einst Lydia stürzen wollen.
«Ich kann nicht mehr», hatte er ihr vor zwei Monaten geschrieben,
und sie hatte darauf geantwortet: «Tatsache ist, dass Sie damals in
Florenz meinen Ihnen wohlbekannten, durch Krankheit überreizten Nervenzustand benützt und mich in der schändlichsten Weise
getäuscht haben. Dies allein habe ich zu konstatieren.»

«Dies allein habe ich zu konstatieren – dies allein habe ich...»
Die Worte dröhnten in Stauffers Kopf. Er schritt auf dem fast ländlich anmutenden Uferweg der Aare entlang, kam an der kleinen Wirtschaft vorbei, wo ein Fussgängersteg den Fluss wie ein zerbrechliches Streichholzgebilde knapp über der Wasseroberfläche überspannte, und stieg den Altenbergrain hinauf. Der Blick weitete sich. Drüben, jenseits des Wassers, erkannte er die breite Rückseite des Waisenhauses. Weiter rechts schwang sich das Filigranwerk der Eisenbahnbrücke über die Aare. Vor ihm aber breitete sich der Botanische Garten aus, und er betrat ihn dort, wo die Rabbenthalstrasse in den Altenbergrain einmündete. Der Duft exotischer Blüten empfing ihn. Überall leuchteten Farben. Er hielt sich nach links. Sein abwesender Blick blieb für Sekunden an einer Blume oder an einem der Emailtäfelchen haften, welches ihren Namen verriet. «Dies allein habe ich zu konstatieren – dies allein...» Dem untern Ende des Gartens zu stand eine Bank, die den Ausblick auf Waisenhaus, Gymnasium und Kunsthaus erlaubte. Dort hatte er als Unsterblicher einziehen wollen. Zwar hatten sie die paar armseligen Radierungen gekauft, doch das grosse, befreiende Kunstwerk war er schuldig geblieben.

Er setzte sich. Da es noch früh war, war der Garten fast menschenleer. Mit dem Blick über die Aare hinweg zog er den Revolver aus der Tasche. Er presste die Mündung gegen die linke Brust. Dann drückte er ab.

Zur gleichen Zeit wurde der Junge in der Schosshalde ungeduldig. Die Sitzungen waren ohnehin langweilig. Wenn wenigstens der Mann hinter der Staffelei unterhaltsam gewesen wäre! Aber der machte fast immer ein mürrisches Gesicht und pinselte verdrossen.

Der Junge rutschte vom Stuhl. Bis der Anstreicher kam, wollte er sich die Zeit vertreiben. Wunderbares stand und lag herum: Töpfe mit Farben, Tuben, Lappen, Kratzer, Pinsel aller Formen und Grössen, Flaschen und Fläschchen. Ein erregender Duft ging von ihnen aus. Der Junge trat zur Staffelei. Da grinste ihm sein Ebenbild entgegen. So sah er aus? Wo hatte der Mann seine Augen? Das Werk war nicht vollendet, das sah man, und wenn der Maler den bisherigen Schneckengang einhielt, dann drohte unabsehbarer Verlust an Freizeit. Dem zuvorzukommen, griff der Knabe zu den Pinseln. Wie lustig es quirlte, wenn die Schäfte in den farbigen Massen rührten! Malen war doch eine gute Sache. Und so zog der Junge kreuz und quer in den verschiedensten Tönungen gerade und krumme Linien über die Leinwand, dass es eine Lust war.

Die Frau des Hauses schlug die Hände überm Kopf zusammen, als sie die Bescherung gewahrte. Das letzte Ölgemälde von Karl Stauffer-Bern war vernichtet.

Verkaterte Studenten hörten den Schuss und fanden den von der Bank Herabgesunkenen in seinem Blute. Auch Gartenarbeiter eilten herbei. Gemeinsam hoben sie den schweren Körper auf die Bank zurück. Sie erkannten, wen sie vor sich hatten: den skandalumwitterten Maler Stauffer.

Einer der Studenten war Mediziner. Er sah, dass der Künstler nicht tot war; er hatte sich nur angeschossen. Die Kugel stak irgendwo in der Brust unterhalb des Herzens. Stauffer kam erstaunlich rasch wieder zu sich. Er rang nach Atem. Der Medizinstudent legte ihm aus einem Stück des Hemdes und einem Taschentuch den ersten Notverband an. Dann beugte er sich über den Röchelnden. Verstand er den Namen richtig, den der Schwerverwundete herauspresste? Doktor Vogt? Das war der bekannte Arzt. Der Mediziner schickte einen seiner Kommilitonen hin.

Angestellte des Botanischen Gartens schoben einen Gerätekarren herbei. Auf den bettete man Stauffer. Man wollte ihn in die Insel, das Hauptspital Berns, bringen. Der Transport war mühsam und holprig. Zeitweise verlor er das Bewusstsein. Er schrak auf, als ihn ein plötzlicher Stoss erschütterte. Der Wagen stand schief. Mitten auf der Strasse war ein Rad gebrochen. Man trug ihn in eine nahe Turnhalle. Es verging eine Stunde, bis der Krankenwagen kam. Im Spital lag Stauffer erneut in Ohnmacht.

Die Vogts eilten in die Insel. Stauffer war eben eingeliefert worden. Die Kugel war dicht unterm Herzen eingedrungen, hatte aber nur das Fettpolster des Herzbeutels gestreift. Der diensttuende Arzt wollte sich nicht darüber äussern, ob sie entfernt werden könne.

Als Stauffer wieder zur Besinnung kam, sass Emmy Vogt-

Hildebrand an seinem Bett. Wie ein Kind bat er sie um Verzeihung, weil er ihr statt Dank soviel Leid zugefügt habe. Sie versicherte ihm, dass sie seine Handlungsweise vollkommen begreife; sie werde sie ihm keinen Augenblick zur Last legen.

Die Kunde von dem Selbstmordversuch verbreitete sich mit Windeseile. Als sie Mutter Stauffer erreichte, konnte man ihr bereits mitteilen, ihr Sohn sei gerettet. Kurz nach Mittag drang die Nachricht zu Emil Welti. Ohne Verzug setzte er sich hin und schrieb an Bavier: «Hochverehrter Herr Minister, ich vernehme soeben, dass Maler Stauffer heute vormittag versucht hat, im Botanischen Garten durch einen Schuss in die Herzgegend sich das Leben zu nehmen. Der Versuch ist, wie es scheint, misslungen, Stauffer lebt noch und ist bei Bewusstsein... Es ist mit der Malerei nicht mehr gegangen; dieser Umstand und sicherlich auch Geistesstörung haben Stauffer zum Selbstmord getrieben. Lydia ist seit mehreren Wochen in Heidelberg. Stauffer hat versucht, sich ihr wieder zu nähern, ist aber energisch abgewiesen worden... Ich schliesse hier, damit diese Zeilen rechtzeitig noch zur Post kommen. Sobald ich Näheres über Stauffer erfahre, schreibe oder telegrafiere ich Ihnen. Hoffentlich haben die traurigen Ereignisse mit Stauffers Tat ihren Abschluss gefunden. Aber auch durch Selbstmord könnte Stauffer das begangene Unrecht nicht gutmachen, und darum empfinde ich mit dem Manne kein Mitleid.»

Weltis Zeilen bewiesen, dass er über den Schuss im Botanischen Garten Genugtuung empfand. Sie bewiesen ferner seine Hoffnung, Stauffer werde nicht mehr genesen. Starb er, so wurde endlich das noch immer hängige Verfahren hinfällig, dann schwand die Drohung, die Wahrheit komme doch noch an den Tag.

Auch das andere Übel würde bald aus der Welt geschafft sein. Im selben Brief, in dem er Bavier den Selbstmordversuch anzeigte, hatte Welti nämlich geschrieben: «Die Scheidung zwischen Lydia und mir wird wahrscheinlich in vierzehn Tagen gerichtlich vollzogen werden.» Nun blieb nur noch das eine: die Presse durfte keine Zeile über Stauffers Tat drucken. Die bernischen Zeitungen schwiegen denn auch einhellig, obschon jedermann von nichts anderem sprach. Nur wenige auswärtige Blätter wahrten ihre Unabhängigkeit, so die Basler «Nationalzeitung», sonst blieb es still. Der – wie Welti immer noch glaubte – Sterbende sollte schon vor seinem Ableben totgeschwiegen werden.

Die wenigen, die noch immer zu Stauffer hielten, führten die Verzweiflungstat nicht wie Welti allein auf künstlerisches Versagen und allfällige geistige Störungen zurück. Sie wussten zu genau, wie schwere Schuld Emil und sein Vater nicht nur durch ihr Vorgehen in Italien, sondern ebensosehr durch ihre Handlungsweise nach Stauffers Rückkehr in die Schweiz auf sich geladen hatten. Lydias Kälte und der Rufmord hatten ihn in den Suizid getrieben.

Zuerst meldete sich Max Mosse mit einem teilnehmenden Telegramm. Dann schrieb Hildebrand an Eduard Stauffer und bat um weitere Nachricht. Gleichzeitig meldete er etwas, was den Anschlag auf das eigene Leben höchstwahrscheinlich verhindert hätte, wäre es Stauffer rechtzeitig zu Ohren gekommen: «Der Untersuchungsrichter liess mich heute zu sich bitten und machte mir die Eröffnung, dass das Gutachten der Irrenärzte in Rom über Frau Welti erschienen sei und ihre völlige Gesundheit konstatiere. Ferner, dass infolgedessen das Gericht die drei Anklagen gegen Ihren Bruder für null und nichtig erklärt habe. – Es erscheint mir nun absolut notwendig, dass diese Entscheidung veröffentlicht wird, um den Verleumdungen gegen Ihren Bruder den Mund zu stopfen und seinen ehrlichen Namen herzustellen. Und zwar genügt nicht, in einem Schweizer Blatt alleine dies zu tun, sondern auch in Rom, Berlin, München es abdrucken zu lassen. Ich hielte es für das Richtigste, eine kurze Erzählung des Tatbestandes beizufügen, um zugleich das nichtswürdige Vorgehen der Weltis ans Tageslicht zu bringen. Seine Flucht, seine ungesetzliche Verhaftung in Rom, sein Transport nach Florenz, die Einsperrung der Frau Welti ins Irrenhaus auf vier Monate, um zu der Überzeugung zu kommen, dass sie ganz gesund sei etc., etc. Es handelt sich um eine schlichte, aber klare Darstellung der tatsächlichen Ereignisse bis zum Selbstmord, damit im Publikum das einfache Rechtsgefühl wachgerufen wird, denn die Motive bei Ihrem Bruder gegenüber der Frau Welti sind gänzlich gleichgültig dabei, und es handelt sich lediglich darum, ob in zivilisierten Staaten es gesetzlich möglich sein darf, auf diese Weise gegen irgend jemanden, der mit einer Frau durchgeht, vorzugehen. Ich kann Ihnen jederzeit die Kopie des Gutachtens der Irrenärzte... und die Gerichtsentscheidung zukommen lassen... Und nun möchte ich Sie noch bitten, Ihrem Bruder, wenn es möglich ist, ein liebes Wort von mir zu sagen. Sein tragisches Schicksal hat mich und meine Frau aufs tiefste erschüttert.»

Anders tönte es aus Rom. Dort hatte Max Klinger, Stauffers ehemaliger Freund, am 5. Juni von Dr. Welti einen Brief erhalten. Darüber berichtete er seinen Eltern am Tage darauf: «Stauffer hat sich in die Brust geschossen, aber nicht lebensgefährlich! Es war eben wieder ein Hilfscoup. Der ehrlose Kerl hatte alles versucht in letzter Zeit: Drohungen, Versprechungen, Appell an moralische Verpflichtungen. Die Karre ist aber doch wohl zu tief im Dreck. Ich fühle nicht das mindeste Mitleid mit dem Subjekt.»

Dank seiner überaus robusten Konstitution erholte sich Stauffer erstaunlich schnell. Bald bekam er den Besuch eines Freundes aus Zürich, von Dr. Fleiner. Diesem Redaktor der «Neuen Zürcher Zeitung» hatte Stauffer es zu verdanken, dass sein Name auch in der Schweiz bekannt geworden war.

Der Patient sprach mit überraschender Offenheit und Klarheit über sich und sein Schicksal. Von geistiger Trübung war nichts zu spüren. Er erzählte von seinen Plänen, die sich in nichts aufgelöst hätten, und seufzte, dass nicht nur sein Lebensmut, sondern auch sein Künstlertum vernichtet sei. Lächelnd, als ob er von einem Dritten spräche, sagte er: «Ich bin ein gebrochener Mann und werde mich nie mehr davon erholen. Man hat mich gebrochen. Rack!» Und dabei tat er so, als ob er mit beiden Händen einen Stab knickte.

Eine Woche später lag das von Hildebrand angekündigte Gerichtsurteil auf Stauffers Bettdecke. Freudestrahlend richtete er sich in den Kissen auf und las immer wieder die erlösenden Worte. Sie lauteten:

«Die Anklagekammer des Zivil- und Strafgerichts von Florenz, zusammengesetzt aus den Herren Rechtsanwälten Alessandro Bergamaschi, Präsident, Ettore Baldi und Angiolo Persico, Richter, letzterer vom Untersuchungsrichteramt, hat sich den Bericht des Untersuchungsrichters angehört und die Strafprozessakten durchgesehen, die Stauffer Carlo, des Eduard selig, 32jährig, gebürtig von Trubschachen in der Schweiz, Maler und Bildhauer, betreffen, der provisorisch in Freiheit gesetzt und der zuvor beschuldigt worden ist

1. der Notzucht, begangen an einem nicht festgestellten Tage des Monats November 1889 in Florenz und in Rom, indem er intime Beziehungen unterhielt mit Welti-Escher Lydia, Frau des Welti Emil, obschon er wusste, dass dieselbe unzurechnungsfähig war, weil sie an systematisiertem Wahnsinn litt.» Danach folgte die Aufzählung der einschlägigen Artikel des Strafgesetzbuches.

«2. Er ist beschuldigt worden der Veruntreuung, begangen unter den genannten örtlichen und zeitlichen Umständen, mit Bereicherungsabsicht, in der Höhe von 1000 Lire, die ihm von Welti Emil anvertraut worden waren mit der Auflage, sie nur zu einem bestimmten Zweck zu gebrauchen.» Wiederum folgten die Paragraphen.

«3. Betrugsversuch, ebenfalls unter den obgenannten örtlichen und zeitlichen Umständen begangen, indem er mit Mitteln, die geeignet waren, einen Gutgläubigen zu täuschen, sich als Eigentümer der 10 000 Lire ausgab, die ihm zum Zwecke einer Anzahlung zugunsten des Bonciani Giuseppe übergeben worden waren und indem er den besagten Bonciani zu verleiten suchte, ihm 4000 Lire, Teil der obgenannten Summe und Eigentum des Welti Emil, zuzuschicken, und wenn ihm das nicht gelang, so nur wegen zufälliger und von seinem Willen unabhängiger Umstände.»

Ein drittesmal folgten die Paragraphen. Hernach wurde in besonderer Schrift mit einem lateinischen Rechtsausdruck – Omissis – hervorgehoben, dass die drei vorgenannten Anklagepunkte als gegenstandslos unbeachtet blieben. Dann gab der Gerichtshof bekannt: «Aufgrund der Artikel 199, 250 der Strafprozessordnung und aufgrund der verschiedenen Schlussfolgerungen der staatlichen Instanzen erklärt das Gericht, dass der Prozess nicht weiterzuführen ist, weil keine strafbaren Tatbestände vorliegen.» Sodann hatten die Mitglieder des Gerichtshofes eigenhändig unterzeichnet und die Abschrift, die Karl Stauffer jetzt in Händen hielt, als gültig beglaubigt. Auf der vierten und letzten Seite dieser vorbehaltlosen Freisprechung hatte zudem der Sekretär des Untersuchungsrichteramtes die richtige Ausfertigung mit Namen und Siegel bestätigt, und schliesslich setzte auch noch der Königliche Staatsanwalt Unterschrift und Stempel darunter.

Klarer und eindeutiger konnte die Rehabilitierung nicht ausfallen. «Inesistenza di reato» hiess unmissverständlich, dass Stauffer keines der eingeklagten Verbrechen begangen hatte. Die Beendigung des Prozesses erfolgte also nicht etwa, weil der Künstler zur Zeit der behaupteten Taten geistig gestört gewesen und deshalb schuldlos erklärt worden wäre, sondern ausdrücklich mangels eines Straftatbestandes.

Es dauerte nicht lange, bis auch Bundesrat Welti ins Bild gesetzt wurde, und zwar von Bavier. Er wusste nicht, dass Stauffer das Urteil bereits kannte. Samstag, den 21. Juni, schrieb er nach Rom:

«Mein lieber Freund. Ich habe soeben Ihr Schreiben erhalten und antworte vorläufig und flüchtig in dem Trubel der Bundesversammlung, wo ich heute gerade beschäftigt bin.

Vor allem scheint es mir, dass Sie dem Bundesrat keine Mitteilung zu machen haben.» Bavier hatte also wieder einmal um Instruktionen gebeten. Er wusste nicht, wie er sich angesichts des Freispruchs verhalten sollte. Welti gab ihm auch diesmal Anweisungen: «Sie haben dazu auch keine Veranlassung, denn Sie sind erstens nicht beauftragt, und im ferneren hat man Ihnen kein Urteil zugestellt.» Danach machte der Bundesrat einen verzweifelten Versuch, die Bedeutung des Gerichtsentscheids herabzumindern: «Dann ist noch zu bemerken, dass es sich keineswegs um ein freisprechendes Urteil handelt, sondern um eine Dichiarazione di non farsi luogo a procedere, was die Franzosen arrêt de non lieu nennen, d. h. nur die Erklärung der Anklagekammer, dass ein strafrechtliches Verfahren nicht einzuleiten sei.» Bundesrat Welti hatte also entweder keine Kenntnis von dem Wort «Omissis» und der Begründung des Freispruchs, oder er unterschlug sie absichtlich. Zudem waren ihm im Augenblick andere Dinge wichtiger: «Ohne Zweifel wird Stauffer von dem Urteil Kenntnis erhalten, allein es ist doch fraglich, ob er eine Entschädigungsklage erheben wird. Doch das ist zu gewärtigen. Ohne Zweifel hat die Camera di Consiglio auch darüber zu entscheiden, ob in einem solchen Fall eine Entschädigung für ausgestandene Haft etc. zu bezahlen ist, und wenn sie eine solche nicht zugesprochen hat, so wird sie gefunden haben, es sei kein Grund dazu da. Ich fürchte diese Eventualität nicht, aber daran ist mir sehr viel gelegen, dass durch die amtliche Urteilszustellung die Sache nicht wieder von neuem in das Maul der Leute komme. Doch dazu ist, wie ich die Sache ansehe, gar kein Grund...»

Diese Zuversicht Bundesrat Weltis war berechtigt, denn in den meisten Redaktionsstuben sassen Leute, die sich hüteten, ihm Nichtgenehmes zu publizieren. Das bekam die Stauffer-Partei alsbald zu spüren. Wohin sich zum Beispiel Frau Vogt mit der Bitte um Veröffentlichung des Freispruchs wandte, überall wurde sie mit der Bemerkung abgewiesen, es wäre für manche am Skandal Beteiligten allzu peinlich, das Urteil gedruckt zu sehen. Zumal in Bern baute sich einmal mehr die Mauer des Schweigens auf. Mutige Ausnahmen machten Fleiner in Zürich und das «Journal du Jura». Dieses schrieb unter dem Titel «Zu spät»:

«Die Anklagekammer des Gerichtshofes von Florenz hat eben einen Beschluss zur Niederschlagung des Verfahrens in der Affäre Stauffer-Welti bekanntgegeben. Die Römer Irrenärzte haben einstimmig erkannt, dass Frau Welti-Escher völlig gesund ist und dass die Klage auf Entführung einer Wahnsinnigen eine Absurdität war. Und trotzdem ist der bedauernswerte Künstler dieser Beschuldigung wegen in Eisen gelegt worden. Auf wessen Anstiftung?

Die Nachricht von diesem Beschluss ist zu spät eingetroffen; vor einigen Tagen hat Stauffer versucht, sich das Leben zu nehmen... ‚In einer Monarchie würde eine solche Affäre die Regierung stürzen', hat uns jüngst ein angesehener Nationalrat gesagt, ‚aber bei uns, in einer Republik, ist alles möglich.'»

15. DAS ENDE

In Florenz waren Rosadi und Fritsche bestürzt über den Selbstmordversuch. Sie schickten Eduard herzlichste Genesungswünsche für Karl. Anderseits freuten sie sich über den günstigen Ausgang des Prozesses. Ihre Taktik hatte sich gelohnt. Rosadi fasste zusammen: «Für heute kann ich nur sagen, dass die ganze Angelegenheit mit grosser Willkür und Ungerechtigkeit behandelt worden ist. In unserem ersten Gespräch sagte ich Ihnen bereits, dass Ihr Bruder nicht wegen Notzucht angeklagt werden könnte, weil unsere Strafprozessordnung darin sehr klar und deutlich ist und im Falle einer Geistesverwirrung dieselbe nur dann zugibt, wenn sie auch wirklich konstatiert ist, nie aber, wenn es sich einfach um ein nervöses oder hysterisches Frauenzimmer handelt, deren Ehemann sie allein in einer fremden Stadt und ohne besonderen ärztlichen Schutz gelassen und von der man gesetzlich nie feststellen könnte, dass sie den Begriff des geschlechtlichen Aktes nicht begriffe und nicht verstünde. Frau Welti wusste das wohl hingegen sehr gut! Bei einer solchen Anschuldigung behaupte ich, dass die Verhaftung Ihres Bruders willkürlich und ungesetzlich war, und behaupte ich das um so mehr, als dieselbe ganz unnötig war. Ausserdem haben diese Willkür und Ungesetzlichkeit ein wenig zu lange gedauert und sind darum um so verdammenswerter. Ich kann Ihnen jedoch eine andere Meinung nicht verbergen, und das ist die, dass die Verantwortlichkeit dafür auf unsere Richter fällt, die den Prozess instruiert haben und die ihre ungesetzlichen Akte hinter den Einflüssen und Missbräuchen verborgen haben, deren sich Herr Welti bedient. Derselbe ist also ebenfalls verantwortlich, indem er in seiner Klage fälschlich seine Frau für geistesabwesend ausgegeben...»

In Rom war Bavier von den Aufregungen der letzten Wochen so mitgenommen, dass er ein Gesuch vom Vorjahr um Urlaub erneuerte. Mit Präsidialverfügung vom 24. Juni entsprach der Bundesrat der Bitte. Der Gesandte reiste Anfang Juli in die Schweiz. Zu seinem Stellvertreter wurde Legationsrat Pioda bestimmt. Als solcher hatte dieser Mitte Juli eine Anfrage der Verwaltung des Römer Irrenhauses zu beantworten. Die Administration erkundigte sich, ob sie mit der Gesandtschaft endgültig über den Aufenthalt von Frau Lydia Welti-Escher abrechnen könne. Der Millionär Welti hatte also, vier Monate nachdem er seine Frau abgeholt hatte, noch immer nicht alles bezahlt. Pioda antwortete am 18. Juli, die Gesandtschaft habe zwar mit Frau Welti zu tun gehabt, «aber nie in Abrechnungsfragen..., weil alles, was Ihre Verwaltung anging, direkt vom Gatten... geregelt wurde. Wenn

Sie sich indessen mit dem letzteren in Verbindung setzen wollen, so bitte ich Sie, mir in einem adressierten Umschlag den an ihn zu richtenden Brief zu übersenden, worauf ich mich anerbiete, ihn Herrn Welti auf irgendeinem Wege zuzustellen, obschon ich augenblicklich nicht weiss, wo genau er sich aufhält.»

Mitte der letzten Juniwoche wurde Stauffer aus dem Spital entlassen. Frau Vogt holte ihn ab, und er übernachtete in ihrem Haus. Tags darauf kehrte er zu seiner Mutter nach Biel zurück. Während er sich als Patient noch gesagt hatte, dass er die angefangenen Bilder wohl vollenden müsse, versank er jetzt völlig in Passivität. Auch von seinen im Inselspital geäusserten Plänen, er wolle als rein reproduzierender Kupferstecher arbeiten und in Darmstadt mit der Übertragung der Holbeinschen Madonna auf die Platte beginnen, redete er nicht mehr. Selbst den Gedanken, er werde die eigentliche Kunst ganz aufgeben und Fotograf werden, schien er vergessen zu haben. Nicht einmal die Ankunft des Adoranten und anderer bildhauerischer Versuche aus Rom rüttelte ihn aus seiner Melancholie auf. Die Statue blieb unberührt in der Kiste verpackt. Selbst der Auftrag, von Hildebrand vermittelt, für den Museumsdirektor Dr. Fiedler in München unvollendete Blätter des verstorbenen Kunstmalers Hans von Marée in Stichen für die Nachwelt zu retten, flösste ihm keinen neuen Lebensmut ein. Er schrieb in diesem Zusammenhang an Frau Vogt:

«Haben Sie beide herzlichen Dank für das fortgesetzte Interesse, welches Sie an mir nehmen und welches ich Ihnen so schlecht danke durch fortgesetzten Stumpfsinn und Mutlosigkeit. Ich schreibe diesen Brief hauptsächlich, um Sie von dem Schritte bei Herrn Dr. Fiedler abzuhalten. Der Wert meiner Radierungen sowohl als die Bedeutung meines Talents sind entschieden nicht derart, um Herrn Dr. Fiedler zu veranlassen, dafür Opfer zu bringen... Ich hätte bei ruhigem und stetig fortgesetztem Studium der Plastik wohl in meinem Leben einige gute Figuren zustande gebracht, denn ich besass Empfindung und plastischen Geschmack. Jetzt unter den gegenwärtigen Gemütszuständen habe ich den Traum von der Plastik aufgegeben, damit freilich auch alles, was mir das Leben wert machte. Sie können sich kaum vorstellen, wie es einem zumute sein muss, der endlich, endlich empfunden, wie plastische Schönheit zu wirken vermag, und der sich genötigt sieht, zu seines leidigen Kadavers Erhaltung Zeug zu produzieren, das weder ihm noch andern Freude macht. Doch nachgerade werde ich den nötigen Stumpfsinn akquiriert haben, um wie andere ohne Murren mein Brot zu verdienen... Meine Mutter, von all dem Elend, das über die Familie hereinbrach, und von einem tückischen Rheumatismus völlig gebrochen, liegt immer noch schwer krank zu Bett...; wo ich hinsehe: Jammer und Elend, und ich bin daran schuld...»

Im September kam Bildhauer Hildebrand in die Schweiz. Er wünschte mit seiner Schwester zusammen seinen Schützling in Biel aufzusuchen. Das veranlasste Stauffer, die Kisten doch aufzubrechen und den Adoranten sowie weitere Bruchstücke im Garten aufzubauen. Hildebrand war erstaunt über die Vorzüglichkeit der Werke. Er redete Stauffer zu, einen dicken Strich unter das Erlebte zu ziehen, mit ihm nach Florenz zu kommen und ein neues Leben zu beginnen.

Stauffer zögerte. Da kam ihm ein Glücksfall zu Hilfe. In Bern hatte sich ein Initiativkomitee gebildet. Sein Ziel war, der Stadt ein Standbild für Adrian von Bubenberg, den Verteidiger Murtens, Sieger über Karl den Kühnen von Burgund und Retter Berns, zu schenken. In einem Aufruf hiess es: «Seine selbstlose Hingebung für das Vaterland steht in der Schweizergeschichte unübertroffen da. Mit hochherziger Selbstverleugnung vergass er erlittene Unbill, die ihm seine Vaterstadt zugefügt, und folgte dem ersten Rufe, als sie seiner in den Tagen der Not, Bedrängnis und Gefahr wieder bedurfte und ihn an den gefährdetsten Posten eines Befehlshabers von Murten stellte.»

Stauffer fühlte sich zwiefach angesprochen: einmal reizte ihn die Arbeit, weil er sich mit ihr vielleicht die erneute Achtung seiner Landsleute erringen konnte, anderseits hatte Bubenberg ein ähnliches Schicksal erlitten wie er – beiden hatten die Berner übel mitgespielt, und beide hatten ihnen nichts nachgetragen. Wie leicht hätte sich Stauffer an Emil rächen können! Warum hatte er ihm nicht aufgelauert, ihn mit der Waffe bedroht oder zumindest geohrfeigt, wie er mehrmals verkündet? Er war zu müde dazu. Er suchte nicht mehr Rache, sondern Ruhe, innere Ruhe. Mochten seine Feinde mit ihrem Gewissen selbst fertigwerden! Er verzichtete sogar auf Genugtuung, auf Entschädigung und auf den Prozess gegen Welti. Wenn er in den Carceri Muratte von Florenz auf das Vorsatzblatt seiner Gedichte das Motto gesetzt hatte: «Meine Wege sind nicht eure Wege, und meine Gedanken sind nicht eure Gedanken», so hatte sich der Sinn dieser Worte entscheidend geändert. Damals hatte er mit ihnen gemeint, er halte sich nicht an die ausgetretenen Pfade der engen Bürgerlichkeit; heute aber bedeuteten sie, dass er auf den Grundsatz «Auge um Auge, Zahn um Zahn» verzichtete – im Gegensatz zu seinen Widersachern. Und so entschloss er sich, der Einladung Hildebrands doch zu folgen.

Am 29. September 1890, einem Montag, kam er in Florenz an. Er war dritter Klasse gefahren, um zwanzig Franken zu sparen. Ein Atelier fand er nicht, aber es wurde ihm eins in Aussicht gestellt. Er mietete sich in einer kleinen Pension garnie an der Via Maggio 2 ein. Freitag, den 17. Oktober, rapportierte er zum erstenmal Emmy Vogt: «Bald sind es drei Wochen, dass ich hier bin, und es ist, wie Sie vermuten, das schönste Herbstwetter, von dem ich aber wenig merke, da ich auf der Bude sitze und an dem Entwurf arbeite... Hoffentlich kommt das Ding in der kurzen Zeit zustande, so dass ich es schicken kann. An Ausführung denke ich dabei nicht, es wird doch ein anderer die Chose bekommen.» Dann dankte Stauffer für die Zusendung eines Artikels aus dem «Bund». Unter dem Einfluss Frau Vogts hatte Widmann seine übervorsichtige Haltung zum Teil aufgegeben und einen von ihr inspirierten, freilich nur das Werk würdigenden Text publiziert. Von der Freisprechung allerdings fiel darin noch immer kein Wort.

An den Dank anschliessend fuhr Stauffer fort: «Sie sorgen für mich wie eine rechte Mutter, aber auf mir lastet stets der gleiche Druck. Ich will nicht ein Klagelied anstimmen, aber ich präpariere mich doch sachte auf das Kloster (es bleibt das streng unter uns) und habe gestern den ersten Schritt getan, um mich jedenfalls über das Wie, die näheren Umstände zu informieren, indem ich an den Pater Rudolf in Einsiedeln schrieb. Ich habe, seit ich hier bin, wieder eine Erfahrung gemacht, nämlich dass das Glück, der Frieden nicht ausserhalb zu finden, sondern dass man sie mit sich herumtragen muss, um sie zu besitzen... Das Glück liegt in der Produktion, in der gelungenen Arbeit, in welche man sich vertiefen können sollte, ohne immer den materiellen Abgrund vor sich zu sehen. Um sattelfest zu werden in der Plastik, das, was ich jetzt mit grosser Mühe und langsamer hervorbringen kann, einmal mit Leichtigkeit wie Ihr Bruder zu produzieren..., dazu gehören Jahre und Jahre fröhlicher Arbeit, nicht stumpfsinnige Grübelei, in die ich immer und immer wieder versinke. Viele sind berufen, und wenige sind auserwählt. Ich hätte nötig, dass jemand immer mit der Fuchtel hinter oder neben mit stände, um mich aufzujagen aus der verfluchten Träumerei... So sitze ich abends auf meiner Bude und denke darüber nach, was aus mir endlich werden soll...»

Im Kloster Einsiedeln hielt Pater Rudolf Blättler, ein Mönch, der sich schon seit Jahren für Stauffer interessiert hatte, den Brief in der Hand, den der Künstler Frau Vogt gegenüber erwähnte. Er las: «Hochwürdigster Herr! Gestatten Sie mir, um Ihren gütigen Rat zu bitten. Ich hatte in München im Jahre 1876 einmal die Ehre, Ihre Bekanntschaft zu machen,... in der Alten Akademie im Antikensaal...» Dann fasste Stauffer kurz seinen künstlerischen Werdegang zusammen, bis zu seiner Hinwendung zur Plastik: «Zu diesem Zwecke ging ich nach Rom, wo ich zwei Jahre lang in dieser Richtung tätig war, da trat ein Ereignis ein, welches seine traurigen Folgen über mein ganzes weiteres Leben breiten wird; ich fiel den Launen der Frau Welti-Escher zum Opfer, der Tochter des gewesenen Gotthardbahndirektors, die, vorgebend, vor ihrem Gatten Schutz suchen zu müssen, mich bewog, ihr bei der Flucht vor ihm behilflich zu sein, was ich, in momentaner Erregung an nichts weiteres denkend, als der Frau beizustehen, auch tat. In Rom wurde ich vorigen November verhaftet auf Anstiften der schweizerischen Gesandtschaft und die Frau von ihrem Manne für unzurechnungsfähig erklärt und mit Hilfe der schweizerischen Gesandtschaft ins dortige Irrenhaus gebracht. Die römischen Ärzte aber konstatierten geistige Gesundheit, und so wurde ich, nachdem man die Sache so lang als möglich hinausgeschoben, endlich wieder in Freiheit gesetzt. Die ausgestandenen physischen Martern (man hatte mich mit Räubern und Mördern zusammengesperrt, gefesselt) machten mich krank, und ich musste während einem Vierteljahr als nervenkrank in San Bonifazio in Florenz verpflegt werden. Die Frau, welche mich zu dem unglücklichen, jedenfalls übereilten Schritt förmlich beschworen, kümmerte sich, als sie ihren Zweck erreicht hatte, nicht weiter um mich, ja verleugnete mich sogar. Nach Hause zurückgekehrt, verfiel ich wieder in Melancholie und machte in diesem Zustande den Versuch, mir das Leben zu nehmen. Der Schuss war aber nicht tödlich, und ich genas wieder. Alle diese Ereignisse haben mich auf das tiefste erschüttert und das Verlangen in mir rege gemacht, zurückgezogen und abseits der Anfechtungen meinem Berufe leben zu können, um gesammelt und ruhig schöne, andächtige Werke zu schaffen. Mit der modernen materialistischen Kunstrichtung habe ich nichts zu tun; es sind mir alle Beziehungen dazu in Italien, wo die Werke der Antike und Renaissance auf mich wirkten, verlorengegangen.

Ich bin reformiert getauft und erzogen, aber längst von der Wahrheit der katholischen Lehre überzeugt, und wenn ich ein Kloster wüsste, wo wie früher hier in San Marco eine Reihe gleichgesinnter Künstler zu keinem anderen Zwecke als zur Ehre Gottes ihren Beruf ausübten, also die Möglichkeit wäre, wirklich künstlerisch tätig zu sein, so möchte ich wohl dort um Aufnahme bitten. So ist dies keine momentane Anwandlung, sondern das gefühlte Bedürfnis, ohne Ablenkung meine bescheidene künstlerische Mission erfüllen zu können... Falls Sie mir einen Fingerzeig geben können über das, was Sie von meinem Vorhaben denken, und über die Schritte, welche eventuell zu tun wären, um es zu realisieren, so würden Sie mich zum grössten Dank verpflichten.»

Pater Rudolf war ergriffen. Wenn Stauffer irgendwo den verlorenen Frieden wiederfinden und in Ruhe einer heilenden Kunst leben konnte, so in Beuron in der Nähe Sigmaringens in Württemberg. Die Benediktinerabtei im stillen Donautal besass eine blühende religiöse Kunstschule. Blättler empfahl ihn in Beuron. Dort dachte man freilich nicht daran, den Bittsteller unbesehen in den Klosterverband aufzunehmen. Immerhin lud man ihn ein, für einige Monate in Beuron Aufenthalt zu nehmen. Dann konnte man noch immer entscheiden.

Mittwoch, den 12. November, schrieb Stauffer nach Einsiedeln: «Dieses Schreiben trifft erst heute bei Ihnen ein, weil ich erst die Antwort von Beuron abwarten wollte... Herr Pater Adalbert Swiersen hat mir im Namen seiner Gnaden des Herrn Erzabtes die grossen Bedenken mitgeteilt, die derselbe habe, jemanden mit so bewegtem Vorleben aufzunehmen; auch möchte seine Gnaden erst von anderer Seite Erkundigungen einziehen. Falls es in Ihrer

Macht steht..., so möchte ich darum bitten, für mich ein gutes Wort einzulegen. – Ihren Rat habe ich befolgt und bin im Begriff, mich hineinzuleben in die Lehren der katholischen Kirche, indem ich den Katechismus fleissig studiere... In diesen Tagen schicke ich eine Konkurrenz ab nach Bern, für das Denkmal Adrian von Bubenbergs. Ich habe sie im letzten Monat gemacht. Aber was ich tue und lasse, ist nicht gesegnet, der Frieden, die frohe Schaffenslust ist fort; während ich früher unbekümmert um Gott und Welt, nur im Vertrauen in die eigene Kraft und Begabung produzierte, will es mir heute scheinen, dass vor allem wichtig sei, mit den Angelegenheiten der Seele ins reine zu kommen. – Fast muss ich aus dem Briefe des Paters Adalbert Swiersen schliessen, dass er mich schwerlich aufnehmen wird, vielleicht auch deshalb, weil ich noch nicht formell zur katholischen Kirche übergetreten bin. Es wäre für mich ein harter Schlag, zurückgewiesen zu werden... Immerhin, was der Mensch zur Ehre Gottes schafft, was aus dem Herzen kommt, muss gut sein, das heisst, es kann fehlerhaft geraten, selbst ungeschickt gemacht sein..., Eindruck wird es immer zurücklassen und Stimmung. Ich wünsche sehnlich, meine Kenntnisse... bei einer grossen Aufgabe verwerten zu können, und ich bete täglich um Kraft, allem zu widerstehen, was mich abhalten könnte, ein guter Christ und ein tüchtiger Künstler zu werden...»

Blättler schickte den Brief an Swiersen mit den Begleitworten: «Habe diesem Schreiben von K. Stauffer nichts beizufügen als meine nochmalige Bitte, sich seiner erbarmen zu wollen.»

Unterdessen hatte sich Stauffer auch an die Franziskaner im Kollegium San Bonaventura in Quaracchi bei Florenz gewandt. Das Kloster beherbergte meistenteils Rheinländer. Er bat um eine Unterredung mit einem dieser Patres. Er meldete, er sei zwar Protestant, wolle aber katholisch werden und als Mönch leben. Zwei Tage darauf ging er selbst hin und äusserte das gleiche mündlich und gewann den ihn empfangenden Pater dadurch, dass er ihm unaufgefordert sein Schicksal schilderte und – was den Geistlichen besonders einnahm – sehr vernünftig nicht nur über Kunst, sondern auch über Religion sprach. Der Mönch anerbot sich, ihn auf die Konversion vorzubereiten; im Frühjahr möge er dann nach Beuron gehen.

Trotzdem schwankte Stauffer. Seiner Sehnsucht nach der ruheverheissenden Klosterregel stand die Furcht entgegen, sein Konfessionswechsel werde seine Familie noch mehr betrüben; zudem schrak er vor der eingehenden schriftlichen Rückschau zurück, die die Franziskaner zur Bedingung machten. Es hiess, ohne sie könne die Generalbeichte nicht erfolgen. Allen Irrtümern und Qualen nochmals ins Gesicht zu blicken, das war mehr, als man von ihm fordern durfte.

Dennoch vereinbarte er mit dem Mönch regelmässige Unterrichtsstunden. Pünktlich erschien er zu den festgesetzten Zeiten und bewies, dass er schon einige katholische Lehrbücher sowie den Katechismus sorgfältig studiert hatte. Sein Lehrer sah, dass er selbst schwierigen theologischen Erörterungen leicht zugänglich war. Stauffer wiederholte oft, er sei schon vollständig überzeugt, er glaube alles. Er drängte gewaltig, das Glaubensbekenntnis abzulegen. Gerade das machte den Katecheten stutzig: War das ungestüme Verlangen, unter Aufsicht und Leitung zu leben, nicht beinahe krankhaft? Stand nicht das Bedürfnis nach Abwälzung der Verantwortung im Vordergrund, und war somit der Wunsch, Katholik zu werden, nicht nur ein Mittel zum Zweck? Der Pater gewann den Eindruck, Stauffer erstrebe den Übertritt bloss, um sich selbst zu entfliehen.

In seinem engen Zimmer, in dem Modell, Plastik und Künstler kaum Platz fanden, formte Stauffer am Bubenberg weiter. Von drei Seiten gefiel ihm die Figur, doch von der rechten erschien sie ihm fremd. Ausserdem bereitete die Rüstung Mühe; im Nationalmuseum, wo er welche zu finden hoffte, war nichts Brauchbares. «Ich werde deshalb die Bekleidung wohl ziemlich aus eigener Phantasie modellieren müssen und sie sehr einfach halten.» Darüber, dass er einen Preis oder gar den Auftrag zur Ausführung des Denkmals bekommen werde, machte er sich keine Illusionen; er hoffte nur, sich dem Publikum in Erinnerung zu rufen.

In den ersten Novembertagen konnte er endlich das Zimmer mit einer Wohnung im dritten Stock des Hauses Nummer 12 am Borgo San Jacopo vertauschen. Das war nur zwei Türen weiter als die Unterkunft, die er an Ostern nach dem zu späten Versuch, Lydia aus dem Irrenhaus zu befreien, aufgesucht hatte. Der Ablieferungstermin für den Entwurf war auf den 1. Dezember angesetzt worden. So standen noch anderthalb Monate zur Verfügung. Am 27. Oktober war die Figur indessen schon so weit gediehen, dass Stauffer damit rechnete, sie zum Termin liefern zu können. Der rasche Fortschritt war nicht zuletzt Hildebrand zu verdanken; Stauffer durfte nämlich in dessen Atelier modellieren. «An Hildebrands Seite zu arbeiten ist zwar lehrreich, aber doch etwas fatal. Er arbeitet mit einer Leichtigkeit, die ganz verblüffend ist... Nun stehe ich daneben mit allem andern als Sicherheit und Freiheit und werde so recht gewahr, was mir alles noch fehlt, und die Zweifel, die Zweifel kommen und fragen, ob ich recht daran tue, plastisch zu arbeiten...»

Sechzehn Tage später war der Entwurf doch fertig. Stauffer verpackte ihn und brachte ihn zur Bahn. Emmy Vogt schrieb er, er habe die Statue auf Wunsch Hildebrands ihr zugeschickt, damit nicht jedermann gleich wisse, von wem sie stamme. Für Zoll und Transport ins Kunstmuseum steckte er fünfzig Franken zu. Er bat, auf die Kiste das Motto «Adrian» zu pinseln und ein versiegeltes Kuvert mit seinem Namen beizulegen. Es lag ihm sehr daran, die Anonymität zu wahren. Das fertige Monument schätzte er auf 35 000 Franken; würde es kleiner ausgeführt – er hielt die vorgeschriebenen Masse für zu gross –, so käme die Herstellung bedeutend niedriger zu stehen. Stauffer legte Wert auf seinen Kostenvoranschlag; der Ausschuss in Bern rechnete nämlich mit Ausgaben bis zu 50 000 Franken.

Am 21. November rapportierte Stauffer auch der Mutter, der Bubenberg sei abgeschickt. Er beteuerte ein weiteres Mal, er hoffe nicht auf den Auftrag, und zwar nicht einmal so sehr wegen allfälliger neuer Schritte von Vater und Sohn Welti; es bedurfte ihrer kaum, da die allgemeine Ächtung das ihre bereits getan hatte. Für gefährlicher hielt er den Zeitgeist. Vermutlich würde die Jury einer theatralischeren Pose den Vorzug geben. Stauffer dagegen hatte einen Ritter geschaffen, der durch seine Schlichtheit wirkte und nicht, indem er sich in Positur warf. Einen solchen hätte er zweifellos schaffen können, aber es wäre ein verlogenes Werk geworden. Nur um des Erfolges willen die Sünde der Verlogenheit zu begehen, dazu war er noch nicht tief genug gesunken.

In Bern gingen bis zum Terminschluss einundzwanzig Entwürfe ein. Eine Woche vor dem letzten Ablieferungsdatum verlängerte das Komitee die Eingabefrist bis zum 1. August des folgenden Jahres. Als Stauffer davon erfuhr, witterte er doch wieder Machenschaften gegen seine Person. In Wahrheit lag der Grund anderswo. Bildhauer Alfred Lanz hatte schon acht Jahre früher einen behördlichen Auftrag für ein Bubenbergdenkmal erhalten. Lanz ging an die Arbeit, und sein Entwurf wurde ausgestellt. In der Presse machte man gegen ihn geltend, wenn man einem der edelsten Repräsentanten der alten bernischen Geschichte ein Denkmal errichten wolle, so dürfe das nur im grossen monumentalen Stil geschehen, nämlich in Form eines Reiterstandbilds. Lanz schloss sich dieser Ansicht an. Dann aber wurden Bedenken wach, das Unternehmen koste zuviel, und so ruhte der Plan bis 1890.

Als Lanz von dem Preisausschreiben hörte, beschloss er, sich zu beteiligen. Mitten in der Arbeit überfiel ihn eine Lungenentzündung. Wollte er nicht jeglicher Aussichten verlustig gehen, musste er ein Gesuch um Fristverlängerung stellen. Der Ausschuss nahm auf seinen Gesundheitszustand Rücksicht. Die Fristerstreckung war also nicht gegen Stauffer gerichtet. Übrigens bekam den Auftrag schliesslich nicht einmal Lanz, sondern der kaum dreissigjährige Max Leu, der im Pariser «Salon» mit einer Statue «Jungfrau, Repräsentantin der Alpen» Anklang gefunden hatte. Leu war für den theatralischen Zeitgeschmack der richtige Mann. Doch auch er musste über fünfviertel Jahre warten, bis der Entscheid fiel.

Trotz den wiederholten Beteuerungen, er sei überzeugt, sein Entwurf werde nicht berücksichtigt, empfand Stauffer die Hinausschiebung als schweren Schlag. Überhaupt fasste er jetzt alles, was ihm an grossen oder kleinen Widerwärtigkeiten zustiess, als Ausdruck des gegen ihn verschworenen Schicksals auf.

Die Tage flossen lustlos dahin. Er wandte sich erneut dem Adoranten zu. An den Abenden probierte er an einer weiteren Figur herum. Aus Wien schrieb man ihm, er werde einen Stich in Auftrag bekommen, aber die Unterhandlungen zogen sich in die Länge. Zum Broterwerb gab er einer Florentiner Baronin Malstunden. Sonst sah er niemanden, nicht einmal Hildebrand. Am Heiligen Abend besuchte er die Mitternachtsmesse im Dom. Optisch machte sie Eindruck, musikalisch enttäuschte sie. Ein Gutachten Hildebrands, das zu seiner Rehabilitierung beitragen sollte, wurde von der bernischen Regierung beiseitegelegt; man könne für Stauffer nichts tun. Ein Pariser Kunsthändler, der einst den Radierungen eifrigst nachgefragt, antwortete auf ein Angebot mit keiner Silbe. Abweisend verhielt sich auch Berlin. Stauffer war gerichtet. Die Welt, die sich gebildet nannte, wandte ihm den Rücken. Was blieb, war die tägliche freudlose Beschäftigung, war abends Wein, ohne den er nur schwer einschlief. Überdies machte die Schusswunde erneut Beschwerden; sie war nicht so verheilt, wie die Ärzte gewünscht. Das Kloster lockte kaum mehr; Samstag, den 10. Januar 1891, hätte er sich einmal mehr nach Quaracchi zur Unterrichtsstunde begeben sollen; er liess den Pater mit der Begründung, er fühle sich krank, ein für allemal warten. Auch dem Gedanken, Krankenwärter zu werden – er war zum erstenmal im Spital in Bern darauf verfallen –, gewann er keinen Reiz mehr ab, ebensowenig wie jenem, als einfacher Arbeiter in eine italienische Majolikafabrik einzutreten.

Und die Gedichte? Der Quell der Verse war versiegt. Viele von ihnen ruhten im Schubfach eines Bekannten. Stauffer hatte nach Ostern des vergangenen Jahres, als er von Rom mit dem Bescheid zurückgekehrt war, Lydia sei fröhlich am Arm ihres Gatten aus dem Portal des Irrenhauses geschritten, hier in Florenz den Bildhauer Erwin Kurz getroffen. Der war ihm von der Münchner Akademiezeit her befreundet. Ihm hatte er Abschriften der Lieder anvertraut, weil er sie in eigenen Händen nicht für sicher hielt. Als er nach Biel reiste, verlangte er sie nicht heraus. Wie er im Herbst zurückkam, am Bubenberg zu arbeiten, da war es sinnlos, nach ihnen zu fragen. Was sollte er, gebrochen, verfemt und von der Frau verraten, der so viele seiner Verse galten, mit dem Reimgeklingel? Mochten die Blätter verrotten oder irgendeinmal irgend jemandem in die Hände fallen – es war ihm gleichgültig.

Einen Wunsch noch hätte er gerne in Erfüllung gehen sehen: Wenn die Ausführung nicht 700 bis 800 Lire gekostet hätte, hätte er den Adoranten in Bronze giessen lassen. Der Rest des Geldes vom Ankauf der Radierungen durch das Berner Kunstmuseum reichte dazu nicht aus, und jemanden um Unterstützung angehen, der nicht freiwillig gab, das wollte er nicht. Also würde auch diese Statue Stückwerk bleiben wie sein ganzes Leben. War es nicht bezeichnend, dass ihm die Hände der Figur solche Mühe machten, dass er sie sogar wegschlug und einen Torso stehen liess? Mit den

Händen hatte er Unsterbliches schaffen wollen, von den Händen lebte er, mit den Händen hatte er die Schönheit weiblicher Gestalt genossen, er hatte seine Hände nach höchsten Zielen ausgestreckt – und ins Leere gegriffen. War es da verwunderlich, dass ihm die Hände missglückten? Man hatte sie ihm abgeschlagen – hatte er sie sich selber abgehackt? Der Adorant war ein verstümmelter Beter, und so würde sein eigenes Dasein verstümmelte Anbetung bleiben.

Hier in Florenz, an der Stätte seiner kühnsten Träume, wanderte er umher als sein eigener Schatten. Doch Ironie der Ironie: Niemand glaubte ihm, dass er am Ende war mit seiner Kraft. Jedermann rühmte sein gesundes Aussehen, und wahrlich, wenn er in den Spiegel schaute, so grinste ihm der gleiche breitschultrige Kerl mit roten Backen wie ehedem entgegen. Nur das weisse Haar stand in seltsamem Kontrast zu seinem offenbar unverwüstlichen Jungengesicht. So täuschte die derbe physische Konstitution über den Zusammenbruch hinweg, den auch das seltene Aufzucken kurzer Zukunftsgläubigkeit nicht ungeschehen machte.

Der Mönch aus Quaracchi fragte nach, warum Stauffer nicht mehr komme. Er schützte wiederum Krankheit vor. Mit dem Schlafen hatte er neuerdings Mühe, und mit der Brustwunde stand es je länger je schlimmer. Insofern log er nicht. Was er verschwieg, war, dass er den neuen Glauben trotz allen bisherigen Beteuerungen nicht annehmen konnte. Er wollte nicht heucheln, wollte sich den Frieden nicht mit Unredlichkeit erschleichen. Denn wäre erschlichene Ruhe jemals Seelenruhe geworden?

Stauffer klagte dem Arzt Dr. Edgar Kurz – dem Bruder des Bildhauers, bei dem die Gedichte lagen – seine Schlaflosigkeit. Der verschrieb Chloral. Das bittere Mittel half jedoch nur, wenn er das Mehrfache der gewöhnlichen Dosis schluckte. Solange die Hoffnung lebte, der Bubenberg werde ihm den Weg zurück in die Gesellschaft freikämpfen, hatte er schlafen können wie ein Murmeltier. Doch das war längst vorbei. Jetzt, Mitte Januar, spülte er oft die fünffache Menge des Medikaments hinunter. Die Natur wehrte sich freilich gegen den sanften Betrug, und so trieben sich nervöse Wachheit und chemische Hilfe gegenseitig in die Höhe.

In der Wohnung ihres Bruders Erwin stiess die sechsunddreissigjährige deutsche Dichterin Isolde Kurz beim Aufziehen einer Schublade auf einen unversiegelten Packen beschriebener Blätter. Das Paket war, wie der Bruder versicherte, nicht unter dem Siegel des Geheimnisses übergeben worden. Sie fand sich mitten im schauerlich-schönen Trümmerfall eines grossen Lebens: In wildem Chaos war Stauffers Dasein da ausgeschüttet, seine Liebe, sein Hass, sein selbstherrlicher Übermut, der Sturz aus der Sonnenhöhe ins grausigste Elend, Wut und Rache und nächtliche Kerkervision, alles aus der ungeheuren Erregung des Augenblicks geboren. Doch nicht umsonst waren die oft wahrhaft dichterischen Zeilen mit «Die Lieder des Narren von San Bonifazio» überschrieben, denn mitunter fand sich die Leserin plötzlich in den Irrgärten eines Wahnlands, wo die Grenzen des Ichs sich verwischten und die rasende Gedankenflucht zuweilen in irrem Stammeln sich verlor.

Isolde Kurz las und las. Der Eindruck, den sie empfing, war um so mächtiger, als sie Stauffer bis dahin für eine Art Poseur gehalten hatte. Sie hatte seine Bekanntschaft gemieden, freilich nicht so sehr der Affäre wegen, von der sie nur Halbwahrheiten kannte, als vielmehr wegen gewisser äusserlicher Eigentümlichkeiten, die ihm von der Berliner Zeit her anhafteten. Sie verliehen ihm vor dem vornehmen Hintergrund der Florentiner Gesellschaft etwas von einem Parvenü. Angesichts dieser Blätter aber verwandelte sich ihr Vorurteil in Interesse, in Anteilnahme. Sie wünschte, dem bisher Abgelehnten ihre Freude über den Fund, ihre Bewunderung für sein – wie sie es nannte – herrliches Talent auszusprechen. Von beiden Brüdern, dem Bildhauer und dem Arzt, wusste sie, wo er wohnte. Sie würde ihm ihre Hilfe anbieten, sie wollte ihm die Wege zu den Verlegern öffnen, sie würde ihm zum literarischen Durchbruch verhelfen.

Sie nahm sich vor, bald hinzugehen. Aber sie stak mitten in schriftstellerischer Arbeit. Sie schob den Besuch auf. Morgen wollte sie hingehen, dann nochmals morgen, und ein weiteres Mal. Kaum eine Woche war seit dem Fund vergangen, da gebot sie sich mit allem Nachdruck, den Besuch nicht länger hinauszuschieben.

Von ihrem Bruder, dem Arzt, wusste sie, dass er Stauffer heute zu einem neuen Vorrat Chloral verhelfen und zu diesem Zweck mit ihm eine Apotheke aufsuchen wollte. Das war Freitag, den 23. Januar 1891, gegen Abend.

Am nächsten Morgen erwachte die Quartiersfrau Stauffers in aller Frühe über einem anhaltenden Stöhnen aus dem Zimmer ihres Mieters. Sie schaute nach. Stauffer lag bewusstlos auf dem Bett, in der Hand hielt er das Rezept fürs Chloral. Das Stöhnen ging in Röcheln über. Bevor noch Dr. Kurz, der ihn ohnehin aus ärztlicher Sorge am Morgen aufsuchen wollte, eintrat, starb er. Das war um vier Uhr früh. Kurz stellte fest, dass die eingenommene Dosis ein Vielfaches der von ihm vorgeschriebenen betragen hatte. Der Körper war stark angeschwollen. Erschüttert liess der Arzt seine Schwester wissen, ihre Hilfe komme zu spät. Dann ging die Nachricht vom Tode Karl Stauffers-Bern über das Telegrafennetz in die Welt hinaus.

16. NACHWEHEN

Selten hat sich das Urteil der Gesellschaft über einen Menschen so schnell und gründlich gewandelt wie nach Stauffers Tod. Noch bevor er eingesenkt war ins Grab, auferstand der Verfemte als ein Verklärter. Selbst die Zeitungen, die den Lebenden totgeschwiegen, überboten einander in Würdigungen der Kunst des Dahingegangenen. Nach den Ursachen des frühen Ablebens zu fragen, wurde freilich noch vermieden.

Im «Bund» zitierte Redakteur Widmann, derselbe, der auf den Tag genau neun Monate vorher Stauffers Gedichte zurückgewiesen, ausführlich aus einem Gedenkartikel des «Berliner Tageblattes». Er legte dabei das Hauptgewicht auf eine Charakterisierung des Verstorbenen, die dessen negative Seiten nicht verhehlte: «Er machte den Eindruck, als ob sich die Nerven einer Frau in den Körper eines Athleten verirrt hätten. Bei der ersten Berührung mit ihm fühlte man, dass man einer genialen Natur von individuellem Gepräge gegenüberstand, und die bezwingende Liebenswürdigkeit... gewann und erhielt ihm die Neigung der zahlreichen Menschen, die sich um ihn scharten, trotzdem sie sich oft glaubten beklagen zu müssen über die unglücklicheren Seiten seiner Natur, die gleich stark wie die gewinnenden ausgeprägt waren und die er ebensowenig wie diese unterdrückte. So war er in Berlin... eine Persönlichkeit geworden, auf der viele Augen spannungsvoll ruhten, vom Künstler ganz besonders auffällige Leistungen erwartend und vom Menschen ganz besonders auffällige Exzentrizitäten.»

Wie wenn er ihm hätte abbitten wollen, widmete der «Bund»-Redakteur dem Verblichenen auf der gleichen Seite unter dem Strich das Abschiedssonett:

Der du dem Tod vor noch nicht Jahresfrist,
der Lebenskämpfe müd', die dich bedrohten,
die Hand – damals vergeblich – hast geboten,
schlaf, Stauffer, da nun schlafen köstlich ist.

Und fürchte nicht, dass bald man dein vergisst,
was du mit dir genommen zu den Toten,
wenn auch vor deinem Blut, dem heissen, roten,
sich scheu bekreuzt so mancher fromme Christ.

Wir wissen, dass Natur in solches Blut
den besten Tropfen mischt der eignen Säfte,
des schöpferischen Bildens starke Kräfte.

Nur schlägt's nicht jedem an zu seinem Glücke.
Ein Nektar ist's, der gärt, der nimmer ruht...
So ging manch edler Becher schon in Stücke!

Nachdrücklich beschäftigte man sich mit der Frage, ob Stauffer Selbstmord begangen habe oder nicht. So berichtete Fleiner: «Über das Ende des Malers und Bildhauers Karl Stauffer gingen uns gestern aus Bern Meldungen zu, welche behaupten, dass der Unglückliche selbst Hand an sich gelegt habe... Nachträglich erst ging uns in später Abendstunde, als unsere Auflage schon versandt war, ein Telegramm der in Biel lebenden, schwergeprüften Mutter Karl Stauffers zu, welche uns mitteilt, dass nach einer soeben aus Florenz eingetroffenen Depesche ihr Sohn... an einem Herzschlag verschieden ist.»

War das – auffälligerweise von Bern ausgehende – Gerücht, der umstrittene Künstler habe mit Sicherheit Selbstmord begangen, ein letzter Versuch, sein Andenken mit der als verwerflich geltenden Tat zu schmälern? Indessen versuchte auch Mutter Stauffer dem Hinschied ihres Sohnes einen bestimmten Anstrich zu geben. Indem sie das von Dr. Kurz konstatierte Versagen des Herzens infolge der Überdosis Chloral in einen Herzschlag ummünzte, wollte sie der Todesart jeden Schimmer einer Verzweiflungstat nehmen. Dass es keine gewesen, behauptete auch Eduard in einem Brief an Max Mosse: «Ich hatte zuerst angenommen, es liege Selbstmord vor, kam aber von dieser Ansicht vollständig zurück, weil durchaus nichts vorliegt als sein früherer Versuch, um diese Annahme zu begründen. An uns hätte er doch gewiss eine Zeile des Abschieds hinterlassen. Keine Spur davon hat sich vorgefunden, und ich kann nicht glauben, dass er aus der Welt gegangen wäre, ohne uns auch nur ein Wort zu hinterlassen. So halte ich die Annahme des Arztes für die richtige, der die alte Wunde mit der Wirkung des Chlorals in Verbindung brachte.» Hildebrand andererseits schrieb einem Freund, Stauffer habe in der vergangenen Woche mehrmals versucht, sich mit Chloral das Leben zu nehmen.

Stauffer wurde am Mittwoch, dem 28. Januar 1891, um drei Uhr nachmittags auf dem protestantischen Ausländerfriedhof von Florenz «Agli allori» beigesetzt. Als man ihn hinausbrachte, ging er denselben Weg, den er vierzehn Monate zuvor am zweiten Novembersonntag mit der Frau seines Auftraggebers in offener Droschke befahren hatte. Er fand seine Ruhe auf dem gleichen Fleck Erde, auf dem ihm diese Frau gedroht, sie stürze sich in den Arno, wenn er nicht der ihre werde. Dann hatte sie ihn schmählich verraten, aber als die Trauernden – Bruder Eduard, das Ehepaar Hildebrand, Isolde Kurz mit ihren Brüdern und ein paar Bekannte – die Kränze ordneten, fiel ihnen eine Schleife mit der goldgeprägten Inschrift in die Augen: «Den Manen meines unvergesslichen Freundes.» Der Kranz stammte von Lydia Welti-Escher. Vom gleichen Tag an trug sie Trauerkleider.

Was war mit Lydia in der Zwischenzeit geschehen? Am 22. März des vergangenen Jahres hatte sie ihr Gatte endlich aus dem Irrenhaus geholt. Sie hatte auf Befreiung und Versöhnung gehofft. Stauffer sollte am Friedensschluss teilhaben; sie schlug sogar vor, er solle bei ihnen wohnen. Natürlich war es anders gekommen.

Man redete ihr ein, sie sei von ihm schändlich missbraucht worden. Trotzdem blieb Emil hart und behandelte sie als Schuldige. Vier Tage nach der Entlassung aus der Anstalt schloss er mit ihr, die er gestützt auf das Austrittsformular nach wie vor für unzurechnungsfähig erklärte und kurz danach erneut in der Schweiz internieren liess, einen Vertrag. Seine Frau also war ihm, dem Gesetzeskundigen, an diesem Mittwoch, dem 26. März 1890, zurechnungsfähig genug, eine juristisch gültige Vereinbarung zu besiegeln, die später unangefochten einen integrierenden Bestandteil der Scheidungsurkunde ausmachen sollte. Emil erwirkte nämlich von ihr die verbindliche Unterschrift unter ein Dokument, das ihm einen nicht unbeträchtlichen Teil ihres Vermögens übertrug. Er berief sich dabei auf den Paragraphen 147 des Aargauischen Bürgerlichen Gesetzbuches, wonach er eine Genugtuungssumme für erlittene Unbill und Ersatz für entgangenes Erbe beanspruchen durfte für den Fall, dass er seine Frau überlebt hätte.

Die Vereinbarung ging dahin, dass Welti nach der Scheidung zwar den Stammbetrag des Vermögens, das Lydia in die Ehe gebracht, herausgebe, hingegen alle Ersparnisse und Zinsen behalten dürfe. Die Hauptsache aber war, dass sich Lydia vier Tage nach dem Verlassen des Manicomio und wenige Tage vor ihrer neuerlichen Einlieferung in Königsfelden verpflichten musste, 600 000 Franken Entschädigung zu zahlen.

Lydia unterschrieb. Sie hatte keine Wahl. Bald begann vor dem Bezirksgericht Aarau der Scheidungsprozess. Schon Samstag, den 7. Juni 1890, fällte der Gerichtshof das Urteil. Es sprach Lydia auf der ganzen Linie schuldig. Irgendwelche Umstände, die ihr Betragen verständlicher gemacht hätten, wurden nicht berücksichtigt. Die erwiesene Untreue allein genügte. Emil fand offenbar die Entschädigung noch zu gering, doch beschloss das Gericht, es solle «bei dem zwischen den Litiganten unter dem 26. März 1890 abgeschlossenen, als Klagebeilage 5 verurkundeten Vertrage sein Bewenden haben». Lydia wurde eine Wartezeit von drei Jahren auferlegt. Selbstverständlich hatte sie sämtliche Prozesskosten zu tragen. Damit war sie gezeichnet. Als Schuldige war sie in den Augen der Zeitgenossen kaum besser als eine Dirne. Sie musste sich einen Wohnsitz suchen, wo man sie nicht kannte. In Genf-Champel kaufte sie die Villa «Osborne», freilich nicht entfernt zu vergleichen mit dem Belvoir. Dort lebte sie zurückgezogen, mit geringster Dienerschaft und einer Gesellschafterin. Stauffer hat ihren Aufenthalt nie erfahren.

Trotz dem Geschäftssinn ihres ehemaligen Gatten war sie noch immer begütert. Doch was sollte ihr das Geld? Tempelbau und Antike waren wie böse – oder schöne? – Träume zerstoben. Das Beste am Dasein war, dass es ein Ende nahm. Geheimnisvoll lockend erklangen ihr die Töne von Chopins Trauermarsch, und sie erinnerte sich an den Satz, den sie im Irrenhaus dem Tagebuch anvertraut hatte: «On songe à toute sorte de volupté; mais on ne songe pas assez à la volupté de la mort.»

Bevor sie aber dahinging, sollte die Welt erfahren, dass sie nicht nur die Frau war, die gefehlt hatte. Ihr Reichtum sollte einem edlen Zwecke dienen. Sie wollte eine Stiftung errichten. Das Eschersche Vermögen sollte der Eidgenossenschaft gehören und die Kunstschätze der Schweiz mehren helfen. Die Schenkung sollte «Lydia-Welti-Escher-Stiftung» heissen.

Obschon geschieden, setzte sie sich mit Emil in Verbindung. Oder ging die Initiative von ihm aus? Fürchtete er, Stauffer werde sich ihr neuerdings nähern und dank ihren Geldern wiederum aufsteigen? Dachte er, die Stiftung würde Lydias Reichtum für den Künstler unerreichbar machen? Gleichviel: Mit der Namengebung war Welti nicht einverstanden. Die Öffentlichkeit würde allzusehr an die Affäre erinnert. Darum schlug er die Bezeichnung «Gottfried Keller-Stiftung» vor. Das war am 31. August 1890. Anderthalb Monate zuvor, am 15. Juli, war der grosse Dichter in Zürich gestorben. Emil schrieb: «Ich bin ganz stolz auf diese Lösung. Werden die Zürcher Geldprotzen... die Augen aufreissen darüber, dass es möglich ist, sein Vermögen einem edlen Zwecke zu weihen, und zwar ohne dass dem Vermögen die Visitenkarte des Gebers aufgeklebt ist... Nicht nur die Schweiz, sondern das ganze gebildete deutsche Volk wird Dir Beifall zurufen... Morgen vormittag aber erwarte ich Dein Telegramm, welches lauten wird: ‚Einverstanden', nicht wahr?»

Lydia stimmte auch da zu. Fünf Tage später, Samstag, den 6. September, wurde die Stiftungsurkunde in Genf-Champel ausgefertigt. Der Bundesrat übernahm die Oberaufsicht, die Geschäftsführung oblag einer Fünferkommission. Mit den rund anderthalb

Millionen Franken, zu denen bedeutende Posten Wertpapiere und die Liegenschaften in Zürich kamen, sollten in- und ausländische Werke der bildenden Kunst angekauft werden, zeitgenössische freilich nur ausnahmsweise. War das eine Spitze gegen Stauffer? Für sich selbst behielt Lydia lediglich eine jährliche Rente von siebzigtausend Franken.

Am 16. September liess ihr der Bundesrat ein Schreiben zukommen, in dem er ihr «für das grossartige Opfer, das Sie durch Ihre Schenkung für Förderung der geistigen Kultur auf den Altar des Vaterlandes legen», die volle Anerkennung und den wärmsten Dank aussprach. Nicht überall freilich wurde der Entschluss, der Stiftung den Namen Kellers zu geben, mit Beifall aufgenommen. Man wusste nur zu genau, was sich um Frau Welti abgespielt hatte. Die Gemüter waren noch immer aufgebracht, weil die Hintergründe der Affäre nicht aufgeklärt wurden. Darum setzte sich etwa der «Berliner Börsen-Courier» in seiner Samstagmorgenausgabe vom 18. Oktober 1890 kritisch mit der Namengebung auseinander. Nachdem er teils korrekt, teils ungenau die Vorgeschichte rapportiert hatte, brachte er die üblichen Vorbehalte gegenüber Bavier und Welti an, wies auf den Widerspruch hin, der darin bestand, dass «dieselbe Frau, welche jetzt für geistig voll berechtigt angesehen wird, so dass sie frei über Millionen verfügen darf zu Stiftungszwecken, vor weniger als einem Jahr für geistesgestört angesehen und auch tatsächlich in einer Irrenanstalt untergebracht» worden war, und schloss mit den Sätzen: «Wir bekennen, dass wir mit Rücksicht auf alle diese Umstände lieber gesehen hätten, wenn der Name Gottfried Keller aus dem Spiel geblieben wäre. Wie grossherzig und grossartig die Stiftung auch ist, der reine, strahlende Name des Dichters wäre doch besser mit ihr nicht verknüpft worden.»

Solange sich Lydia mit der Stiftungsgründung beschäftigte, fand sie kaum Zeit, über ihr Schicksal nachzudenken. Danach breitete sich neuerdings Leere in ihr aus. In dieser Stimmung erreichte sie die Nachricht von Stauffers Tod. Empfindungen, die sie erloschen glaubte, wachten wieder auf. Reue erfasste sie, Vorwürfe bedrängten sie, und sie schickte den Kranz. Sie wollte dem Toten das vergüten, was sie am Lebenden gesündigt. Dies fiel ihr um so leichter, als sich Emil jetzt kaum mehr um sie kümmerte. Aus

Thun, wo er vorübergehend mit seiner immer noch gemütskranken Mutter Wohnsitz genommen, schrieb er an Bavier, dem er sich zeit seines Lebens zu Dank verpflichtet fühlte: «Ich möchte mir wünschen, dass Ruhe und Gesundheit auch bei der armen verlassenen Frau in Genf, die auf der Welt keine Freunde hat, sich wieder einstellten. Allein dieser Wunsch scheint sich nicht verwirklichen zu wollen. Während sie sich im vergangenen Sommer sehr wohl fühlte und, wie aus ihren Briefen hervorging, geistig vollständig wieder gesund war, zeigten mir ihre letzten Berichte, dass sie von neuem in hochgradiger nervöser Erregung sich befinden müsse, und meine Vermutung wurde bald durch einen Brief von Herrn Dr. Prévost in Genf an einen Bekannten in Bern bestätigt. Dr. Prévost schreibt nämlich in diesem Briefe: ‚Son état nérveux et mental n'est pas sans me donner de l'inquiétude. Souvent elle semble divaguer et être dans un état bien voisiné de l'aliénation mentale.'» Trotz diesen alarmierenden Nachrichten suchte Welti seine ehemalige Frau nie auf. Ein Erholungsaufenthalt in Nizza brachte ihr keine Ruhe. Der einst so besorgte Schwiegervater liess nichts von sich hören. Kaum ein Bekannter zeigte sich mehr, kaum ein Freund fand den Weg zu der trotz der Stiftung Geächteten. Sollte ihr Los einen Sinn haben, dann musste sie sich an die Erinnerung klammern. Den Verrat an Stauffer legte sie sich zurecht als bewusste Resignation. Sie verschleierte die Härte ihres Tuns vor sich selbst, und so, als eine Trauernde, wandte sie sich fünf Monate nach des Künstlers Tod an einen von Stauffers Vertrauten aus den Berliner Jahren, den Schriftsteller Dr. Otto Brahm, der sich seit einiger Zeit für das Andenken seines toten Freundes einsetzte. Sie schrieb ihm am 25. Juni 1891: «Ich danke Ihnen, dass, während fast die ganze Welt meinen Geliebten steinigte, Sie ihn zu verteidigen, zu ihm zu stehen den Mut und die Freundschaft hatten.» Und sie schickte ihm einen Teil von Stauffers Briefen, allerdings mit der Bitte, sie vorderhand nicht zu publizieren, doch war der Wunsch, sie dennoch veröffentlicht zu sehen, unschwer herauszuhören. Es ging ihr darum, die geistige Artung der Beziehung herauszustellen und damit zu vertuschen, dass es ihr in Wirklichkeit viel stärker um den Mann und um ihre eigene Erhöhung als um die Kunst zu tun gewesen war. Darum schrieb sie: «Bittere Vorwürfe mache ich mir darüber, die letzte Zeit seines Lebens nicht

...sschnitt aus dem Scheidungsurteil des Bezirks-
...richts Aarau in Sachen Dr. Emil Welti contra Lydia
...elti, geb. Escher, vom 7. Juni 1890.
(Welti-Archiv, Bundesarchiv Bern)

Blick aus einer Zelle der Carceri Muratte, Florenz, in den Innenhof. Auch heute noch Gefängnis.

Stauffers Grab auf dem protestantischen A[u]sländerfriedhof «Agli allori» von Florenz. Auf der Platte die von seiner Schwes[ter] Sophie verfasste Inschrift: Hier liegt geb[or]chen nach schwerem Kampf Karl Stauff[er-]Bern, Maler, Radierer und Bildhauer, gebor[en] 2. Sept. 1857, gestorben 24. Jan. 1891.

Grabmal Lydias auf dem Friedhof von Genf-Plainpalais. (Gottfried Keller-Stiftung, Bern)

mit ihm verbracht zu haben. Allein, ich hatte keine Ahnung, dass er leide: Freunde sowohl als die Tagesblätter gaben mir die beruhigendste Auskunft. Rücksicht auf gesellschaftliche Vorurteile hielt mich sicherlich nicht ab, zu ihm zu stehen; sondern – gerade um unseren langjährigen Beziehungen einen Hauch von Poesie zu retten – glaubte ich: die Frau müsse ein Ende machen: vor dem Ende.»

Brahm nahm die verhüllte Anregung auf und schrieb zurück, der Reichtum des Gedankenaustausches dürfe der Welt nicht verlorengehen. Das hatte Lydia hören wollen. Umgehend erteilte sie die Erlaubnis zur Veröffentlichung, die den «wahrsten, ernstesten Liebesbund» bezeugen sollte. Und sie schloss ihr Schreiben mit den Worten: «Ich weiss, Sie können als Freund Stauffers derjenigen nachfühlen, die durch diesen grausamen Tod all ihr Glück auf immer verloren, die, obgleich noch jung, einzig in Erinnerungen lebt, deren alleiniger Lebenszweck noch ist, das mit ihrem Geliebten angestrebte Ziel nach ihrer schwachen Kraft weiter zu verfolgen und zu trachten, der Neigung eines überlegenen Geistes wert zu sein – über das Grab hinaus.»

Lydia hatte sich im Ruhme des Lebenden sonnen wollen; als sich sein Licht verdunkelte, als er in den tiefen Schatten der Verfemung sank, wandte sie ihm den Rücken; nun aber, da sie auf andere Weise keine bedeutende Rolle mehr spielen konnte, schlich sie sich in des Toten Nachruhm ein. Erschien sie im Briefwechsel als die Gefährtin eines überdurchschnittlichen Geistes, so wurde sie gleichfalls verklärt.

Den Briefen des Künstlers liess Lydia Escher wenig später eine weitere Sendung folgen. Brahm bekam Einblick in die «Gedanken einer Frau, geschrieben im Manicomio di Roma, den Manen Karl Stauffers gewidmet». Als «müssige Aphorismen», als ein « Elaborätchen», mit dem Brahm «recht scharf ins Gericht» gehen sollte, bezeichnete sie die Blätter. Das kam Ziererei nahe. Sie wollte sich von Brahm widerlegt wissen. Der war zu höflich, als dass er ihr sagte, was er empfand: Dass die Aufzeichnungen der schriftstellerischen Form, der scharfen geistigen Physiognomie und der individuellen Fassung entbehrten und auch stilistisch-literarische Geltung nicht gewannen.

Unterm Eindruck der Briefe und Tagebücher richtete Otto

Brahm nach einigem Zögern an Frau Lydia die Frage, ob sie ihn demnächst zu einem Besuch empfangen wolle; sein Weg führe ihn ohnehin an den Genfersee. Er begreife indessen, wenn sie ablehne. Sie antwortete, Brahm möge seinen Besuch einige Tage voraus ankündigen; sie freue sich, wenn er einen Abend in ihrem kleinen Kreise verbringe.

An einem Donnerstag, dem 1. Oktober 1891, brach Brahm von Berlin auf, nicht ahnend, was für eine Botschaft ihn in Genf erwartete. Im Buch, das er 1892 über Stauffer verfasste, berichtete er: «Als ich im ‚Hotel des Bergues' eingetroffen, war meine erste Frage, ob Briefe für mich angekommen seien; ich hatte Frau Lydia telegrafisch mein Gasthaus bezeichnet und wartete nur ihrer Nachricht. Kein Brief fand sich; aber nach kurzer Weile wurde mir gemeldet, eine Dame wünsche mich zu sprechen. Herein kam ein Fräulein aus Frau Lydias Hause und berichtete: Ihre Herrin sei erkrankt und könne mich nicht empfangen; sie schicke mir Grüsse und noch ein letztes Tagebuch. Auf weiteres Fragen aber erfuhr ich: Dass sie einen Selbstmordversuch gemacht, vierzehn Tage zuvor, Mitte September. Auf einem Spaziergang sei sie in die Arve gesprungen, den reissenden Zufluss der Rhone unterhalb Genfs; doch ihr Vorhaben sei misslungen, sie sei wieder ans Ufer gekommen und entstellt und zerstört in ihre Villa zurückgekehrt. Nach einer anderen Darstellung habe sie mit dem Todesgedanken, jetzt und öfter, nur gespielt und jenen Versuch mit unzureichenden Mitteln unternommen, im Springbrunnenbecken ihrer Villa. Fiebernd lag sie nun da, wies jede Nahrung von sich und wiederholte unaufhörlich ihren Entschluss zu sterben. Der Gedanke an beide Männer bedrängte sie, an den Geliebten zuerst, an dessen Tod sie sich schuldig fühlte, an den Gatten auch, in dessen Leben sie Leid gebracht; und wie eine Sterbende beschenkte sie alle, die in ihre Nähe gekommen waren, die Freunde, die Diener des Hauses; das ganze verfeinerte Heim, das sie eben erst eingerichtet, löste sie selber wieder auf. Auch mir sandte sie, an dem folgenden Tag, mit erneuten Grüssen, ‚als Geschenk von der Freundin eines Freundes', Erinnerungszeichen; doch auf die Frage, ob ich sie vielleicht eine Woche später würde sehen können, erwiderte sie verneinend: Denn in einer Woche hoffe sie nicht mehr unter den Lebenden zu sein.»

Brahm bekam sie nie zu Gesicht. Nach einiger Zeit fuhr er heim, offenbar ohne die Schritte zu unternehmen, die ein anderer bereits getan: Frau Weltis Arzt wusste, dass sie schon zu verschiedenen Malen in ihrem Zimmer die Leuchtgasleitung geöffnet hatte. Pflichtbewusst teilte er seine Befürchtungen der Polizeidirektion und dem Staatsanwalt mit – offensichtlich ohne Erfolg. Im Augenblick schien auch keine Gefahr zu bestehen, die Krise schien vorüber zu sein. Brahm hörte noch Anfang Dezember in Berlin, ihr Lebensmut sei gebessert; er möge ihr schreiben. Ein letzter Brief sei vor einigen Wochen an ihn abgegangen – ob er ihn nicht empfangen habe? Das Schriftstück gelangte aus unbekannten Gründen nie in Brahms Hände.

In Bern trat am 9. Dezember 1891 Bundesrat Welti von seinem Amte zurück. Die Affäre seines Sohnes und der Schwiegertochter trug dazu bei. Der tiefste Grund aber lag darin, dass seine politischen Grundsätze von der neuen Zeit abgelehnt wurden. Das machte ihn immer schroffer, verbitterter und gereizter. Er selbst empfand die Vereinsamung: «Ich bin nur mehr der Mesmer des Bundesrates; ich muss nur mehr zusammenläuten, dass sie zur Sitzung kommen.» Ein Ungenannter meinte im «Bund»: «Es gab eine Zeit, da man sagen konnte, Herr Welti beherrsche den Bundesrat und durch den Bundesrat die Schweiz.» Das war nun anders geworden. Dennoch wurden ihm Ehrungen zuteil, die sein grosses früheres Werk würdigten. Die bernische Studentenschaft brachte ihm einen Fackelzug. Der Sprecher pries ihn als einen Mann, dessen «Bild in unseren Herzen eingegraben ist, unauslöschlich, unvergesslich; es wird uns als Männern einst das Ideal sein eines schweizerischen, eines republikanischen Staatsmannes.» Ein dreifaches donnerndes «Hoch!» beschloss die Kundgebung.

Das war am Mittwoch gewesen. Drei Tage später, am Samstag, dem 12. Dezember, zog sich Lydia um drei Uhr nachmittags in ihr Badezimmer zurück. Um fünf fiel dem Zimmermädchen auf, dass sich die Herrin nirgends zeigte. Sie fand sie schliesslich neben der Wanne vor dem Gasbadeofen hingesunken. Der Leitungshahn war offen. Die Ärzte Prévost und Glatz konnten nichts mehr tun, als die Behörden der Gemeinde Plainpalais, zu der Champel gehörte, benachrichtigen. Ein weiterer Arzt wurde beigezogen, Vauthier; er bestätigte, dass der Tod infolge Einatmens von Leuchtgas eingetreten war.

Bald wurde bekannt, Frau Lydia habe ihr Testament in Champel bei Notar Page deponiert. Sie habe auch ihr Restvermögen dem Bunde vermacht. Nur einige kleine Legate an persönliche Freunde schmälerten unwesentlich dieses zweite Geschenk an die Heimat.

Montag, den 14. Dezember, nahm der Friedensrichter die Siegelung des Nachlasses vor. Die Testamentseröffnung erfolgte am gleichen Morgen um elf Uhr auf dem Zivilgericht. Die Eidgenossenschaft war wie erwartet Universalerbin. Das Begräbnis wurde auf Dienstag angesetzt.

Der Tag begann mit schlechtem Wetter. Pfarrer Hirschgartner von der deutschsprachigen Kirchgemeinde sprach im Trauerhaus das Leichengebet. Die Kantonsregierung liess sich durch die Herren Fleutet, Vizepräsident, und Boissonas vertreten. Die Stadt schickte ihren Präsidenten Turettini. In Ermangelung näherer Verwandter ordnete die Wohngemeinde Plainpalais Gemeinderäte als Leidtragende ab. Etwas nach elf Uhr verliess der Trauerzug die Villa. Sarg und Totenwagen waren dicht mit Blumen überdeckt. Sie stammten von den Behörden. Im Friedhof von Plainpalais hatte die Verstorbene schon vor einiger Zeit einen Platz gekauft.

Neben den offiziellen Vertretern fand sich nur ein einziger Privater ein, der Nachbar Professor Vogt. Am Eingang des Friedhofs zählte man fünfzehn Personen; die genaue Stunde der Bestattung war bis zum Morgen geheimgehalten worden. Auf wessen Wunsch?

Die zweimal so reich beschenkte Eidgenossenschaft schickte niemanden. Nur ein Kranz mit roten und weissen Blumen wurde ins Grab gelegt. Auf der rotweissen Seidenschärpe stand «Le conseil fédéral», sonst nichts. Die Stiftung ordnete die Herren Brun und Isler ab. Niemand hielt eine Rede.

Als der Sarg hinabgesenkt wurde, bemerkte man zwei weitere Personen in der Trauerrunde: den ehemaligen Bundespräsidenten Welti und seinen Sohn. Ihnen war die Zeit der Beerdigung offenbar bekannt gewesen.

Eine Woche später sandte Vater Welti Bavier in Rom einen Brief. Er schrieb: «Der Tod von Lydia und ihr Begräbnis haben mich tief ergriffen. Seit dem letzten grossen Unglück hatte ich keine Beziehungen mehr zu ihr und hätte auch keine mehr angeknüpft. Das Elend, das sie über uns gebracht hatte, machte mich hart. Nun hat sie mich durch ihren Tod entwaffnet, und an ihrer Bahre kam das ganze Elend ihres traurigen Lebens über mich... Von allen ‚Freunden' und dem ganzen Hofstaat nicht ein einziger Mensch. Nicht ein Brief, nichts kam von ihnen an...»

In diesen Zeilen sprach der ehemalige Magistrat mit aller Deutlichkeit aus, was weitgebend an der Tragödie schuld war: Seine Härte. Sie hatte zwei Menschen in den Tod getrieben – nicht sie allein, aber sie hatte wesentlich dazu beigetragen. Er war angetastet worden in der Familienehre, und so schlug er zu mit den Mitteln, die ihm zu Gebote standen. An Lydias Bahre weinte er «über das ganze Elend ihres traurigen Lebens», ohne zu spüren, wie sehr es zu einem beträchtlichen Teil auf ihn und seinen Sohn zurückging. Ihren Freitod sah er als die gerechte Strafe an, die sie sich selbst auferlegt. Darum empfand er Genugtuung, dass niemand von ihrem «Hofstaat» zur Bestattung erschien. Er merkte nicht, wie selbstgerecht er war.

In dem gleichen Brief an Bavier beklagte sich Vater Welti über zunehmende Presseangriffe auf seine Person im Zusammenhang mit der Affäre Stauffer. Sie fanden Höhepunkte in Artikeln, die Brahm in der angesehenen «Frankfurter Zeitung» veröffentlichte. Sie wogen um so schwerer, als der Verfasser kein hergelaufener Schreiberling, sondern ein bekannter Kleist- und Schiller-Biograph und ein namhafter Theatermann war. Aus ihnen ging hervor, dass Brahm Stauffers Briefe veröffentlichen wollte. Geschah das, so würden die Fragen noch lauter und fordernder, was genau denn zu Stauffers frühem Ableben geführt habe. Das musste verhindert werden. Obschon vom Amte zurückgetreten, verfügte Welti noch über genügend Einfluss. Den machte er ein weiteres Mal geltend.

Am Altjahrabend 1891 nämlich sprach der Gerichtsvollzieher bei Dr. Otto Brahm in Berlin vor. Er überreichte ein Schriftstück des Rechtsanwalts, der die Schweiz vertrat. Danach verlangte die Eidgenossenschaft als Universalerbin Frau Lydia Eschers die Briefe zurück. Sie verbot Brahm die Veröffentlichung. Falls dieser die Rechte des Bundesrates nicht anerkenne, solle er die Briefe bis auf weiteres an einem dritten Ort deponieren. Zur Unterstützung des Anspruchs war der Leiter des deutschen Auswärtigen Amtes von der Angelegenheit bereits auf diplomatischem Wege unterrichtet worden, doch auch davon liess sich Brahm nicht einschüchtern. Die Aktion stand juristisch auf schwachen Füssen. Bundesrat Schenk, der das Unternehmen leitete, beschied, nachdem die Aussichtslosigkeit des Vorgehens erkannt war, Eduard Stauffer zu sich und verlangte von ihm, er solle Brahm im Namen der Familie die Publikation untersagen. Eduard lehnte ab. Von dem Rechtsstreit gegen ihn hörte Brahm nichts mehr, was er als Beweis dafür auffasste, dass nicht das Eigentum an den Briefen, sondern lediglich ihre Veröffentlichung in Frage stand. Ausserhalb der Schweiz, zumal in Deutschland, waren dem Einfluss Weltis offenbar Grenzen gesetzt. Das zeigte sich auch darin, dass nichts gegen den Katalog unternommen wurde, den die Königliche Nationalgalerie in Berlin anlässlich einer Gedächtnisausstellung für Stauffer herausgab und in dem Mutter Stauffer Sätze drucken lassen konnte wie: «Es wurde aber vonseiten der Familie Welti ein Feldzug gegen den geisteskranken Stauffer eröffnet, der ihr nicht zur Ehre gereicht» oder «Stauffer wurde unter der absolut unbegründeten Anklage auf Unterschlagung unter Mithilfe der schweizerischen Gesandtschaft in Rom verhaftet.»

Einen weiteren Gipfelpunkt erreichten die Angriffe in der Broschüre «Lydia Escher, eine historische Schicksalstragödie», die einen politischen Gegner Weltis, den ehemaligen Nationalrat Dr. Jakob Sulzer aus Winterthur, zum Verfasser hatte. Dieser behauptete, Lydia sei mit ihrem Riesenerbe dem Sohn des Bundesrates als Kaufpreis für dessen Unterstützung von Eschers Eisenbahnplänen überlassen worden. Im Hinblick auf Bundesrat Welti hiess es: «Im Hintergrund spukt das Gespenst des Präsidenten in ‚Kabale und Liebe' – freilich mit dem bedenklich konkreten Attribut ‚brutal'.» Das Vorgehen gegen Stauffer nannte Sulzer empörende Kabinettsjustiz und Lydia schliesslich das Lamm Gottes, «dessen Opfertod hinnimmt die eigene und fremde Schuld».

Die Schrift traf Welti wie ein Schlag: «Die Niederträchtigkeit hat mich... schwer getroffen und auch körperlich angegriffen. Ich fühle deutlich, dass ich mit meiner Kraft bald zu Ende bin. Es ist zuviel. Ich bin sehr froh, so alt zu sein, dass die Erlösung nicht mehr ferne sein kann.» Aber er ging nicht gegen Sulzer vor, weil er wusste, dass er gegen die Anschuldigungen schweren Stand haben würde, zumal ihm auch seine Freunde abrieten, etwas zu unternehmen: «Sie halten gerichtliche Schritte für ganz ausgeschlossen.»

Auch Bavier geriet unter zunehmenden Beschuss. Um sich abzudecken, verlangte er vom Generalstaatsanwalt in Rom eine Erklärung, dass er sich in jeder Beziehung korrekt verhalten habe. Die Römer Instanz empfand keine Lust, sich selber anzuklagen, und da eine unabhängige Untersuchungskommission auch von italienischer Seite nie eingesetzt wurde, fiel die Antwort so aus, wie sie sich der Gesandte wünschte. Ihr Kernsatz lautete nämlich kurz und bündig: «Alle Behauptungen von einer ungesetzlichen Einmischung von dritter Seite in diesen Prozess entbehren jeglicher Grundlage.» Doch selbst diese Erklärung genügte Bavier nicht. Auf mehreren undatierten Blättern suchte er sich zu rechtfertigen, allerdings auf dürftigste Weise.

Schliesslich griff der Gesamtbundesrat ein. Auf Antrag des Departements des Auswärtigen übergab er der Presse ein Kommuniqué mit diesem Inhalt: «Ein deutscher Schriftsteller, Herr Otto Brahm, hat die Haltung der schweizerischen Gesandtschaft in Rom angreifen zu sollen geglaubt... Der Bundesrat, welcher sich mit dieser Angelegenheit früher schon zu befassen Gelegenheit hatte, hat neuerdings konstatiert, dass die schweizerische Gesandtschaft nicht nur in durchaus korrekter Weise vorgegangen ist, sondern dass sie sowohl dem Maler Stauffer wie seinem Bruder... gegenüber alle möglichen Rücksichten hat walten lassen. Er hat infolgedessen beschlossen, der Angelegenheit keine weitere Folge zu geben.»

Diese Erklärung schürte die Glut, statt sie zu löschen. So schrieben die «Münchner Neuesten Nachrichten» zwei Tage später: «Eine solche Erklärung lässt sich leicht beschliessen. Feststellung der Wahrheit durch ein Majoritätsvotum ist nichts Ungewöhnliches.» Und die «Frankfurter Zeitung» hieb in die gleiche Kerbe: «Wie wir leider vorausgesehen, hat der Bundesrat es nicht für nötig erachtet, der sachlichen Anklage... ein sachliches Plädoyer entgegenzusetzen. Er beruft sich auf ein Aktenmaterial, das der Öffentlichkeit vorenthalten bleibt und das sich notwendigerweise auf Berichte bezieht, die von der schweizerischen Gesandtschaft in Rom herrühren.» Damit wurde der Landesregierung in aller Form

Parteilichkeit und mangelnder Wille zur umfassenden Orientierung des Publikums vorgeworfen. Das Blatt in Frankfurt fuhr fort: «Herr Bavier wird sich auf seine Beamten berufen, diese wieder werden die italienische Polizei für die unerhörte Behandlung, die einem Schweizer Bürger zuteil geworden, verantwortlich machen, der Schuldige ist allemal ein untergeordnetes Organ, das sich seinerseits mit einem Missverständnis zu entschuldigen pflegt, die Diplomatie geht stets mit Glanz aus jeder solcher Fährlichkeit hervor – all das wissen wir im voraus... Wenn ein angesehener Künstler auf die Denunziation eines einflussreichen, gutverwandten Mannes hin ohne weiteres als gemeiner Verbrecher behandelt wird, sind wir wirklich begierig zu erfahren, wie etwa sein Los sich gestaltet hätte, wenn die Gesandtschaft ohne ‚alle möglichen Rücksichten' gegen ihn vorgegangen wäre. Nein, auf solche Weise schafft man eine schwere Anklage nicht aus der Welt... Entweder entschliesst sich der Bundesrat, die Akten... zu publizieren und nicht Herrn Bavier, sondern die Öffentlichkeit zum Richter in dieser Angelegenheit einzusetzen, oder er muss es sich gefallen lassen, dass sich mit dem Drama Stauffer-Escher dauernd die Erinnerung an einen Akt traurigster Nobili-Justiz und die Vorstellung von der Schutzlosigkeit der Schweizer Bürger im Ausland verbindet.»

Derart deutliche Sprache war man in Helvetien nicht gewohnt. Viele fühlten sich, ganz unabhängig von der eigentlichen Affäre, in ihrem Nationalstolz getroffen. Am vehementesten verteidigte Joseph Viktor Widmann in Bern die Schweizer Behörden und damit den Welti-Standpunkt. Er warf Brahm vor, die Briefe Lydias seit ihrem Tode publizistisch auszuschlachten und sich Beleidigungen höchster Beamter und der Schweizer überhaupt zuschulden kommen zu lassen. Besonders übel nahm er auf, dass in dem Fall Stauffer «harte Schweizerfäuste, die ein feines Gewebe der Empfindungen wohl zerreissen, niemals entwirren können», gewirkt haben sollten. Seine These ging dahin, Stauffer sei ein gemeiner Verbrecher gewesen und deshalb zu Recht verhaftet worden. Er hielt diese Behauptung aufrecht, obgleich er durch Frau Vogt-Hildebrand Einblick in das freisprechende Urteil des Florentiner Gerichtes hatte nehmen können. Um sich trotzdem den Anschein der Objektivität zu geben, setzte er sich mit dem Departement des Auswärtigen in Verbindung und verlangte Einsicht in die Akten. Dr. Carlin von der juristischen Abteilung des Departements stellte ihm teils mit der Post, teils durch Boten jenes Material zur Verfügung, das dem Publizisten besonders geeignet erschien, die Gesandtschaft und die Familie Welti reinzuwaschen. In seinen vielspaltigen Veröffentlichungen im «Bund» zitierte er nur diese Quellen, nie dagegen, was Eduard Stauffer in seiner Eingabe an den Bundesrat ins Feld geführt hatte. Ja er verweigerte dem Fürsprech rundweg eine Entgegnung in seinem Blatt und stempelte ihn zum gesinnungsmässigen Landesverräter, als dieser daraufhin seinen Standpunkt in der «Frankfurter Zeitung» vertrat. Doch nicht genug damit: Widmann drohte Eduard mit der Publizierung eines für den letzteren peinlichen Schriftstücks, falls er nicht endlich Ruhe gebe, rückte mit dem ominösen Dokument allerdings auch dann nicht heraus, als sich der Fürsprech nicht abhalten liess, für seinen verstorbenen Bruder einzustehen. Die Drohung Widmanns war um so bedenklicher, als er wenige Tage früher Karl Stauffers Hinweis im «Drohbrief» an Bavier, er und Lydia würden, sofern man sie verhafte, in der Presse einen Zeitungsskandal entfesseln lassen, als «hässlich» und «gemein» aufs schärfste gebrandmarkt hatte. Während der Maler damals in Rom aus Angst und in höchster Erregung handelte – wobei es sich alsbald herausstellte, dass das Ganze Bluff war –, stand Widmann, als er mit dem gleichen drohte, unter keinem Druck und war geistig völlig gesund.

Wie sehr die Herbeiziehung der – einseitigen – bundesrätlichen Akten darauf abzielte, die Öffentlichkeit nur zu beschwichtigen und nicht wirklich zu informieren, ging daraus hervor, dass Dr. Carlin im Auftrage von Bundesrat Droz, demselben, der einst die «Untersuchung» des Falles geleitet hatte, Widmann ans Herz legte, er möge seine Artikel «noch immer als eine private Darlegung der Sache» erscheinen lassen, «aber immerhin unter greifbarer Benutzung des amtlichen Materials». In der Überzeugung, der Redakteur werde in der gewünschten Weise schreiben, schloss Carlin den Brief mit den Worten: «Herzlichsten Dank für Ihre gütige Mitwirkung. Sie vertreten eine gute Sache und leisten uns und dem schweizerischen Publikum einen grossen Dienst.»

Zu jenen, die wirklich Einblick in die Affäre hatten, weil sie Augen- und Ohrenzeugen gewesen, gehörte der Arzt Dr. Robert

Vogt. Er verfolgte Widmanns Ausführungen im «Bund» mit steigendem Unbehagen und verwahrte sich sogleich bei dem Redakteur, als ihm dieser eine Stauffer belastende Äusserung in den Mund legte. Er erreichte, dass sich Widmann nach langem Sträuben zu einer Berichtigung bequemte, die dieser indessen eigenmächtig abschwächte. Deshalb nahm Vogt dem Redakteur gegenüber in zwei Briefen kein Blatt vor den Mund. Am 5. Oktober 1892 sagte er unverblümt: «Sie befolgen in der Darstellung der Angelegenheit Stauffer eine eliminatorisch-synthetische Methode, die weit davon entfernt ist, meine Billigung zu haben, und da werden Sie mir eine gewisse Vorsicht Ihnen gegenüber nicht wohl übelnehmen können.» Er warf Widmann also vor – was dieser auch wirklich tat –, er greife einzelne, ihm willkommene Fakten heraus und begnüge sich im übrigen mit einem blossen Überblick, der entscheidende Details vermissen lasse. Am Tage darauf wurde Vogt noch deutlicher. Er könne nicht umhin, «Ihnen gegenüber meinem Unmute, um nicht mehr Verletzendes zu sagen, Ausdruck zu geben, dass Widmann, der geschätzte Dichter, der freidenkende Mensch, der feinempfindende Psychologe und der Publizist, welcher ohne Furcht und Tadel seine gewandte und scharfe Feder der Freiheit, der Menschlichkeit, der Wahrheit und dem Recht weiht, in einer solchen Art angesichts eines Mannes wie Stauffer so hatte schreiben können, wie Sie es getan haben...»

Obschon er aus der Kontroverse mit Vogt ersehen musste, dass sein Verfahren keineswegs überall verfing, schwang sich Widmann zum Gewissen aller Journalisten auf: «Wohl aber richten wir zum Schluss noch einmal an die ‚Frankfurter Zeitung' die offene kollegialische Mahnung, ihren Lesern doch nicht nur einseitig vorzulegen, was Herr Dr. Brahm in dieser Sache schreibt, sondern durch Mitteilung unserer aktenmässigen Darstellung auch ihrem Leserkreis die Möglichkeit zu verschaffen, sich selbst ein Urteil zu bilden über die Angriffe Otto Brahms auf unsere schweizerischen Behörden. Die ‚Frankfurter Zeitung' ist diese Satisfaktion nicht nur der schweizerischen Regierung, sondern dem schweizerischen Volke schuldig, und wir können ihr die Versicherung geben, dass es in unserem Lande peinliches Aufsehen machen würde, wenn sie auf die Dauer sich dieser Ehrenpflicht entzöge.»

Das Blatt aus Frankfurt entgegnete: «Aus der genauen Durchsicht der vier Artikel des ‚Bund' haben wir zunächst den Eindruck gewonnen, dass die Erörterungen des Falls Stauffer den schweizerischen Behörden und ihren Anwälten sehr unangenehm sei. Wir begreifen dies vollkommen, aber wir fühlen dennoch nicht die Verpflichtung, nur solche Angelegenheiten öffentlich zur Sprache zu bringen, die einer Obrigkeit angenehm sind. Wirklich Neues, wirklich Erhebliches und vor allem wirklich Widerlegendes hat nach unserer Meinung auch die ‚aktenmässige Darstellung' des Herrn Widmann nicht zutagegefördert. Der Respekt, den wir vor Akten haben, ist zwar ein ganz ausserordentlicher, aber wir glauben, Herr Brahm könnte sich im Notfalle darauf berufen, dass auch seiner Darstellung Akten zugrunde liegen – allerdings die Akten der anderen Prozesshälfte.» Dann forderte die Zeitung Widmann auf, «auf seinem Pulte nachzuschauen», ob er dort nicht vielleicht Fürsprech Eduard Stauffers Berichtigungen vorfinde, die Widmann ja zurückgewiesen hatte. «Im Namen des deutschen Volkes versichern wir ihm, dass es in unserem Lande peinliches Aufsehen erregen würde, wenn er sich auf die Dauer der Ehrenpflicht dieser Veröffentlichung entzöge.»

Die Welti-Partei verschwieg weiterhin systematisch, dass die italienische Gerichtsbarkeit mit aller Klarheit auf Nichtvorhandensein von Straftatbeständen erkannt hatte. Im Hinblick darauf schrieb in der «Strassburger Post» der Erzähler und Bühnendichter August Schricker: «Der leidenschaftliche Eifer der Berner, einen armen Unglücklichen zu einem verworfenen Missetäter zu stempeln und allenthalb Stimmung gegen ihn zu machen, ist nach unserer Anschauung nur ein Zeichen des schlechten Gewissens.» In der Wendung «die Berner» sah ein Bürger dieser Stadt eine Beleidigung der ganzen bernischen Einwohnerschaft, die nicht hingenommen werden dürfe, worauf Schricker replizierte: «Nicht die Berner Bürger und nicht die vom Kanton haben wir gemeint, sondern ihn» – den Empörten – «und seinesgleichen, hoch und nieder, welche auf den armen Stauffer losschlagen, um durch dieses Manöver den Fall Stauffer-Escher, soweit er ein diplomatischer und juristischer Fall ist, aus der Gesichtsnähe zu rücken, jene scheussliche Justizverletzung, die nach der Aussage von Kriminalisten in Rom und Florenz... nur möglich war unter dem Drucke eines höheren Einflusses, jene Vorgänge, betreffs deren die Florentiner Juristen dem Bildhauer Adolf Hildebrand erklärten, man müsse sich schämen, dass in Italien so etwas möglich gewesen sei...»

Überlegen behandelte der Auslandredakteur der «Basler Nachrichten», Prof. Stephan Born, die Sache. Er wagte als einziger, auf die persönliche Verflechtung Baviers mit der Klägerseite anzuspielen: «Für Herrn Baviers Verhalten sprechen andere Ursachen als das zu seiner Entschuldigung Angeführte. Sie ergeben sich aus der ungewöhnlichen Schwierigkeit seiner Situation.» Er hielt ihm vor: «Wenn ein Unglücklicher ins Wasser springt und man ist Zeuge des Ereignisses, so tut man auch unaufgefordert, was Menschenpflicht gebietet.» Mit diesen Worten wehrte er die ständige Entschuldigung des Gesandten ab, dieser sei weder von Karl noch von Eduard ausdrücklich um Hilfe gebeten worden. Schliesslich sprach der Basler Redakteur ein ganz grosses Wort aus: «Wäre doch in diesem drangvollen Drama eine Persönlichkeit aufgetreten, die in souveräner Ruhe und Klarheit den andern den richtigen Weg zeigte!»

Mittlerweile erschienen die Unterlagen, die Brahm nicht zuletzt in Zusammenarbeit mit Mutter Stauffer und Eduard zusammengetragen, in Buchform. Am wenigsten fand sich Dr. Widmann damit ab. Nochmals zog er alle Register, um den Schriftsteller zu diskreditieren. Er nannte die Veröffentlichung ein Unglück, weil Zeitungsnummern – er dachte dabei an seine eigene Darstellung – naturgemäss nie so festen Bestand hätten wie ein Buch: «Da lesen dann unsere Nachkommen in Verbindung mit vielem Schönem und Interessantem, was über Stauffer in diesem Buch steht, auch die vermeintliche Schmach des Vaterlandes, und über ihr Grab hinaus sind Männer, denen die Schweiz die höchsten Ehrenämter anvertraute, unverdienterweise beschimpft... Man nehme die Sache nur ja nicht leicht. Wenn sogar Zeitgenossen sich irreführen lassen, wie sollen später Lebende aus dieser Geschichte klug werden und erkennen, auf welcher Seite das Recht war?» Und dann versuchte Widmann, Brahm endgültig zu erledigen, indem er schrieb: «Man mag über Dr. Brahms Charakter so geringschätzig urteilen, als man will: Das aber muss man diesem Herrn lassen, dass er ein literarischer Geschäftemacher ersten Ranges ist.»

So gebar der grosse Fall Karl Stauffer-Bern den kleinen Fall

Joseph Viktor Widmann. Dessen so offen zur Schau getragene Abneigung gegen Otto Brahm – er scheute nicht einmal davor zurück, abschätzig auf des Berliners jüdische Abstammung hinzuweisen – ging zunächst auf die heftigen weltanschaulich-literarischen Auseinandersetzungen um 1890 zurück. Brahm gehörte zu den «Modernen», den entschiedenen Naturalisten, die sich Emil Zola zum Vorbild nahmen. Diesen kompromisslosen Naturalismus bekämpfte Widmann als Entartung; er empfand ihn als dekadent und destruktiv. Die Affäre Stauffer war ihm deshalb willkommene Gelegenheit, sich mit dem literarischen Feind auseinanderzusetzen. Warum aber seine Feindseligkeit gegen Stauffer, der ja wie Widmann nichts vom Naturalismus hatte wissen wollen? Hing Widmanns Stauffer-feindliches Engagement damit zusammen, dass er von Geburt gar kein Schweizer, sondern ein Österreicher aus dem böhmischen Nennowitz war, weshalb er sich seiner späteren Heimat und den in ihr Mächtigen bewusst oder unbewusst als besonders guter Bürger empfehlen wollte, indem er sich vorbehaltlos vor deren Behörden stellte?

Dr. Emil Welti verfolgte den Zeitungsstreit aufmerksam. Entscheidend für ihn war, dass er nicht mehr fürchten musste, «dass die traurige Sache noch vor die Bundesversammlung gezogen wird...» Sein Optimismus war nur allzu begründet: Der eigentliche Skandal trat immer mehr hinter jenem falschen Patriotismus zurück, der lieber eine faule Sache deckte, um das Ansehen der Schweiz nach aussen zu wahren, als mutig zu den Fehlern zu stehen, die man begangen hatte. Dass diese Haltung – wie fast jedesmal in solchen Fällen – kurzsichtig war, geht nicht zuletzt daraus hervor, dass der Fall Karl Stauffer-Bern nie zur Ruhe kam.

Anfang 1894 erschien die erste psychiatrische Studie über Stauffer und seine Tragödie. Sie stammte aus der Feder des berühmten Nervenarztes Dr. Robert Binswanger aus Kreuzlingen an der Grenze zu Konstanz. Er begründete die Publikation damit, er habe schon lange das Bedürfnis gefühlt, dem unglücklichen Kranken zu einer gerechteren Beurteilung zu verhelfen. Seine Untersuchung widersprach in wesentlichen Punkten der Version Weltis und des Bundesrates. Der Gesandtschaft in Rom warf er die Passivität nach Stauffers Verhaftung vor. Leicht wäre es ihr gewesen, den Maler in die Schweiz zur Beobachtung in einer Anstalt zu bringen. Dr. Welti selbst habe ja anfänglich den Charakter der Krankheit erkannt. Dann sagte Binswanger wörtlich: «Und derjenige, welcher ihn von seinen humanen Absichten abbrachte und dadurch die schmachvolle Behandlung Stauffers im Kerker und italienischen Irrenhaus mit allen ihren Folgen verschuldete, war der bisherige intime Freund Stauffers, der hochberühmte Maler Klinger. Es würde ein besonderes Kapitel dazu gehören, den krassen Unverstand dieses Mannes, dessen grosse allgemeine Bildung Stauffer oft rühmte, zu schildern.»

Diese Sätze zitierte am 8. Januar 1894 das «Berliner Tageblatt». Am Abend des folgenden Tages, es war ein Dienstag, betrat gegen sieben ein Unbekannter das Redaktionsbüro. Er verlangte zu wissen, wie der Name des Verfassers laute, in dessen Artikel das Verhältnis des Malers Klinger zu Stauffer kritisiert worden war. Der Redakteur wies darauf hin, dass als Autor Professor Binswanger gezeichnet hatte und dass sich die Schriftleitung mit dem Zusatz: «Die Anklage gegen Klinger ist schwer; wieweit sie begründet ist, wird noch weiterer Aufhellung bedürfen» nicht vorbehaltlos mit des Arztes Ansicht identifiziert habe. Der Eindringling jedoch beharrte in überaus aufgeregter Weise auf der Nennung des Namens. Jetzt verweigerte der Redakteur jede weitere Auskunft, stellte dem exaltierten Fremden aber in höflicher Form anheim, eine Gegenerklärung in den Spalten des «Tageblattes» zu veröffentlichen. Statt auf diesen vernünftigen Vorschlag einzugehen oder wenigstens zu sagen, was er eigentlich wolle, tat der Unbekannte etwas, was den Redakteur völlig überraschte. Er schlug nämlich plötzlich hinterrücks so stark auf den Ahnungslosen ein, dass dieser sofort mit Blut überströmt war. Dann demolierte er die Beleuchtungskörper und suchte in der so entstandenen Dunkelheit durch das Nebenzimmer zu entkommen. Dabei traf er indessen auf weiteres Personal, das ihm den Weg versperrte. Auch diese Leute griff der Rasende mit seinem schweren Knotenstock an. Die Attackierten schlugen zurück und verprügelten ihn tüchtig. Einer holte die Polizei. Bald waren zwei Beamte zur Stelle. Sie verhafteten den Tobsüchtigen und brachten ihn zur Wache. Sie verlangten, dass er sich legitimiere: Es war der hochberühmte Maler und Radierer Max Klinger, wohnhaft an der Mittelstrasse 95/96 in Berlin.

Wenn sich der Todestag Stauffers jährte oder wenn sonst von seinem Schicksal in der Öffentlichkeit die Rede war, regten sich oft Kräfte, die versuchten, die Angelegenheit zum Schweigen zu bringen oder doch nur den einen Standpunkt gelten zu lassen. Das gelang indessen nicht immer. Als im Spätjahr 1912 Wilhelm Schäfer den fingiert autobiographischen Roman «Karl Stauffers Lebensgang – eine Chronik der Leidenschaft» herausgab, schrieb Redakteur Dr. Hans Trog in Zürich, das Lydia-Escher-Erlebnis, «furchtbar, unerhört grausam in seinen Folgen, jedes billig denkenden Menschen Empfinden in Wallung bringend», treibe «jedem Schweizer die Schamröte ins Gesicht».

Gelegentlich aber glückten die Unterdrückungsversuche. Noch 1941, anlässlich des fünfzigsten Todestages des Künstlers, wurde dessen Schwager, Johannes Krähenbühl-Stauffer, Notar in Steffisburg, gezwungen, seine der Wahrheit im allgemeinen entsprechende Darstellung der Vorgänge um 1890 zu widerrufen. Krähenbühl liess nach mehreren Besprechungen und einem längeren Briefwechsel eine Berichtigung in derselben grossen Zeitung erscheinen, in der er zuvor seinen Gedenkartikel veröffentlicht hatte. Diesen Nachtrag nannte die Welti-Partei «sensationell», weil in ihm am Schluss zu lesen stand, Krähenbühl erkläre, «dass die gegen Bundesrat Welti, Minister Bavier und die übrigen Mitglieder des Bundesrates erhobenen Anschuldigungen, die zum Teil auch in der bisherigen Stauffer-Literatur niedergelegt sind, mit den Tatsachen in Widerspruch stehen und unbegründet sind.»

Der Nachtrag wirkt nicht mehr so sensationell, wenn man weiss, dass der Text Krähenbühl letztlich Wort für Wort vorgeschrieben worden ist. Der Rechtsvertreter der Welti-Partei verlangte ausdrücklich, dass Stauffers Schwager «seinem Nachtrag eine der Familie Welti genügende Fassung» gebe. Am 26. Juni 1941 äusserte Krähenbühl dazu: «Einzig zur Vermeidung einer Zeitungsfehde musste ich zu Kreuze kriechen... Bei der Rehabilitierung des alten Welti bin ich vom direkten Gegenteil von dem, was ich schrieb, überzeugt.»

Schliesslich wurde auch der Schreibende im Januar 1968 nach der Ausstrahlung seines Fernsehfilms über den Fall Karl Stauffer-Bern – also beinah achtzig Jahre nach den Ereignissen – in ähnlicher Weise und mit demselben Ziel, nämlich die Aussage des Films zu verändern, angegangen. Es ist aber festzuhalten, dass es sich dabei weder um einen Träger des Namens Welti noch des Namens Bavier gehandelt hat.

17. SCHULD ODER VERHÄNGNIS?

Heute nun, im Jahre 1991, also genau ein Jahrhundert nach Karls und Lydias Tod, kann und soll die Frage nach den Gründen der Tragödie nicht nur aus rechtlich-kriminalistischer Sicht gestellt werden und nicht bloss mit dem Ziel, aufzudecken, wer wann wie gehandelt hat – das ist in den vorangehenden Kapiteln bis ins Kleinste dokumentiert geschehen; jetzt gilt es vielmehr, aus der Distanz und aufgrund der Erkenntnisse der modernen Psychologie und Psychiatrie der Frage nachzugehen, ob der Konflikt von damals unvermeidlich, dass heisst zwingend vorbestimmt gewesen ist oder nicht.

Was damals geschah – eine steinreiche, unbefriedigte junge Frau verliebt sich in einen ihr unglaublich männlich erscheinenden Künstler, der sich nicht so sehr von ihr, sondern von ihrem Geld blenden lässt, worauf der betrogene, aber keineswegs unschuldige Ehemann sich rächt –, diese so gerafft banal erscheinende Geschichte könnte durchaus auch heute vorkommen, aber der Konflikt würde in anderer Form ausgetragen. Warum? Die Vorstellung vom Künstler und von seiner Stellung in der Gesellschaft sowie vom Wesen der Frau und von ihrer Stellung in der Gesellschaft haben sich in den letzten drei Generationen grundlegend verändert.

Die zwei letzten Jahrzehnte des 19. Jahrhunderts trugen in der Schweiz und in den meisten Ländern Europas ausgeprägt puritanisch-viktorianische Züge. Die Überzeugung war allgemein, dass die geltenden Normen des Zusammenlebens, zumal jene zwischen Mann und Frau, unanfechtbar seien. Man lebte somit in einer festgefügten Ordnung. Solche Ordnungen, so sehr sie heute verschrien sein mögen, haben zweifellos auch ihre guten Seiten. Wer an sie glaubt, dem verleihen sie inneren und äusseren Halt; in ihnen lässt sich insofern leichter leben, als sie einem Gewissensentscheide weitgehend abnehmen. Verletzt man die Norm, so ist voraussehbar, was einen erwartet.

Heute dagegen gibt es kaum mehr allgemein anerkannte Regeln im Bereich der zwischenmenschlichen Beziehungen. Darum ist die Reaktion der Umwelt auf unser Verhalten nicht ohne weiteres berechenbar. Vor hundert Jahren war sie es noch. Nichts, was Karl Stauffer getan hat, würde ihn heute zerstören. Was sich Picasso in seinem Liebesleben, was Salvador Dali sich in seinem Auftreten geleistet hat, erweckte in unserer Zeit höchstens Neugierde und Sensationslüsternheit, kaum jedoch Empörung. Beide brachten es nicht zustande, die Zeitgenossen vor den Kopf zu stossen. Stauffer dagegen gelang es noch rundum.

Eines stand damals unverrückbar fest: Die Ehefrau war Eigentum ihres Mannes. Lydia Welti-Escher hielt dies mit aller Schärfe in Aufzeichnungen fest, die sie im Römer Irrenhaus verfasste und die beweisen, dass sie damals bei völlig klarem Verstand war. Sie schrieb: «Das Mädchen ist eine Ware, die auf den erstbesten Käufer wartet» und: «Die Schweizer, mit seltenen Ausnahmen, verlangen von ihren Frauen, nebst möglichst ansehnlichem Vermögen, nur denkbar grösste Anspruchslosigkeit. Die schweizerische Gattin auch der höheren Stände ist durchschnittlich nichts anderes als eine Haushälterin, die den Zweck ihres Daseins erfüllt, wenn sie wenig Geld braucht. Ein glänzendes Wesen, Charme, feinere Bildung würden ihr von ihrem Gatten und ihrer Umgebung als Kriminalverbrechen vorgeworfen.»

Ein wirklicher Kriminalfall aus den Jahren, in denen Lydia Welti mithilfe Stauffers aus ihrem goldenen Käfig auszubrechen suchte, beleuchtet grell die damals ganz von den Männern beherrschte Vorstellungswelt: 1890 wurde in Tunis ein begüterter Moslem vor Gericht gestellt, weil er seine Lieblingsfrau mitsamt seinen anderen Frauen – er besass einen Harem – mit einem Krummsäbel umgebracht hatte. Was hatte ihn zu der blutigen Tat veranlasst? Die Frau erbat sich von ihm eines Tages die Erlaubnis, ein paar Freundinnen zum Besuch zu empfangen. Eine dieser Damen brachte ein junges und, wie sich herausstellte, stummes schönes Mädchen mit, an das sich die Lieblingsfrau bald anschloss. In der Folge durfte die Stumme deren Gemächer auch alleine betreten. Einige Zeit später wollte es der Zufall, dass der Hausherr durch ein nur ihm bekanntes Guckloch entdeckte, dass die neue Freundin seiner Frau erstens keineswegs stumm und zweitens ein junger Mann war, der sich entsprechend benahm. In seiner Ehre und in seinem Besitzanspruch zutiefst verletzt, rannte der Hausherr nach einer Waffe, um die beiden sofort zu töten. Dem Verführer – so wurde der Fremde in den Zeitungsberichten stets genannt – gelang es zu entkommen; die Frau dagegen gab unter den Säbelhieben den Geist auf. Danach fielen dem Rasenden auch die übrigen Haremsdamen zum Opfer, weil sie, wie er vor Gericht erklärte, die Untreue seiner Lieblingsgattin gedeckt hatten.

Eine Hintertreppengeschichte, wenn auch eine wahre? Durchaus. Interessant an ihr ist indessen das Gerichtsurteil: Es sprach den Angeklagten ohne Umschweife auf der ganzen Linie frei, und zwar nicht etwa deshalb, weil er im Affekt, also in einer entschuldbar starken Gemütsbewegung gehandelt hatte, sondern, wie der Gerichtshof eigens festhielt, weil er sein Ansehen und seine Besitzesrechte verteidigt hatte.

Man mag einwenden, die Affäre habe sich ausserhalb des christlich-abendländischen Kulturkreises zugetragen, unter Barbaren sozusagen. Dem steht entgegen, dass die Zeitungen Europas und der Schweiz den uneingeschränkten Freispruch einhellig und ausdrücklich guthiessen. Und nicht allzu lange danach, nämlich am 28. Januar 1891 – also vier Tage nach Stauffers Tod –, meldete das «Berner Tagblatt» aus Bône in Frankreich einen ähnlichen Fall: «Das Schwurgericht hat den Journalisten Omessa, welcher seine Frau und dessen Verführer, einen Turko-Offizier, tötete, freigesprochen.» Dieser zweite Fall ereignete sich innerhalb des christlich-abendländischen Kulturkreises, und trotzdem lautete der Wahrspruch genau gleich wie derjenige in Tunis. In beiden Verfahren wurde weder von den Behörden noch von der Öffentlichkeit auch nur mit einer Silbe danach gefragt, was denn die zwei Frauen zu ihrem Schritt veranlasst habe; eine allfällige Mitschuld der Ehemänner wurde überhaupt nicht in Betracht gezogen. Der Tatbestand der weiblichen Untreue allein zählte.

Die Geringschätzung der Frau schlug sich zu jener Zeit auch anderweitig nieder. Ein damals bekannter deutscher Neurologe und

Psychiater P. J. Möbius sprach allen Ernstes vom «physiologischen (d.h. naturgegebenen) Schwachsinn des Weibes» und fand für die Behauptung neben harscher Kritik doch auch die Zustimmung nicht weniger Gelehrter seiner Zeit.

Lydia war zwar keine überragende, aber doch über dem Durchschnitt stehende Frau; sie war keinesfalls physiologisch schwachsinnig und dachte deshalb nicht daran, sich den Massnahmen zu fügen, mit denen die rein männlich geprägte Welt die Frauen so lange zurückband, bis sie tatsächlich schwachsinnig wurden. Die Männer des ausgehenden 19. Jahrhunderts – sie orientierten sich an schnauzbärtigen Gestalten wie Bismarck, Kaiser Wilhelm II. und in der Schweiz Bundesrat Welti – machten die Frauen soziokulturell schwachsinnig.

Es war für eine Frau demnach riskant, ja recht eigentlich gefährlich, aus ihrer Zurückgebundenheit ausbrechen zu wollen. Doppelt gefährlich war es für eine Dame von der sozialen Stellung Lydias.

Kurz nach 1890 schrieb der junge Psychologe Otto Weininger ein Buch, das in Fachkreisen, doch auch in der Öffentlichkeit Aufsehen erregte. In ihm stellte er zwei Frauentypen einander gegenüber: den Typus der Mutter und denjenigen der Dirne. Die Mutter war die angepasste, ganz auf den Mann und auf den Nachwuchs ausgerichtete Frau, die Dirne dagegen vermochte nach ihm einen Mann zwar nicht glücklich zu machen, ihn jedoch zu besonderen Leistungen anzuspornen; die Dirne war das ewig unzufriedene Wesen, das den Mann, der einmal etabliert war, mit ihren Forderungen immer erneut vor dem Stillstand bewahrte. Der beim Muttertypus geborgene Mann war nach Weiningers Lehre nicht mehr imstande, Bedeutendes zu leisten.

Kein Zweifel: Weininger bewunderte den Typus der Dirne und schaute mit Verachtung auf den Muttertypus hinab. In seinem Sinne war Lydia eine Dirne. Das Wort bedeutete etwa dasselbe, was im alten Griechenland «Hetäre» besagte, was wörtlich «Freundin» heisst; es hatte nichts mit einer Hure zu tun. Lydia war für Stauffer tatsächlich eine oft bedrängende, aber doch immer wieder anregende Freundin, die ihm nie Ruhe gönnte. Was sie vor hundert Jahren schrieb, klang damals ketzerisch und revolutionär; heute sind ihre Ansichten zumeist anerkannt. Heute müsste sie nicht zugrundegehen, jedenfalls nicht wegen ihres Ausbruchsversuchs.

Dass ihr Wunsch, sich ohne Hass und Rache von ihrem Mann zu lösen, nicht erfüllt wurde, erfuhr sie in Rom, als ihr Gatte sie ins Irrenhaus steckte. Dieses Vorgehen zerbrach ihren Anspruch auf Entfaltung und Selbstbestimmung. Von da an tat sie nur noch, was Emil wünschte, genauer: befahl. Jetzt liess sie sich widerstandslos auf der Landkarte herumschieben – nach Heidelberg, nach Nizza, nach Königsfelden in die Anstalt und endlich nach Genf ins Exil. Sie war nur noch auf das eine aus: in ihren ehemaligen Kreisen keinen Anstoss mehr zu erregen. Noch einen Weg sah sie vor sich, von der Gesellschaft doch wieder angenommen zu werden; es war die Vergabung ihres immensen Vermögens an die Eidgenossenschaft in der Gottfried-Keller-Stiftung, mit welchem Null-Erfolg – das ist bekannt. Für die Zeitgenossen war sie tatsächlich eine Dirne – aber nicht im Weiningerschen Sinne!

Wenn aus den beiden Gerichtsurteilen von Tunis und Bône die Männer gänzlich ungeschoren und mit Glorie hervorgingen (sie waren ja die Mitgefühl verdienenden Opfer der bösen Weiber!), so war das im Scheidungsprozess gegen Lydia nicht anders: Nicht nur wurden dem Kläger 600 000.– damalige Franken (heute um die zehn Millionen) anstandslos zugebilligt; es wurde auch mit keinem Wort nach den ehelichen Verhältnissen geforscht. Das Thema war nicht bloss in der Öffentlichkeit, sondern auch vor Gericht tabu. Man darf annehmen, dass Lydia nach allem, was sie erlebt hatte, nichts von dem hätte verlauten lassen, was sie wusste: nichts von Emils Intimwünschen, nichts von seiner bisexuellen Neigung, nichts von seiner Untreue und nichts von der hohen Wahrscheinlichkeit, dass Emil ihre Affäre mit Stauffer höchst gelegen kam, ja dass er sie geradezu förderte. Sie hätte auch Emils Zeugungsunfähigkeit unerwähnt gelassen. In dieser Tatsache lag echte Tragik, denn Lydia wäre wohl ohne Zweifel ausgefüllter gewesen, wenn sie Kinder gehabt hätte. Sie wäre dann, um mit Weininger zu reden, von der Dirne zur Mutter geworden. So aber erschien ihr Emil als Versager. Er spürte das und war sich mehr oder weniger bewusst, dass er seine Frau auf die Dauer nicht halten konnte. Eine bisher nicht zitierte Briefstelle Lydias an Stauffer lautet: «Wenn ich meinen Aufenthalt frei wählen könnte, würde ich heute noch nach Florenz übersiedeln; weil aber die alte Regel des Eherechts, nach welcher die Frau dem Manne überallhin zu folgen hat, in praxi nicht leicht durchführbar ist, so werde ich vorderhand hier bleiben, und hier ist's gegenwärtig zum Aushalten.»

Was besagt die Briefstelle im Klartext? Zweierlei: einmal, dass sich Lydia Emil schon vor der Affäre keineswegs immer unterwarf, und zum andern, dass es im Belvoir häufig nicht auszuhalten war. Mit anderen Worten: Lydia war für ihren Gatten kein bequemer Partner, nicht die Frau, die ihn glücklich machte, und so benützte er die Gelegenheit, diese seine Frau loszuwerden, ohne Gesicht und Geld zu verlieren. Wäre er von der Untreue Lydias wirklich getroffen worden, hätte er sich anders verhalten. In keinem einzigen seiner zahllosen Briefe aus den kritischen Wochen ist auch nur einmal Trauer oder Eifersucht, tiefe Verletzung und starker Schmerz herauszuhören. Sie alle sind seltsam kühl gehalten und bedienen sich, wenn es ums Persönliche geht, auffallend klischeehafter Wendungen. Sie sind von keinem geschrieben, der wahrhaft leidet. Wenn Emil also die herrschende Meinung, die Frau sei nach Möbius von Natur aus minderwertig und schwachsinnig, in seiner eigenen Ehe widerlegt fand, ja Lydias Vorherrschaft fast täglich bewiesen bekam, ist es sogar verständlich, dass er so oft und gerne lange Auslandsaufenthalte ohne sie einlegte, die deutlichen Fluchtcharakter aufweisen; nie war er in seinen Briefen so unbeschwert, als wenn er von ferne nach Hause schrieb. So reiste er, um nur ein einziges Beispiel zu nennen, zwecks Beschaffung eines neuen Gärtners fürs Belvoir eigens nach Stuttgart und hielt sich dort allein zu diesem Zwecke an die vierzehn Tage auf. Sein Vater hingegen, der Bundesrat, vermochte die Schwiegertochter ausschliesslich durch die Brille des dominierenden Mannes zu sehen. Davon zeugt ein Brief, den er ihr am 9. Juli 1883 zu ihrem immerhin 25. Geburtstag schrieb. Darin heisst es:

«Mein liebes teures Kind, wenn Du die unscheinbare Gabe für Deinen Geburtstag im gleichen Sinne entgegennimmst, in dem ich sie Dir sende, so ist sie für uns beide eine überaus köstliche. Du sollst daraus ersehen, was mein Leben lang meine Freude und mein Trost gewesen ist, und ich habe das Vertrauen zu Dir, dass die menschlich-einfache Grösse der Griechen auch Deinen Geist erfasse und erhebe und dass Du diesen Geist auf das Geschlecht fortpflanzest, das Deinen Vater ehren und mich erfreuen soll.»

Diese Zeilen bestätigen: Der Mann steht weit höher als die Frau.

Der Bundesrat spricht zu der erwachsenen Lydia wie zu einem Kinde. Ohne Hilfe von aussen, ohne männliche Hilfe – das schwingt im Brief mit – bliebe Lydias Geist auf einer tieferen Stufe stehen. Zudem hat Weltis Schwiegertochter vordringlich der Fortpflanzung des Geschlechts zu dienen mit dem Ziel, die Erfolgskurve ihres eigenen Vaters Alfred Escher und jene des Bundesrates fortzuführen. Alles ist auf die Männer bezogen. Was die Wünsche Lydias waren, blieb ungefragt.

Auch die übrigen Briefe Bundesrat Weltis an sie zeigen dasselbe. Er bringt ihr zweifellos Sympathie entgegen, härmt sich echt um ihre schwankende Gesundheit; dabei bleibt freilich spürbar, dass er vorwiegend des ausbleibenden Nachwuchses wegen auf Besserung hofft. Der Gedanke, sein Sohn könne an der angeblichen Unfruchtbarkeit Lydias schuld sein, wird nie in ihm wach. Die Unfähigkeit liegt von vorneherein bei der Frau; deshalb die ständigen Ratschläge, wie sie sich zu verhalten habe. Sie erfüllt ihre Pflicht als Gebärerin nicht. Die Enttäuschung darüber mag, weil das «Versagen» Lydias ihr aus damaliger Sicht als Schuld angelastet wurde, zu der erschreckenden Kälte beigetragen haben, mit der Vater Welti im letzten Jahr seiner Schwiegertochter und nach ihrem Ableben von ihr gesprochen hat.

Vater und Sohn Welti waren offensichtlich tief in den damaligen Ansichten verhaftet, der Ältere, indem er sie unbesehen übernahm, der Jüngere, indem er sich mit den Emanzipierungsbestrebungen seiner Frau nicht einmal in Ansätzen auseinandersetzte. Doch nicht nur sie waren im Zeitgeist befangen. Wie bereits im Kapitel zuvor erwähnt, veröffentlichte 1894 Prof. Dr. med. Robert Binswanger unter dem Titel «Karl Stauffer-Bern. Eine psychiatrische Studie» in der angesehenen «Deutschen Revue» den ersten Versuch einer wissenschaftlichen Auseinandersetzung mit dem Erscheinungsbild und dem Schicksal des Künstlers. Er nannte Stauffer einen Hereditarier, was bedeutet, der Sohn habe vom Vater eine Geisteskrankheit geerbt. Deshalb sei er ein «Defektmensch» gewesen; er habe zu jener Gruppe von Künstlergenies gehört, die einige Zeit lang Titanen ihrer Kunst seien, überreich in ihrem Wollen, aber nicht in ihrem Können, ausgestattet mit einem wahrhaften Dämon geistiger und moralischer Zügellosigkeit. Dieser Dämon richte solche Künstler auch physisch zugrunde. Sie seien die Beute von

Illusionen und Desillusionen, von Aufschwüngen und vollständiger Erschlaffung. Die vom Vater vererbte innere Unausgeglichenheit habe in der Begegnung mit Lydia den gefährlichen Höhepunkt erreicht, auf dem Stauffer grössenwahnsinnig und höchst aggressiv geworden sei. Zwischen den beiden habe eine unheilvolle Wahlverwandtschaft bestanden, zumal auch Lydia erblich belastet gewesen sei. Zudem hätten ihre nervösen Störungen, die sie daran gehindert hätten, Empfindungen richtig aufzunehmen und zu verarbeiten, auf Stauffer höchst aufregend gewirkt. Sein Wahnsinn sei eine Induktion, eine Übertragung von Lydias Zustand auf ihn gewesen, und zwar in gesteigerter Potenz. Umgekehrt habe sein Schub Lydias Übergang in geistige Umnachtung beschleunigt. Man habe also das Bild einer induzierten Psychose vor sich, wie sie bei Geschwistern, Ehegatten oder bei sonstwie einander nahestehenden Personen bei gleicher Disposition vorkomme.

Es ist Binswanger nicht vorzuwerfen, dass er den Grund der nervösen Störungen Lydias nicht erkannte und dass er sowohl an Stauffers wie an Lydias Wahnsinn und Umnachtung glaubte; er konnte weder die wahren Hintergründe noch die tatsächlichen Geschehnisse kennen. Darum durfte der Arzt zusammenfassen: «Die Ursache von Stauffers Zerfall liegt in der erblichen Belastung. Fern sei es aber von mir zu behaupten, nach den gegebenen Prämissen habe Stauffer fatalistisch den Weg des krankhaften Verderbens gehen müssen.» Was ihn vernichtet habe, sei sein Mangel an Selbstbeherrschung gewesen.

Für uns Heutige ist wichtig, dass Binswanger betont, die Vererbung allein schaffe kein Fatum, kein unausweichliches Schicksal, das den Menschen jeglicher Eigenverantwortung enthebe. Allerdings vermochte er noch nicht zu unterscheiden zwischen Geistes- und Nervenkrankheiten, denn die damalige Psychiatrie ging von anderen Grundlagen aus. Unter anderem operierte sie mit dem Begriff der Entartung, der mit jenem von der Vererbung eng verknüpft war. Es erschreckte sie, wie dicht beieinander «Höchstes» und «Niedrigstes» wohnte, ausgehend von Moralmassstäben, die auch sie wie die Gesellschaft an die Krankheitsbilder anlegte. Es bestürzte sie, wie nahverwandt Genie und Irrsinn zu sein schienen und wie fast unmöglich es war, Geisteskrankheiten – was gleichbedeutend war mit Schuldfreiheit – und Verbrechen zu trennen. Das ständige Schwanken der Zeitgenossen, ob Stauffer ein Verbrecher war oder doch keiner gewesen sei, ist darauf zurückzuführen.

Auch Stauffer war der Geniebegriff seiner Zeit geläufig; auch er glaubte an den inneren Zusammenhang von Genie und Irrsinn. Deshalb empfand er sich nie als bürgerlicher Künstler. Er ging einig mit der herrschenden Vorstellung, der Beweis für die künstlerische Berufung liege darin, dass der Kunstschaffende jenseits der bürgerlichen Normen stehe. Daher revoltierte er dauernd gegen diese Normen. Wer sich auflehnt, ist indessen abhängig von dem, wogegen er anrennt. Stauffer stand nicht über den Dingen, mit denen er nichts zu tun haben wollte. Er war auch seiner selbst zu wenig sicher; Urteile von bürgerlicher Seite über ihn und sein Werk liessen ihn keineswegs kalt. Er war unfähig, sich von der damaligen Gesellschaft zu lösen, obschon er diese Loslösung anstrebte. Was ihm das Leben zusätzlich erschwerte, war der Schatten des Vaters, die von ihm als Drohung empfundene Aussicht darauf, dass auch er eines Tages irrsinnig werde. Diese Ahnung hielt er für eine Voraussage. Indessen sind alle Prognosen gleichzeitig Suggestionen, Einflüsterungen, die Wirkung haben. Die Selbstanklagen des Vaters wegen angeblich begangener Untaten verfolgten Stauffer. Wie hätte sich der Pfarrer derartiger Dinge zeihen können, wenn er ihre Möglichkeit nicht in sich gespürt hätte? Die Angst des Vaters, sein Sohn Karl werde eines Tages wahrmachen, was er selbst nur unter Aufbietung selbstzerstörerischer Gewalt verdrängte, übertrug sich auf Stauffer als überwertige Idee. So erfüllte sich tatsächlich das Schicksal des Vaters am Sohne.

Die heutige psychiatrische Forschung ist fast durchwegs der Ansicht, dass mit Stauffer vergleichbare Fälle nicht auf genetische Veranlagung zurückgehen, dass solche Störungen also nicht schon in den Chromosomen angelegt sind. Es ist vielmehr Tatsache, dass nicht wenige Menschen von etwas Bedrohlichem geradezu magnetisch angezogen werden. Ein Beispiel: Unsichere Schüler einer Skischulklasse stehen oben an einem breiten, ungefährlichen Hang, in dessen Mitte allerdings ein Hochspannungsmast ragt. Einzelne der Anfänger werden die grösste Mühe haben, dem Mast auszuweichen. Gleichermassen starrte Stauffer gebannt und unwiderstehlich angezogen auf die Krankheit des Vaters. Was uns ängstigt, trifft viel eher ein, als wenn wir keine Furcht empfinden.

So erlag Stauffer einer sogenannten Symptomtradition im Sinne von Alexander Mitscherlich. Ob man in einer Familie liberal oder sozialistisch oder grün stimmt, ob man in ihr Chemiker oder Pfarrer wird, weil schon die Eltern und Voreltern diese Berufe ergriffen haben, ob niemand in der Familie Fisch liebt oder ob alle Asthma haben, ist traditionell bedingt und nicht vom Erbgut her. Auch mit Geistesstörungen kann es sich so verhalten. Auf Stauffer bezogen heisst das: Weil derartige Störungen in seiner Familie vorgekommen waren, redete er sich ein, auch er müsse solchen verfallen. Das führte zur Psychose. Ausserdem stand er sich oft selbst im Wege; auf beinah masochistische Weise sabotierte er sich selbst. Dafür nur zwei Beispiele: Die Bedrohung, die von Lydia ausging, war ihm jederzeit voll bewusst. Trotzdem manövrierte er sich, indem er sie als Mäzenin suchte und nicht wieder verlieren wollte, in eine Lage hinein, in der voraussehbar war, dass der Preis für ihre Unterstützung er selber sein werde. Und wenige Monate vor seinem Ableben versuchte er den Wettbewerb um das Bubenberg-Denkmal zu gewinnen. Er konnte sich an den Fingern abzählen, dass er den Ausführungsauftrag niemals erhalten werde. Dennoch setzte er alles auf diese Karte; kurz nach Erhalt des Negativbescheids gab er sich den Tod. Tödlich entscheidend war, dass er an einem gänzlich untauglichen Objekt zu beweisen suchte, dass man ihn noch schätze. So tat Stauffer jeweils mit genauer Richtigkeit das, was ihn zerstören musste.

Wird damit die Schuld von Vater und Sohn Welti gemindert? Wohl kaum. Ohne Zweifel benützten sie skrupellos die ihnen zur Verfügung stehenden Mittel. Das Mitverschulden Stauffers nimmt ihnen nichts von ihrer Verantwortung ab. Doch lag ihre Hauptschuld vielleicht nicht einmal so sehr in den illegalen und halblegalen Manipulationen als vielmehr darin, dass sie nie zu den offensichtlichen Fehlern und Missbräuchen standen, die sie begingen, namentlich auch dann nicht, als der Machtmissbrauch fast jedermann klar war. Sie wählten den einfacherer Weg: Sie machten Stauffer über seinen Tod hinaus zum alleinigen Sündenbock, um selber ihre Westen weiss zu erhalten. Es lässt sich denken, das mutige Eingeständnis der beiden Welti, sie hätten mit ihren monströsen Anschuldigungen schweres Unrecht getan, hätte Stauffer retten können; ein solcher Schritt hätte ihm höchstwahrscheinlich Achtung vor ihnen abgerungen, und er hätte dem Künstler vielleicht den Glauben an ein sinnvolles Dasein zurückgegeben.

Doch zurück zu Lydia und Stauffer: Betrachtet man die ersten Bilder, die der Künstler von Frau Welti malte, dann tritt uns eine elegante Grande Dame entgegen. Auf der späteren Radierung dagegen erschreckt den Betrachter der Blick der Augen: Er ist unheimlich. Er hat etwas Hypnotisierendes an sich. Frau Welti war, mit Stauffer verglichen, nicht die begabtere, wohl aber die stärkere und zwar weitaus stärkere Persönlichkeit. Sie wusste genau, was sie wollte; sie kannte – jedenfalls vor der Katastrophe – die tiefen Zweifel an sich selber nicht, die Stauffer zerfrassen.

Als sie ihn kennenlernte, sprangen ihr sofort die Chancen in die Augen, die er ihr bot. Er war das Vehikel, mit dessen Hilfe sie aus dem Käfig ausbrechen wollte. Damit verdinglichte sie Stauffer, so wie dieser auch sie verdinglichte, indem er sie ausschliesslich als Geldgeberin zu gebrauchen dachte. Man redet dann von Verdinglichung, wenn man einen Menschen als blosses Objekt behandelt, wenn man ihn nur aus einem uns Vorteil oder Lustgewinn verschaffenden Gesichtswinkel angeht, statt dass man ihn als volles, ganzes Wesen nimmt und ihn so im weitesten Sinne liebt. Beide, Lydia und Karl, gebrauchten einander, natürlich ohne es jederzeit zu merken, bis in die Katastrophe hinein als Werkzeuge. Dieses Verhalten tarnten sie wechselseitig und sich selbst gegenüber mit zeitweiligen Liebesgefühlen, an die sie ebenso zeitweilig durchaus glaubten. Auf einer solchen Grundlage freilich kann keine dauerhafte Beziehung wachsen.

Für Lydia war Stauffer als Werkzeug allerdings nur tauglich, wenn sie ihn zum Genie emporstilisierte. Sie tat das nicht ihm zuliebe, sondern um ihrer selbst willen. Gewann sie ein Genie zum Gefährten – und der ständig an sich zweifelnde Künstler machte sich ihre Wunschvorstellung nur allzu gern zu eigen –, dann bedeutete das für sie ungeheure Selbstbestätigung, ja einen gewaltigen Machtzuwachs. Man lese in diesem Zusammenhang nur das abschätzige Urteil über Frau von Stein nach, die Lydias Meinung nach Goethes nicht würdig war. Offenbar wäre sie seiner würdiger gewesen. Da es ihr um sich selbst ging, liess sie Stauffer alsbald fallen, als er in der Bewährung versagte und ihrem Wunschbild vom Titanen und Übermenschen nicht mehr entsprach. Mit ihrem masslosen Selbstanspruch steckte sie den Künstler an. Das hat Binswanger richtig gesehen. Auch heute muss man hier von einer «folie à deux», von induziertem Irresein sprechen, wobei der Induktor wie immer in solchen Fällen der stärkere Partner war, hier also die Frau. Fällt ein Partner aus, wie es geschah, sobald Stauffer im Römer Gefängnis sass, hat die «folie à deux» kein Objekt mehr; sie fällt in sich zusammen. Für diesen Befund spricht der Umstand, dass Lydias überwertige Ideen so rasch nach der Trennung gewichen sind.

Wäre die unheilvolle Entwicklung zu verhindern gewesen? Was am Skandal von 1890/91 der Zeit angehört, der unkontrollierte Missbrauch der Macht und übersteigerte Ehrgefühle, ist nur das äusserlich Sichtbare einer zeitlosen Tragödie: der Vereinsamung. Karl und Lydia waren in einem solchen Masse einsam, wie es mit dem Dasein nicht vereinbar ist. Pathologisch an ihrer Geschichte ist, dass sie ihre Einsamkeit auch aneinander nicht verloren. Nie geht ihrem Verhältnis die narzisstische Färbung ab. So kann man sich nicht gegen den Eindruck wehren, sie hätten sich mindestens so sehr der Umwelt zuleide wie einander zuliebe geliebt.

Hier wäre der Ansatzpunkt für eine Psychotherapie zu suchen, damals wie heute. Beide haben ihre grenzenlose Einsamkeit geahnt, aber sie konnten und wollten (das ist psychologisch meistens dasselbe) sie sich nicht eingestehen. Sie suchten die Schuld für ihre Schwierigkeiten stets ausserhalb, und Vater und Sohn Welti mitsamt dem Gesandten Bavier und seinem Stab lieferten ihnen Handhaben dazu in Hülle und Fülle. Das Eingeständnis der eigenen Liebesunfähigkeit oder genauer: die Schwierigkeit, den Partner ebenso zu lieben wie sich selbst, und der starke Wunsch und das aktive Angehen dieser Schwierigkeit, um sie zu überwinden, hätte die beiden trotz allen massiven äusseren Einflüssen vor dem Zerbrechen bewahren können. Sie wären zwar kaum ein glückliches Paar geworden; dafür war ihre gemeinsame echte Interessensbasis zu schmal. Aber Lydia und Karl, das wäre zumindest denkbar geworden, hätten früher oder später vielleicht einen wirklichen Lebensgefährten gefunden. Die Voraussetzungen dazu wären dann jedenfalls gegeben gewesen.

QUELLEN

Landesbibliothek Bern: Nachlass Karl Stauffers, enthaltend alle Briefe an Angehörige, Freunde und Bekannte; die 13 letzten Briefe von Lydia Welti-Escher an Stauffer; Briefe verschiedenster Persönlichkeiten an Mutter und Eduard Stauffer; Gerichtsurteil der Florentiner Anklagekammer (Freisprechung); Eingabe Eduard Stauffers an den Bundesrat; Zeittabelle und Aufzeichnungen der Mutter; Zeitungsausschnitte von 1889–1914, die sich mit dem Fall Stauffer beschäftigen. Stauffer selbst vernichtete mit wenigen Ausnahmen die an ihn gerichtete Korrespondenz.

Bundesarchiv Bern: Verschiedene Briefe und Dokumente aus dem Familienarchiv Welti; Bundesratsakten.

Burgerbibliothek Bern: Verschiedene Briefe und Dokumente.

Stadt- und Universitätsbibliothek Bern: Verschiedene Briefe und Dokumente.

Staatsarchiv Bern: Verschiedene Dokumente.

Privatbesitz F. A. Volmar, Bern: Korrespondenz zwischen Pfarrer Ed. Stauffer und Paul Volmar; Briefe Karl Stauffers an Paul Volmar; weitere schriftliche und mündliche Überlieferungen aus der Familie Volmar.

Privatbesitz Prof. Dr. H. Rennefahrt, Bern: «Darstellung der Tragödie K. Stauffer-Lydia Welti, von Dr. Emil Welti an seine Freunde verschickt am 14.2.1890» und weitere Dokumente, darunter Kopie Testament Dr. Emil Welti

Privatbesitz Karl Krähenbühl, Fürsprecher und Notar, Steffisburg: Korrespondenz zwischen J. Krähenbühl-Stauffer und dem Rechtsvertreter der Familie Welti, 1941.

Gottfried-Keller-Stiftung, Bern: Verschiedene Briefe und Dokumente.

Heilanstalt Waldau, Bern: Akten Pfarrer Stauffer.

Kantonale Psychiatrische Klinik Solothurn (Heilanstalt Rosegg): Akten Pfarrer Stauffer.

Staatsarchiv Chur: Briefe von Bundesrat Welti und Dr. E. Welti an Bavier, Gesandter in Rom; Berichte und Entwürfe Baviers und Rochettes; Schreiben verschiedener italienischer Amtsstellen.

Rhätisches Museum, Chur: Bildnis Simon Baviers.

Irrenhaus Santa Maria della Pietà, Rom: Akten Internierung Lydia Welti-Escher.

Irrenhaus San Bonifazio, Florenz: Akten Internierung Stauffer.

Grundbuchamt Florenz: Angaben über Pensione Bonciani, Florenz.

Akademie der Bildenden Künste, München: Verschiedene Dokumente.

Schweizerische Schillerstiftung: Nachlass J. V. Widmann.

Zentralbibliothek Zürich: Zeitungsausschnitte.

Alle diese Institutionen und Persönlichkeiten haben in bereitwilliger Weise zur Entstehung des Buches beigetragen. Ganz besonderer Dank gilt F. A. Volmar, dem Enkel Paul Volmars, der beim Sammeln und Sichten des in Bern liegenden Materials unschätzbare Dienste geleistet hat.

Weiterer Dank gebührt:

Allen Angehörigen der Familien Krähenbühl, den noch lebenden Verwandten Karl Stauffers
Gaudenz Bavier, Forsting. ETH/SIA, Urgrossenkel von Simon Bavier, Chur
A. R. Bodenheimer, Prof. Dr. med., Psychiater, Zürich
Reinhold Bosch, Dr. phil., Seengen
Hermann Böschenstein, Redaktor, Bern

Hans Rudolf Steck, Notar, Bern
Peter Welti, Dr. phil., Grossneffe von Dr. Emil Welti, Küsnacht

BIBLIOGRAPHIE

Almanach auf das Jahr 1920, hg. v. Verlag Fritz Gurlitt, Berlin: «Drei Briefe von Stauffer-Bern.»
Bieler Tagblatt: Nachruf auf Ed. Stauffer, 9.2.1907.
Binswanger, Robert: «Karl Stauffer-Bern. Eine psychiatrische Studie», Breslau 1894.
Bodmer, A.: «Die Ahnen Alfred Eschers» in «Archiv für Heraldik», Heft 1, 1933.
Brahm, Otto: «Karl Stauffer-Bern. Sein Leben, seine Briefe, seine Gedichte», Stuttgart 1892 (Brahm kannte Stauffer und seine Angehörigen persönlich).
Caro, E.: «Karl Stauffer-Bern» in «Wissen und Leben», Heft II, Zürich 1.3.1910.
Diebold, Bernhard: «Karl Stauffer-Bern. Ein Memento zu des Künstlers 50. Todestag» in «DU», Zürich, August 1941.
Dowski, Lee van: «Genie und Eros.» Neue Folge. Olten und Bern 1949.
Fornaro, Sofia: «Stauffer-Bern» in «Emporium», Mailand, Oktober 1900.
Frey, Adolf: «Karl Stauffer-Bern. Rückblick und Briefe» in «Kunst und Künstler», Berlin, April 1910 (Frey kannte Stauffer persönlich).
Halm, Peter: «Stauffer-Bern und sein Berliner Kreis» in «Meister der Farbe», Heft 1/2, 1909 (Freund Stauffers).
Hasler, G.: «Schweizerische Unfallversicherungs-Gesellschaft in Winterthur», Jubiläumsschrift 1875–1950, Winterthur 1951.
Historisch-Biographisches Lexikon der Schweiz, diverse Bände.
Jachmann, Günther: «Adolf von Hildebrands Briefwechsel mit Conrad Fiedler», Dresden 1927.
Katsch, Hermann: «Erinnerungen an Karl Stauffer-Bern» in «Die Kunst», München, Oktober 1909 (Freund Stauffers).
Krähenbühl-Stauffer, J.: «Karl Stauffers Künstler-Tragik», Bern, 1941.
Kurz, Isolde: «Agli Allori» in «Deutsche Rundschau», Juni 1904.
Nizon, Paul: «Diskurs in der Enge, Aufsätze zur Schweizer Kunst», Zürich u. Köln 1973.
Rennefahrt, Hermann: «Erinnerungen an Dr. Friedrich Emil Welti und Frau Helene Welti-Kammerer.» Ansprache v. 15.9.1941 in Lohn-Kehrsatz.
Schäfer, Wilhelm: «Karl Stauffers Lebensgang. Eine Chronik der Leidenschaft», München und Leipzig 1912 (Schäfer hatte Gelegenheit, mit Stauffers nächsten Angehörigen zu sprechen).
Schmid, Hans-Rudolf: «Schweizer Pioniere der Wirtschaft und Technik: Alfred Escher», Zürich 1956.
Schricker, August: «Karl Stauffer-Bern. Seine künstlerische Lebensarbeit» in «Nord und Süd», Stuttgart, Dez. 1893.
Siegfried, Walther: «Bilderbuch meines Lebens», Bd. I, Zürich 1926 (Siegfried kannte Stauffer persönlich).
Singer, Hans Wolfgang: «Briefe von Max Klinger aus den Jahren 1874 bis 1919», Leipzig 1924.

Stettler, Michael: «Karl Stauffers Bubenberg», Ansprache v. 31.5.1958 in Spiez.
Sulzer, Jakob: «Lydia Escher. Eine historische Schicksalstragödie. Ursprung, Blüte und Untergang der Escher vom Belvoir», Winterthur 1892.
Trog, Hans: «Karl Stauffer» in «Die Schweiz», Zürich 1.1.1906.
Vetter, Ferdinand: «Karl Stauffer-Bern» in «Schweizerische Rundschau», Bern, Februar 1891.
Vetter, Ferdinand: Besprechung des Buches von Otto Brahm «Karl StaufferBern» in «Schweizerische Rundschau», Bern, November 1892.
Vogt-Hildebrand, Emmy: «Erinnerungen an Karl Stauffer-Bern» in «Kunst und Künstler», Berlin 1911.
Weizsäcker, Heinrich: «Karl Stauffer» in «Die Kunst unserer Zeit», ohne Ort und Datum.
Welti, Peter: «Das Weltbild von Bundesrat Emil Welti» in «Argovia», 63. Bd., Aarau 1951.
Widmann, Joseph Viktor: «Briefe aus der deutschen Reichshauptstadt» in «Sommerwanderungen und Winterfahrten», 1897.
Wolf, Georg Jacob: «Karl Stauffer-Bern » in «Die Kunst für alle», München 1.1.1912.
Wyrsch, Jakob: «Hundert Jahre Waldau», Geschichte der Kantonalen Heil- und Pflegeanstalt und psychiatrischen Universitätsklinik Waldau-Bern, Bern und Stuttgart 1955.
Züricher, U. W.: «Familienbriefe und Gedichte von Karl Stauffer-Bern», Leipzig und München 1914.
Züricher, U. W.: «Karl Stauffer-Bern, der Maler und Dichter», Radiovortrag, Bern 29.10.1940.
Züricher, U.W.: «Karl Stauffer-Bern. Leben und Werk», Bern 1961.

Zum Verhältnis von Karl Stauffer zu seinem ersten Zeichenlehrer und Förderer Paul Volmar sei noch ergänzt, dass Stauffer in seiner Florentiner Leidenszeit in Gedichtform Volmars gedacht hat, und zwar so, dass aus den ersten beiden Strophen deutlich hervorgeht, dass er ihn als verständnisvollen Freund und Helfer und durchaus nicht als strengen, pedantischen Erzieher aufgefasst hat, wie das in der bisherigen Stauffer-Literatur immer wieder dargestellt worden ist. J.V. Widmanns Haltung Stauffer gegenüber wird noch akzentuiert, wenn man weiss, dass Widmann den Künstler in Berlin eigens aufgesucht und ihm danach in seinen «Briefen aus der deutschen Reichshauptstadt» nicht nur künstlerische Grösse attestiert hat, sondern dass er ihn ausdrücklich seiner Aktdarstellungen wegen gegen die Prüderie und «Tyrannis der höheren Töchter» in Schutz nahm.

Völlig in Vergessenheit ist geraten, dass 1915 im Drei-Masken-Verlag in Berlin eine Oper in drei Akten von Heinrich Bienstock (Libretto Hans Heinz Hinzelmann) «Sandro der Narr» erschienen ist, die in kaum verhüllter Form die Geschehnisse um Karl Stauffer und Lydia Welti-Escher zum Inhalt hat. Das Werk wurde mit Unterbrechungen bis 1931 erfolgreich aufgeführt. Frau Jeanne Neiditsch-Bienstock, Basel, die Schwester des jungverstorbenen Komponisten, ist im Besitz der Originalpartitur.

Die Nachforschungen in Berlin, München, Rom und Florenz sind vom Fernsehen der deutschen und rätoromanischen Schweiz ermöglicht worden.

Nach dem Erscheinen der Erstausgabe dieses Buches wurden dem Verfasser von berufener Seite Tatsachen genannt, die hier kommentarlos wiedergegeben seien – ohne Namensnennung freilich, weil die Informanden darum gebeten haben, in der Anonymität bleiben zu dürfen.

Am 8. März 1940 starb auf dem Gut Lohn in Kehrsatz in der Nähe von Bern Dr. iur. et phil. Friedrich Emil Welti, der ehemalige Gatte von Lydia Welti-Escher, hochbetagt (*1857). Auch seine zweite Ehe mit der deutschen Sängerin Helene Emilie Louise Welti, geb. Kammerer, war kinderlos geblieben. Im Testament bedachte Emil Welti nach Ausscheidung dessen, was seiner Witwe zustand, in grosszügiger Weise (das Gesamtvermögen belief sich bei seinem Tode auf Fr. 5'109'045.05) den Staat Bern sowie drei gemeinnützige Institutionen und errichtete die «Stiftung pro arte», deren Aufgabe es ist, bedürftige begabte schweizerische Schriftsteller, Tonkünstler sowie Maler und Bildhauer zu unterstützen. Eine grössere Anzahl von Institutionen, aber auch Privatpersonen bekamen Vermächtnisse, unter ihnen die Schriftsteller Hermann Hesse und Annette Kolb. Die Angestellten bedachte er mit je Fr. 300.– für jedes Dienstjahr. Die Schwester seiner Ehefrau bekam einen hohen sechsstelligen Betrag. Den gleich hohen Betrag vermachte der Erblasser einem damals noch minderjährigen Nachkommen aus einer Seitenlinie, und zwar mit der Auflage, die allerdings im Testament selbst nicht erwähnt wird, der Bedachte habe als späterer Akademiker Bundesrat Welti in einer Publikation zu würdigen und dabei die Stauffer-Affäre so darzustellen, wie es die Familie Welti stets gewünscht hatte. Die Veröffentlichung erschien, doch füllte der Verfasser nur wenig Raum mit der Affäre. Von einer eigentlichen Reinwaschung von Emils Vater nahm er Abstand.

Simon Bavier, der Gesandte in Rom, war, wie bekannt, Vater und Sohn Welti jederzeit bereitwillig an die Hand gegangen. Bisher ist nicht bekannt gewesen, dass er von Vater Welti einen Gegendienst verlangte. Bavier hatte einen Sohn, der in Bern Medizin studierte, genauer: der dort hätte Medizin studieren sollen. Ihn fesselte alles andere mehr als das Studium. Auf die Bitte des Gesandten hin zitierte der Bundesrat den Bummelanten zu sich und redete ihm ins Gewissen, indessen erfolglos. Deshalb einigten sich später Bavier und Vater Welti auf folgendes Vorgehen: Der Bundesrat besprach sich mit mehreren Professoren der Stadt Bern, es seien dem Bavier-Sohn Titel und Würde eines Doktors der Medizin auch ohne Prüfungen zu verleihen; andererseits würden sich Vater und Sohn Bavier verpflichten, dass letzterer seinen «Beruf» nie ausüben werde. Das geschah, und der junge Bavier hielt sich zeitlebens an die Abmachung.

BELEGSTELLEN

Vorbemerkung: Die Bücher von Otto Brahm «Karl Stauffer-Bern. Sein Leben, seine Briefe, seine Gedichte», Stuttgart 1892, und von Wilhelm Schäfer «Karl Stauffers Lebensgang. Eine Chronik der Leidenschaft», München und Leipzig 1912, werden als Quellen nur dann genannt, wenn keine sonstigen oder ungenauere Belege vorhanden sind. Brahm als langjähriger Freund Stauffers und Schäfer hatten beide Gelegenheit, mit den damals noch lebenden Angehörigen Stauffers persönlich zu sprechen und in viele Unterlagen Einsicht zu nehmen, weshalb gewisse Einzelheiten bloss bei ihnen zu finden sind. Andererseits hatten sie noch keinen Zugang zur Korrespondenz von Vater und Sohn Welti mit Bavier, zu den dreizehn letzten Briefen Lydias an Stauffer und zu den Akten der Gefängnisse und Irrenhäuser in Rom und Florenz.

Abkürzungen häufig vorkommender Namen oder Dokumente

Bei Briefen bedeutet Bindestrich: gerichtet an; z.B. KST-MST = Karl Stauffer an Mutter Stauffer. Zahlen hinter Brahm, Schäfer und andern = Seitenzahl.

KSt	=	Karl Stauffer
MSt	=	Mutter Stauffer (Luise, geb. Schärer)
ESt	=	Eduard Stauffer
PSt	=	Vater Pfarrer Stauffer
LPST	=	Lebensbericht Pfr. Stauffers Heilanstalt Rosegg
Elt	=	Eltern Stauffer
PV	=	Paul Volmar, erster Förderer Stauffers
L	=	Lydia Welti, geb. Escher
BR	=	Bundesrat (sowohl Titel wie Behörde)
BRW	=	Bundesrat Welti
EW	=	Friedrich Emil Welti, Gatte Lydias
REW	=	Rechenschaftsbericht Emils
B	=	Simon Bavier
Ros	=	Rosadi, Stauffers Anwalt Florenz
MM	=	Max Mosse, Rechtsanwalt Berlin, Freund KSt
OB	=	Otto Brahm (Pseudonym für Abrahamson)
Sch	=	Wilhelm Schäfer
EN	=	«Einige Notizen über Karl Stauffer», verf. von MST 1891
Hi	=	Bildhauer Hildebrand
EVH	=	Emmy Vogt-Hildebrand
Flor.	=	Florenz
Fl	=	Fleiner
Augenschein	=	Kenntnisse, die der Autor an Ort und Stelle erworben hat
aaO	=	am angegebenen Ort (gleiche Belegstelle wie Schluss vorangehende Seite)

Weitere Quellen sind im Text selbst angegeben.

Einleitung

S. 7:   Fl in «Neue Zürcher Zeitung», 28.1.91 Nachruf auf Stauffer
S. 8:   Anonymer Artikel in der «Neuen Zürcher Zeitung», 7.9.92

1. Der Schatten des Vaters

S. 12:   Zivilstandsregister Trubschachen; EN; LPSt
S. 13:   aaO
S. 14:   aaO
S. 15:   aaO; EN
S. 16:   KSt-Elt, Bern 30.1.71, 12.12.71, 14.2.72; Peter Halm «Stauffer-Bern und sein Berliner Kreis» in «Meister der Farbe» 1909 Heft 1/2; KSt, Flor. Vorrede zu den Gedichten 29.12.89; KSt-Elt, Bern 14.2.72; REW
S. 19:   aaO; Sch 47 ff; EN; F.A. Volmar, Enkel von PV, mündliche Mitteilungen
S. 20:   Sch 50 ff; PSt-PV, Neuenegg 12.5.74 + 16.5.74
S. 21:   PSt-PV, Neuenegg 16.5.74; Theodor Volmar-Fritz Volmar, Bern 1912 (undatiert, Besitz F.A. Volmar, Bern)
S. 22:   aaO; KSt-PV, Neuenegg 20.5.74
S. 23:   aaO; PV, Bern 7.5.74, Zeugnis für KSt; PSt-PV, Neuenegg 20.5.74
S. 24:   EN; Dr. F. Küpfer, Heilanstalt Waldau-Bern Sept. 78; PSt-PV, Neuenegg 15.8.77; KSt-Elt., München 10.12.77
S. 25:   Küpfer aaO; LPSt; MSt-KSt, Biel 19.2.90

2. München: Arbeit, Armut und Zeitvertreib

S. 26:   Sch 57; KSt-Elt, München 2.9.74
S. 27:   aaO; Sch 60 ff; EN
S. 28:   KSt-Elt, München 2.3.76; KSt-PV, München 22.12.76; Hermann Katsch «Meine Erinnerungen an Karl Stauffer-Bern» in «Die Kunst», Monatshefte für freie und angewandte Kunst, München Okt. 1909, 11 ff
S. 29:   KSt-Elt, München 10.3.80 + 14.5.80; KSt-Katsch, München 10.3.80; KSt-Elt, München 13.12.79; EN
S. 30:   KSt-Elt, München Aug. 80

3. Berlin: Arbeit, Ruhm und Geld

S. 30: EN; KSt-Elt, Berlin 23.10.80; FL «Neue Zürcher Zeitung», 30.1.91 Nachruf auf KSt + EN + KSt-Elt, Berlin 12.2.81; EN; KSt-Elt, Berlin 12.2.81

S. 31: EN; KSt-Elt, Berlin 12.2.81 + diverse Briefe KSt-Elt, Berlin Sommer 81; KSt-Elt, Berlin 25.8.81; EN; KSt-Adolf Freuy, Berlin, 29.9.82; Adolf Frey «Karl Stauffer-Bern, Rückblick und Briefe» in «Kunst und Künstler», Berlin, Jahrgang VIII, Heft VII, April 1910, S. 357; EN; Sch 137 f; KSt-Elt, Berlin, 7.11.81

S. 32: EN; Sch 139; Adolf Frey aaO; KSt-ESt, Berlin undatiert, vermutlich April 82; KSt-Elt, Berlin 13.10.81; KSt-PV, Berlin undatiert, vermutlich Juli 84

S. 33: aaO; Sch 142; KSt-Elt, Berlin 1.8.83; KSt-Elt, Berlin 1.11.81; KSt-Elt, Berlin 27.1.84; KSt-Elt, Berlin um Neujahr 83/84; KSt-Elt, Berlin Juni 82 u. andere Briefe an Elt 82–84; KSt-Elt, Berlin 1.8.83; Sch 148 ff

S. 34: Sch 150 ff; EN; Bericht Heilanstalt Waldau-Bern 7.7.85; KSt-Vater, Berlin Juni 85; Sch 167

S. 35: aaO; KSt-Elt, Berlin 25.6.85; Telegramm MSt-KSt, Bern 13.7.85; Berichte der Heilanstalt Waldau-Bern 7.7. + 13.7.85; EN

S. 36: aaO

4. Zürich: Ein Angebot und eine Dame

S. 36: Sch 179; EN; «Schweizer Pioniere der Wirtschaft und Technik: Alfred Escher» v. Hans-Rudolf Schmid, Zürich 1956; «Lydia Escher. Eine historische Schicksalstragödie: Ursprung, Blüte und Untergang der Escher vom Belvoir» v. alt-Nationalrat Jakob Sulzer, Winterthur 1892

S. 37: Sch 180 + Augenschein; EN; Sch 172 ff; Augenschein; Hinweis auf den Adoranten (siehe S. 52); Gedicht KSt, Florenz 18.3.90; Sch 181; Gedicht KSt, Florenz 18.3.90; KSt-MM, Zürich 15.7.86

S. 38: Gedicht KSt, Florenz 18.3.90; REW, Bern 14.2.90; EVH in «Kunst und Künstler», Berlin 1911, S. 463 ff; ESt-MM, Biel 8.10.98; Gedicht KSt, Florenz 18.3.90; Augenschein; KSt-Marie Stauffer (Schwester KSt), Berlin 2.12.86; diverse Briefe L-KSt, Zürich und Baden 87–89

S. 39: Gedicht KSt, Florenz 18.3.90; REW, Bern 14.2.90; KSt-Adolf Frey, Bern 27.8.85; OB 20; «Die Schweiz» 1906, S. 45; Sch 176 ff; KSt-NN (Adressat unbekannt), Berlin Frühling 86; KSt-MSt, Berlin 8.6.86

S. 40: KSt-L mehrere Briefe ab 21.9.86; KSt-MSt, Zürich 12.7.86; BRW-L, Bern Juli 86; EN; KSt-MSt, Zürich 12.7.86; Sch 195 ff; KSt Radierung von Gottfried Keller; EW-KSt, Zürich 16.5.89

S. 41: Handschriftl. Ged. Kellers auf Originalabzug; KSt-MSt, Berlin 24.9.86; EN; Gustav Freytag über KSt OB 334 ff 19.9.92; «Berner Zeitung» Nr. 238, 7.10.92 zum Tode KSt

S. 42: Gustav Freytag aaO; EN; Sch 212 ff; REW; Ferdinand Vetter 626; OB 33; EN

S. 43:   aaO; OB 33; KSt-L, Berlin Dez. 87
S. 44:   aaO; Katsch Nov. 1909; Walter Siegfried 291; Katsch aaO
S. 45:   aaO; Katsch aaO

5. *Karl Stauffer und die Frauen*

S. 45:   Adolf Frey 357
S. 46:   aaO; KSt-MM, Rom 11.11.88 + 17.2.89 + 15.7.86 + 15.10.86; KSt-MM, Tiefhartmannsdorf 1.10.82 + Rom 6.5.88 + Zürich 16.8.88 u. 15.7.86
S. 47:   aaO; KSt-MM, Rom 17.2.89 + Zürich 16.8.88; KSt-MSt, Berlin Okt. 85
S. 48:   KSt-Elt, Berlin 1.8.83 + 17.8.83; KSt-L, Berlin 21.10.85; Max Klinger-Alexander Hummel, Architekt, Paris 12.6.1901
S. 49:   Max Klinger-Max Lehrs Prof. Dr., Leipzig 18.7.1914; KSt-MM, Rom 7.12.88; KSt-Peter Halm, Rom ohne Datum
S. 50:   EVH 463 ff; KSt-MM, Zürich 15.7.86 + 16.8.88; Sch 189; EVH 463 ff; KSt-ESt, Flor. 11.11.89

6. *Italien: Offenbarung, Arbeit und Fieber*

S. 51:   KSt-MM, Rom 19.2.88 + 1.3.88; KSt-L, Rom 18.2.88
S. 52:   KSt-MM, Rom 17.4.88; KSt-L, Rom 1.5.88
S. 53:   aaO Ostern + mehrere Daten danach; Schweiz. Bundesarchiv Bern; KSt-MSt, Rom, mehrere Daten nach Ostern 88; KSt-MM, Rom 17.2.89; Max Klinger-Eltern Klinger, Rom 21.9.88; KSt-MSt, Rom, mehrere Briefe nach Ostern 88; Sch 144 ff; KSt-L, Rom 20.10.88 + 26.10.88; KSt-MSt, Rom 29.10.88
S. 54:   BRW-L, Bern 14.10.88; L-KSt, Baden 11.11.88; KSt-L, Rom 26.10.88 + 2.11.88; KSt-Elt, Berlin 1.8.83; Augenschein
S. 55:   Sch 169 f; Augenschein
S. 56:   KSt-Sophie Stauffer (Schwester), Rom 29.11.88; KSt-MM, Rom 11.11.88; KSt-L, Rom 8.6.89; KSt-Peter Halm, Rom 2.1.89; Fl NZZ 28.1.89; L-KSt, 13 Briefe Zürich und Baden 86–89
S. 57:   aaO; REW; KSt-L, Rom mehrere Briefe 87–88; BRW-L, Bern 29.4.88; L-KSt, Zürich 16.3.87
S. 58:   aaO + 30.11.87 + 18.3.88 + 8.5.88
S. 59:   Ferd. Vetter 626; KSt-MM, Rom 25.4.89; L-KSt, Baden 16.9.88
S. 60:   Jakob Sulzer 14; L-KSt, Baden 16.9.88; L «Gedanken einer Frau», Rom 90; OB 325; L-KSt, Baden 11.11.88
S. 61:   aaO; KSt-L, Rom 17.11.88; KSt-MSt, Rom 17.2.89; L-KSt, Zürich 2.3.89 + Baden 11.11.88
S. 62:   aaO; Augenschein; KSt-MM, Rom 17.2.89; KSt-L, Rom Sonntag nach Ostern 89
S. 63:   aaO + Rom 25.8.89 + andere Daten; KSt-MM, Rom 17.2.89; L-KSt, Zürich 19.5.89; KSt-L, Rom 14.7.89 + 18.7.89; Fl NZZ 28.1.91

S. 64: L-KSt, Zürich 16.7.89; KSt-L, Rom 5.9.89 + 8.6.89; KSt-MM, Rom Johannistag 89; L-KSt, Zürich 3.9.89
S. 65: aaO; KSt-L, Rom 6.9.89
S. 66: aaO; REW; OB 44 + 255

7. Wetterleuchten

S. 69: aaO; KSt-L, Rom 6.9.89; EVH 464; OB 44; EN; EVH aaO; Sch 275
S. 70: OB 255; REW; OB 255; KSt-MSt, Zürich 2.10.89; EN; OB 255 u. 257
S. 71: OB 255; EVH 464; EN; Sch 275 f; Aug. Schricker 325; KSt-MSt, Zürich 2.10.89
S. 72: Aug. Schricker aaO; KSt-MM, Zürich 20.11.89; OB 256; EN; REW; KSt-MM, Zürich 8.10.89
S. 73: EVH 464; REW; KSt-L, Berlin Neujahr 86; KSt-MM, Zürich 8.10.89 + 20.10.89; OB 256; KSt-MM, Zürich 20.10.89
S. 74: aaO; KSt-MSt, Zürich 2.10.89; KSt-Elt, Berlin 1.8.83; KSt-MSt, Rom 9.5.89; OB 257; Aug. Schricker 325
S. 75: KSt-MM, Zürich 20.10.89 + 16.10.89 + 20.10.89; Lee van Dovski 273 f; EN
S. 76: aaO; REW; KSt-MM, Zürich 20.10.89; REW

8. Der Auftakt

S. 77: REW; Eingabe ESt an BR 30.1.90; Cornelia Wagner-ESt, Rom 2.12.89; REW; Augenschein; Auskunft gegenw. Eigentümer (1966)
S. 78: Augenschein; zeitgenössische Speisekarte m. Ansicht Pension; REW; KSt-MM, Zürich 16.10.89; EVH 464; EN; Sch 282; KSt-L, Rom 3.11.88
S. 79: Sch 283; REW; Auskünfte Grundbuchamt Flor. u. Eigentümer 1966; REW; EN; EVH 464; REW
S. 80: aaO; OB 259; REW; Cornelia Wagner-ESt, Rom 2.12.89; OB 260
S. 81: aaO; Cornelia Wagner-MSt, Rom 12.1.90; Cornelia Wagner, Rom, 2.12.89
S. 82: aaO; OB 263 ff; Tagebuch KSt, begonnnen Flor. 4.11.89; Cornelia Wagner-MSt, Rom 12.1.90; Tagebuch KSt; REW; Tagebuch KSt
S. 83: Tagebuch KSt; Cornelia Wagner-MSt, Rom 12.1.90
S. 84: Cornelia Wagner-ESt, Rom 2.12.89; KSt-Max Klinger, Flor. 7.11.89; OB 261; REW; Cornelia Wagner-ESt, Rom 2.12.89; Telegr. KSt-EW, Flor. 5.11.89; KSt-L, Flor. 7.11.89; OB 260
S. 85: aaO; Tagebuch: KSt
S. 86: OB 264; Cornelia Wagner-MSt, Rom 12.1.90; Cornelia Wagner-ESt, Rom 2.12.89; KSt-Max Klinger, Flor. 7.11.89; OB 262; KSt-ESt, Rom 11.11.89
S. 87: REW; Cornelia Wagner-ESt, Rom 2.12.89; Cornelia Wagner-MSt, Rom 12.1.90; REW; OB 262; Cornelia Wagner-ESt, Rom 2.12.89; REW
S. 88: Cornelia Wagner-ESt, Rom 2.12.89; Cornelia Wagner-MSt, Rom 12.1.90; REW; Tagebuch KSt; OB 266

S. 89:   KSt-Max Klinger, Flor. 7.11.89
S. 90:   OB 260; KSt-L, Flor. 7.11.89; REW; Cornelia Wagner-ESt, Rom 2.12.89
S. 91:   REW; Cornelia Wagner-ESt, Rom 2.12.89; REW; Cornelia Wagner-ESt, Rom 2.12.89; REW
S. 92:   aaO; Cornelia Wagner-ESt aaO
S. 93:   aaO; Cornelia Wagner-MSt, Rom 12.1.90; Cornelia Wagner-ESt aaO
S. 94:   Sch 284; Cornelia Wagner-ESt aaO; KSt-ESt, Flor. Ostermontag 90
S. 95:   aaO; EVH 464; KSt-ESt, Flor. Ostermontag 90; KSt-ESt, Rom 11.11.89; Sch 285; OB 267; Augenschein; Isolde Kurz 374; Sch 285; Augenschein; Isolde Kurz 374
S. 96:   aaO; Augenschein
S. 97:   EVH 464; KSt-ESt; Flor. Ostermontag 90; EVH 464/465; KSt Ged. «Certosa» OB 267; KSt Ged. ohne Titel OB 269

9. Die Katastrophe

S. 98:   KSt Ged. OB 268 + 267; A. Bodmer «Die Ahnen Alfred Eschers» in «Archiv f. Heraldik» Heft 1, 1933 + Hist.-biogr. Lexikon der Schweiz, Bd. VII, S. 106; Nachlass Bruno v. Uebel, Leipzig 1847; KSt Ged. OB 268; Cornelia Wagner-ESt, Rom 2.12.89
S. 99:   aaO; KSt Ged. OB 268
S. 100: aaO; Augenschein; KSt-ESt, 13.11.89; Vorname Boncianis lt. Grundbuchamt Flor.; Telegr. EW-Gesandtschaft Rom, Flor. 13.11.89; REW
S. 101: aaO; EVH 465; REW; KSt-ESt, Rom 13.11.89; REW; Sch 288; OB 269
S. 102: Sch 288; Telegr. KSt-Cornelia Wagner, Flor. 11.11.89; REW; KSt-ESt, Rom 13.11.89; L-MSt, Rom 11.11.89
S. 103: REW; KSt-ESt, Rom 11.11.89; EVH 464; KSt-ESt, Rom 11.11.89
S. 104: aaO
S. 105: aaO; Mathilde: versch. Briefe BRW-L
S. 106: aaO; REW; EVH 465; Deckadresse: alle Briefe KSt Rom Nov. 89; REW; KSt-ESt, Flor. 10.3.90
S. 107: aaO; EVH 464; KSt-ESt, Flor. 10.3.90 + Rom 13.11.89; Rosadi (abgek. Ros: Advokat KSt Flor.) -Est, Flor. 25.6.90; REW; OB 157; Entwurf KSt-Dr. Vogt (?), Biel 3.5.90
S. 108: aaO; EW-KSt, Zürich 16.5.89; KSt-ESt, Flor. ohne Datum; Nachruf auf ESt «Bieler Tageblatt» 9.2.1907; Auskünfte Notar Krähenbühl (Neffe KSt); KSt-ESt, Rom 12.11.89
S. 109: REW
S. 110: aaO; KSt, ESt, Rom 12.11.89
S. 111: aaO
S. 112: aaO
S. 113: aaO
S. 114: aaO; KSt-MSt, Rom 12.11.89
S. 115: aaO; REW; Cornelia Wagner-ESt, Rom 2.12.89; REW

S. 116: aaO; Telegr. EW-Max Klinger, Flor. 13.11.89
S. 117: REW; KSt-ESt, Rom 11.11.89; MSt-KSt, Biel 14.11.89
S. 118: aaO; REW
S. 119: aaO; Augenschein; REW
S. 120 KSt-ESt, Rom 13.11.89
S. 121: aaO
S. 122: aaO
S. 123: REW; Telegr. EW-Gesandtschaft Rom, Flor. 13.11.89
S. 124: REW; 2. Telegr. EW-Gesandtschaft Rom, Flor. 13.11.89; 3. Telegr. EW-Gesandtschaft Rom, Flor. 13.11.89; REW; Telegr. EW-ESt, Flor. 14.11.89
S. 125: aaO; Cornelia Wagner-ESt, Rom 2.12.89; REW; KSt-ESt, Rom 12.11.89; REW; Telegr. EW-Gesandtschaft Rom, Flor. 13.11.89; REW
S. 126: KSt-B, Rom 13.11.89
S. 127: aaO; REW; OB 273; REW
S. 128: aaO; Augenschein; Telegr. B-EW, Rom 13.11.89; Rechenschaftsberichte B-BR Droz, Rom 2.2.90 + 15.09.92; Telegr. ESt-EW, Biel 13.11.89
S. 129: REW
S. 130: Rechenschaftsberichte B-BR Droz aaO
S. 131: Nachruf auf ESt «Bieler Tagblatt» 9.2.1907; REW; Telegramme ESt + MSt-EW, Biel 14.11.89; KSt-ESt, Rom 12.11.89
S. 132: Telegr. EW-ESt, Rom 14.11.89; Telegr. ESt-EW, Biel 15.11.89; ESt-KSt, Biel 15.11.89
S. 135: aaO
S. 136: aaO
S. 137: aaO; REW; Telegr. EW-ESt, Rom 16.11.89; REW
S. 138: aaO; Antragsformular Irrenhaus Rom 16.11.89; B-Vicenzo Tomasini, Aufsichtsrat Irrenhaus 15.11.89; EVH 465; Augenschein
S. 139: KSt-L, Rom 8.6.89; Augenschein
S. 140: Augenschein; Sch 297; KSt-MM, Flor. 5.3.90; EVH 465
S. 141: REW; Antragsformular Irrenhaus Rom 16.11.89; REW; B-Fiordispini, Dir. Irrenhaus, Rom 15.11.89
S. 142: Antragsformular aaO
S. 143: aaO; B-Vicenzo Tomasini, Rom 15.11.89

10. Machenschaften

S. 143: REW
S. 144: aaO; MSt-Rosalie Schärer (Schwägerin), Biel 1.5.90; MSt-ESt, Biel 22.1.90; EW-ESt, Rom 16.11.89
S. 145: aaO; REW; B-Vicenzo Tomasini, Rom 15.11.89
S. 146: aaO; B-Tomasini, Rom 17.11.89; Daten MSt; REW
S. 147: ESt-MSt, Rom 18.11.89; REW; ESt-MSt, Rom 18.11.89; REW; Rechenschaftsbericht B 2.2.90; ESt-MSt, Rom 18.11.89
S. 148: aaO

S. 149: Eingabe ESt-Departement Justiz u. Polizei, Biel 30.1.90; Freisprechung KSt, Flor. 11.6.90; EVH 465; ESt-MSt, Rom 20.11.89
S. 150: aaO; Titel gemäss Briefkopf Rossis
S. 151: ESt-MSt, 20.11.89
S. 152: aaO; Bericht Rochette-B, Rom 10.2.90; ESt-MSt, Rom 20.11.89
S. 153: aaO
S. 154: aaO; Eingabe ESt aaO
S. 155: aaO; EW-B, Bern Febr. 90; Eingabe ESt aaO
S. 156: ESt-MSt, Rom 18.11.89; ESt-Römer Staatsanwalt, Rom 19.11.89; ESt-MSt, Rom 20.11.89
S. 157: aaO; ESt-MSt, Rom 26.11.89; Rossi-ESt, Rom 20.11.89; ESt-MSt, 20.11.89
S. 158: aaO; ESt-MSt, Rom 20.11.89; Gesuch 21.11.89; ESt-BR Droz, Biel 31.1.90; ESt-MSt, Rom 20.11.89; OB 278
S. 159: Rossi-ESt, Rom 20.11.89; MST-ESt, Biel 22.11.89
S. 160: aaO; ESt-MSt, Rom 26.11.89
S. 161: aaO
S. 162: aaO
S. 163: aaO; Zitat Tagebuch KSt, Flor. ab 4.11.89; ESt-MSt, Rom 26.11.89
S. 164: aaO; Überführung nach Flor. KSt «Auf Königs Kosten via Rom-Florenz», im Florentiner Gefängnis verfasst Dez. 89
S. 165: aaO; OB 276; versch. Quellen
S. 166: KSt «Auf Königs Kosten»; OB 276; KSt «Auf Königs Kosten»
S. 167: aaO; Augenschein; KSt Schluss «Auf Königs Kosten...»; Augenschein
S. 168: Ros-ESt, Flor. 25.12.89
S. 169: OB 382; Briefkopf (ovaler Stempel) Gefängnisverwaltung «Direzione delle carceri Firenze»; Ged. KSt, Blatt 19, Flor. 90
S. 170: versch. Briefe MSt, Biel Nov. 89; KSt-ESt, Flor. 17.12.89
S. 171: aaO; ESt-Ros, Biel 20.12.89
S. 172: KSt-Max Klinger, Flor. 18.12.89; KSt-EW, Flor. 18.12.89
S. 173: KSt fiktiv an L «Prolegomena» OB 300 ff; Ged. Blatt 42 KSt, Flor. 90
S. 174: KSt Ged. Blatt 39, Flor. 90; KSt-Klinger, Flor. 18.12.89; KSt-Untersuchungsrichter Flor. 23.12.89
S. 175: Ros-ESt, Flor. 25.12.89
S. 176: aaO
S. 177: Vorrede, 28.12.89; OB 31
S. 178: aaO; Ged. Blatt 15 KSt, Flor. 31.12.89
S. 179: aaO; Ros-ESt, Flor. 17.1.90 (Pelasini war nicht Prof.); KSt-ESt, Flor. 31.12.89
S. 180: aaO; Daten MSt
S. 181: KSt-Hi, Flor. 25./26.12.89; MM-ESt, Berlin 25.12.89
S. 182: MSt-Rosalie Schärer, Biel 1.5.90; OB 316; Ros-ESt, Flor. 14.1.90
S. 185: aaO; Augenschein; ESt-MSt, Flor. 18.1.90; Hi-Conrad Fiedler, München 27.11.87 + Tegernsee 6.8.88 + Flor. 8.1.90
S. 186: aaO; OB 277; Ros-ESt, Flor. 14. + 17.1.90; ESt-MSt, Flor. 18.1.90
S. 187: aaO; Telegr. KSt-MM, Flor. 3.1.90; OB 277; Ros-ESt, Flor. 14.1.90; Geldüberweisung ESt-KSt-Biel, 3.1.90; Ros-ESt, Flor. 14.190; Augenschein

S. 188   Hi-ESt, Flor. 5.6.90; Ros-ESt, Flor. 14.1.90; ESt-MSt, Flor. 18.1.90 + 18.1.90; Ros-ESt, Flor. 14.1.90; Augenschein
S. 189: KSt-MM, Flor. Nov. 92, bei Vetter 625; Ros-ESt, Flor. 14.1.90; ESt-MSt, Flor. 18.1.90; Ros-ESt, Flor. 14.1.90
S. 190: aaO; ESt-MSt, Flor. 18.1.90; Ros-ESt, Flor. 14.1.90; ESt-MSt, Flor. 18.1.90; Ros-ESt, Flor. 14.1.90
S. 191: KSt-Schreiner Vetter, Flor. 7.1.90; EW-B, Bern 27.2.90; KSt-BRW, Flor. 7.1.90; Ros-ESt, Flor. 17.1.90
S. 192: aaO
S. 193: Telegr. BRW-EW, Bern 9.1.90; Telegr. EW-BRW, Genua 9.1.90; BRW-B, Bern 9.1.90
S. 194: aaO
S. 195: aaO; EW-B, Bern 9.2.90
S. 196: aaO; Telegr. Jacot-ESt, Bern 10.1.90; KSt-MSt, Flor. 6.2.90
S. 197: Ros-ESt, Flor. 14.1.90; im Original «Succursalen» statt «Filialen»; angefügt «Beste Grüße von Ihrem O. Fritsche»; Hi-ESt, Flor. 14.1.90; EVH 465
S. 198: aaO; Sch 307 ff; BRW-B, Bern 9.1.90; Hi-ESt, Flor. 14.1.90; Hi-Fiedler, Flor. 23.1.90
S. 199: Sch 308; ESt-MSt, Flor. 18.1.90; Hi-ESt, Flor. 14.9.90; OB 277; Sch 307
S. 200: aaO; Sch 308; OB 277; Hi-ESt, Flor. 14.1.90; OB 277; Sch 309; Eingabe ESt-BR Droz, Biel 31.1.90; ESt-MSt, Flor. 20.1.90; Augenschein
S. 201: ESt-MSt, Flor. 20.1.90; Sch 309; Hi-ESt, Flor. 14.1.90; KSt-MM, Flor. 21.2.90; Bartoli, Procura Generale d'Appello Roma 8.11.89; Hi-Fiedler, Flor. 21.2.90; Hi-ESt, Flor. 14.1.90; Sch 309

11. Der Narr von San Bonifazio

S. 202: Hi-ESt, Flor. 14.1.90
S. 203: aaO; ESt-MSt, Flor. 20.1.90, OB 178; KSt-MM, Flor. 21.2.90; Grilli- v. Speyr, Flor. 27.2.90; Hi-ESt, Flor. 14. + 17.1.90; KSt-MSt, Flor. 21.2.90; Hi-ESt, Flor. 14.2.90
S. 204: aaO; MSt-KSt, Biel 3.2.90; v. Speyr-ESt, Bern-Waldau 4.2.90; Augenschein
S. 205: aaO; v. Speyr-ESt, Bern-Waldau 4.2.90; EW-B, Bern 16.11.90
S. 206: aaO
S. 207: aaO; Empfehlungsschreiben 16.1.90
S. 208: Daten MSt; ESt-MSt, Flor. 18. + 20.1.90
S. 209: BRW-ESt, Bern 17.1.90 + 2. Empfehlung; ESt-EW, Flor. 21.1.90; Ros-ESt, Flor. 12.6.90
S. 210: BRW-B, Bern 20.1.90
S. 211: aaO
S. 212: aaO; «Dovere», Locarno 17.1.90
S. 213: aaO; B-BRW, Rom 19.1.90; BRW-B, Bern 21.1.90
S. 214: aaO
S. 215: aaO; Widerruf «Dovere», Locarno 1.2.90

S. 216: aaO; Ros-ESt, Flor. 17.1.90; MSt-ESt, Biel 22.1.90
S. 217: Grilli, Flor. 27.2.90; Ros-ESt, Flor. 12.6.90; Telegr. ESt-EW, Flor. 21.1.90; Telegr. EW-Zanardelli 22.1.90; Zanardelli-EW, Rom 22.1.90; EW-ESt, Bern 25.1.90
S. 218: aaO
S. 219: «Emmenthaler Blatt» Nr. 104, 28.12.89
S. 220: aaO; Journal du Jura, Biel, 26.1.90
S. 221: Eingabe ESt-BR Droz 30.1.90
S. 222: aaO; Original Bundesarchiv Bern; KSt-Klinger, Flor. undatiert, anfangs Jan. 90
S. 223: aaO; KSt-MM, Flor. 5.3.90 BRW-B, Bern 8.2.90; Journal du Jura, Biel 31.1.90 (übersetzt)
S. 224: aaO; BRW-B, Bern 21.1.90; B-BR Droz, Rom 2.2.90
S. 225: aaO; v. Speyr-ESt, Bern-Waldau 4.2.90
S. 226: MSt-KSt, Biel 17.2.90; KSt versch. Ged. Flor. Jan./Febr. 90; KSt-MSt, Flor. 6.2.90
S. 227: aaO; die Gefangenen durften zweimal in der Woche schreiben
S. 228: aaO; Irrtum: Akten Irrenhaus Flor.
S. 229: OB 323 ff
S. 230: aaO; OB 326; Journal du Jura, Biel 2.2.90 (übersetzt)

12. Im Bundeshaus

S. 231: BRW-B, Bern 21.1.90; BRW *23.4.1825; B-BR Droz, Rom 2.2.90; EW-B, Bern 4.2.90
S. 232: aaO; BRW-B, Bern 8.2.90; Sahli Christian, National- u. Ständerat, Fürsprech, Freund v. ESt; EW-B, Bern 4.2.90; BRW-B, Bern 8.2.90 als Antwort auf B-BRW, Rom 3.2.90
S. 233: BRW-B, Bern 8. + 20. + 8.2.90
S. 234: EW-B, Bern 4.2.90
S. 235: aaO; Journal du Jura ab 2.2.90; Journal de Genève 5.2.90 (übersetzt)
S. 236: aaO; Journal du Jura, Biel 9.2.90 (übersetzt)
S. 237: aaO; EW-B, Bern 9.2.90
S. 238: aaO
S. 239: aaO; Gassmann W., angesehener Buchdrucker u. Verleger des Journal du Jura; EW-B, Bern 9.2.90
S. 240: aaO; B-BR Droz, Rom 2.2.90; EW-B, Bern 9.2.90
S. 241: aaO; Edmond Rochette-B, Rom 10.2.90
S. 242: Genaues Datum: Dienstag, 19.11.89; ESt-MSt, Rom 19.11.89; ESt-BR Droz, Biel 31.1.90; ESt-MSt, Rom 19.11.89
S. 243: Rochette-B, Rom 10.2.90; Kopien Bündner Staatsarchiv, Chur

13. Dem Frühling zu

S. 244: Namen: Schluss «Prolegomena» + unter Vorrede 3. Auflage, Flor. 22.2.90; KSt Ged., Flor. 12.8.90; Paul Volmar-MSt, Ostermundigen 12.2.90
S. 245: aaO; MSt-KSt, Biel 19.2.90
S. 246: aaO
S. 247: KSt Ged. Entwurf u. Reinschrift, Flor. 19.2.90; Akten Irrenhaus
S. 248: KSt Ged. Vorwort 3. Auflage, Flor. 22.2.90; Zeitungsmeldungen; Korrespondenz EW mit versch. Adressaten
S. 251: EW-B, Bern 27.2.90; REW, Bern 14.2.90; EW-B, Bern 27.2.90, sehr aufgeregte Schrift, wofür EW sich entschuldigt; v. Speyr-Grilli, Bern-Waldau 15.2.90; v. Speyr-ESt, Bern-Waldau 4.2.90; Grilli-v. Speyr, Flor. 27.2.90
S. 252: v. Speyr-ESt, Bern-Waldau 11.3.90; KSt-MSt, Flor. 28.2.90
S. 253: Hi-Fiedler, Flor. 21.3.90; vorgesehener Titel KSt Ged.: Karl Stauffer-Bern, «Poesiae opus I. Die Gedichte des jungen Werthers, aus des Verewigten Nachlass zusammengestellt und herausgegeben von Wilhelm Meister»
S. 254: Auszug Protokoll BR-Sitzung 11.3.90, 9 Uhr, in Bern
S. 255: aaO; Bundespräs. Ruchonnet-ESt, Bern, undatiert, etwa 12.–14.3.90
S. 256: aaO; Überbringer unbekannt, datiert 9.3.90
S. 257: KSt-ESt, Flor. 10.3.90
S. 258: aaO; Eigenheiten EW: «Er wollte sie (L) nach Knabenweise vornehmen.» Weitere Gründe: EW nicht impotent, aber zeugungsunfähig; KSt Entwurf 10.3.90; Beweise für Untreue EW
S. 259: aaO; Anna von Erlach (altes bernisches Adelsgeschlecht) *7.1.1856; Kunstmalerin, 90 unheilbar erkrankt, gest. Nov. 1906 in der Waldau; EVH 466; Hi-Conrad Fiedler, Flor. 21.3.90; KSt-ESt, Flor. 10.3.90
S. 260: aaO; REW (Privatbesitz Prof. Dr. Hermann Rennefahrt)
S. 261: aaO
S. 262: aaO
S. 263: aaO; Sch 312 f; KSt Ged., Flor. 18.3.90
S. 264: KSt Ged., Flor. 19.3.90; EVH 466; Hi-Conrad Fiedler, Flor. 21.3.90, im selben Brief: «Es ist dem Menschen (KSt) scheusslich mitgespielt worden, und die Sache ist noch nicht zu Ende. Er hat an dem alten W(elti) einen bösen Gegner und braucht allen Beistand»; Entlassung aus Irrenhaus; Flor. 21.3.90; Daten MSt; Sch 313
S. 265: Daten MSt; Sch 314 f; die Schweizerkreuze auf den Eisenbahnwagen erfüllten KSt zunächst mit Panik, so dass er nicht einsteigen wollte; Sch 313, MSt Daten; Sch 314 f

14. «Ich kann nicht mehr»

S. 266: Sch 315; erster ganzer Tag in Biel 24.3.90; am nächsten Morgen 25.3.90; BRW-B, Bern 26.3.90

S. 267: KSt-MM, Flor. 26.3.90; Telegr. BRW-EW, Bern 25.3.90; BRW-B, Bern 26.3.90; KSt-MM, Flor. 26.3.90

S. 268: MM-KSt Berlin, 24.3.90; KSt-MM, Biel, 26.3.90; KSt-L, Flor. 6.4.90, voller Wortlaut OB 311 f; Sch 316; Daten MSt + Sch 316; KSt-L, Flor. 6.4.90; Gründonnerstag 3.4.90; Ordnung Irrenhaus; Sch 318; KSt-ESt, Flor. Karfreitag 4.4.90; Entlassungszeugnis 22.3.90 (übersetzt)

S. 269: KSt-ESt, Flor. 4.4.90; KSt-EVH, Flor. 4.4.90; Sch 319 f

S. 270: aaO; KSt-EVH, Flor. 4.4.90; Fl Nachruf NZZ 28.1.91; Sch 322

S. 271: KSt-MSt, 2.9.89; Sch 324; KSt-ESt, Flor. 4.4.90; KSt-EVH, Flor. 4.4.90; Hi-ESt, Flor. 5.6.90; KSt-L, Flor. 6.4.90; Stöckli 285 f; OB 312 f; KSt-L, Flor. Ostersonntag 6.4.90

S. 272: aaO; KSt-ESt, Flor. Ostermontag 7.4.90

S. 273: aaO; ESt-KSt, Biel 7.4.90 (Antw. auf Brief KSt 4.4.90)

S. 274: KSt-ESt, Flor. 10.3.90; ESt-KSt, Biel 15.11.89; KSt-MM, Flor. 26.3.90

S. 275: BRW-B, Bern 15.4.90; EW-B, Bern 16.1.90; BRW-B, Bern 11.4.90; Hi-ESt, Flor 5.6.90; BRW-B, Bern 11.4.90

S. 276: aaO; MSt-Rosalie Schärer, Biel 1.5.90; Rennefahrt-J. Krähenbühl, Bern 11.6.1941; L-KSt, Königsfelden 19.4.90; Montag oder Dienstag: 21. od. 22.4.90; KSt-Dr. Vogt (Arzt, Gatte EVH), Biel 3.5.90 (nur Entwurf vorh.)

S. 277: aaO; Sch 330; EVH 463; Sch 332; KSt-NN (unbekannter Gönner), Bern 28.5.90; EVH 463 f; Züricher 330; Sch 331

S. 278: aaO; KSt-NN, Bern 28.5.90; Züricher 329; JVW-KSt, Bern 28.4.90; Dienstag: 29.4.90

S. 279: MSt-Rosalie Schärer, Biel 15.4.90; KSt-ESt, Flor. 10.3.90; MSt-Rosalie Schärer, Biel 15.4.90; MSt-EW, Biel 3.5.90 (Abschrift von Rosalie Schärer)

S. 280: aaO

S. 281: aaO; EVH 466; EW-MSt, Bern 10.5.90

S. 282: aaO; Original Landesbibliothek Bern; ESt-MSt, Rom 26.11.89

S. 283: EVH 466

S. 284: aaO; KSt-NN, Bern 28.5.90; Züricher 329 f; KSt-NN, Bern 29.5.90; KSt-MSt, Bern 21.5.90; BRW-B, Bern 2.6.90

S. 285: aaO; BRW-B, Bern 3.6.90

S. 286: EW-B, Bern 3.6.90; OB 316 f; EVH 463 f; bekannte Familien: v. Sinner, Borel, Platel; vor einer Woche: Di od. Mi 27./28.5.90; Ferd. Vetter 626; EW-B, Bern 3.6.90; Ferd. Vetter 625; Fl Nachruf NZZ 28.1.91; Sch 321

S. 287: Ferd. Vetter 304; L-KSt, Königsfelden 11.4.90; Augenschein

S. 288: aaO; wenige Zeigungsmeldungen, keine in Bern; Ferd. Vetter 626; Fl Nachruf NZZ 28.1.91; Sch 333; OB 317

S. 289: aaO; EVH 466; Sch 334; EVH 466; Sch 333; EVH 466; EW-B, Bern 3.6.90

S. 290: Überprüfung der Presse; Nationalzeitung, Basel, Schweiz. Handelszeitung u. NZZ; Telegr. MM-ESt, Berlin 6.6.90; Hi-ESt, Flor. undatiert

S. 291: aaO; Max Klinger-Eltern, Rom 6.6.90; Fl NZZ Nr. 153, 1.6.92
S. 292: aaO; OB 317; eine Woche später: 13.6.90; Freispruch Flor. 11.6.90 (übersetzt)
S. 293: aaO; BRW-B, Bern 21.6.90
S. 294: aaO; EVH 466; mutige Ausnahmen: Fl NZZ 14.6.90 u. Journal du Jura, Biel 15.6.90
S. 295: aaO

15. Das Ende

S. 295: Ros-ESt, Flor. 12.6.90; Ros-ESt, Flor. 25.6.90
S. 296: aaO; B-BR Urlaubsgesuch, Rom 20.6.90; Protokollauszug BR-Sitzung + Präsidialverfügung, Bern 24.6.90; Unterschrift Schatzmann; Pioda-Römer Irrenhaus, Rom 18.7.90; EVH 466; OB 317; EVH 466
S. 297: aaO; EVH 466; Sch 337; KSt-EVH, Biel 19.8.90; Hi-Fiedler, München 18.9.90; EVH 466; OB 318
S. 298: Hi-Fiedler, München 18.9.90; Sch 337; «Der Bund», Bern 13.9.90; KSt-EVH, Flor. 17.10.90
S. 299: «Der Bund», Bern 11.10.90; KSt-EVH, Flor. 17.10.90; KSt-Pater Rudolf Blättler, Flor. 16./17.10.90
S. 300: aaO
S. 301: Brief Blättler n. Beuron nicht auffindbar; KSt-Blättler, Flor. 12.11.90, abgedruckt «Vaterland», Luzern 30.12.1911, Nr. 303
S. 302: Blättler-Swiersen, Einsiedeln 15.11.90; EVH 467; Hi-Fiedler, Flor. 2.11.90; Isolde Kurz 386; «Vaterland» 30.12.1911
S. 303: KSt-ESt, Flor. 4. + 7.11.90 + Augenschein; Hi-Fiedler, Flor. 2.11.90; KSt-EVH, Flor. 12.11.90
S. 304 EVH 467; Fl NZZ 24.2.91; EVH 470; KSt-MSt, Flor. 21.11.90; eine Woche vor ...: 24.11.90; Stettler, Präs. Gottfried Keller-Stiftung, Spiez 31.5.1950; Berner Zeitung 9.9.92, Nr. 214
S. 305: NZZ 21.8.92; KSt-EVH, Flor. 17.10.90; KSt-NN, Flor. 28.12.90; OB 318 f; EVH 467; «Vaterland», Luzern 30.12.1911
S. 306: OB 317; Isolde Kurz 379
S. 307: aaO; 385 f; «Vaterland» 30.12.1911; OB 319; EVH 467; Isolde Kurz 379 f
S. 308: aaO; OB 319; Isolde Kurz 380; Telegr. ESt-MM, Biel 25.1.91; Telegr. MSt-Fl NZZ 28.1.91; «Vaterland», Luzern 30.1.91 und viele andere

16. Nachwehen

S. 309: «Der Bund», Bern 26. + 27.1.91; MM-«Berliner Tageblatt» 26.1.91; «Der Bund», Bern: Ged. J.V. Widmann 27.1.91

S. 310: Fl NZZ 29.1.91; ESt-MM, Flor. 27.1.90; EVH 467

S. 311: aaO; Vertrag EW-L 26.3.90; Urkunde 7.6.90

S. 312: aaO; OB 320; «Der Bund», Bern 14.12.91; L: «Gedanken einer Frau, geschrieben im Manicomio di Roma, den Manen Karl Stauffers gewidmet», OB 326; Schenkungsurkunde/Eigentumsausfertigung/Verzeichnis der Grundstücke in Aussersihl, Notariat 19.5.91; EW-L, Bern 31.8.90

S. 313: Telegr. L-EW, Genf-Champel 1.9.90; Stiftungsurkunde 6.9.90 (Totalbetrag Fr. 1'495'979.53 + bedeutende Posten Aktien, Genusscheine usw. + Belvoir u. Bleicherweg). Mitgearbeitet hatten für L Nationalrat Isler, für EW Vater W, Prof. Ferd. Vetter; Stiftungsurkunde Absatz VI c); Hi-Conrad Fiedler, München 18.9.90; BR-L Dankesadresse 16.9.90; «Berliner Börsenkurier» 18.10.90 Nr. 528

S. 314: aaO; OB 320; EW-B, Thun 22.12.91; BRW-B, Bern 22.12.91

S. 317: OB 320; L-OB, Genf-Champel 25.6.91; OB 321; L-OB, Genf- Champel 25.6.91; OB 321; OB-L, Berlin anfangs Juli 91; L-OB, Genf-Champel 6.7.91

S. 318 OB 322 ff; OB 326

S. 319: aaO; 326 ff; Arzt von L Dr. Prévot; «Der Bund», Bern 14./15.12.91; OB 328; Peter Welti 137–139

S. 320: «Vaterland», Luzern 1.3.89 Nr. 49; «Der Bund» 12./13.12.91; OB 328; «Der Bund», Bern, Privattelegr. 12.12.91 in Ausgabe 14.12.91 + Privattelegr. 14.12.91 in Ausgabe 14./15.12.91. – Nach Rücktritt BRW bot Kt. Aargau BRW Nationalratssitz an, BRW lehnte ab («Bund» 18./19.12.91); «Bund» 14./15.12.91 + 15./16.12.91 (Privattelegr. 15.12.91); «Intelligenzblatt der Stadt Bern» 15.12.91

S. 321: BRW-B, Bern 22.12.91; «Bund» 15./16.12.91; BRW-B, Bern 22.12.91; Peter Welti 138; BRW-B, Bern 22.12.91; «Frankfurter Zeitung» 17./18.12.91

S.322: aaO; OB Vorwort S. V; MSt EN 1891; OB Vorwort S. IV; Jakob Sulzer «Lydia Escher», Winterthur 1.1.92; Sulzer: Zürcher Regierungs- u. Nationalrat. Aus dem Vorwort: Die Veröffentlichung des nachfolgenden Essays in der schweizerischen Tagespresse ist auf Schwierigkeiten gestossen, welche im Mangel an Selbständigkeit gewisser Redaktionsbureaux ihren Grund hat.

S. 323: aaO; BRW-B, Bern 4.4.92; Procura Generale d'Appello Roma-Pioda, (Stellvertreter Baviers wegen dessen Erholungsurlaubs), Rom 24.7.92 (übersetzt); Pressekommuniqué BR 9.9.92

«Münchner Neueste Nachrichten» Nr. 414, 11.9.92; «Frankfurter Zeitung» Nr. 255, 11.9.92

S. 324: aaO; Joseph Viktor Widmann im «Bund» 14–18.9.92

S. 325: aaO; EVH 466; Carlin-Widmann, Bern 12.9.92 mit 11 Beilagen; «Bund» 14.–18.9.92; ESt-Widmann, Biel 20.9.92, abgedruckt «Frankfurter Zeitung» 23.9.92; Widmann-ESt, Bern 22.9.92; ESt in «FZ» 28.9.92; Carlin-Widmann, Bern 12.9.92; «Bund» Nr. 282, 8./9.10.92. Dazu OB Schluss «FZ»

21.9.92: Noch manche Entstellung, manche Unwahrheit fährt auf der Quadriga des Herrn Widmann mit ... Durch ein lautes und anhaltendes Geschrei die klare Sprache der Tatsachen zu übertönen, sind der «Bund» und andere Schweizer Blätter eifrig am Werke, und sie nennen das Patriotismus; mich aber heissen sie einen Ausländer, der sich unberufen in Schweizer Dinge gemischt. – «FZ» Nr. 266, 22.9.92: Herrn Widmann schätzen wir als tüchtigen Schriftsteller und lauteren Charakter – die journalistischen Spekulanten und Dummköpfe hingegen, die seine Gefolgschaft bilden, sollten sich ... etwas in acht nehmen. Wir möchten leicht einmal die Laune haben, unter sie zu treten und fürchterliche Musterung zu halten.

S. 326: aaO; «Bund» 8./9.10.92 Nr. 282; Vogt-Widmann; Bern 5. + 6.10.92; «Bund» Nr. 268, 24./25.9.92

S. 327: aaO; «FZ» Nr. 470, 26.9.92; «Strassburger Post» Nr. 271, 29.9.92 + Nr. 274, 2.10.92

S. 328: aaO; + Nr. 278, 6.10.92; «Basler Nachrichten» 28., 29.9. + 2.10.92; «Bund» Nr. 281, 7.10.92; «Bund» Nr. 286, 12./13.10.92

S. 329: aaO; dazu zahlreiche abschätzige Äusserungen Widmanns über Juden im «Briefwechsel mit Henriette Feuerbach und Ricarda Huch», Artemis Verlag Zürich 1965, u.a. S. 55, 152, 174, 235, 237, 238, 239, 284, 308, 326 und 327; Widmann im «Briefwechsel» 277: Beiläufig war auch ich immer ein Vaterlandsloser und habe es oft schwer empfunden.

S. 330: «Eine psychiatrische Studie», Breslau 1894; «Berliner Tageblatt» Montag, 8.1.94 + Mittwoch, 10.1.94

S. 331: aaO; Schäfer war Schwiegersohn von Widmann; NZZ Nr. 349, 17.12.1911; Briefwechsel Prof. Dr. Hermann Rennefahrt (späterer Anwalt von EW) und Krähenbühl (6.6.1941/11.6.41/19.6.41/23.6.41/24.6.41)

S. 332: aaO; «Kleiner Bund», Bern 5.7.1941; Krähenbühl-Dr. med. Alfred Bader, Augenarzt, Aeschenplatz, Basel, 26.6.1941. (Karl Krähenbühl, Neffe KSt, Notar in Steffisburg bei Thun)

17. Schuld oder Verhängnis?

Vorbemerkung: Dem 22 Jahre nach Erscheinen des Buches geschriebenen Kapitel liegen ein Vortrag des Autors vom 18.11.1976 mit dem Titel «Karl Stauffers Los – selbstverschuldet oder Verhängnis?», gehalten im Rahmen der Könizer Kunstwoche 1976, sowie ein Brief von Prof. Dr. A.R. Bodenheimer, Psychiater, Zürich, vom 13.1.1968 an den Verfasser und die Buchbesprechung Bodenheimers vom 13.12.1969 im «Berner Tagblatt» zugrunde.

S. 333: L «Gedanken einer Frau, geschrieben im Manicomio di Roma, den Manen Karl Stauffers gewidmet», zwischen 17.11.1889 und 22.3.1890 verfasst; Titel und Widmung erst Ende Juni 91 in Genf-Champel, abgedruckt OB 323 ff

S. 334: Tunis 1890: in verschiedensten Zeitungen der Schweiz und Westeuropas

Juli/Aug. 1890; Bône 1891: «Berner Tagblatt» Mittwoch 28.1.1891 (Turkos: französische Eingeborenentruppe aus Nordafrika, deren Offiziere Weisse waren)

S. 335: aaO; Paul Julius Möbius (1853–1907), Prof. Dr., Nervenarzt, erregte 1890 mit der bloss 24-seitigen Abhandlung «Über den physiologischen Schwachsinn des Weibes» grosses Aufsehen (Dazu Christoph Mörgeli in «Die Weltwoche», Zürich, Nr. 3, 18.1.1990, S. 29); Dr. Otto Weininger, Psychologe (1880–1903; er endete durch Selbstmord) «Geschlecht und Charakter, eine prinzipielle Untersuchung», Wien und Leipzig 1903

S. 336: Urteil des Bezirksgerichts Aarau vom 7.6.1890; KSt-ESt, Flor. 10.3.90

S. 337: aaO; L-KSt, Zürich 21.6.89

S. 338: BRW-L, Bern 9.7.83; Prof. Dr. med. Robert Binswanger (1850–1910), Psychiater, Direktor Kuranstalt «Bellevue» Kreuzlingen, «Karl Stauffer-Bern, eine psychiatrische Studie», Breslau 1894

S. 339: aaO

S. 340: Zu Binswanger: Geisteskrankheiten setzen eine Veränderung im Gehirn voraus, Nervenkrankheiten dagegen nicht; deshalb waren weder KSt noch dessen Vater geisteskrank (vgl. dazu des letzteren Obduktionsbefund der Heilanstalt Bern-Waldau 13.7.85 / S. 35 dieses Buches)

S. 343: L über Frau von Stein in «Gedanken einer Frau»: «Selbstverständlich konnte Goethe nur ein begabtes Weib über zehn Jahre lieben. Allein sie hat nichts Eigenartiges gestaltet. Ihre Briefe weisen häufig recht banale Stellen auf und zeugen weder von hervorragender Bildung noch von sehr weitem Blick. Die Schmeicheleien, welche sie sich von Goethe gefallen liess, hätte ein Frau allerersten Ranges von sich gewiesen. Und namentlich liegt in der Art, in der sie sich nach Lösung ihres Verhältnisses zu Goethe benahm, etwas geradezu Triviales» (abgedruckt OB 324).

ZEITTABELLE
der wichtigsten Ereignisse in den Jahren 1888–1891

Fr 17.2.1888		Ankunft KSt in Rom; Atelier in der Villa Strohl-Fern.
Oktober		BRW in Rom
Fr. 26.10.		Rückreise BRW in die Schweiz
Do 1.11.		KSt Ausflug auf den Monte Soratte (Klostererlebnis)
Sa 10.11.		Neues Atelier, Via Margutte/Palazzo Patrizi
Di 3.9.1889		Brief L-KSt, man erwarte ihn im Bevoir
Fr 6.9.		Brief KSt-L, die Arbeit halte ihn zurück
Fr 13.9.		Telegramm L-KSt, er müsse ihres Mannes wegen unbedingt kommen
Sa 14.9.		Abfahrt KSt von Rom
So 15.9.		Ankunft in Zürich/Belvoir
Mo 21.10.		Rückfahrt KSt nach Florenz, Villensuche
So 27.10.		KSt wieder in Rom
Di 29.10.		Abreise L und EW nach Florenz
Mi 30.10.		Ankunft Florenz; Unterkunft Pensione Bonciani
Do 31.10.		KSt reist nach Florenz
Mo 4.11.		Rückreise EW nach Bern
Di 5.11.		Ankunft Max Klinger und Cornelia Wagner Florenz; KSt macht Cornelia Heiratsantrag.
Mi 6.11.		Aufhebung der Verlobung; Abfahrt Klingers
Do 7.11.		Brief KSt-Klinger; Brief KSt-L aus dem Albergo Bonciani im Stadtzentrum
Fr. 8.11.		Abreise Cornelias; gegen Abend Telegramm KSt an sie: Erneuerung Heiratsantrag
Sa 9.11.		Streifzüge KSt mit L durch Florenz; Einkäufe
So 10.11.		Certosa Val d'Ema, protestantischer Friedhof «Agli allori», Abendessen in Osteria
Mo 11.11.		Ein Uhr früh KSt bei L in der Pensione Bonciani; Mittag Abreise beider nach Rom; Telegramm Boncianis nach Bern; Telefon BRW-EW nach Zürich, alarmiert EW; Brief L-MSt aus Rom, Hotel Alibert, Via Margutta; Telegramm KSt-ESt Biel.
Di 12.11.		EW reist über Bern und Luzern nach Florenz; Briefe KSt-ESt u. MSt; Besuch bei Klinger
Mi 13.11.		EW in Florenz; Telegramme an Bavier und Klinger; Testamentsentwurf L zugunsten KSt; Überwachung durch Polizei
Do 14.11.		«Drohbrief» an B; Ankunft EW in Rom, sucht Gesandtschaft auf
Fr 15.11.		Verhaftung KSt nach Frühstück; Einkerkerung; Überführung L in Privatklinik
Sa 16.11.		«Untersuchung» L durch Fiordispini u. Bosany; Unterbringung L im städtischen Irrenhaus; Abreise ESt nach Rom
Mo 18.11.		Ankunft ESt Rom, mit EW in der Gesandtschaft

Di 19.11.	Intervention Rochettes beim Untersuchungsrichter; ESt bei KSt im Gefängnis; danach Gesandtschaft
Mi 20.11.	ESt bei Advokat Rossi; neue Klage EW auf Vergewaltigung einer Irrsinnigen; Überweisung des Falles nach Florenz
Mo 25.11.	Letzter Besuch ESt im Gefängnis
Mi 27.11.	ESt reist nach Florenz
Do 28.11.	Beauftragung von Advokat Rosadi
Di 3.12.	Überführung KSt nach Florenz ins dortige Gefängnis
Fr 3.1.1890	Hildebrand erlegt Kaution; prov. Haftentlassung
Di 7.1.	Auftritt im Telegrafenamt
Fr 10.1.	EW setzt ESt über Anwalt Jacot unter Druck
Sa 11.1.	Tobsuchtsanfall KSt in der Casa Nardini: Internierung im Irrenhaus San Bonifazio
Mo 13.1.	Besuch Hildebrands im Irrenhaus; Haar KSt ergraut
Fr 17.1.	Abreise ESt aus Biel nach Florenz; «Il Dovere» greift B an
Sa 18.1.	ESt in Florenz
Mo 20.1.	ESt Besuch im Irrenhaus
Di 21.1.	Brief BRW-B: Instruktionen im Hinblick auf allfällige Untersuchung durch Bundesbehörden
Do 30.1.	ESt Eingabe an das Eidg. Departement der Justiz und der Polizei
So 2.2.	Bericht B nach Bern gemäss Instruktion BRW
Sa 8.2.	BR Droz bei BRW, Beginn «Untersuchung»
Mo 10.2.	Rochettes Bericht im Auftrag B
Di 11.3.	Bundesrätliche Antwort auf Eingabe ESt
Do 20.3.	Entlassung KSt aus Irrenhaus
Sa 22.3.	Grenzübertritt bei Como; EW holt L aus Römer Irrenhaus; KSt spätabends in Biel
Di 25.3.	Unterredung KSt mit Bundespräsident Ruchonnet
Di 1.4.	Abfahrt KSt aus Biel nach Rom
Mi 2.4.	Ankunft in Rom
Do 3.4.	KSt erfährt im Irrenhaus, L habe sich mit EW ausgesöhnt; KSt nach Florenz
So 6.4.	Brief KSt-L («Ich kann nicht mehr»)
Fr 11.4.	Rückkehr KSt in die Schweiz
Sa 19.4.	Absagebrief L
Fr 25.4.	KSt quartiert sich in Bern bei Dr. Vogt u. EVH ein; er schickt seine Gedichte an Widmann
Mo 28.4.	Ablehnung der Gedichte durch Widmann; nochmaliger Brief KSt-L (Datum unsicher)
Mi 30.4.	Zweite Absage L durch ihren Anwalt (Datum unsicher)
Sa 3.5.	Brief MSt-EW: Bitte um Rückzug der Klage
Mo 12.5.	60. Geburtstag MSt; Antwort EW: Zurückweisung; KSt in Biel
Di 13.5.	KSt wieder bei Vogts
Di 27.5.	KSt bittet EW um weitere Unterstützung; Absage
Di 3.6.	Selbstmordversuch

Sa 7.6.	Scheidung L von EW
Mi 11.6.	Anklagekammer Florenz spricht KSt von Schuld und Strafe frei
Mi 25.6.	KSt Entlassung aus Spital (Datum unsicher) Anfang Sept. Hildebrand bei KSt in Biel
So 13.9.	Ausschreibung Wettbewerb Bubenberg-Denkmal
Mo 29.9.	Abreise KSt nach Florenz
Di 30.9.	Ankunft Florenz
Mi 12.11.	KSt schickt Bubenberg-Entwurf nach Bern
Mo 24.11.	Hinausschiebung des Ablieferungstermins auf 1.8.91
So 18.1.1891	Isolde Kurz findet Gedichte KSt
Fr 23.1.	KSt kauft, begleitet von Dr. Edgar Kurz, Chloral
Sa 24.1.	Morgens 4 Uhr Tod KSt
Mi 28.1.	Beisetzung Friedhof «Agli allori»
Sa 6.9.	Gründung Gottfried Keller-Stiftung
Mi 9.12.	Rücktritt BRW
Sa 12.12.	Tod L
Mo 14.12.	Beisetzung L in Genf-Champel

Katharina Zimmermann

Die Furgge
Ein Täuferroman

Anna, eine in Zürich lebende Cellistin, will sich im Kemmeribodenbad am Fuss des Hohgants (der früher «Die Furgge» hiess) erholen und stösst durch ihre Ferienlektüre zufälligerweise auf das Thema Wiedertäufer, dem sie mit wachsendem Interesse und immer grösserer innerer Anteilnahme nachgeht. Vor allem das Schicksal von Madleni Schilt, einem tapferen Bauernmädchens aus dem Schangnau, das als Opfer der Täuferverfolgungen mit 37 Jahren zu lebenslänglicher Haft verurteilt wurde, lässt Anna – und bald auch die Leserinnen und Leser – nicht mehr los. Anna versetzt sich immer mehr in die junge Frau und Mutter, die vor dreihundert Jahren gelebt hat, und so entsteht auf behutsame Art in neun Episoden das differenzierte Porträt dieses für die damalige Zeit typischen Frauenschicksals, das nicht nur Mitleid weckt, sondern uns ebensosehr Bewunderung und Achtung abverlangt. Das Leben im Einklang mit den Jahreszeiten auf den Bauernhöfen und Alpen jener Zeit, Arbeit und Feste, Geburt und Tod, Aberglaube und Glaube der Täufer an die Wehrlosigkeit, Widerstand gegen die Gnädigen Herren von Bern, die die Bauern zum Kriegsdienst zwingen wollten, das Unglück, das über ganze Familien hereinbrach, weil die Väter zur Auswanderung gezwungen wurden und die Höfe verkauft werden mussten – dies alles beschreibt Katharina Zimmermann eindringlich und mit echtem menschlichem Engagement.

Barbara Traber, Badener Tagblatt

Katharina Zimmermann

Hibiskus
Roman

Was kann eine Liebesgeschichte lesenswert und unvergesslich machen? Zum Beispiel die Exotik des Handlungsortes. Die Autorin Katharina Zimmermann verbrachte selber viele Jahre in Indonesien und ist deshalb mit Details vertraut, die dem Touristen unbekannt sind. Auch das soziopolitische Engagement des Romans kann wesentlich sein. Vor allem aber die Tiefe, Echtheit und Nachvollziehbarkeit der Gefühle, die psychologische und formale Anziehungskraft des Textes.

Katka Räber-Schneider, LNN

Josef Hochstrasser
Der Kopfstand auf der Kirchturmspitze
Eine Befreiungsgeschichte

Dieser autobiografische Bericht ist die bewegende Geschichte eines Einzelfalls. Präzis und ohne Selbstmitleid dokumentiert er, wie der Mut zur Liebe zwei Menschen – einen katholischen Priester und eine in kirchlicher Lehrtätigkeit engagierte Frau – gegen ihren Willen in die Konfrontation mit der Hierarchie der Amtskirche bringt.

Josef Hochstrasser zeigt auf, wie diese Hierarchie die Liebenden mit den Mitteln der Bedrohung, des Liebesentzugs, der Strafe, Bespitzelung, Gesprächsverweigerung, schliesslich der Amtsenthebung in die Vereinsamung, in Aussenseitertum, Stigmatisierung und Leiden treibt.

Der Bericht legt aber auch dar, wie die beharrliche Verteidigung der Menschenwürde und des Menschenrechts auf selbstverantwortliche Freiheit allem kirchlichen Terror von oben zum Trotz ins Offene führt.

Und das ist die andere, bestürzende Dimension dieses Buches; sie weist über den Einzelfall weit hinaus: Dieser kirchlichen Hierarchie geht es nicht um Liebe, nicht um Solidarität; weder um Brüderlichkeit noch um Schwesterlichkeit. Es geht ihr, wie eh und je den Pharisäern, nicht um die Menschen, sondern um die abstrakten Prinzipien der allein selig machenden, der oft genug liebes- und leibesfeindlichen Lehre – hier um das seltsame Prinzip des Zölibats. Hochstrassers Zeugnis macht sichtbar, wie brutal die katholisch-kirchliche Hierarchie zuschlägt, wenn mündige Christen und Christinnen ihre eigene Überzeugung leben, verantwortlich ihrer Gewissensinstanz auch dann, wenn sie dadurch in Widerspruch geraten zu Fundamentalismus und Ortho-Doxie, dieser allein rechten Ordnung des Denkens in der Kirche. Auf erschreckende Weise geradezu spannend ist es, hier zu lesen, wie gnadenlos diese Kirche in ihrem Charakter geblieben ist – gnadenlos weit entfernt von jenem zentralen Ruf «Liebe deinen Nächsten wie dich selbst» des Rebellen vom See Genezareth.
Aus dem Vorwort von Otto F. Walter

Gisela Rudolf

Gottloses Glück
Roman

Das Buch beschreibt den Weg einer gläubigen Katholikin bis zum bewussten Austritt aus der Kirche. Da geht es nicht um kirchenrechtliche Fragen, nicht um Hierarchie-Probleme, sondern einfach um die Befreiung einer jungen Frau, für die der Glaube von Kindheit an wichtig ist, vom Druck der Sünde, von der Angst vor Beichte, von der immerwährenden Furcht vor dem Teufel.
Fernseh + Freizeit Magazin der Augsburger Allgemeinen

Die blinde Gläubigkeit, der beginnende Zweifel, der Kampf mit Gott, das eruptionsartige Überbordwerfen des überkommenen Weltbildes einschliesslich ihrer spiessigen Ehe, die neugewonnene Freiheit – all das ist psychologisch überzeugend dargestellt. Sprachlich sehr gut. Viele Leser werden sich hier wiederfinden.
ekz-Informationsdienst

Gisela Rudolf

Seine Wohnung in Florenz
Roman

Das beschriebene Ich kommt aus einer wohlbehüteten Familie und ist mit einem jungen Arzt verheiratet. Zeit, vielleicht zu viel Zeit, hat die junge Frau, nach romantischen Liebesbeziehungen zu hungern, aber nach Beziehungen auch, die ihren Gefühlen entsprechen, die ehrlich sind und den Wert der bewussten Existenz – ohne materielle Güter – des Menschen in den Vordergrund stellen. Zwangsläufig erinnert sie sich dabei an idealistische Erlebnisse, die sie einst zur Frau reifen liessen. Sie reist nach Florenz und sucht, nach vorerst tiefen Skrupeln, die Wohnung ihrer ersten romantischen Liebe auf.
Der Zürcher Oberländer

Rosalia Wenger
Rosalia G.
Ein Leben

Rosalia Wenger versucht Klarheit über ihr ganz persönliches Leben, ihre Welt und auch über ihre Zeit und Mitmenschen zu gewinnen. Rosalia Wenger erzählt breit und ausführlich. Erzählt ein halbes Jahrhundert, bezieht das historische Umfeld durch eigene Betroffenheit zwangsläufig ein.
Juliane Bothor im RIAS Berlin

Hugo Rindlisbacher
Spurensicherung
Ein Familienroman

Der Autor verflicht in seinem autobiographischen Roman geschickt das Leben seiner Grossmutter mit seinem eigenen. Obwohl die Hauptfiguren unter ganz verschiedenen Umständen leben, sind sie sich doch ähnlich. Beide leiden unter der entlebuchischen Engstirnigkeit, wehren sich gegen die kleinbürgerliche Moral, sind gleichwohl mit ihrer Heimat verbunden. Trotz bitterster Armut und mancherlei Hindernissen haben beide ihre Frohnatur bewahrt. Der Lebenslauf der Grossmutter ist alles andere als alltäglich: Sie zieht vier Kinder gross, welche alle von verschiedenen Vätern stammen, und allen Widerwärtigkeiten zum Trotz gelingt es dieser Frau, auf eigenen Füssen zu stehen. Kein Wunder, dass das Grosskind ihr ein Denkmal setzt. Schöne, ausführliche Beschreibungen lassen vergessene Bräuche und Gepflogenheiten bäuerlichen Alltags auferstehen. Sie bereichern die Erzählung von der (fast) emanzipierten Grossmutter und ihres aufmüpfigen Enkels.
Cat, Treffpunkt Bibliothek

Esther Spinner

Starrsinn
Eine Dorfgeschichte

Ein aussergewöhnliches Buch durch seinen Rhythmus, der beim Lesen wie in einen Sog mit- und hineinzieht. Aussergewöhnlich auch, weil das Thema – Behinderung, Einsamkeit, Schmerz, Teilnahmslosigkeit und Starre – mit so viel Wärme, Menschlichkeit, aber auch Humor, Fröhlichkeit und Vitalität behandelt wird. Nie rutscht hier die Geschichte, die auf Krankheit beruht, ins Jammern, nie ist es Mitleid, worauf sie appelliert. Eine starke, kämpfende Frau im weiblichsten Sinne wird hier dargestellt, obwohl sie zur äusserlichen Passivität verurteilt zu sein scheint und deshalb ausserhalb der Dorfgemeinschaft steht, die eben keine Gemeinschaft ist. Leni, die Ich-Erzählerin, deren Perspektive sich oft zugunsten vergangener Beziehungen und anderer Personen verschiebt, agiert in ihren ‹Kopfkammern›, sie lässt vergangenes Leben entstehen und schafft Verbindungen zwischen einzelnen Schicksalen. *Krs. Emanzipation*

Esther Spinner

Nella
Geschichte einer Freundschaft

Eine emanzipierte Frau, allein, überlegen, selbstbewusst, besucht ein südliches Land, das ihr gefällt. Die andere Frau ist gebunden an ihr Land, ihre Insel, ihr Haus, ihre Familie, die sie ‹aufzufressen› scheint, im ersten Moment gesehen. Kraft und Lebenswille, eine gewisse Überlegenheit im menschlichen Bereich geht aber von der Frau aus, die nur vordergründig so wenig von Lebensqualität gewusst hat. Die Begegnung mit Nella, der Frau, welche die Verfasserin des Buches in die Familie aufnimmt, ist tief und herzlich; ein Verhältnis entsteht, das Spuren eines gewissen Erkennens hinterlässt. *Der Zürcher Oberländer*

Esther Spinner

Die Spinnerin
Eine alltägliche Geschichte

Esther Spinner liefert eine sachliche, beinahe kühle Bestandesaufnahme. Sie erzählt in einer ehrlichen und behutsamen Sprache, die ohne jedes Pathos und ohne jede Wehleidigkeit das ‹fortschreitende Abhandenkommen des Glücks› und die angedeutete Neugeburt einer alltäglichen Frau nachzeichnet. *Der Bund*

Ursula Eggli
Herz im Korsett
Tagebuch einer Behinderten

Wir ‹Normalen› überschätzen unsere eigene – zufällig – fehlerfreie Ausstattung, unser eigenes – anerzogenes – normgerechtes Verhalten meist masslos. Gerade deshalb sind Erfahrungen von Menschen, die in irgendeiner Hinsicht nicht der Norm entsprechen, für uns so wichtig: weil wir unsere ‹Normalität› auf eine andere Weise sehen lernen. Ursula Eggli berichtet von den Problemen, die sich aus ihrer Behinderung und aus dem Zusammenleben mit uns ‹Normalen› ergeben. Sie tut dies auf eine ehrliche, gescheite, völlig unsentimentale Art.   *Jürg Jegge*

Iris Galey
Die Seelenvergewaltiger
Lebensgeschichte zweiter Teil

Iris Galeys erstes Buch, «Ich weinte nicht, als Vater starb», ist nicht nur zum Welterfolg, sondern für die Autorin selbst und für viele Leserinnen mit ähnlichem Schicksal zur Befreiungstat und zur Befreiung geworden. Sie schildert darin, wie sie als Mädchen von ihrem Vater sexuell missbraucht worden ist, und sie zeigt vertiefend die Folgen (u. a. eine zum Scheitern verurteilte erste Ehe) auf, die dieses Verbrechen gegen ihren Leib und Seele für sie hatte und hat.

Jetzt legt Iris Galey ein zweites Buch vor. In der Form eines emotional ungeheuer aufgeladenen Berichts mit Tagebucheinschüben und Briefauszügen – erzählt sie ihr weiteres Schicksal.   *c. c., Der Bund*

Diane d'Henri

Die Frau des Geliebten der Mutter
Hinter den Fassaden der Aristokratie

Die Geschichte Diane d'Henris ist kein Ausnahmefall. Ende letzten, Anfang dieses Jahrhunderts wurden überaus zahlreiche Ehefrauen von Fabrikanten, Kommerzienräten und Bankiers, sofern sie sich dem herrschenden Frauen- und Familienbild nicht unterwerfen wollten, ausgegrenzt, als hysterisch erklärt und in Anstalten eingeschlossen. Das Buch entblösst nicht nur die Ränke und Tricks, mit denen die Basler Aristokratie immer wieder ihre Fassaden zu erhalten wusste, sondern verrät auch einiges über die Erziehung und mangelhafte Bildung grossbürgerlicher Töchter. *Lilo Weber, LNN*

Anne César

Haupt-Männer
Roman

Die Handlung spielt während der Kriegs- und Nachkriegsjahre in der Stadt und Agglomeration Bern. Die schöne, junge Jeanne möchte gesellschaftlich aufsteigen, ist sich jedoch bewusst, dass sie das Ziel aus alleiniger Kraft kaum erreichen wird. Als intelligente, fortschrittliche Frau wirft sie ihre anerzogenen Moralvorstellungen von sich und mimt die Muse verschiedener erfolgreicher Männer. Durch sie erhält sie Einblick in die sogenannt «bessere Gesellschaft» von Bern. So wandelt sie sich vom Landmädchen zur selbstbewussten jungen Frau. Keiner ihrer Haupt-Männer bemerkt, dass sie mit einem Kindheitstrauma belastet ist. Erst nach einem körperlichen und seelischen Zusammenbruch, hervorgerufen durch die extreme Aufopferung für einen ihrer Geliebten, findet Jeanne zu ihrem eigenen «Ich». *ekp., Bund*

Liebes- und Lebensgeschichten bei Zytglogge

Bernhard und Claudia
Eine Zeit zu leben mit Dir
Liebesbriefe aus dem Gefängnis

Es liegt ein Dokument vor, dessen Lektüre jedem Gewinn bringt, der an zwischenmenschlichen Beziehungen und erschwerten Bedingungen interessiert ist. Unzweifelhaft wird klar, dass nicht nur die Gefangenen unfrei sind, sondern wir draussen oft ähnlichen Zwängen und Einschliessungen unterliegen wie die drinnen. *Peter Meier, Tages-Anzeiger*

Adrian Bänninger
Tage in Caldaro
Roman

In seiner spannenden und sehr wirklichkeitsnahen Erzählung berichtet Bänninger von drei Menschen (Mann, Frau und Kind), die trotz des Verlustes ihrer persönlichen Sicherheit nach neuen Zielen suchen und auch in ihrer Liebe einen neuen Anfang finden. *Vg., Neues Bülacher Tagblatt*

Marie-Anne Wolf
Gütsch–Saigon
Roman

Ein in der Ich-Form gehaltener Agententhriller liegt vor uns, der wechselweise in der Schweiz (Gütsch ist ein Aussichtspunkt bei Luzern) und in Vietnam spielt. Doch der äusserst spannende Thriller ist nur die «Story», in die die Autorin eine Familientragödie hineinwebt, die ihr auch als Hintergrund dient für Gedanken und Beobachtungen über ihre Mitmenschen. *pan., Der Bund*

Liebes- und Lebensgeschichten bei Zytglogge

Karin Rüttimann
Das geschenkte Jahr
Ein Abschied

Die Schriftstellerin Karin Rüttimann beschreibt in ihrem Roman ‹Das geschenkte Jahr› die Situation einer Frau, deren Leben sich durch den unerwarteten Tod ihres Mannes von einer Sekunde auf die andere total verändert. Abschied nehmend versucht sie, den Toten in einer Form zu verinnerlichen, die gleichzeitig ein neues, hoffnungsvolles Leben ohne ihn erlaubt.
Weltwoche

Helen Stark-Towlson
Anna und Goliath
Menschen im Altersheim

Im Zentrum der liebevollen und diskreten Beobachtung steht die achtzigjährige Anna. Ihr Einzug ins Altersheim wird für sie zuerst zu einer späten Lebenskrise, allmählich gewinnt sie dann wieder festeren Boden unter die Füsse, und wie sich noch – kann man das so handfest sagen: eine Liebesgeschichte? anspinnt zwischen ihr und dem ebenso alten, Goliath genannten ehemaligen Gärtner, da beginnt der spät verpflanzte Baum noch einmal letzte Blüten der Zuneigung zu treiben.
Charles Cornu, Bund

Elisabeth Hunzinger
Frühling im Herbst
Eine Grossmutter und der kanadische Traum

Nach ihrer ersten Ehe, die – wie man zwischen den Zeilen liest – nicht gerade die glücklichste gewesen sein dürfte, lernte sie 1969 den Kanadier Ted kennen. Es entspann sich eine herzliche Freundschaft zwischen den beiden. Gegenseitige Zuneigung und Toleranz kennzeichnet diese Partnerschaft. Subtil werden die Konflikte angetönt. Man erlebt die Entscheidungen, die die Autorin als Frau und Mutter fällt, mit, erfährt aber gleichzeitig, wie ausgefüllt jede Lebensphase sein kann, sofern der einzelne sie bejaht.
bh., Oltner Tagblatt

Jean Villain
Junger Mann aus gutem Hause
Roman

Ein leicht lesbares Buch, unterhaltsam und spannend, das dort literarische Dichte gewinnt, wo der Autor mit der Intensität plötzlich erwachender Erinnerung Zeitgeschichte aus persönlicher Erfahrung dokumentiert – keine Sensationen im Zentrum der Ereignisse, sondern Atmosphäre, soziales Klima, historische Landschaft, in Randzonen: Fremdes, das den Leser allmählich in seinen Bann zieht. Interessant die Darstellung schweizerisch-bürgerlicher Verhältnisse zur Zeit des Zweiten Weltkrieges, der Spannung zwischen behäbiger Tradition und apokalyptischer Bedrohung, der Konfrontation des Kindes mit der Flüchtlingskatastrophe, mit dem Antisemitismus auch in der Schweiz, mit dem geheimnisvollen Wort Palästina – die Entdeckung der Wirklichkeit dieses mythischen Ortes später: des Kibbuz in den Bergen Ephraim, der sozialistischen Ideale der frühen Siedler, dieser Überlebenden; die Sehnsucht des ahnungslosen Schweizer Bürgersohnes, in dieser neuen Welt selber als Genosse akzeptiert zu werden, und seine zwangsläufige Vertreibung aus dem gelobten Land, weil er sich zu weit in das Geheimnis der verlassenen, zerstörten Araberdörfer vorgewagt hat, in die Tragödie einer anderen Vertreibung ...
Christoph Geiser, Süddeutsche Zeitung

Franz Stadelmann
Dieselstrasse
Roman

Peter Walter, ein gestandener, ruhiger Fahrer, nimmt auf einen seiner Teheran-Transporte Christine, die Tochter seines Chefs, mit. Christine, die Soziologie studiert und eine Abschlussarbeit über Fernfahrer schreiben will, verliert im Laufe der Wochen ihre theoretische Distanz, verliebt sich in Peter, den wortkargen Wolf, und trennt sich von ihrem überheblich-intellektuellen Freund. Eine stille, unaufwendige Liebesgeschichte ist das, zurückhaltend und realistisch beschrieben.
Verena Stössinger-Fellmann, Vaterland

Hans Mühlethaler
Abschied von Burgund
Roman

Schaffner ist auf einem Bauernhof aufgewachsen; was er hinter sich hat und nun aufgeben will, ist eine Karriere: «Das Gesundheitsamt macht krank.» Im Verlauf der Jahre ist Schaffner sich selber ein wenig abhanden gekommen – äusserlich scheint zwar alles gut auszusehen, nette Gattin und schmuckes Häuschen, unter der Schädeldecke aber brodelt es längst. Die Herzattacke im Hotelzimmer wird zum Anlass, über das bisherige Leben Rechenschaft abzulegen.
Hans Mühlethaler steuert seine Helden gelassen in ein Happy-End hinein: Véronique wird fortan Reisen leiten, Jakob sich als Knecht verdingen. Die Burgundreise, stellt sich heraus, war der Prüfstein einer Beziehung. Mit sanfter Ironie, ohne ihn je an schnelle Pointen und Gefälligkeiten zu verraten, lässt Mühlethaler seinen Jakob Schaffner dort scheitern, wo dieser sich auf festem Boden glaubte. *Martin Zingg, Drehpunkt*

Peter J. Betts
Natter – ein Imperium
Roman

Antiautoritäre Erziehung und ihre Folgen; Drogenkonsum und Gruppensex als eleganter Zeitvertreib; emanzipierte, mittelalterliche Politikerin (Witwe, Freie Liste) ohne feste Bindung; ledige, berufs- und sozialtätige Mutter; Aussteiger-Bauer mit ökologischem Gewissen; Langzeitstudent, Bohemien und Imperiums-Erbe; verantwortungsbewusster Firmenchef, der trotzdem verkaufen muss; dörflicher Filz zwischen Wirtschaft, Politik und Presse; Sensationsjournalismus; aus entwässertem Boden gestampfte Einfamilienhaussiedlung für Stadtpendler mit grünen Witwen – an vielen Oberflächen kratzt die spitze Feder des Autors.
In distanzierter, fast mitleidsloser Art werden die Lesenden vom Vergangenen, Seienden und Werdenden unterrichtet.
Gerlind Martin, Berner Zeitung